总主编简介

丁煌，法学（政治学）博士，武汉大学二级教授、“珞珈学者”特聘教授、公共管理硕士（MPA）教育中心主任、国家治理与公共政策研究中心主任、武汉大学政府治理创新研究中心（湖北省改革智库）主任、湖北政治建设研究院（湖北省重点智库）执行院长、国家领土主权与海洋权益协同创新中心（“2011计划”）“中国极地政策与极地权益研究”创新团队负责人、公共管理学科行政管理专业和国际法学科跨域公共治理专业双学科博士生导师；兼任国务院学位委员会学科评议组成员、全国公共管理专业学位研究生（MPA）教育指导委员会委员、教育部高等学校公共管理类学科专业教学指导委员会委员、人力资源与社会保障部国际行政科学专家委员会委员、全国（政务）专业标准化技术专家委员会委员、全国政策科学研究会副会长、中国行政管理学会理事、中国行政体制改革研究会理事、中国海洋发展研究会理事、湖北省行政管理学会副会长。

长期从事公共（行政）管理与公共政策的教学与研究工作，在国内外学术期刊发表学术论文百余篇，为政府提交政策咨询报告多份，出版《西方行政学说史》和《政策执行阻滞机制及其防治对策——一项基于行为和制度的分析》等专著6部，《新公共服务》《新公共行政学》等译著6部，主编《极地国家政策研究报告》（系列）、《公共行政与公共政策研究学术论丛》等丛书和《公共行政与公共管理经典译丛》之学术经典系列，主持承担国家重大专项研究课题、国家社会科学基金重点项目、教育部哲学社会科学研究重大课题攻关项目以及国家自然科学基金项目、国家留学基金资助项目和国际合作项目等研究课题多项；入选教育部新世纪优秀人才支持计划、马克思主义理论研究和建设工程项目首席专家、哲学社会科学研究重大课题攻关项目首席专家；荣获全国行政管理优秀科研成果奖和湖北省社会科学成果奖等科研奖励多项。

本书作者简介

周丽婷，武汉大学政治与公共管理学院博士研究生毕业，荣获管理学博士学位。现任华南师范大学副教授，美国加州大学伯克利分校访问学者，主要从事公共管理与公共政策研究。曾在《武汉大学学报（哲学社会科学版）》《新华文摘》《暨南学报（哲学社会科学版）》《江苏行政学院学报》《生态经济》等核心期刊上发表学术论文多篇，主持或参与国家社会科学基金重点项目、广东省知识产权局软科学研究计划项目、广东省农村政策研究中心一般项目、广州市宣传文化出版资金资助项目等。

广州市宣传文化出版资金资助出版

公共行政与公共政策研究学术丛书

总主编　丁煌

社会公平视域下的我国城市公共住房政策执行力研究

——基于广州市的个案分析

周丽婷　著

WUHAN UNIVERSITY PRESS
武汉大学出版社

图书在版编目(CIP)数据

社会公平视域下的我国城市公共住房政策执行力研究:基于广州市的个案分析/周丽婷著.—武汉:武汉大学出版社,2020.5
公共行政与公共政策研究学术丛书
ISBN 978-7-307-20723-3

Ⅰ.社…　Ⅱ.周…　Ⅲ.城市—住房政策—研究—中国
Ⅳ.F299.233.1

中国版本图书馆 CIP 数据核字(2019)第 026866 号

责任编辑:韩秋婷　　责任校对:李孟潇　　版式设计:马　佳

出版发行:**武汉大学出版社**　(430072　武昌　珞珈山)
(电子邮箱:cbs22@whu.edu.cn　网址:www.wdp.com.cn)
印刷:武汉市江城印务有限公司
开本:720×1000　1/16　印张:32.75　字数:486 千字　插页:2
版次:2020 年 5 月第 1 版　2020 年 5 月第 1 次印刷
ISBN 978-7-307-20723-3　定价:82.00 元

总　　序

“公共行政”是英文“Public Administration”一词的汉译，在我国，为了避免不必要的意识形态上的联想以及对“管理”问题的重视，人们在传统上也习惯于将其称为“行政管理”或“公共行政管理”，自20世纪90年代末以来，随着我国国务院学位委员会新颁布的《授予博士、硕士学位和培养研究生的学科、专业目录》中公共管理一级学科的增设，尤其是公共管理硕士（MPA）专业学位项目在中国的设立和发展，也有人将其译为“公共管理”。

作为一种专门以社会公共事务为管理对象的社会管理活动，公共行政具有十分悠久的历史，无论是在东方国家，还是在西方世界，自古都不乏公共行政的思想。然而，这些早期的公共行政思想因缺乏系统化和理论化而尚未成为一种专门的学科，公共行政真正形成一个相对完整的理论体系，成为一门独立的学科，则是在特定的社会历史背景下于19世纪末20世纪初首先在美国产生，然后迅速扩及西方各国的，其产生的公认标志便是曾任普林斯顿大学校长的美国第28届总统伍德罗·威尔逊于1887年发表在《政治学季刊》上公开主张政治与行政分离，第一次明确提出应该把公共行政当作一门独立的学科来进行研究的《行政学研究》一文。在之后的100多年里，公共行政学在西方历经初创、演进、深化、拓展等主要阶段的发展历程，日渐成熟，迄今已经成为一门既具有丰富的理论内涵，又不乏重要的实践价值的综合性学科。

在中国，现代意义上的公共行政学起步相对较晚，作为一门独立学科的公共行政学从根本上来说实属"舶来品"，而且，公共行政学在我国的大陆和港台地区的发展情况也有很大的差异。

在我国的香港和台湾地区，由于众所周知的原因，它们的地方政府管理体制、高等教育体制以及学术研究体制更多地是受到英国和美国的影响，它们高等学校公共行政学专业的人才培养体系基本上是对英美相应专业人才培养体系的沿袭和移植，尤其是它们的专业师资队伍和学术研究队伍大多要求在英美等西方发达国家受过系统的专业学习和训练，他们基本上可以及时地了解英美等西方发达国家公共行政学发展的最新研究成果，客观地讲，我国香港和台湾地区的公共行政学一直都处在对英美公共行政学的跟踪发展过程之中，其公共行政学的发展水平与英美等西方发达国家相差不是很大。

在我国大陆，尽管新中国成立以后中国共产党及其领导的人民政府从我国国情和不同阶段的不同任务出发，对改善我国的行政管理状况作出了巨大的艰苦努力，并且积累了一定的行政管理的历史经验和教训，但是，由于众所周知的原因，作为一门学科的公共行政学却在1952年我国高校院系调整时与某些学科一样被撤销了。实事求是地讲，这在相当程度上影响了我国政府行政管理科学化的进程，也影响了我国公共行政学的历史积累和发展，更影响了我国公共行政理论与实践的有效结合。

客观地说，在我国大陆，关于公共行政的学科研究是改革开放的产物，公共行政学也是伴随着中国改革开放的进程而勃兴的。1979年3月30日，邓小平在理论务虚会上谈到了至今中国政治和行政学界依旧难忘的一段话："政治学、法学、社会学以及世界政治的研究，我们过去多年忽视了，现在需要赶快补课。"〔邓小平：《邓小平文选》（第2卷），人民出版社1994年版，第180~181页〕

中共十一届三中全会以来，经过拨乱反正，纠正“左”的错误，为政治学、法学、社会学以及行政学等社会科学的恢复和繁荣发展创造了良好的政治条件。1980 年 12 月中国政治学学会的成立，酝酿了恢复和发展公共行政学的氛围，一些研究者开始公开撰文呼吁和讨论有关公共行政学的问题。1982—1984 年我国行政改革过程中暴露出来的缺乏系统的科学行政管理理论指导的缺陷，则对恢复和发展公共行政学提出了现实要求。这就从理论和实践两个方面为恢复和发展公共行政学创造了充分的条件。自此，公共行政学这门学科得到了非常迅速的发展，受到了党和国家领导同志的高度重视。1984 年 8 月，国务院办公厅和当时的劳动人事部在吉林联合召开了行政管理学研讨会，发表了《行政管理学研讨会纪要》。9 月，国务院办公厅正式发文，号召各省、市、自治区政府高度重视公共行政学的研究，并于当年年底成立了中国行政管理学会筹备组，进而开创了公共行政学研究的新局面。1985 年，当时的国家教育委员会决定在我国的高等教育体系中设置行政管理本科专业，并且选定武汉大学和郑州大学作为试点高校，于 1986 年正式招生。随后，在全国范围内很快掀起了一股学习和研究行政管理学的热潮，不少大学和研究单位也相继设置了行政管理学专业或开设了行政管理学课程，同时成立了一批行政管理干部学院，行政管理学甚至被视为我国几千万党政干部的必修课程。1988 年 10 月 13 日，中国行政管理学会正式成立，并且发行了会刊《中国行政管理》，标志着公共行政学作为一个独立学科已获得公认并明确肯定下来，也标志着中国公共行政学的恢复和重建工作初战告捷。进入 20 世纪 90 年代以来，特别是伴随着社会主义市场经济体制的建立和经济全球化进程的加快，我国的公共行政学研究迅速发展，表现为学科体系、学科分化、应用研究不断扩大和深入，尤其是研究领域开始触及世界公共行政研究的某些前沿问题。可以这么说，改革开放每前进一步都对公共行政学理论提出了新的要求，更推动了中国公共行政学的理论创新和学科发展。

回眸中国公共行政学 30 多年的发展历程，我们不难发现，中国的公共行政学从无到有、逐步完善，无论是对西方公共行政学研究成果的引介，还是对中国行政管理学理论体系的探索，无论是对学科基础理论的建设，还是对现实行政管理问题的研究，都取得了可喜的成绩，迄今为止，不仅基本上确立了行政管理学的理论框架，取得了斐然的科研成果，而且还形成了从专科、本科、硕士研究生和博士研究生以及博士后研究等多层次的相对完备的专业人才培养体系，为我国的社会主义现代化建设作出了重要贡献。

鉴于公共行政学在西方起步较早且有长期的理论积累，而且，在对社会公共事务进行管理的公共行政过程中，公共政策愈来愈发挥着重要作用，它通过改变社会公众的预期而激励、约束、引导着其行为；通过制定和实施特定的行为准则而改变、调整和规范社会公众之间的利益关系；通过解决公共问题而维护、增进和分配社会公共利益。正是通过公共政策的有效运作，社会公共生活才能保持稳定和谐的发展局面。不管是在哪种政治体制和政治文化背景下，不仅公共政策是政府实施公共行政的主要手段和方法，而且公共政策的制定和实施都是公共行政管理活动必不可少的组成部分。因此，作为我国最早开办行政管理专业的高校之一，我所在的武汉大学较早地在其行政管理专业的研究生教育中设置了比较公共行政和公共政策的研究方向，尤其是在博士研究生培养层次上，为了拓展行政管理专业博士研究生的“国际视野”和坚持行政管理学科研究的“政策导向”，我本人多年来一直在“比较公共行政管理”和“公共政策的理论与实践”这两个研究方向招收和培养博士研究生，在业已毕业的博士研究生中，有不少学生已经成长为公共行政实务部门的中坚力量和行政管理专业教学与研究机构的学术骨干，本学术论丛所结集出版的研究成果便是我培养的部分博士研究生的博士学位论文。

改革开放以来，伴随着中央向地方以及政府向社会的分权和放权，特别是市场经济体制带来的利益多元化格局的形成，诸如“上有政策、下有对策”“政策走样”等公共政策过程中的执行问题在我国现阶段已经引起了政界和学界的广泛关注。定明捷博士的《转型期政策执行治理结构选择的交易成本分析》一书以“政策执行鸿沟”为对象，以理论分析为起点，以实证研究为支撑，以交易成本理论为分析工具，以乡镇煤矿管制政策为研究案例，借鉴和吸收委托代理、资源依赖等理论观点，详细分析了“政策执行鸿沟”产生的内在机制，从中央政府的角度分析了中央政府是如何选择不同的治理结构来消解“政策执行鸿沟”现象的，着重阐释了中央政府选择治理结构的理论依据及其效果。该书的研究表明，虽然转型期频频出现“政策执行鸿沟”现象，中央政府仍然有能力应对地方政府选择性执行中央政策的行为，尤其是那些被中央政府优先考虑的政策领域。而且，书中作者在对中央政府在政策执行治理结构调整方面的不完善之处进行深入剖析的基础上提出了颇具参考价值的政策建议。

协调是组织高效运行的必要前提，政府组织更不例外，协调的缺失不仅会导致政府组织功能和权力及资源等的碎片化，而且更会产生信息不对称、条块分割、各自为政、孤岛现象及信任危机等阻碍政府组织整体性运作和绩效提升的棘手问题。曾凡军博士的《基于整体性治理的政府组织协调机制研究》一书在广泛吸收和借鉴学界相关研究成果的基础上，恰当地运用当代公共行政与公共政策研究领域的最新成果——整体性治理及其相关理论为分析工具，基于对政府组织协调困境之表象和生成机理的阐释和对政府组织协调困境之救治策略的勾勒，建构起由整体性结构协调机制、整体性制度协调机制和整体性人际关系协调机制组成的整体性政府组织协调机制。

新疆生产建设兵团是我国在特定的社会历史背景下产生的一种特殊的行政管理体制，改革开放以来，随着我国经济社会体制的转型，传统意义上的兵团体制愈来愈面临着新的挑战。顾光海博士的《现代组织理论视阈下兵团体制转型研究》一书以理论分析为起点，以实证研究为支撑，以新制度主义组织理论为基础，借鉴和吸收自然选择理论、资源依赖理论的观点，以组织同构理论为基本分析工具，对新疆生产建设兵团体制的发生机制、成长机制以及转型路径进行了系统的分析和深入的研究。作者在广泛的实证调查和深入的理论分析基础上认为，作为党、政、军、企合一的特殊性组织，新疆生产建设兵团是履行屯垦戍边使命的有效载体，尽管兵团的特殊体制会伴随着其屯垦戍边的历史使命而继续存在和发展下去，但是这种体制需要调整和改革，以适应环境的变化；兵团体制的转型要在保持兵团基本体制大框架不变的原则下进行，兵团体制应从宪政制度、功能重心、组织管理结构和运行机制等方面进行调整和改造；特别建制地方政府模式可以成为兵团体制转型的方向选择。

湖泊水污染防治是一个世界性难题，更是一个典型的跨域公共治理问题。叶汉雄博士的《基于跨域治理的梁子湖水污染防治研究》一书以位于武汉城市圈腹地的全国十大淡水湖之一——湖北省梁子湖水污染防治为例，对当今世界日益增多且错综复杂的跨区域、跨领域、跨部门社会公共事务管理问题进行了颇具价值的探讨。作者基于对跨域治理理论的系统梳理，客观地描述了梁子湖水污染防治的现实状况，深入地剖析了梁子湖水污染防治困难的根本原因，正确地借鉴了国内外湖泊水污染防治的成功经验，系统地探讨了梁子湖水污染跨域治理的对策建议。作者沿着“现状—原因—对策”的逻辑主线，通过对梁子湖水污染防治的实证研究，全面地阐释了跨域公共事务在治理主体、治理信任度、治理合作等方面存在的问题及原因，有针对性地提出了解决跨域公共治理问题的路径选择。

当前，我国各类安全事故此起彼伏，人员伤亡极其惨重，这一严峻的职业安全与健康形势不仅引起了政界的高度关注，而且形成了学界的研究热潮。郑雪峰博士的《我国职业安全与健康监管体制创新研究》一书以我国现阶段严峻的职业安全与健康形势为背景，以制度变迁理论为分析工具，从组织结构设置、职能划分、权力配置和行政运行机制四个维度，全面梳理了我国职业安全与健康监管体制从计划经济时代到市场经济时代的变迁历程，客观描述了现阶段我国职业安全与健康监管体制存在的主要问题，并在此基础上恰当地运用由戴维·菲尼总结的制度安排的需求和供给分析框架，系统地分析了影响我国职业安全与健康监管体制创新的制度需求因素和制度供给因素以及我国职业安全与健康监管体制由非均衡状态向均衡状态变迁的内在动力、变迁主体、变迁方式及变迁过程，进而科学地提出了我国职业安全与健康监管新体制的制度设计框架及其具体实现路径。

当下，中国的城市化已进入加速期，工业化创造供给，城市化创造需求，城市化有助于解决中国经济长期以来依赖出口、内需不振的问题。洪隽博士的《城市化进程中的公共产品价格管制研究》一书基于对城市与城市化概念的内涵界定和对工业化与城市化之间的关系阐释，得出了城市化是经济社会发展的必然趋势，总结了中国城市化出现的环境污染、交通拥挤等主要问题，进而引申出价格管制政策在城市化进程中的重要作用。作者认为，随着广大市民对公共产品的需求持续上升，政府可以通过科学的价格管制来保证公共产品的有效提供及服务质量的改善，科学的价格管制能够有效增加公共产品供给，运用差别价格政策可控制和平衡有效需求。在作者看来，价格管制属于政府经济性管制的一种重要形式，它的理论基础主要是公共产品理论、政府管制理论、博弈论以及激励性管制理论等，用者付费则把价格机制引入公共服务中。作者力图从公共管理而不是经济学的角度去研究价格管制问题，他不仅提出了解决城市化过程中出现的环境污染、交通拥挤等问题需要双向思维——增加公共产品的供给和减少有效需求等创新观点，而且强调指出，只有发挥价格机制在城市基础设施、公交优先、环境保护方面的积极作用，引入竞争和激励机制，促进企业加强成本约束，才能推进城市的可持续发展。

社区是社会的细胞，是建设和谐社会的基础。随着经济社会的发展和城市化进程的加快，城市的范围在不断扩大，“村改居”社区数量也在不断增加。“村改居”社区如何治理，不仅成为新形势下社区管理工作者必须解决的难题，更是我国现阶段社会管理体制创新的重要内核。黄立敏博士的《社会资本视阈下的“村改居”社区治理研究》一书是运用当代公共行政与公共政策研究领域流行的社会资本理论探讨“村改居”社区治理的一项实证研究。作者认为，社会资本是一个具有概括力和解释力的概念，尤其是对于以“差序格局”和熟人关系网络为特征的“村改居”社区具有天然的契合，社会资本是“村改居”社区中最重要的传统因素，它在“村改居”社区治理中发挥着重要作用。在本书中，作者通过对深圳市宝安区的“村改居”社区在其社区治理体制变革前后变化的实证研究，系统地考察了在“村改居”社区治理过程中，社会资本如何发生影响和作用，“居站分设”模式下社会资本出现怎样的变化，这些变化带来哪些影响，进而揭示过渡型的社区——“村改居”社区治理中社会资本的重要性，最后得出结论：保持“村改居”社区社会网络，借助“村改居”的社会资本，加大对“村改居”社区建设的投入，实行以党组织为核心的多组织共治，是“村改居”社区推进公众参与和节约政府管理成本，实现社区善治的共赢途径。

伴随着具有中国特色的社会主义现代化建设事业向纵深推进，特别是体制的改革和社会的转型，我国正迈入社会矛盾和冲突的高发期，公共危机日渐显现出常态化的特征，常态化的公共危机不仅对中国社会的稳健发展造成了严重的威胁，而且对中国政府的公共治理能力提出了严峻的挑战。钱正荣博士的《政策能力视域下的公共危机治理研究》一书从公共危机常态化的现实动因入手，以深入分析当前我国研究公共危机治理需要把握的社会时代背景为前提，在凸显政府之于公共危机治理的核心角色和责任并揭示公共政策与公共危机之间内在逻辑关联的基础上，尝试着从公共政策的视角透视公共危机治理过程中的政策能力缺失并力图从社会转型带来的风险治理、难以预测的突发公共事件的应急治理以及当代公共管理的共同面向即风险社会的政策能力建设三个层面来建构公共危机治理的整体性框架，进而探索公共危机治理的政策能力重构路径。

食品安全是人类发展的一个根本性问题。人类社会最初出于本能的食品安全保障措施和行动，可以说是人类最早的食品安全政策及其执行。从被动的保障到主动保障，从临时的措施到系统的措施，从宗教化的禁忌到科学的制度体系，正是人类食品安全政策执行力的发展历史背景。孙文博士的《社会转型期公共政策执行力的系统分析——基于我国食品安全政策的实证研究》一书基于作者长期从事产品质量和食品安全监管工作的实践经验，紧扣社会转型期的时代特征，恰当地运用现代公共政策与公共管理的理论与方法，以我国食品安全政策为例，对社会转型期的公共政策执行力问题进行了颇具特色的系统分析。作者认为，作为政策结构与机制中的一个重要变量，政策执行力反映的是政策执行过程中效果与预期的契合程度。而社会转型期本身所固有的特定社会关系和社会矛盾，为食品安全公共政策执行力研究提供了更有针对性和限制性的平台，使得相关的研究和讨论可以更加的集中和聚焦。有鉴于此，作者分别通过食品安全保障历史进程的分析、食品安全政策及其执行的历史分析、监管体制对食品安全政策执行力的影响分析、制度设计对政策执行力的影响分析以及食品安全政策执行在操作层面的因素分析对公共政策执行力及其限度、体制基础、逻辑载体和兑现形式进行了深入系统的探讨，进而从公共政策执行力提升对策的视角明确主张，必须在尊重历史发展和社会治理基本规律的基础上，以理性和科学的态度主导相关食品安全政策的制定与执行，同时要把客体导向原则引入政策制度与执行之中，充分体现以权力分享为特征的现代治理理论对于食品安全政策及其政策执行力的影响，给予食品生产经营企业更多的利益表达、权益维护、发展选择等方面的主导权，重塑社会道德体制（包括市场诚信体系），建立统一并且平衡的法制环境以及渐进式的行政体制调整，将是我国食品安全体系建设的必由之路。

伴随着我国国家治理体系和治理能力现代化进程的日益加快，特别是海洋强国战略的全面实施，中国海上交通运输进入了一个新的快速发展阶段，海上搜救工作面临极其严峻的挑战，在海上搜救工作中具有核心和统率作用的海上搜救管理体制必须作出适应性的改革创新，以促进海上搜救能力和水平的提高。黄志球博士的《中国海上搜救管理体制创新研究——基于治理理论的视角》一书基于作者长期从事海事管理工作的实践经验，以现代公共治理理论为方法论指导，在全面回溯中国海上搜救管理体制演变历程的基础上，分别从组织结构、权责关系、管理机制、制度体系等方面对中国现行海上搜救管理体制存在的突出问题及其产生的根源进行了深入剖析，并广泛借鉴美、英、法、澳、日等世界上主要海洋国家和海运大国的有益经验，有针对性地提出了对中国海上搜救管理体制进行重塑与再造，实现海上搜救从一元管理到多元治理的转变，以更好地调动政府、市场、社会等方面的力量共同参与海上搜救工作，从而最大限度地实现、维护、增进公共利益等颇具创新意义和实践价值的理论观点和政策建议。

公共政策不仅在空间上不是孤立的，而且在时间上也不是孤立的，任何一项政策都有其来龙去脉，住房政策也不例外。改革开放以来我国住房政策已经过了数十年的发展演变历程，这使得我们通过一个历史的视角来研究改革开放以来我国的住房政策不仅成为必要而且成为可能。柏必成博士的《改革开放以来我国住房政策的变迁：轨迹与动力分析》一书立足于公共管理的学科定位，以政策变迁理论作为研究的理论基础，综合借鉴历史学、经济学、社会学的学科知识，运用规范分析与实证研究相结合的方法，对改革开放以来我国住房政策变迁的轨迹进行了描述性分析，对改革开放以来我国住房政策变迁的动力进行了解释性分析。该书不仅通过描述性分析明确了改革开放以来我国住房政策变迁中具有关键意义的时间节点，指出了不同时期我国住房政策的变迁方向与目标定位，揭示了改革开放以来我国住房政策变迁的阶段性推进特征和“间断均衡”特征，并对我国住房政策的发展趋势作出了预期；而且通过解释性分析将所构建的政策变迁动力分析框架与改革开放以来我国住房政策变迁的实际经验进行反复对接，进而明确了影响改革开放以来我国住房政策变迁的10种关键因素（其中包括6种内部动力因素和4种外部动力因素）及其相互关系，同时也对所构建的政策变迁动力分析框架进行了检验和完善，力图对实现政策变迁理论的“本土化”和“中国化”有所贡献。

我国的改革开放至今已经进入努力实现基本公共服务均等化的发展阶段，为了维护公民“住有所居”的基本权利，我国的住房政策变革不断深入，在住房市场逐渐形成的同时，各级政府也在积极采取有效的干预措施以弥补市场的不足，保障中低收入群体的基本居住权，尤其是自2003年以来，基于住房改革中出现的问题，我国政府出台了一系列促进住房市场平稳前行的政策举措。然而，业已出台的相关政策在发挥积极作用的同时也明显地存在因执行不力而影响政策效用的不良情形。周丽婷博士的《社会公平视域下的我国城市公共住房政策执行力研究——基于广州市的个案分析》一书运用理论研究与个案研究相结合、定性研究与定量研究相结合、宏观研究与中观、微观研究相结合、多学科交叉研究与网络应用相结合的方法，从社会公平的研究视角，在借鉴部分国家和地区提升公共住房政策执行力相关经验的基础上，结合我国住房政策变迁的历史过程，以广州市为例，从公共住房政策执行主体、客体、对象、环境等方面深入揭示当前住房政策执行力不力的内在机理，进而就我国城市公共住房政策执行力的提升路径进行了有益的探讨。

在此需要强调指出的是，作为这套学术论丛中各位作者的博士指导教师，一方面，我为他们顺利地完成博士研究生学业、通过博士学位论文答辩并获得博士学位，尤其是能够在博士论文基础上出版专著，由衷地感到欣慰和自豪；另一方面，我所能给予他们的更多的是基于我职业经验的“两方”指导，即“研究方向”和“研究方法”方面的指导，至于每一篇博士论文的主题研究领域，具有专门研究的各位作者才是真正拥有“话语权”的“专家”，我衷心地祝愿各位作者继续在各自的专长领域不懈努力，取得更多、更辉煌的成就！

最后，作为这套学术论丛的总主编，我非常感谢武汉大学出版社领导王雅红女士以及胡国民先生等各位编辑为本套丛书的编辑和出版所付出的宝贵心血；我还真诚地希望读者能够给我们提供宝贵的批评意见，以推动我们在人才培养和科学研究方面有新的突破；作为公共行政与公共政策研究领域的一名学者，我坚信，伴随着我国改革开放和社会主义现代化建设事业的进一步发展尤其是国家治理体系和治理能力现代化进程的日益加快，作为一门方兴未艾的学科，公共行政学必将在理论研究、学科发展、人才培养、为党和政府提供决策咨询和智力支持等方面继续焕发出勃勃生机，显现出更为强大的生命力，发挥出更加重要的“智库”作用！

丁　煌

于珞珈山

前　言

20 世纪 80 年代以来，我国住房政策改革不断深入，住房市场逐渐形成，房地产作为新兴支柱产业在国民经济发展中的作用日益凸显。然而，在急速推动住房商品化的进程中，房屋价格却呈现非理性上涨，形成广受关注的住房问题。实践证明，住房问题不仅属于经济活动领域，更属于社会政治范畴，单纯依赖市场调节方式并不能完全解决居民支付能力与实际房价之间的巨大差距，结果不但影响中低收入群体住房需求的满足，还与经济繁荣和社会稳定息息相关。因此，需要各级政府采取有效的干预措施弥补市场失灵，保障中低收入群体的根本住房权。

根据全国第六次人口普查数据，“2010 年，我国城市家庭户人均住房建筑面积为 29. 2 平方米，30 个省市中有 19 个省市低于 30 平方米，14 个在 28 平方米以下。全国约有 50%的家庭户人均住房面积不到 30 平方米，其中 26%的家庭不足 20 平方米；人均低于 20 平方米的城市家庭占比约为 31%，在 12 平方米以下的占比为 16%，住房条件急需改善”。然而，2013 年全球房价指数报告显示，“通过对全球 53 个国家和地区的房价追踪研究，今年第三季度全球房价指数已超越金融危机前的高位，比2008年房价顶峰时高出4%。其中迪拜的房价全球上涨最快，一年上涨28.5%；中国大陆紧随其后，房价一年上涨21.6%；香港楼市排名第三，房价同比上涨了16.1%”。报告指出，尽管中国政府采取有力措施促使房产市场降温，但房价仍旧维持快速上涨的态势。由于普通民众投资渠道狭窄，大多数人将住房当成最主要的投资方式，预计未来10年，中国有上亿人口从农村迁移到城市，这将进一步加重住房供求矛盾。如何解决这一关乎国计民生的现实问题，维护社会公平、提升公共住房政策执行力，已经成为我国政府部门及各行业专家学者共同研究的课题。

2003年以来，基于住房改革发展中出现的问题，政府出台了一系列促进住房市场平稳前行的政策举措：坚持以经济和法律手段为主，行政手段作为必要补充；通过增加普通商品房的有效供给，施行差别化的住房信贷、税收、限购等调控措施；支持居民自住型住房需要，遏止不合理的住房需求。但是，房价并没有如期下降，反而在庞杂的供求矛盾中大幅反弹，主要原因在于我国正处于城市化、工业化飞速发展的历史阶段，势必出现住房供应紧张、价格高涨等不良后果。另外，有关政策的目标定位、制度设计、管理方式手段等还存在一定瑕疵，造成住房困难群体自动被屏蔽在公共住房供应系统之外。因此，不断完善与住房市场化改革相适应的公共住房政策体制，就成为解决住房供需矛盾及价格飙涨问题的重要工具。为了增强公共住房政策执行力，现阶段住房市场的主要任务是：构建由政府提供基本公共住房、以市场为主满足多层次住房需要的政策体系，推广公共租赁住房和廉租住房并轨运行，加大住房货币补贴政策执行力度，实现中低收入阶层住有所居的目标。

本书运用理论研究与个案研究相结合、定性研究与定量研究相结合、宏观研究与中观、微观研究相结合、多学科交叉研究与网络应用相结合的方法，从社会公平的研究视角，在借鉴部分国家和地区提升公共住房政策执行力相关经验的基础上，结合我国住房政策变迁的历史过程，以广州市为例，从公共住房政策执行主体、客体、对象、环境等方面深入挖掘当前住房政策执行力普遍不太高的内在机理，最后提出提升我国城市公共住房政策执行力的科学路径。

第一章，导论。在研究背景的基础上提出本书的研究问题，探讨本书的研究目的和价值意义。进而通过对国内外研究现状的理论研究比较，提出本书的研究方法与基本假设、研究内容和技术路线。

第二章，概念界定与理论梳理。在对公平、公共住房、公共政策执行力等相关概念进行合理界定的基础上，将福利多元主义理论作为本书理论背景的缘由加以诠释，然后对协作治理理论运用于本书的适切性展开分析。

第三章，完全福利与市场失灵：我国城市公共住房政策及其公平性发展轨迹。本章将我国城市公共住房政策的历史演进划分为4大阶段共9个关键发展时期，分别是：住房政策初具雏形时期、住房分配完全福利化时期、住房改革公房出售试点时期、住房改革提租补贴时期、住房改革市场化初步形成时期、住房改革商品化形成时期、住房改革市场化发展时期、住房改革政府强力调控时期和住房改革双轨并重发展时期。

第四章，公平欠缺与利益博弈：广州市公共住房政策执行力现状分析。通过回顾广州市公共住房政策的发展历史（1949年至今），指出当前部分住房政策执行发生偏移的突出表现。在此基础上，从公共住房政策执行主体、客体、对象、环境、机制等方面深入分析广州市住房政策执行力不太高的主要原因，以及对城市居住空间、房屋租赁市场和城市经营所造成的一定影响。

第五章，社会公平与协作治理：我国城市公共住房政策执行力的提升路径。本章从“宏观、中观、微观”层面入手，主要对住房公平前提下提升城市公共住房政策执行力的价值观念、社会福利背景下提升城市公共住房政策执行力的相关政策、协作治理环境下提升城市公共住房政策执行力的具体举措加以拓展，以期对我国城市公共住房政策执行力的提升产生实质性参考作用。

第六章，研究结论与研究展望。本章总结本书的主要结论和创新之处，指出研究中存在的不足，并提出进一步努力的方向。

目　　录

第一章　导论 …………………………………………………… (1)
第一节　研究议题阐释 ……………………………………………… (1)
一、研究背景与问题 ……………………………………………… (1)
二、研究目的与意义 ……………………………………………… (7)
第二节　研究现状述评 …………………………………………… (13)
一、国外公共住房政策领域的研究概况 ………………………… (14)
二、国内公共住房政策的相关研究进展 ………………………… (27)
三、国内外研究评析 ……………………………………………… (48)
第三节　研究方案建构 …………………………………………… (50)
一、研究思路与重难点 …………………………………………… (50)
二、研究方法与基本假设 ………………………………………… (52)
三、研究内容与技术路线 ………………………………………… (57)

第二章　概念界定与理论梳理 ………………………………… (60)
第一节　基本概念界定 …………………………………………… (61)

一、公共住房 …………………………………………………… (61)
二、住房公平 …………………………………………………… (66)
三、公共住房政策执行力 ……………………………………… (74)
第二节 福利多元主义理论诠释 ……………………………… (76)
一、福利多元主义的理论蕴涵 ………………………………… (77)
二、福利多元主义作为本书理论背景的缘由 ………………… (82)
第三节 协作治理理论介说 …………………………………… (84)
一、协作治理的理论渊源 ……………………………………… (85)
二、学界对协作治理理论的贡献 ……………………………… (95)
三、协作治理理论运用于本研究的适切性分析 ……… (108)

第三章 完全福利与市场失灵：我国城市公共住房政策及其公平性发展轨迹 ……………………………… (111)
第一节 公共住房政策高度行政化阶段（1949—1977 年） ……………………………… (112)
一、住房实物分配泛福利时期的实施背景 …………… (112)
二、住房政策初具雏形时期（1949—1954 年） ………… (113)
三、住房分配完全福利化时期（1955—1977 年） ……… (115)
四、住房政策完全福利化的负面影响 ………………… (119)
第二节 公共住房政策改革探索阶段（1978—1997 年） ……………………………… (122)
一、改革探索阶段住房政策演进的总体背景 ………… (122)
二、住房改革公房出售试点时期（1978—1985 年） …… (124)
三、住房改革提租补贴时期（1986—1991 年） ………… (126)
四、住房改革市场化初步形成时期（1992—1997 年） … (130)
第三节 公共住房政策市场化发展阶段（1998—2007 年） ……………………………… (135)
一、市场化发展阶段住房政策演变的时代背景 ……… (135)
二、住房改革商品化形成时期（1998—2002 年） ……… (137)
三、住房改革市场化发展时期（2003—2007 年） ……… (139)
四、住房政策市场化改革的特色 ……………………… (145)

第四节　公共住房政策双轨运行阶段(2008 年至今) …… (147)
一、住房保障和市场并行阶段的经济社会背景 ……… (148)
二、住房改革政府强力调控时期(2008—2011 年) …… (151)
三、住房改革双轨并重发展时期(2012 年至今) ……… (158)
四、住房政策改革双轨运行的公平问题 ……………… (164)

第四章　公平欠缺与利益博弈：广州市公共住房政策执行力现状分析 ………………………………… (167)
第一节　广州市公共住房政策历史沿革 ……………… (168)
一、改革开放前广州市城镇居民住房简况(1949—1978 年) ……………………………… (168)
二、改革开放后广州市公共住房政策发展情况(1979—2002 年) ……………………………… (174)
三、城市化快速发展时期广州市公共住房政策趋向(2003 年至今) ……………………………… (188)
第二节　广州市公共住房政策执行力部分偏移的突出表现 ……………………………… (211)
一、政策执行规划力缺乏长远取向 ………………… (211)
二、政策执行服从力没有完全到位 ………………… (215)
三、政策执行公信力出现下降趋势 ………………… (219)
四、政策执行监控力未能全面覆盖 ………………… (222)
五、政策执行问责力不够具体明确 ………………… (226)
第三节　广州市公共住房政策执行力不太高的主要原因 ……………………………… (230)
一、政策执行主体的价值认知矛盾 ………………… (230)
二、政策执行客体的政策工具操作欠妥当 ………… (235)
三、政策执行对象的经济投资行为倾向 …………… (239)
四、政策执行环境的资源稀缺性与封闭性 ………… (242)
五、政策监督机制的自律与他律约束不足 ………… (248)
第四节　广州市公共住房政策执行力高低的重要影响 … (251)
一、公共住房资源配置差异对城市居住空间的影响 … (251)

二、公共住房供应布局对城市房屋租赁市场的影响 …（257）
三、公共住房政策执行力度对城市经营的影响 ………（264）

第五章　社会公平与协作治理：我国城市公共住房政策执行力的提升路径 ……………………………………（271）
第一节　住房公平前提下提升公共住房政策执行力的价值观念 ……………………………………………（272）
一、住房权利公平价值观 ……………………………………（272）
二、住房机会公平价值观 ……………………………………（280）
三、住房规则公平价值观 ……………………………………（287）
四、住房能力公平价值观 ……………………………………（294）
五、住房结果公平价值观 ……………………………………（304）
第二节　社会福利背景下提升公共住房政策执行力的相关政策 ………………………………………………（311）
一、整合公共租赁住房政策执行力 …………………………（311）
二、调整经济适用住房政策执行力 …………………………（323）
三、提高旧城改造住房政策执行力 …………………………（335）
四、发挥住房货币补贴政策执行力 …………………………（346）
五、扩大住房公积金政策执行力 ……………………………（358）
第三节　协作治理环境下提升公共住房政策执行力的具体举措 ………………………………………………（368）
一、确立政府促进住房公平的主体地位 ……………………（368）
二、创新公共住房政策执行的技术手段 ……………………（382）
三、鼓励社会参与、多渠道增加住房供给 …………………（390）
四、完善公共住房政策执行的监督体系 ……………………（398）
五、设计公共住房政策执行力评估体系 ……………………（409）

第六章　研究结论与研究展望 ……………………………（427）
第一节　研究结论与研究创新 ………………………………（428）
一、研究的主要结论 …………………………………………（428）
二、研究的创新尝试 …………………………………………（432）

第二节　研究局限与未来展望 ………………………………（434）
一、研究的不足之处 ……………………………………（434）
二、研究的发展展望 ……………………………………（435）

参考文献 ………………………………………………………（439）

附录 ……………………………………………………………（458）

后记 ……………………………………………………………（500）

第一章

导　　论

第一节　研究议题阐释

一、研究背景与问题

18 世纪后半期从英国发起的工业革命，不仅促成了城市的繁荣和人口的相对集中，而且对土地和住房的诉求也愈益高涨。然而，政府在住房提供上形成的十足短缺局面，使得城市房价不断飙升，中低收入阶层实际支付能力明显不足，住房需求得不到实质性解决。“人人享有适宜的住房”是一种全民性的社会权利，因此，需要政府采取一定的干预手段，通过制定与执行带有社会福利性质的住房政策，引进可代替市场调整机制的住房体系，切实帮助住房困难群体解决居住问题，从而在 19 世纪末，各国产生了内容迥然不同的城市公共住房政策。由于经济发展水平的不同以及地方政府住房政策执行力的差异等方面的影响，公共住房问题的解决程度在不同国家和地区有所区别，即使在同一个国家和地区的不同时期也截然不同，因此值得我们对此展开深入的分析与探讨。

(一)研究背景

城市住房问题是困扰经济发展和城市化进程的难题，实质是公共住房问题，即中低收入阶层的住房困难问题。我国的住房政策在过去几十年经历了巨大的变化，改革开放以前，实行以福利分房为特点的政府主导的住房政策，员工住房由国家和单位承担建设重任，然后进行实物分配，只象征性地收取很低的租金。这种政策完全依赖财政投入建立起全覆盖的住房保障体系，既无可持续性，也没法满足民众日益增长的多样化住房需求。这一统包统分的政策体系直接导致全社会住房水平和住房质量的下降，城市住房供应长期短缺，房屋所有权和私有产权几近消失。数据显示，1978 年城镇人均居住面积由 1949 年的 4.5 平方米下降到 3.6 平方米。① 1991 年 6 月，国务院颁布《关于继续积极稳妥地进行城镇住房制度改革的通知》，提出“大力发展经济实用的商品住房，优先解决无房户和住房困难户的住房问题”，自此，我国正式启动公共住房建设。

1998 年 7 月，国务院正式废除住房实物分配，提倡城市公共住房私有化及市场化改革，城市居民的居住条件及环境自此发生了巨大的改变。至 2010 年，人均住房面积达到 31.6 平方米，城市居民自用型住房自有率达到 84.3%，甚至收入最低的 10%群体的住房自有率也达到 79.3%，每户家庭单元的建筑面积达到 67.8%。② 然而，随着我国城市化进程的纵深发展和住房政策改革步伐的加快，这一时期的公共住房政策未能及时推动，政府对应担负的住房保障职能认识不够，集中精力拓展政策执行中易发生偏差的“经济适用住房”与“限价商品住房”，未能有效保证中低收入家

① 侯淅珉. 对我国住房分配状况及其结果的再认识[J]. 中国房地产，1994(9)：18-24.

② 满燕云，隆国强，景娟，等. 中国低收入住房：现状及政策设计[M]. 北京：商务印书馆，2011：1.

庭的基本住房权。后来又由于部分城市持续不断产生的住房投资、投机性行为，导致房价节节攀升，进而使得社会贫富收入差距逐渐转化为住房领域的不平等，大量城市中低收入群体成为住房困难户或无房户，“购房难”已经从一个单纯的经济问题演变成严重的社会问题。

从全国房价总体水平来看，以 1998 年住房价格为基数，2010 年新建普通住宅商品房平均销售价格上涨了 97.9%，二手住房价格上涨了 101.8%，住房租赁价格上涨了 57.1%，尤其是在一线发达城市，房屋价格上涨更快。国家统计局的数据显示，2010 年，北京、上海、深圳的住宅商品房销售均价分别是：17151 元、14290 元和 18954 元，与 2003 年相比，增长了 362.1%、279.2%、303.0%，年均增长 20.2%、15.8%、17.2%①，价格上扬幅度大大超出相应年份的人均收入增长水平，如图 1-1、图 1-2、图 1-3 所示。

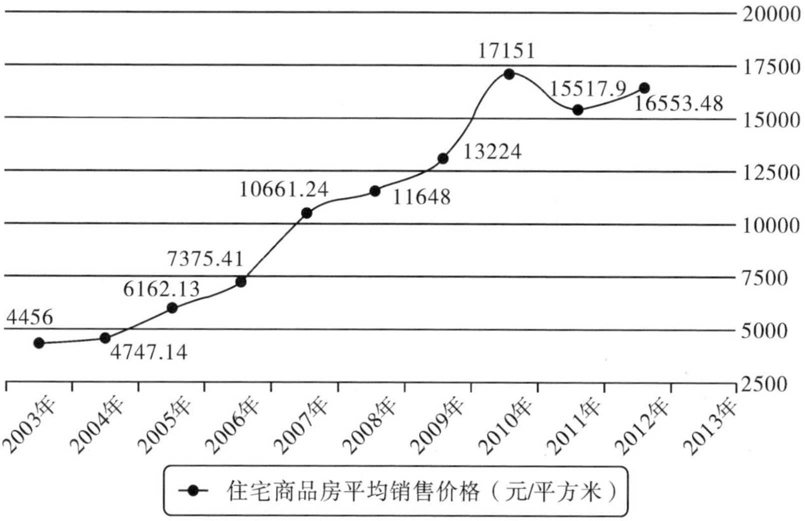

图 1-1　2003—2013 年北京市住宅商品房平均销售价格比较

① 国家统计局. 主要城市年度数据库[DB/OL]. [2014-12-20]. http://data.stats.gov.cn/workspace/index? m=csnd.

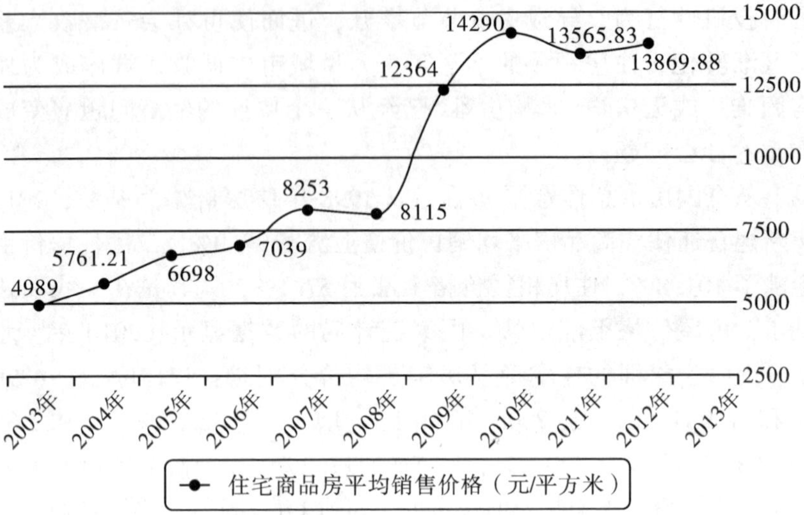

图 1-2　2003—2013 年上海市住宅商品房平均销售价格比较

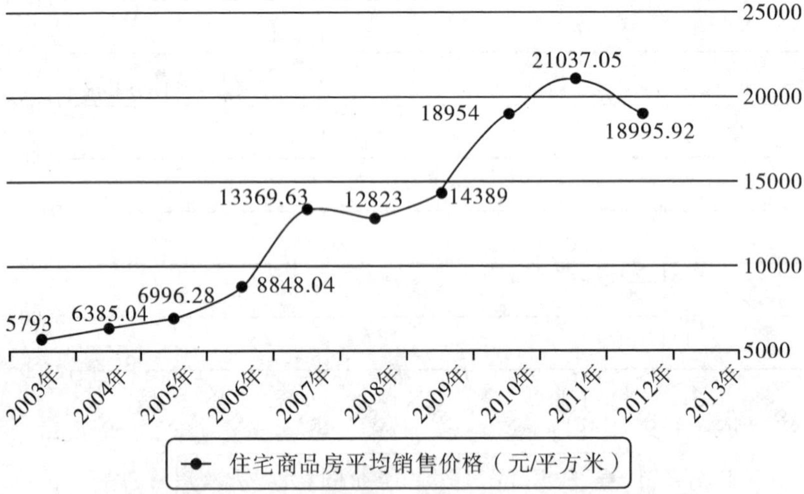

图 1-3　2003—2013 年深圳市住宅商品房平均销售价格比较

2010 年，北京、上海、深圳的人均可支配收入分别为：29072.9 元、31838.1 元、32280.9 元，如果按照该年全国城镇人均居住面积 31.6 平方米计算，这些城市市民用可支配收入购房则需要 15~17 年之久①，价格畸高的房价严重偏离了住房公平的本原，加大了住房市场泡沫。

2003 年 18 号文发布以后，由于经济适用住房分配和管理上存在许多问题，逐步淡出公共住房市场，而其他类型的公共住房特别是公共租赁住房建设明显滞后，导致住房市场的保障功能发挥不足。2007 年以后，国务院明确将公共住房纳入城市公共服务提供范围，要求各地方政府把公共住房建设当作新的工作重心，由此迎来了公共住房快速发展的时代。特别是进入“十二五”以来，仅 2011 年、2012 年两年的公共住房建设量就是“十一五”期间建设数量的 1.1 倍。以 2011 年为例，建设 1000 万套公共住房需要投资 1.3 万亿~1.4 万亿元，中央财政安排 1147 亿元的预算资金，地方政府可能的筹资来源包括地方债券、土地出让金收益的 10%、住房公积金增值收益、地方各级财政配套资金等，约 4000 亿元，尚有 8000 亿元需要从社会筹集。② 倘若 220 万套公租房建成后只租不售，按照现有的租金水平，最快也需要 30 年才能收回本金，需要近 3000 亿元的投资，政府财政负担异常沉重。此外，大规模的“补课式”公共住房建设，由于时间紧迫、资金短缺、企业利润低等原因，难免忽视住房质量，加之政府监管不到位，企业偷工减料、工程缩水等现象普遍存在。

目前，在公共住房政策执行过程中，尤其在审核保障对象、公共住房分配及后期管理等环节，还存在不少漏洞，以至于“富人住保障房、大量公房出租、经适房小区停高档车”等社会不公平现象时有发生，引起公众强烈不满。虽然已建立了包括经济适用房、廉租住房、公共租赁房在内的 7 大类、11 个品种的公共住房体系，但是实践证明，这不光对于科学划分住房层次、提高住房水平无

① 任兴洲. 中国住房市场发展趋势与政策研究[M]. 北京：中国发展出版社，2012：57.

② 齐骥. 建设 1000 万套保障房大约需要投资 1.3 万亿[EB/OL]. [2011-3-9]. http://news.xinhuanet.com/fortune/2011-03/09/c_121166972.htm.

益，还增加了寻租腐败的机会和监管成本，使得该类政策在执行中饱受争议。显而易见，现有的公共住房政策执行力匮乏已成为住房政策领域的一大痼疾，严重损害了政府的公信力，急需加以调整和提升，以期符合住房公平的社会本质。

(二)研究问题

自我国住房领域市场化改革以来，市场因素的进入使得整个住房产业得以发展，许多有条件的社会阶层也逐渐摆脱了原单位的住房困扰，民众的居住条件和生活水平得到显著提高。2003 年 8 月 12 日，国务院发布《关于促进房地产市场持续健康发展的通知》，首次将房地产业作为国家经济发展的支柱产业，自此开始，住房“商品化”愈走愈远，住房价格不断飙升，以至于造成当下严重的房产泡沫问题。尽管近些年国务院有关部门分别出台了“国八条”(2005 年)、“国六条”(2006 年)、“国四条”(2009 年)、“国十条”(2010 年)、“新国八条”(2011 年)、“新国五条”(2013 年)等政策来调控住房市场，也收到了一些成效，但是，一些大中型城市的房价并没有得到有效控制，相反还出现报复性反弹。从 2003 年至 2013 年十年间上海房价涨幅达到 500%，北京 365%，广州 261%，深圳 233%。① 与此同时，随着“房叔”“房婶”“房姐”等事件的曝光，“空城”“鬼城”等新一轮“造城运动”的出现，越来越凸显住房政策执行力的不足。

本书主要从社会公平的视角，以沿海发达城市——广州市为例，对我国城市公共住房政策执行力问题展开深入、系统的剖析，认为由于公平欠缺及利益博弈等方面的影响，导致住房政策执行力不高，进而提出从宏观价值层面、中观政策层面和微观措施方面来提升公共住房政策执行力。其实，住房政策执行力的高低不仅受到政策执行主体、客体和对象这些因素的影响，还受到政治、社会文化、地理、心理以及相应财税政策等因素的作用，是一个极为复杂的过程。受制于时间和资料数据的关系，本书只能研究其中的一些

---

① 新浪网. 盘点十年房价：上海疯涨 500% 深圳涨幅 233%［EB/OL］.［2013-2-27］. http://sz.house.sina.com.cn/news/2013-02-27/08422195014.shtml.

方面，主要问题如下：①通过对我国公共住房政策，尤其是广州市公共住房发展演变的动态分析，指出现时代城市公共住房政策的公平性有哪些显著变化？②我国城市（广州市）公共住房政策执行力不太高的突出表现有哪些？其主要原因是什么？可能产生怎样的影响？③住房公平前提下，提升城市公共住房政策执行力的价值选择包括哪些方面？④社会福利背景下，提高城市公共住房政策执行力的相关政策包含什么内容？⑤协作治理环境下，提升城市公共住房政策执行力的具体举措涵盖哪些方面？这些问题既属于学术问题，又属于我国现实的社会经济问题，需要从不同视角展开积极的探索与深层次的思考。

二、研究目的与意义

公共政策就其本质而言，是对公共资源进行分配的一种工具，住房政策就充分体现了这一点。公共住房作为影响人类生存和可持续发展的基本要素，不仅是衡量一国经济和文明程度的风向标，更是以政府提供的维护社会公平的重要公共物品形式而存在，起到缩减贫富差距、保证公民基本居住权的作用。一言概之，公共住房有着一个清晰简明的使命：解决穷人的居住问题。① 我国的住房改革使住房供给逐步向市场化方向发展，但是由于住房政策执行力不高、民众支付能力有限等方面的影响，城市中低收入阶层的住房困难日趋严重。因此，如何完善公共住房政策，更好地满足中低收入家庭的基本居住需求，有效提升公共住房政策执行力，是当前各级政府公共服务和社会管理职能的集中体现。

（一）研究目标

住房问题牵扯面广，是一项复杂艰巨的系统工程。如何厘清政府与市场的边界、如何看待住房在经济社会中的作用、如何提高住房政策执行力等都是需要破解的方向性难题。随着我国城市住房体

---

① ［美］内斯特·M. 戴维森，罗宾·保罗·马洛伊. 美国经济适用房与公私合营关系［M］. 吴春岐，蒋昀真，等，译. 北京：中国建筑工业出版社，2012：173.

制改革的逐步深入，市场在优化住房资源配置等方面正起到“主力军”的作用。但是，由于市场机制所固有的天然的内外部缺陷，中低收入群体在住所问题上往往显露出支付力不够的窘境，对该部分群体而言，若没有政府的相关政策扶持，不太可能解决住房问题或改善住房环境。虽然在2003年18号文中就提及了政府在解决最低收入家庭基本住房需求方面的责任，并指出建立廉租住房政策和经济适用房政策，但是，比较清晰地勾勒出以公共住房为主要内容的住房政策框架，则是2007年8月7日国务院发出的《关于解决城市低收入家庭住房困难的若干意见》，以及后来陆续出台的《经济适用住房管理办法》《廉租住房保障办法》和《公共租赁住房管理办法》，这些政策法令再一次明确了我国要建立与完善的公共住房思路。

实质上，由于公共住房与市场逐利的方向背道而驰，致使该政策在执行过程中出现了很多问题。根据2012年7月审计署发布的66个市县城镇保障性安居工程的审计公告，通过对这些地方廉租住房和公共租赁住房情况的重点审计，结果发现66个市县中，有22个单位将29.55亿元的工程资金用于非保障性住房建设；42个市县的2.1万户保障对象存在收入财产超标、应退出而未退出住房保障的问题；有5个市县的2801套保障房被作为商品房对外销售，3个市县的226套保障房被挪作他用，32个市县的1.46万套保障房闲置半年以上等问题①，迫切要求我们对城市公共住房政策执行力展开全方位思考。加快推进公共住房及其供应体系建设，是满足民众基本住房需求、实现“住有所居”目标的重要任务，是促进社会公平正义、保证民众共享改革发展成果的必然要求。因此，处理好政府提供公共服务和市场化的关系、住房发展的经济功能和社会功能的关系，保障低收入家庭基本住房需求、整合公共租赁住房政策执行力，缓解中低收入家庭住房困难、调整经济适用住房政策执行力，改善城市动迁族住房条件、提高旧城改造住房政策执行力等

---

① 新华网. 审计署：66个市县29.55亿元保障房资金被挪用[EB/OL].[2012-7-19]. http://news.xinhuanet.com/fortune/2012-07/19/c_123431923.htm.

皆不失为一剂良方。总而言之，如何解决住房公平问题，包括权利公平、机会公平、程序公平、能力公平、结果公平等，加快建立一个更为科学的公共住房政策执行力体系，就成为本书的主要研究目标。

（二）研究意义

经济是住房发展的基础，住房问题在全球范围内普遍存在，由于政治、经济以及文化背景的差异，各国在解决住房问题时所采取的政策各不相同。对于中国而言，作为一个人口基数大并正处于快速城市化的发展中国家，不可避免地会遭遇住房问题。我国近30年来区域发展极度不平衡，造成了大量就业人口涌向经济相对发达的地区，即珠江三角洲地区、长江三角洲地区和某些一线城市，如北京、上海、深圳、广州等特大城市。人口的高度集中直接引发了一系列“城市病”，如住房与公共服务问题、社会保障问题、社会公平问题等。

广州作为中国重要的一线城市，是华南地区政治、经济、科技、教育和文化的中心，常住人口为1292.68万人，城镇人口占比85.27%。在城市建设巨大需求的带动下，广州市房地产市场发展十分迅速。从2005年到2011年，广州十区商品住房成交量为773万平方米/年，而土地供应仅为211万平方米/年，可建筑面积434万平方米，供需缺口达339万平方米/年，刚需依然强劲。① 2013年，广州市实现地区生产总值（GDP）15420.14亿元，比上年增长11.6%；房地产开发业完成投资1579.68亿元，比上年增长15.3%，其中商品住宅开发投资950.14亿元，增长14.8%。② 房地产行业的快速发展，不可避免地造成了一定的房地产泡沫隐患。例如，房价增长过快，远远超出居民的实际购买能力；住宅投资过热，造成地区产业结构极度不平衡；保障性住房缺口过大，民生问

① 林文俏. 广州城市化率达83% 三旧改造仍有潜力可挖[EB/OL].[2013-11-22]. http://gd.sina.com.cn/news/b/2013-11-22/000056586.html.

② 数据来源：广州市统计局《2013年广州市国民经济和社会发展统计公报》，2014-3-19。

题凸显等。可以说，广州市住房市场出现的这些问题也是全国绝大多数大中型城市的"通病"，因此，从社会公平的视角剖析广州市公共住房政策执行力现状及其调节作用，对国家层面的公共住房政策制定与执行具有重要的借鉴价值和示范意义。

从国外情况分析，经济发达国家在人均 GDP 达到 3000 美元时，城市化率达到70%左右，如美国、英国、法国、日本等；在人均 GDP 达到 10000 美元时，城市化率达到 70%~80%(德国达到82%)，以后发展趋于平缓。① 国家统计局的数据显示，2012 年我国国内生产总值 519470.1 亿元，比上年增长约 7.8%；2013 年国内生产总值 568845.21 亿元，比上年增长约 7.7%。如图 1-4 所示。另如图 1-5 所示，2011 年年底，我国城镇人口为 69079 万人，城市化率为 51.3%；2012 年年底，我国城镇人口为 71182 万人，城市化率为 52.57%；2013 年年底，我国城镇人口为 73111 万人，城市化率为 53.73%②。快速城市化阶段，是指城市化率由 30%提高到70%的阶段，我国城市化率在 1996 年达到 30.48%。③ 按照目前的提升速度，在 2040 年左右即可完成这一提速，而发达国家大约历时百年才完成。除去城市化的成分以外，我国人口的年龄结构特征，在 2025 年以前会一直呈现人口红利期④，大量的青壮年人口必将促使人口总量继续上升，与城市公共住房紧密联系的低收入人口规模也会不断增长。因此，我国在转型过程中面临的住房问题更为严峻，大量的人口迁移必然带来大规模的住房需求，因此，对整个住房政策系统作出合理调度，维护社会公平，是当前各级政府的首要责任。

---

① 倪虹. 国外住房发展报告[M]. 北京：中国建筑工业出版社，2013：2.

② 国家统计局. 国民经济和社会发展统计公报[EB/OL]. [2014-2-24]. http://www.stats.gov.cn/tjsj/tjgb/ndtjgb/.

③ 人民网. 城市化时代的转型与变革：中国进入城市化快速发展时代[EB/OL]. [2010-10-25]. http://theory.people.com.cn/GB/13041277.html.

④ "人口红利"，是指一个国家的劳动年龄人口占总人口比重较大，抚养率比较低，为经济发展创造了有利的人口条件，整个国家的经济呈高储蓄、高投资和高增长的局面。

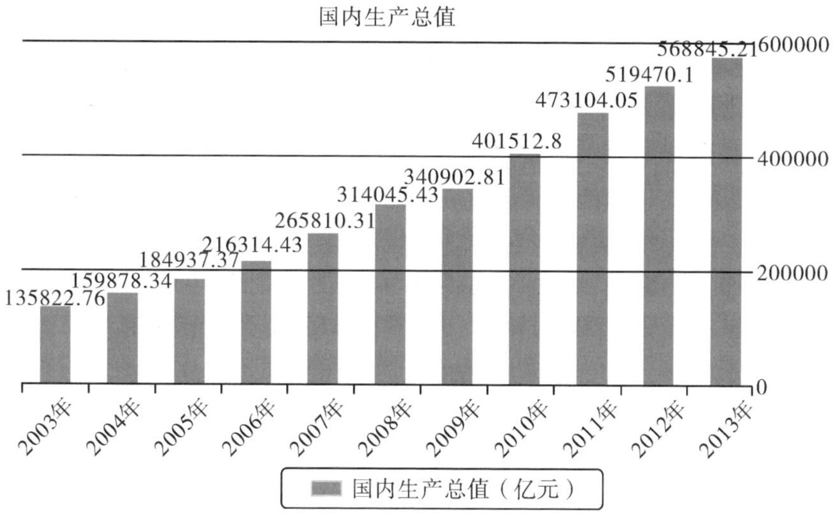

图 1-4 2003—2013 年我国国内生产总值增长比较

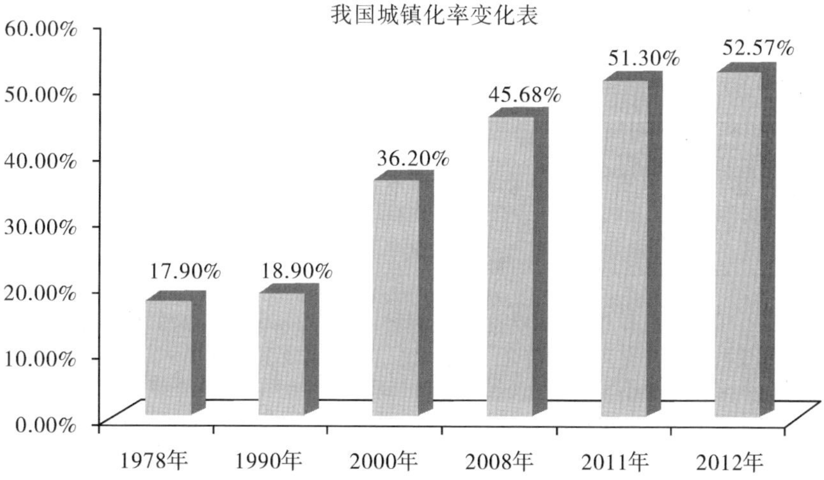

图 1-5 1978—2012 年我国城镇化率变化比较

公共住房是为了解决城市中低收入家庭住房问题的保障性住

房，在政策调控层面，顶层制度设计并非具体措施，当前旨在使商品房回归市场与保障房回归政府的趋势十分明显。李克强总理强调，“要在确保保障性安居工程按期开工、质量可靠、如期建成的同时，把确保公平分配放在更重要的位置，按照保障基本、公正程序、公开过程的原则，科学确定保障范围，规范和阳光操作，切实保障中低收入住房困难家庭的基本住房需求”①。党的十八大进一步指出，“建立市场配置和政府保障相结合的住房制度，加强保障性住房建设和管理，满足困难家庭基本需求”②。十九大报告也持续提出：“在发展中补齐民生短板、促进社会公平正义……坚持房子是用来住的、不是用来炒的定位，加快建立多主体供给、多渠道保障、租购并举的住房制度，让全体人民住有所居。”③由此看来，当前我国政府已正式将住房供应“多元化、多层次性”作为住房政策体系调整的主要方向。从公共住房政策的具体情况来看，现阶段的政策着力点在于：大力发展公共租赁住房，将廉租住房并入公租房，加强各类棚户区改造力度，弱化传统的经济适用住房，引导发展上海模式的共有产权住房，加快制定《住房保障条例》等。这些公共住房政策执行力的高低以及政策公平性的实现程度，直接影响到社会的和谐稳定与城市的健康发展。

正如费斯勒(James W. Fesler)和凯特尔(Donald F. Kettl)宣称：“在许多发展中国家，主要问题并不在于政府在政治上的不稳定或没有能力为发展设计合理的项目，而在于他们没有能力将政府的决

---

① 中华人民共和国住房和城乡建设部. 李克强强调 牢牢把好公平分配这个保障性安居工程持续发展的生命线[EB/OL]. [2012-2-7]. http://www.mohurd.gov.cn/zxydt/201202/t20120210_208704.html.

② 胡锦涛. 坚定不移沿着中国特色社会主义道路前进 为全面建成小康社会而奋斗——在中国共产党第十八次全国代表大会上的报告摘登[N]. 人民日报，2012-11-9.

③ 中华人民共和国中央人民政府. 习近平：决胜全面建成小康社会 夺取新时代中国特色社会主义伟大胜利——在中国共产党第十九次全国代表大会上的报告[EB/OL]. [2017-10-27]. http://www.gov.cn/zhuanti/2017-10/27/content_5234876.htm.

策和项目加以执行。”①美国政策学家艾利森（Graham T. Allison）断言：“在实现政策目标的过程中，方案确定的功能只占10%，而其余的90%取决于有效的执行。”②管理学中的格瑞斯特定理（Goriest Theorem）也指出：杰出的策略必须加上杰出的执行才能奏效。这些均表明：不论政策方案多么完美，若没有强有力的执行都只是一纸空文；缺乏较高的政策执行力，原有的政策目标就难以保证。因此，无论一国的经济发展实力如何，也不管该国究竟属于何种社会体制，住房问题既可以说是一个经济问题，也可以说是一个政治问题，且公共住房政策执行力的提升对有效实现社会公平目标意义重大，本书由此具有了一定的研究价值与现实意义。

第二节 研究现状述评

公共住房的产生可以追溯至住房可支付问题和对无家可归者的社会救助，19世纪末20世纪初，随着各国工业化和城市化进程的加快，农村人口及各种资源迅速向城市聚焦，使得城市面积和人口规模急速扩张，住房成为主要矛盾。其表现形式包括：住房紧缺问题、居住质量问题和社会公平问题等，需要新的住房立法和政策工具加以协调。住房除了满足民众的基本住所需求外，更成为个人社会地位高低和财富多寡的象征，因此学者们关于住房问题的研究常常与社会公平联系在一起。目前大多数国家在面对城市住房问题时，通常将由政府主导提供公共住房作为应对该问题的主要手段之一，只是不同国家、不同时期的公共住房政策有着截然不同的具体内涵和执行方式。

---

① ［美］詹姆斯·W. 费斯勒，唐纳德·F. 凯特尔. 行政过程的政治：公共行政学新论［M］. 陈振明，朱芳芳，等译. 北京：中国人民大学出版社，2002：12.

② 周定财. 政策执行失灵视角下我国地方政府能力提升研究［J］. 云南行政学院学报，2009(4)：29-34.

一、国外公共住房政策领域的研究概况

自1980年起，由于美国和欧洲对于抵押贷款市场的解控，越来越多的城市边缘人群被纳入住房所有者阶层，随之而来的是1990年和更为灾难性的2007年的严重住房经济泡沫。在房产泡沫破裂中，采取极端新自由主义经济和住房政策体制的国家皆损失惨重：例如美国、英国、爱尔兰、希腊、冰岛、意大利、西班牙和葡萄牙，这些国家差不多都背负上巨大的债务。受影响最小的是那些鼓励多种住房所有权形式的国家，如德国、奥地利、瑞士、荷兰、瑞典和丹麦等由于"住房社会市场"的存在，一定程度上缓冲了经济泡沫破裂所带来的撞击。① 鉴于此，各国陆续投身于公共住房领域的相关理论与实践研究，当下大批研究皆围绕住房政策展开，而且研究对象普遍是全球较具影响力的国家及地区。

(一)政治社会学研究视域：命令型与市场型政策相结合的视角

1. 政府角色与住房政策

Sally Adamson(1974)通过对自1969年《住房法案》颁布以来美国地方政府执行住房改进政策的程序的调查研究，证实该法案是中央和地方政府为发现一种有效的住房改进政策而努力20年的最大成就。这一政策的重点在于劝说住房所有者增进他们的财产价值，而非强迫他们这样做。②

Raymond J. Struyk(1977)指出，政策条款的不变性，是美国联邦政府发起的针对大都市住房计划的传统特点。这种刚性特质忽视了城市住房市场的可变性，建议未来的联邦住房计划更具地方灵活性。③

---

① [瑞典] 吉姆·凯梅尼. 从公共住房到社会市场[M]. 王韬，译. 北京：中国建筑工业出版社，2010.

② Sally Adamson. The Politics of Improvement Grants：A Survey of Local Authority Procedures Forimplementing Housing Improvement Policies [J]. Town Planning Review，1974，45(4)：375-386.

③ Raymond J. Struyk. The Need for Local Flexibility in U. S. Housing Policy[J]. Policy Analysis，1977，3(4)：471-483.

James F. O'Connell(1977)指出，近几年澳大利亚公共和私营部门通过提供经济援助或建设住房的方式来改善土著居民的住房条件，在某些地方这一计划取得了巨大成功，而在另一些地方由于没有顾及住房传统习惯等因素而导致失败。①

Michael Ball 等(1988)通过对发达资本主义国家如英国、美国、法国、德国等住房市场、住房政策以及具体提供方式的比较，提出住房政治在亲市场意识形态和新右派政府的影响下，改革的可能方向是：重构住房供应体系、住房市场和政策的革新、社会住房供给的变革以及迈向新的住房供给政治等。②

Peter Williams(1997)指出，现在的英国住房政策正处于十字路口，住房昂贵且供不应求，房屋修缮问题也日益严重，与此同时，政府提供的资源还在不断削减。因此提出通过成立当地权威部门、自置居所、建立住房协会、发展住房市场和住房金融等构建一种长期的具有可持续发展性的住房体系。③

Jeanne M. Wolfe(1998)指出，20 世纪加拿大社会性住房政策的提供责任从联邦政府向省和地方政府转移，并依次将其行政和管理职能移至地区和市政机构。最终导致现今的加拿大社会性住房政策，是由 12 个省和区域性政策以及数不清的地方性政策组成的纵横交错的政策体系。④ Bae-Gyoon Park(1998)指出，在韩国和新加坡，国家和其他社会成员之间形成的政治联盟，对政府在住房发展中的作用产生了深刻的影响。政府只需要在社会活动中建立起适当的政治关系，比如府际关系、资金关系和劳动关系等即可解决住房

① James F. O'Connell. Room to Move：Contemporary Alyawara Settlement Patterns and Their Implicationsfor Aboriginal Housing Policy[J]. Mankind，1977，11(2)：119-131.

② Michael Ball，Michael Harloe，Maartje Martens[M]. Housing and Social Change in Europe and the USA. London：Routledge，1988：114-115.

③ Peter Williams. Directions in Housing Policy：Towards Sustainable Housing Policies for the UK[M]. London：Paul Chapman Publishing Ltd，1997：190-191.

④ Jeanne M. Wolfe. Canadian Housing Policy in the Nineties[J]. Housing Studies，1998，13(1)：121-133.

矛盾，促进社会发展。①

黄持渊(2000)指出，韩国的住房政策，呈现出公共与私营部门在住房方面扮演角色的转变，突出的是政府在其中所起到的作用。为了破解住房难的瓶颈，公共部门最初扮演的是“企业家”角色，后来演变为“制约者”角色。此外，如果将住房看作是一种社会福利，政府则扮演着“提供者”角色。②

Laurence Murphy(2004)指出，20世纪90年代新西兰的社会福利改革深刻地改变了国家在住房政策系统中的作用，主要包括：创造一个利润导向的企业管理国有住房出租、向市场租金转移以及住房补充。其潜在影响集中在私有化、承租人的流动率、可支付能力等方面，因此需要采取相应的政治和立法改革。③

李光耀(2005)通过对新加坡“居者有其屋”计划和土地调控政策执行情况的介绍，指出屋主为有能力购买房屋而骄傲，但政府主建的组屋则惨遭擅用，维修方面也较差。进而阐明如何通过政府干预，建立起每位公民与国家以及国家前途之间的利害关系，使得每个家庭都有自己的住房，确保社会更加稳定。④

Daniel Keath Fetter(2010)指出，20世纪美国在推出“居者有其屋”计划上，增幅最明显的是1940—1960年，很大程度上是由于这一阶段原始业主的年龄下降所致。“二战”和朝鲜战争后期，国家兵役制度对退役军人的住房补贴及家庭构成的影响，充分说明战时租金控制政策有助于自有住房率的提升。⑤

---

① Bae-Gyoon Park. Where do Tigers Sleep at Night? The State's Role in Housing Policy in South Koreaand Singapore[J]. Economic Geography, 1998, 74(3): 272-288.

② [韩] 黄持渊. 试论韩国住房政策的演变和住房的特点[J]. 中国行政管理，2000(8)：43-45.

③ Laurence Murphy. To the Market and Back: Housing Policy and State Housing in New Zealand[J]. GeoJournal, 2004, 59(2): 119-126.

④ [新] 李光耀. 新加坡的公共住房政策：得失之间的政治与地产[J]. 中外房地产导报，2005(6)：48-49.

⑤ Daniel Keath Fetter. Federal Policy and the Mid-century Transformation in U.S. Housing Markets [DB/OL]. Cambridge: Harvard University, Unpublished Doctor's Dissertation, 2010.

2. 住房供给与社会公平

Michael H. Lang(1989)指出美国对无家可归者关注度一般，主要途径有：志愿援助、立法倡议、社会运动施压和司法审查。与之相比，英国在1977年、1982年、1983年分别编纂了相关政策法案来保护社会弱势群体。美国分散的立法、零星的资金以及有关居住权的司法上诉注定只能取得有限的成功。①

David Clapham等(1990)对英国住房政策作为社会政策的职能展开了研究，一方面，对住房供应和其他福利服务如健康服务、教育系统、个人社会服务和社会安全之间的关系做出分析，提出住房政策的方向是满足社会需求。另一方面，指明住房政策作为福利政策的一种，需要承担提供其他社会服务的功能。②

Barrie Needham等(1998)通过分析以色列和荷兰两国住房的有效性，指出土地和规划政策极大地影响了住房供给。在荷兰，政策被积极用来提供大量的住房廉价用地；而在以色列，从土地到住房的转化过程中却有相当严格的政策限制。由于各自政策选择的影响，使其对以后的住房准入产生相应的作用。③

Helen Cope(1999)认为英国的住房协会应该针对个体的不同需求制定有差别的政策援助计划，特别是那些无家可归的人、上了年纪的老人、艾滋病患者以及身体有残疾的弱势群体。④ Charles E. Daye等(1999)指出在获批住房资格方面，还存在着对少数种族特别是非裔美国人的歧视，住房准入条件的限制也引起了足够的关注并导致了改进措施的出台。随着住房公平国家立法的展开，对未婚

---

① Michael H. Lang. Homelessness Amid Affluence: Structure and Paradox in the American Political Economy[M]. New York: Praeger Publishers, 1989: 181.

② David Clapham, Peter Kemp, Susan J. Smith. Housing and Social Policy[M]. Houndmills: Macmillan Education Ltd, 1990: 23-40.

③ Barrie Needham, Roelof Verhage. Housing and Land in Israel and the Netherlands: A Comparisonof Policies and Their Consequences for Access to Housing[J]. The Town Planning Review, 1998, 69(4): 397-423.

④ Helen Cope. Housing Associations: The Policy and Practice of Registered Social Landlords[M]. Houndmills: Macmillan Press Ltd, 1999: 257-292.

妇女户主、有孩子的家庭、残疾人甚至大学生等的区别对待也应引起重视。①

Hal Pawson 等(2002)通过研究住房过程和社会排斥的关系，以及过去几十年间英国社会住房分配体系的发展，指出现有的社会住房分配政策属于社会排斥问题的一部分，该政策妨碍把最贫困群体从最糟糕的地区分离出来。并且，由于其官僚性、强制性程序的影响，使得社会住房的作用蒙上污名。②

Kathryn Forbes(2007)通过对美国加利福尼亚州夫勒斯诺市可支付性住房危机的调查(如墨西哥农场工人)，提出：第一，可支付性住房的提倡者需要参加该地区政策制定者的培训计划；第二，向其他县市学习怎样提高可支付性住房的供给；第三，找到将可支付性住房政策写进城市总体规划的途径；第四，较好的教育可能不会导致地方政府提升可支付性住房供给的空头承诺。③

Alan Morris(2009)指出，澳大利亚现有的住房政策需要作出彻底改动，以使年老的非自有房产者要么有足够的收入能够支付私营租赁住房的租金，要么能够在需要时得到相应的住房供给。④ Elizabeth Debicka 等(2009)指出，“二战”后贫乏的居住环境引起加拿大政府对北极圈东部因纽特人住房问题的参与，然而，由于缺乏对传统居住文化的考虑，导致交付的公共住房并不适合当地的气候以

---

① Charles E. Daye, Otto J. Hetzel, James A. Kushner, etc. Housing and Community Development[M]. Durham: Carolina Academic Press, 1999: 545-561.

② Hal Pawson, Keith Kintrea. Part of the Problem or Part of the Solution? Social Housing Allocation Policies and Social Exclusion in Britain[J]. Journal of Social Policy, 2002, 31(4): 643-667.

③ Kathryn Forbes. Bureaucratic Strategies of Exclusion: Land Use Ideology and Images of Mexican Farmworkers in Housing Policy[J]. Human Organization, 2007, 66(2): 196-209.

④ Alan Morris. Contentment and Suffering: the Impact of Australia's Housing Policy and Tenure on Older Australians[J]. Australian Journal of Social Issues, 2009, 44(4): 363-377.

及以地面为基地的活动。① Sandra Newman 等(2009)提出，患有严重精神病的无家可归者是公共政策缺陷的明显表现，对这类特殊群体的住房提供及政策研究，建议集中于解决长期存在的政策门槛问题，即住房和服务为谁提供更有效。②

Margaret Hodgins 等(2010)指出，爱尔兰政府有必要改善老年人口的住房维护政策和使住房更加便利舒适的政策，未来的政策导向需要把重点放在建立扶持环境、社会参与和对自然、社会及精神福祉的优化方面。③ Adrienne M. Holloway(2010)指出，美国的住房选择凭单计划由于主要依赖于房东自愿将住房出租给享有凭单资格的家庭，容易使有关选择因素受到影响。除了受市场驱动的租赁价格促使房东提出超过规定的租金上限外，还可能因为利润空间太低，房东拒绝出租房屋给单亲家庭，从而使得这类家庭的住房选择受到限制。④

Carlos Teixeira(2011)指出，为难民和移民提供住房，愈发成为加拿大不列颠哥伦比亚的小型或中等城市的问题。通过对弗农、彭蒂克顿和基隆拿移民住房经验的研究，显示调查对象不但由于地位、种族、肤色等原因曾遭遇歧视，而且面临着住房支付能力的问题。建议政府通过提供可支付住房建设资金、调节或与开发商合作、促进房东和承租人的对话等来帮助解决住房危机。⑤

---

① Elizabeth Debicka, Avi Friedman. From Policies to Building: Public Housing in Canada's Eastern Arctic1950s to 1980s[J]. Canadian Journal of Urban Research, 2009, 18(2): 25-39.

② Sandra Newman, Howard Goldman. Housing Policy for Persons With Severe Mental Illness[J]. Policy Studies Journal, 2009, 37(2): 299-324.

③ Margaret Hodgins, Verna McKenna. Social Welfare, Housing and Health Policy and the Determinantsof Quality of Life for Older People in the Republic of Ireland[J]. Quality in Ageing and OlderAdults, 2010, 11(2): 19-28.

④ Adrienne M. Holloway. Suburban Municipal Characteristics that Attract Housing Choice Voucher Households: A Test of the Tiebout Hypothesis[R]. Unpublished Doctor's Dissertation, Northern Illinois University, DeKalb, Illinois, 2010.

⑤ Carlos Teixeira. Finding a Home of Their Own: Immigrant Housing Experiences in Central Okanagan, British Columbia, and Policy Recommendations for Change[J]. Journal of International Migrationand Integration, 2011, 12(2): 173-197.

Julie Rugg(2012)指出青年人是住房租赁市场中最弱势的群体,英国传统住房政策主要瞄准的是低收入家庭,对青年人在住房政策体系中的遗漏,可能导致一系列反社会行为。因此,政府应该在充分了解青年人住房需求特点的基础上,制定更具针对性的差异化住房政策,帮助改善青年人的住房条件。①

3. 住房政策与社区发展

Ian Greener 等(2008)指出,英国最新出台的住房政策尝试授予社会住房用户和自有住房用户同样的职责,这种利益相关者选择模型通过持有住房的方式使个体来改善他们的社区。住房代代相传,是主要的家庭财产,并且成为供养和财富的根本。现在的住房政策试图使社会性住房和自有住房用户通过参与管理或购买来扩展这些理念,因而彻底的住房所有权仍然是优先选择。②

Hunt D. Bradford(2009)通过对芝加哥公共住房改革失败的描述,指出缺乏新的、切合实际的住房改革发展配套计划,公共社区就没法发挥出住房政策的集体效能。若没有大量居民的入驻,甚至可能出现连建造最好的公共住房也有可能遭遇社会无序和管理混乱的厄运。③ Paul A. Peters(2009)指出,公共住房的提供既是城市发展的重要组成,也是理解智利圣地亚哥市社会空间分异的关键。一方面,执行了50多年的MINVU计划,引进了大量的土地利用规划条例和限制城市盲目扩张的办法;另一方面,该计划也是城市新住房提供的最大推动者,容易忽略掉自身的政策初衷,使得人口增长迅速且城市边界不断扩大。④

Andrea M. K. Gill(2010)指出,自美国《住房和社区发展法》出台

① [英]朱莉·鲁格. 英国青年人住房政策[M]. 陈立中,译. 北京:中国建筑工业出版社,2012:9.

② Ian Greener, Martin Powell. The Evolution of Choice Policies in UK Housing, Education and Health Policy[J]. Journal of Social Policy. 2008, 38(1): 63-81.

③ D. Bradford Hunt. Blueprint for Disaster: The Unraveling of Chicago Public Housing[M]. Chicago: The University of Chicago Press, 2009: 13.

④ Paul Adrian Peters. Spatial Segregation in Complex Urban Systems: Housing and Public Policy in Santiago, Chile[R]. Unpublished Doctor's Dissertation, The University of Texas at Austin, Austin, Texa, 2009.

后，结束了政府作为低收入住房直接生产商的角色，用租赁证书代替了大规模的公共建设，并且资助私营部门为穷人提供住房。但是，如果没有包括整顿住房市场以及不平等的大都市区域划分等在内的体制改革，公共住房不太可能在废除种族隔离方面产生重大影响。①

Uche A. Oluku(2011)指出，美国“希望6”计划的实施，在一定程度上实现了以社区为导向的目标，政府干预后的混合收入住房社区中的犯罪率明显降低。然而，以圣路易斯为例，“希望6”计划却在全国范围内导致了相对集中的贫困、高比例的少数民族、女户主家庭和一定的住房空置率。② Jim Silver(2011)在阐述加拿大四个城市公共住房项目的基础上，解释了城市贫困和住房项目之间的内在关联，指出公共住房项目在不考虑其负面形象时，是为了提供更好的居住场所。但是，北美20多年的实践证明，城市贫困问题的解决靠的不是所谓的公共住房计划，而是需要重建公共住房社区。③

Danielle H. Sandler(2012)对1995—2010年美国芝加哥公共住房项目废除前后犯罪率的审查，评价了公共住房的潜在负外部性。通过公共住房社区与周围社区的比较发现，犯罪率在该项目废止后下降了8%，这种减少主要集中在暴力犯罪方面，并且至少持续了5年时间。④ David Mullins等(2012)在对影响英国住房政策的重大事件尤其是1979年以来住房政策演进分析的基础上，探讨了各种住房所有权形式的重要发展。如住房和社会医疗之间的关联、社区

---

① Andrea Marie Kathleen Gill. A Decent Home in a Suitable Environment: The Struggles to DesegregatePublic Housing in New York City, Chicago, and Los Angeles [R]. Unpublished Doctor's Dissertation, University of California, Santa Barbara, California, 2010.

② Uche A. Oluku. A Comparative Analysis of the Effectiveness of the HOPE VI Program in Revitalizing Conventional Public Housing Sites: A Multiple Case Study in St. Louis [R]. Unpublished Doctor's Dissertation, University of Missouri-St. Louis, St. Louis, Missouri, 2011.

③ Jim Silver. Good Places to Live: Poverty and Public Housing in Canada [M]. Nova Scotia: Fernwood Publishing, 2011: 10-11.

④ Danielle Havicon Sandler. Externalities of Public Policy [R]. Unpublished Doctor's Dissertation, University of California, Davis, California, 2012.

更新和私人部门振兴、社会排斥、可持续社区计划和监管改革令等主要政策的变化。①

(二)公共政策学研究视阈：经济发展对住房政策改革影响的视角

1. 城市发展与住房供应

E. G. Pryor(1983)指出由于人口的快速增长和廉价住房供应的短缺，中国香港地区一直面临着持续的住房问题。直到1953年后才有所好转，政府的作用显而易见，如"居者有其屋"计划的推出、临时住宅的扩建和新城镇的发展等。但是，住房质量和公共服务标准的恶化，空置住房导致的资源浪费，以及港岛、九龙、荃湾这些商业区对香港90%左右工作的垄断等，需要在以后的政策方案中加以考虑。②

Dinyar Lalkaka(1985)指出，中国城市住房极为缺乏，已经达到非常紧迫的程度，原因在于住房被当作是社会福利由国家统包统揽的观念。这一陈旧思想通过如下途径对住房建设发挥作用：第一，城市人口规模及增长率过快；第二，在城市基础设施建设中，房屋投资比例失衡；第三，房租价格过低。因此，中国城市住房的唯一出路在于要把住宅建设改革成一种生产投资。③

Kosta Mathey等(1990)通过对古巴、坦桑尼亚、埃塞俄比亚、中国、越南等13个第三世界社会主义国家住房的评述，指出由于城市服务以及与市场经济相等同的适宜住房的缺乏，这些国家的住房改革并没有取得大范围的成功。④

Piyush Tiwari等(1998)指出，住房政策和计划的设计，需要对家庭可支付能力和住房需求的精确估计，住房提供或补贴的效率依赖于住房需求的价格弹性，不同的家庭由于经济和人口的原因，对

---

① [英]戴维·莫林斯，艾伦·穆里. 英国住房政策[M]. 陈立中，译. 北京：中国建筑工业出版社，2012：18-19.

② E. G. Pryor. Housing in Hong Kong[M]. Hong Kong：Oxford University Press，1983：106-109.

③ [英]拉尔卡卡. 中国的城市住房问题[J]. 凌小言，译. 现代外国哲学社会科学文摘，1985(4)：48-51.

④ Kosta Mathey. Housing Policies in the Socialist Third World[M]. London：Mansell Publishing Limited，1990：3-10.

住房需求有着不同的看法。并采用计量经济学的分析步骤，对印度城市住房需求的功能作出科学估计，结果显示，印度的住房需求不能适应现有的收入和价格的变化。①

Ian Cook(2008)指出快速城市化和工业化给公共住房问题带来了巨大压力，在揭示英国利物浦市公共住房发展的内在矛盾的基础上，为中国公共住房政策提供建议：第一，避免步伐过快地大规模发展公共住房；第二，避免过多的公共住房远离市中心；第三，促进新开发的公共住房项目的社会融合；第四，邀请公众和社区参与新的发展规划；第五，解决好公共住房与户口之间的关系等。②

比约恩·埃格纳(2011)指出，德国住房由于长期受到4种传统方式的影响，即“租赁法、住房补助金、私有住房促进和社会保障住房建设”，直到20世纪90年代末，“社会城市和东部城市改造”这两种新的办法才得以参与其中。虽然各种方式手段存在着一定的延展性，然而随着时间的推移，加之具体的社会和经济环境的影响，住房政策上也昭示出显而易见的改变。③

2. 住房建设与住房公平

S. N. 塔克(1985)指出，澳大利亚政府对于有能力购买非出租性质住房的屋主，实行一系列补贴政策，比如提供贷款利息补贴、首次购房储蓄津贴、首次购房利息减免等优惠措施。④ 宫尾尊弘(1985)指出，住房政策可分为两类：一是注重收入的公平分配；二是注重住房分配的效益。“二战”后欧洲各国公共住房政策的侧重点在于住房供给，即由中央和地方公共机构负责建造大批公租房，以扩大租房供应。但由此造成这些国家近年来财政负担沉重，

---

① Piyush Tiwari., Jyoti Parikh. Affordability, Housing Demand and Housing Policy in Urban India[J]. Urban Studies, 1998, 35(11): 2111-2129.

② [英] Ian Cook. 英国公共住房政策和立法的发展及其对中国的启示[J]. 政治与法律, 2008(2): 26-31.

③ [德] 比约恩·埃格纳. 德国住房政策：延续与转变[J]. 左婷，译. 德国研究, 2011(3): 14-23.

④ [澳] S. N. 塔克. 澳大利亚的住房补贴计划[J]. 张海宁，等，译. 外国经济与管理, 1985(4): 25-27.

住房资源分配的效益问题，以至于不得不重新考虑原先的住房政策。① Christopher J. C. Mafico(1991)通过调查得出，为了满足目标群体的社会经济、文化需要，目前津巴布韦的公共部门低收入住房政策必须改革，现行政策与存在的住房问题严重脱节。②

Tony O' Sullivan 等(2003)认为，21 世纪的英国将更多地强调对住房市场的管理而不是社会住房的建设，这样能够促使多样化的住房提供主体，如公共部门、非营利组织和私人能在住房价格、质量等方面展开竞争。社会住房政策的重要职能，就是为了满足低收入阶层的合理住房需求并努力做到物有所值。③

金银姬(2006)指出韩国公共住房政策的关键，在于通过中小型和出租型房屋的建设，解决中低收入者的住所，并在财政、土地、金融和税收上予以倾斜。对中国的建议是：第一，制定的政策法规能保障公共住房提供对象和相关程序；第二，把"只售不租"的政策模式改为"租售结合"，增添公共住房供给；第三，强化法制建设，为住房政策执行提供法律层面的支撑。④

Feyzullah Yetjin 等(2007)通过对土耳其和立陶宛住房政策相似点及不同点的比较，指出现存的主要住房问题是社会排斥和贫穷，并运用"SWOT"方法对此作出分析。最后得出，不仅两个国家的经济存在困难，而且在协调处理住房问题时，这两国的法律、行政基础设施及制度结构等还存在一定的缺陷。⑤

金大鸿(2008)指出，根据韩国的发展经验可知，土地供给、

---

① ［日］宫尾尊弘. 住房政策的经济分析[J]. 王伯言，译. 外国经济与管理，1985(6)：25-26.

② Christopher J. C. Mafico. Urban Low Income Housing in Zimbabwe[M]. Aldershot：Avebury，1991：147-148.

③ Tony O' Sullivan，Kenneth Gibb. Housing Economics & Public Policy[M]. Malden：Blackwell Science，2003：152.

④ ［韩］金银姬. 韩国公共住房政策对中国的启示[J]. 城市开发，2006(11)：83-85.

⑤ Feyzullah Yetjin，Natalijia Lepkova. A Comparative Analysis on Housing Policies in Turkeyand Lithuania[J]. International Journal of Strategic Property Management，2007，11(1)：47-64.

商品房土地出让金占公共住房建设的比例、金融税收等有关政策的制定和执行，是中国公共住房能否抵达目的的中枢所在。① 因此建议：第一，明确定义并细分公共住房供给对象，建立健全个人收入登记体系；第二，严控 90 平方米以下户型面积建设标准；第三，设立建设、运营保障性住房的专门机构。②

Alex F. Schwartz(2012)阐述了次贷危机如何影响住房政策的方方面面，重点考察了美国为中等收入家庭提供廉价舒适住房所制定的主要政策及实施的项目。在这些住房政策中，有些是为了刺激对廉价舒适住房的投资，有些则致力于消除歧视性行为，通过制定一系列干预措施来保障低收入家庭和少数族裔家庭的住房，提出所得税政策和监管政策对住房抵押贷款有着重要的影响。③

Mohammed Y. Ubale 等(2013)指出，马来西亚和尼日利亚的住房政策并没有强调低造价住房的支付能力，也没有相关的法律章程或方针来进行调控。现有的政策在设计时没有考虑到相关受益群体，也与家庭背景和面积大小不符合。诸如住房资格条件、收入高低和需求者的数量等是该住房可支付性的主要障碍。④

3. 市场机制与住房政策

Gil Shidlo 等(1990)对巴西、印度、中国等 7 个发展中国家住房政策的比较，指出政府对政策工具的选择能被大范围地贴上“供应方”和“需求方”的标签。也就是说，对消费者而言，政策制定者要么选择补贴要么选择建设，或者是两者的联合。⑤ John Doling

---

① ［韩］金大鸿. 从韩国的公共住房制度看中国保障性住房制度的建立［J］. 经济导刊，2008(2)：83-84.

② ［韩］金大鸿. 由韩国发展经验看中国构建多层次住房体系［J］. 学术论坛，2008(12)：148-150.

③ ［美］阿列克斯·施瓦兹. 美国住房政策(第二版)［M］. 陈立中，译. 北京：中国社会科学出版社，2012：1-13.

④ Mohammed Yahaya Ubale，David Martin，Seow Ta Wee. Comparative Study between Malaysia and Nigeria Formal Low Cost Housing Policy Issues［J］. Asian Economic and Financial Review，2013，3(7)：923-947.

⑤ Gil Shidlo. Housing Policy in Developing Countries［M］. London & New York：Routledge，1990：1-4.

(1999)通过对中国香港、中国台湾、新加坡、韩国的经济、社会政策与其他工业化国家政策体制的比较分析，尤其是对住房政策政府介入范围的本质研究，得出这四个国家和地区实质上代表了另一类政权类型，即生产上的社团主义和消费上的自由主义。①

Sasha Tsenkova(2009)指出，中欧和东欧从计划经济向市场经济的变革，无疑具有后社会主义的经济、社会和政治意蕴，并且体现在国家住房系统的改革方面。通过对东南欧9个国家住房政策改革的比较分析，主张更具战略性的政策变革，以使市场机制在国家和地方层面都能更好地发挥作用。②

Peter J. Wallison(2010)指出，20世纪90年代美国的住房政策产生了数量庞大的次级贷款，并且以史无前例的比率开始拖欠。Jim Kemeny(2010)主要比较了两种租赁住房类型：盎格鲁-撒克逊"二元化"模式与日耳曼"单一化"市场模式，鼓励成本型租赁融入市场，使之与营利型租赁竞争。③

Shawn R. Moulton(2011)提出，美国GSE法案中可支付住房的目标对于抵押贷款市场的影响很小，统计数据显示，该目标与取消抵押品赎回权、空置率或其他住房效果之间没有任何关系。此外，对无家可归者提供的住房援助计划，能够减少长期以来的无家可归现象，并且政治上的考虑不只是在决定公共服务的水平和质量而且在确定提供这些服务的手段上有着一定的影响力。④

Edward L. Glaeser 等(2012)提出美国住房政策制定者应该根据不同地区的住房市场条件，以及穷人和中产阶级所面临的不同住房

---

① John Doling. Housing Policies and the Little Tigers: How do They Compare with Other Industrialised Countries[J]. Housing Studies, 1999, 14(2): 229-250.

② Sasha Tsenkova. Housing Policy Reforms in Post Socialist Europe: Lost in Transition[M]. Heidelberg: Physica-Verlag, 2009: 2-4.

③ [瑞典]吉姆·凯梅尼. 从公共住房到社会市场[M]. 王韬, 译. 北京: 中国建筑工业出版社, 2010: 149.

④ Shawn R. Moulton. Essays on Housing Policy and Community Development[R]. Unpublished doctor's dissertation, University of Notre Dame, Notre Dame, Indiana, 2011.

负担能力制定差异化的住房政策。通过改革住房抵押贷款利息减免政策，激励当地政府允许市场增加住房供给，避免不必要的价格上涨；联邦政府对低收入住房建设的补贴应当取消，相应的资金可转用于加大联邦租房券的使用范围。①

Tai-Chee Wong 等(2013)指出，新加坡的住房政策经历了由基本需求管理到欲望管理的演变过程。在详细说明 1960 年后公共住房政策所凭借的根本缘由的基础上，解释这一供应模式怎样适应政策涵盖群体住房诉求的变更。集中探讨了公共住房要想获得实质性提升需要与私人住房相联结，即使是在政府为改善公共住房质量不遗余力地进行努力后仍然如是。②

二、国内公共住房政策的相关研究进展

近些年来，“住房是一个重要的民生问题”已成为广泛的社会共识，使之引起学界深入探讨的原因在于：它既是一个经济问题，直接影响到我国经济的发展；又是一个社会问题，涉及社会的公平与和谐；不仅如此，住房政策的变化还是我国经济体制转型和社会变迁的缩影。然而，在人均住房面积不断扩大表象的背后，掩盖着较为严重的住房分配不公平的事实，孕育着一定的社会不稳定因素。随着我国经济社会的发展，公共住房政策依次经历了从福利住房到商品化住房与福利住房并存，再到住房市场化改革全面推进后建立并完善以廉租房、经济适用房、公共租赁房和住房公积金等为主体的多层次住房供给系统的演变。

(一)完全福利化时代公共住房的潜力问题研究

中华人民共和国成立后，我国实行的是完全福利化的住房政策，住房被视为社会福利的有机组成，是社会主义市场经济特色的集中体现。住房仅仅是居住场所，不是商品，不能拿来投资。因

---

① ［美］爱德华·L. 格莱泽，约瑟夫·乔科. 美国联邦住房政策反思［M］. 陈立中，等，译. 北京：中国建筑工业出版社，2012：9.

② ［新］黄大志，亚得列·雅蒲. 新加坡：从普遍提供公共住房到满足日益增长的私人住房需求［J］. 张占立，译. 经济社会体制比较，2013(4)：94-108.

此，在传统住房供应模式中，房屋并没有进行流转，只是作为一种工资补充方式，在实物表象下分派给体力或脑力劳动者①。

胡其翰(1957)指出，目前住宅供应不能满足人民日益增长的需要是住宅问题的主要矛盾，由于公有房屋数量的不断增加，其房租标准问题成为急需解决的问题之一，他认为“房租=房屋折旧费+房屋经营管理养护费+应纳税金”②。赵懿翔(1958)指出，上海解放后政府花了很大气力改善市民居住条件，房屋增加速度史上少有，但住房紧张情况更趋严重。提出由政府规定统一的居住面积标准，把住房按人口统一调配；订立全市统一的租金标准，实行分级加成的租金制度；充分发挥“余屋分租”的调节作用，对于公房和合营房屋尽可能采用按面积累进租金的办法，使其自动调整。③ 许绍基(1958)以广州铁路分局帮助职工自建住宅为例，提出“自建公助”方式与当前制定的其他政策相符，值得大力提倡。④

(二)住房改革商品化与福利化并存时期的探索研究

随着我国经济体制改革的开始，住房制度改革也如期而至，在1978年后的20年内，我国进行了一系列的住房改革探索，在住房商品化的推进中，传统、福利住房同时并存。各项改革措施具有一定的封闭性，并没有向所有社会成员开放，无论是租金改革还是公房出售，都没有改变住房福利供给的国有制特点，这就使得不同社会群体的利益分化越来越严重，住房领域的不公平问题凸显。

1. 住房商品化改革

阎培德(1981)提出应当有步骤地推行城市住宅商品化改革：

---

① 杨鲁，王育琨. 住房改革：理论的反思与现实的选择[M]. 天津：天津人民出版社，1992：70.

② 胡其翰. 关于社会主义房租的性质和计租标准问题的探讨[J]. 学术月刊，1957(10)：50-53.

③ 赵懿翔. 上海住房居住潜力问题研究[J]. 学术月刊，1958(4)：44-49.

④ 许绍基. “自建公助”是解决职工住宅问题的一个好办法[J]. 劳动，1958(7)：15-21.

第一步，在国家和企业以及企业之间实行；第二步，实行房租累进制；第三步，实行对低收入职工的房租补贴；第四步，国家或企业按照房屋的价值出售或出租住房。① 张秋舫(1986)指出住房福利政策的弊病，提出住宅商品化的主要内容：住宅作为商品进行生产；城市房产部门可以出售和出租住宅；住宅是个人消费品，允许自由买卖或租赁。② 蔡德容(1987)提出把住宅纳入流通，开拓住宅市场，推行城市住宅投资体制、租金体制、分配体制及管理体制的改革。③

黄瑞(1991)提出住房改革的商品化理论、工资理论与住房补贴理论、资金周转理论和消费理论，并指出房改的核心是鼓励职工买房。④ 齐亮(1991)提出在"提租起步、以租促售、租售并举，鼓励合作建房和私人建房"战略的指导下，各政府部门需要在住房改革中展开整体配套建设。⑤ 张强等(1994)指出住房改革的目标是实施住房市场化，加速住房建设步伐，建立起符合商品化原则的具有中国特色的公共住房制度。⑥ 曾国安(1995、1997)指出住房市场由"热"转"冷"的原因：公房售卖和单位建房的冲击、住房市场发育水平低、政府宏观调控不力等。应采取有针对性的措施支持住房市场的发展：如公房出售必须遵循住房商品化的原则；房地产发展商必须调整投资经营行为；迅速发展住房金融等。⑦

---

① 阎培德. 我国城市住宅商品化问题初探[J]. 河南师范大学学报(社会科学版), 1981(2): 57-62.

② 张秋舫. 住宅商品化是我国经济体制改革的一项重大政策[J]. 北京大学学报(哲学社会科学版), 1986(6): 23-29.

③ 蔡德容. 中国城市住宅体制改革研究[M]. 北京: 中国财政经济出版社, 1987: 147-210.

④ 黄瑞. 关于城市住房改革问题的理论探讨[J]. 贵州社会科学, 1991(5): 29-32.

⑤ 齐亮. 我国住房制度改革的情况和建议[J]. 经济社会体制比较, 1991(3): 7-12.

⑥ 张强, 卢有杰. 我国城市住房制度改革探讨[J]. 建筑经济, 1994(1): 45-48.

⑦ 曾国安. 住房市场"冷"的思考[J]. 中外房地产导报, 1995(8): 15-16.

黄启臣(1998)在对广州重型机器厂职工住宅状况和改革调查的基础上，提出职工住房必须实行商品化、货币化和社会化的改革建议。① 尹伯成等(1998)指出，实现住房由实物分配向货币化分配转变的过程中，要把实物分房和福利分房区别开来，住房分配货币化要取消实物分房，而不是要取消福利分房。② 王维(1998)借助史密斯政策执行模型这一工具，择取政策本体、标的团体、执行机构等要素，从权力和利益角度对它们在住房政策执行动态过程中的地位、行为特征、价值取向及其相互关系进行分析，阐述了这些因素作用于住房公共政策执行的原因和方式。③ 辜胜阻等(1998)认为住房双轨制是我国住房制度改革中出现的由住房福利化分配向商品化转变的过渡形态，应从加快工资制度改革、降低商品房价格、培育房地产市场、健全相关法律体系等方面进行改革。④

2. 住房领域分配公平

孙鸣阳(1983)提出，各级担负住房建设和城市繁荣重任的政府部门，需要全盘考虑并拟定与住房建设和城市进步密切相关的中长期规划，探寻在城市住房方面保障社会公平的科学方法，并对私人建房提供设计和技术指导。⑤ 王培元(1989)认为住房改革的前提是把住房单位所有制改变为国有制，消除旧体制存在的不平等问题，提出“住房券”形式的改革方案。⑥

李国庆(1990)从住宅供求关系出发，分析我国城市住宅质与

---

① 黄启臣. 国有企业职工住房制度的改革[J]. 中山大学学报(社会科学版)，1998(4)：116-126.

② 尹伯成，史庆文. 略论住房由实物分配向货币化分配的转变[J]. 复旦学报(社会科学版)，1998(4)：17-20.

③ 王维. 中国住房政策执行的障碍性因素分析[J]. 中国行政管理，1998(12)：58-65.

④ 辜胜阻，李正友. 住房双轨制改革与住宅市场启动[J]. 社会学研究，1998(6)：103-110.

⑤ 孙鸣阳. 论城市职工住房分配和房租制度的改革[J]. 经济研究，1983(7)：56-62.

⑥ 王培元. 关于我国住房制度改革的探索[J]. 深圳大学学报(人文社会科学版)，1989(3)：39-45.

量的不足和分配不公问题，阐明住宅政策的最终目标是提高居住水平和缩小居住差距。① 刘士余(1991)提出采取多种形式提高公房租金，大力发展合作建房与集资建房，继续向居民出售公有住房，逐步扩大住房金融制度的试点范围等。② 孙启明(1994)提出，城镇住房政策改革的主要目的是治理好住房供需严重失衡与分配不公平等矛盾。应抓紧建立遵循社会普适价值和市场经济发展需要的住房分派新体制，继而确保住房改革沿着既定轨道运行。③ 张敦胜(1997)指出，不论是政府还是城市市民皆未对住房改革目的达成一致，这是招致改革发展缓慢的主要缘由，应把实现社会公平摆在最重要的位置，极力宣传市场化改革对于公平的意义。④

(三)住房改革市场化全面推进时期的丛林研究

1998 年 7 月，国务院颁布《关于进一步深化城镇住房制度改革加快住房建设的通知》(国发〔1998〕23 号)，宣布启动住房货币化改革，成为我国住房政策改革进程中一个具有里程碑性质的文件，标志着以市场化供应为主体的住房供应体系的确立。经过 1999 年的过渡，2000 年实物分配住房全面取消，居民变成房屋的购买主体，真正进入住房消费时代和房地产市场超规模发展时期。⑤

1. 住房资源配置与政府干预

成思危等(1999)指出，仅仅依赖市场或价格的调节功能很难达到促使各方面平衡发展的目标。因此，需要依托政府制定的住房政策的有效指引，促使各级各层执行主体达致对整个住房资源的优

---

① 李国庆. 试论我国城市住宅的建设主体和分配问题[J]. 社会学研究, 1990(4): 58-72.

② 刘士余. 城镇住房制度改革与居民消费结构的调整[J]. 财经研究, 1991(9): 29-35.

③ 孙启明. 我国城市住房制度改革中的两个误区[J]. 经济纵横, 1994(7): 33-35.

④ 张敦胜. 城镇居民住房制度改革的几个理论问题[J]. 中国经济问题, 1997(5): 62-65.

⑤ 景天魁, 毕天云, 高和荣, 等. 当代中国社会福利思想与制度[M]. 北京: 中国社会出版社, 2011: 276.

化调配。① 郭长禄等(1999)指出，实行住房分配货币化改革需要加强新老房改政策之间的平稳过渡；取消福利分房制度，变“双轨”运行为“单轨”运行；实行售租并举，理顺售租比价；建立科学测算体系和个人住房档案；拓展抵押贷款业务，提高居民支付能力等。②

褚超孚(2005)指出城镇住房的主要影响因素包括：人均可支配收入、人均住房消费支出、居民人均使用面积、住房自有率等，通过实证相关分析或理想值模拟分析，得出政府应根据经济社会发展的阶段性水平，对上述指标作政策性的适度调控，使城镇公共住房的供应量努力保持供需的动态平衡。③

王阿忠(2007)认为为解决经济适用房建设中出现的问题，政府必须全面介入经济适用房建设：强化官员问责制；从严审批购房对象，控制审批程序及上市交易时间；实行政府统一管理，加大经济适用房的供给等。④

冯俊(2009)认为解决公共住房难题的核心，首先是对公共住房供应对象的住房需求层次的合理定位，其次是按市场机制确定公共住房的租赁价格。⑤ 李斌(2009)提出，政府要多管齐下，果断采取措施平抑大城市房价，依据城市居民的收入结构或职业结构配置相应的住房，发放住房补贴，关注住房改革结果所产生的社会不公正等。⑥ 王先柱等(2009)提出，中央政府应当采取有效措施激励地

---

① 成思危，等. 中国城镇住房制度改革：目标模式与实施难点[M]. 北京：民主与建设出版社，1999：338-339.

② 郭长禄，王家庭. 住房分配货币化：住房制度改革的现实选择[J]. 财经问题研究，1999(2)：53-57.

③ 褚超孚. 城镇住房保障规模影响因素的相关分析研究[J]. 浙江大学学报(人文社会科学版)，2005(4)：106-112.

④ 王阿忠. 中国住宅市场的价格博弈与政府规制研究[M]. 北京：中国社会科学出版社，2007：265-266.

⑤ 冯俊. 住房与住房政策[M]. 北京：中国建筑工业出版社，2009：200-224.

⑥ 李斌. 分化的住房政策：一项对住房改革的评估性研究[M]. 北京：社会科学文献出版社，2009：277-280.

方政府加大公共住房建设力度，促进房地产市场健康发展。①

张振华(2011)认为中央的房地产宏观政策能否发挥作用，以及能发挥多大作用，取决于中央制约地方政府及其官员机会主义行为的能力及程度，因而，利益整合就成为现阶段应对和化解住房市场存在的种种问题的主要思路。② 吴迪等(2011)从博弈分析入手，重点探讨了公共住房违规出租的产生模式及治理机制。指出市场利差是导致违规行为的原动力，在住房政策改革中加大对违规者的惩处力度，将对遏止违规出租行为更加有利。③

易成栋(2012)根据转型期中国城市家庭因市场因素的影响而产生的住房选择行为的系列变化，提出了住房政策的改进建议：大力发展租赁市场，促进住房消费；实行住房租买中性政策；倡导均享性社会，适当鼓励居住混合和社会融合；利用财税、金融政策等适当抑制住房投资，提高住房使用效率，等等。④

2. 住房供应体系与政府责任

李勇辉等(2005)指出，在住房改革中应注意：改善住房公积金使用者的融资条件；完善经济适用房政策，建立经济适用住房政策的动态调整机制；构建和完善廉租房体系，切实解决低收入居民的住房问题；积极开展合作化建房，形成多层次的住房供应体系。⑤

赖华东等(2007)指出，针对供给方的政策，在较短时间内能很好地解决住房短缺问题，但是加重了财政负担；针对需求方的政

---

① 王先柱，赵奉军. 保障性住房对商品房价格的影响：基于1999—2007年面板数据的考察[J]. 经济体制改革，2009(5)：143-147.

② 张振华. 中国房地产市场发展过程中的利益群体与政府角色[M]. 天津：南开大学出版社，2011：266.

③ 吴迪，高鹏，董纪昌. 保障性住房违规出租问题的博弈分析和治理研究[J]. 管理评论，2011(2)：3-10.

④ 易成栋. 中国城市家庭住房选择的时空变动和社会分化研究[M]. 北京：北京大学出版社，2012：249-259.

⑤ 李勇辉，修泽睿. 我国城镇住房制度改革对收入分配影响分析[J]. 当代经济研究，2005(5)：45-48.

策，对于提高住房消费能力具有一定的效果，能够确保住房供给的连贯性。① 因此，应优先采用供给方补贴的住房政策；随着经济过热形势的好转，再考虑需求方补贴的政策。② 刘丽荣(2008)则从住房梯度消费结构的形成、供应体系的统筹发展、运行机制、相关制度建设方面，论述了实现住房保障合理供给的运行构架。③

蔡冰菲(2009)认为，各级政府需要担负起建设公共住房的重任，从而使得全体公民能够平等地分享改革开放的成果。可是目前来看，大多地方政府只关注片面的经济利益，不重视公共住房建设，无形中产生了与上级政府的博弈，国家住房政策执行效果如何，实际上受到各地方履职尽责情况的影响。④

周卫嘉(2010)在个案分析的基础上提出，推进财税体制、土地体制、居民户籍管理体制改革，调节住房市场供求关系，优化住房市场供应结构，理顺住房市场需求结构。⑤ 徐虹(2010)从公共住房的供应总量、供应体系、供应区位和供应价格四方面展开分析，提出公共住房的合理供应体系及适宜建设区位和建设模式，并从支付能力角度出发为公共住房价格租金的制定提供了依据。⑥

唐云松等(2011)指出，影响保障性住房规模的因素主要归结为居民住房需要、政府保障性住房供给能力与住房市场供求状况，其中保障性住房投资额与土地供应量关联度最高。只有使保障性住

---

① 赖华东，蔡靖方. 城市住房保障政策效果及其选择[J]. 经济评论，2007(3)：136-140.

② 徐虹. 保障性住房政策的选择运用[J]. 中央财经大学学报，2008(6)：13-18.

③ 刘丽荣. 保障性住房的合理供给与梯度消费模型的构建[J]. 建筑经济，2008(10)：42-45.

④ 蔡冰菲. 保障性住房建设中地方政府与中央政府的博弈分析[J]. 社会科学家，2009(12)：40-43.

⑤ 周卫嘉. 网络关系、保障性住房政策对住房价格的影响研究[D]. 长春：吉林大学博士论文，2010：108-112.

⑥ 徐虹. 城市公共住房供应研究[M]. 北京：经济科学出版社，2010：2-4.

房资金和土地供应与国民经济和居民消费保持同步甚至更快增长，才能确保住房市场的供需平衡。①

龙雯(2012)认为，要妥善解决公共住房问题，关键在于明确公共住房中的政府责任，这才能够使公共住房政策真正地发挥其利国利民的作用。② 刘雪明等(2012)提出增加投入、完善制度、加强监管、扩大供给，是地方政府在执行国家保障性住房政策过程中更有效承担责任的重要路径。③ 魏丽艳(2012)指出，为了实现住房保障分配结果公正等目标，必须在制度上进行完善，建立健全准入退出机制，履行地方政府责任。④ 陶雪良(2012)从把握公共住房政策的规范性和均衡性、明确公共住房政策目标和设计范畴、创新公共住房政策执行方式三方面出发，结合供给与需求分析，提出公共住房政策设计的理论框架。⑤

3. 住房保障政策与社会公平

冯宗容(2001、2007)认为加快构建住房社会保障制度以解决住房公平问题，成为下一轮房改攻坚的主要内容。⑥ 我国住房保障制度应以选择性保障作为近期目标，建立起以经济适用房和廉租房为主、货币化补贴为辅的供应分配体系。⑦ 魏杰等(2007)提出实现我国住房改革公平与效率兼顾的相关措施，如创新住房保

---

① 唐云松，张胥. 保障性住房规模影响因素分析：以长沙市为例[J]. 求索，2011(7)：20-22.

② 龙雯. 公共住房保障中的政府责任研究[D]. 长沙：湖南大学博士论文，2012：111-123.

③ 刘雪明，李春蓉. 保障性住房政策执行中的地方政府责任分析[J]. 中国房地产，2012(7)：30-36.

④ 魏丽艳. 保障性住房公平分配的准入退出机制研究[J]. 东南学术，2012(3)：40-48.

⑤ 陶雪良. 城市公共住房政策设计[M]. 北京：社会科学文献出版社，2012：139.

⑥ 冯宗容. 房改攻坚：住房保障制度的构建[J]. 四川大学学报(哲学社会科学版)，2001(3)：47-52.

⑦ 冯宗容. 我国住房保障制度的模式选择、实施原则及对策探析[J]. 经济体制改革，2007(4)：141-144.

障方式、加速政府角色转变、促进市场竞争与保障提供的统一等。① 朱亚鹏(2007、2008)对住房货币化改革模式、实施情况、面临困难及对社会公平的影响展开分析②，着重论述相对公平的贵阳住房改革的政策创新过程，提出完善住房保障的相关建议。③ 邓宏乾(2009)认为应强化政府在公共住房供给中的主导身份，确立公平取向的住房政策体系，积极发展住房合作社，扩大廉租房的保障范围，加强房屋租赁市场的管理，实现公民住有所居的目标。④

王玉琼(2010)以社会保障性住房政策的运行为例，凸显和揭示弱化、缺失乃至扭曲的政策领导力的不同表征及内在成因，同时从加强政策法治、联动政策组合、优化政策设置等层面提出相关政策建议。⑤ 黄小虎(2010)提出改革和完善城镇住房制度的思路：低收入者住政府提供的保障房；对于中等收入人群，大力发展合作建房；富人除了可以住豪宅以外，还可以从事投资保值和投机盈利活动。⑥ 马光红等(2010)对经济适用房、廉租房政策的运行现状及存在的主要问题进行了深入分析，提出建立以中间组织为枢纽的公私合作制。⑦

吕维霞等(2011)提出，保障性住房政策在获得较高公众满意

---

① 魏杰，王韧. 我国住房制度的改革路径：基于住房商品的特殊性质[J]. 经济体制改革，2007(2)：5-11.

② 朱亚鹏. 住房制度改革：政策创新与住房公平[M]. 广州：中山大学出版社，2007：267-276.

③ 朱亚鹏. 中国住房保障政策分析：社会政策视角[J]. 公共行政评论，2008(4)：84-108.

④ 邓宏乾. 以“住有所居”为目标的住房制度改革探讨[J]. 华中师范大学学报(人文社会科学版)，2009(5)：41-48.

⑤ 王玉琼. “政策领导力”及其解读：以社会保障性住房政策为例[J]. 中国行政管理，2010(6)：65-68.

⑥ 黄小虎. 我国城镇住房制度改革思路的演变[J]. 红旗文稿，2010(1)：32-33.

⑦ 马光红，田一淋. 中国公共住房理论与实践研究[M]. 北京：中国建筑工业出版社，2010：181.

度和政府形象评价的同时，却在不同住房群体之间表现出显著差异。① 刘琳(2011)在确定住房保障对象及方式的基础上，提出完善我国城镇住房保障制度的构想及建议。② 成志刚等(2011)提出，健全申请、审批和退出制度，成立专门的住房保障管理机构等，完善城镇低收入群体住房保障政策并确保实施到位。③ 苟兴朝(2011)指出，保障性住房对商品房具有“挤入效应”，二者能够相互依存、协调发展。④ 郑思齐等(2011)认为改善农民工居住环境的政策能够使住房供给对经济增长的推动力具有可持续性，同时这类改良政策能够减少社会资源非生产性损耗。⑤

韩冰等(2012)强调政府与市场相互配合，在不同建设阶段，针对不同保障性住房类型，选择适当的财政政策，为保障性住房建设提供支持。⑥ 张建坤等(2012)提出将高校毕业生低收入未婚群体纳入住房保障体系，从政策上解决他们的婚前过渡性住房问题，以期完善现行住房保障制度。⑦ 刘亚臣等(2012)以商品房和保障性住房共同满足城市中低收入家庭住房需求为背景，分析公平导向下商品房和保障性住房的均衡供应。⑧ 丘浔(2012)从公平、效率与生态

---

① 吕维霞，王永贵，赵亮. 保障性住房新政下公众对政府评价的实证研究：以北京市为例[J]. 国家行政学院学报，2011(4)：106-110.

② 刘琳. 我国城镇住房保障制度研究[M]. 北京：中国计划出版社，2011：7-8.

③ 成志刚，曹平. 我国城镇低收入群体住房保障政策实施的现状、问题及对策[J]. 湘潭大学学报(哲学社会科学版)，2011(6)：36-40.

④ 苟兴朝. 挤出还是挤入：公共财政投资对私人投资影响分析——兼论我国公共保障性住房政策效应[J]. 求实，2011(9)：42-45.

⑤ 郑思齐，廖俊平，等. 农民工住房政策与经济增长[J]. 经济研究，2011(2)：73-86.

⑥ 韩冰，毛程连. 保障性住房建设的新构想与财政对策[J]. 中国行政管理，2012(11)：46-50.

⑦ 张建坤，王效容，吴丽芳. “蚁族”保障性住房的 PPP 模式设计[J]. 东南大学学报(哲学社会科学版)，2012(3)：41-45.

⑧ 刘亚臣，徐佳欣，刘宁，董帅. 公平导向下商品房和保障性住房均衡供应研究[J]. 科技进步与对策，2012(18)：72-75.

的视角出发，提出分层次设定调控政策，通过户籍直接控购、差别化信贷政策以及依市场情况逐次加征空置税、物业税和住房消费税，达到房价调控的目标。①

马辉民等(2013)指出，公共住房是一项关乎国计民生的伟大工程，其分配能否体现出社会公平的标准，关系到民意所向。因而对公共住房分派中产生的各式问题加以归纳，提倡用信息化的方式来处理，不仅能够保障公共住房分配过程中的公平公正，还能促进整个公共住房工作的效率和科学性。②

(四)公共住房政策的国际经验比较与借鉴研究

住房问题不仅在中国而且在全球范围内都是各国政府重点关注的问题。一些发达国家如美、英、法、日等均采取积极的法律与政策手段，由政府出资兴建大量公共住宅，向中低收入群体提供低于市场价格的同等质量的住房服务，以及其他住房补贴和金融税收等优惠政策，实现"居者有其屋"的目标。国外公共住房政策的相关经验对我国保障性住房建设具有重要的借鉴作用。

1. 欧美等发达国家与中国的比较

乔木森(1995)指出，东欧各国以公有住房私有化为中心的住房改革，例如新的房租和公共服务费制度、鼓励公民和法人建房与买房、引入竞争机制等，其中某些改革措施值得我们借鉴。③ 林坚等(1998)指出美国自20世纪30年代以来，着重思量中低收入群体的经济承受力，为此专门针对此类群体的住房政策重新展开调配，大力动员私人机构参与公共住房建设，并凭借相关支持政策，实现为每户家庭提供适宜住房和惬意生活境况的住房改革目的。④

---

① 丘浔. 均衡公平与效率：中国快速城镇化进程中的房地产市场调控模式[M]. 北京：中国建筑工业出版社，2012：365.

② 马辉民，漆鹏飞，等. 提高我国保障住房分配公平性研究[J]. 中国房地产，2013(6)：52-59.

③ 乔木森. 东欧中亚国家的住房制度改革[J]. 东欧中亚研究，1995(6)：73-79.

④ 林坚，冯长春. 美国的住房政策[J]. 国外城市规划，1998(2)：6-10.

包宗华(2001)对英美等发达国家的住房观念、政策框架及发展中遇到的新问题等作出比较研究，提出深化我国当前住房供应体系、住房市场体系、住房金融体系、住房法律体系等改革的借鉴措施。① 胡昊(2002)指出，荷兰建立了面向中低收入及有特殊困难群体的公共住房体系，如追求住房买卖公平、租赁房屋轮候登记政策、自有住房可申请政府津贴等。这些经验和政策设计，对我国公共住房发展具有一定的参考价值。② 宋博通(2002)在介绍20世纪美国低收入阶层住房政策演化过程的基础上，引入“三市场过滤模型”，指出住房优惠券计划可为我国制定当前或长远城市住房政策提供借鉴。③

李艳玲(2003)指出自20世纪30年代开始，美国联邦政府出台了一系列的住房法案，在一定程度上缓解了当时的住房短缺，并由此带动其他经济部门的振兴。但至今贫民窟仍然存在，说明仅靠公有住房建设并不能彻底解决低收入居民的住房问题，只有构建消除导致贫困的社会机制才是真正的解决之道。④ 周林洁(2003)提出，德国的房租管制、福利性公共住宅、房租补贴、住房储蓄、购建房税收等住房保障政策及经验，值得我们借鉴。⑤

李莉(2007、2013)提出，美国新政时期的公共住房政策不同程度上缓解了大萧条时期的住房矛盾，具有明显的示范作用⑥。研究美国住房政策的发展变化，探究其解决低收入群体住房困难的方式方法，为这一庞大阶层提供宜居住所，对于深化我国住房政策市

---

① 包宗华. 发达国家住房管理制度[M]. 北京：时事出版社，2001：227-253.

② 胡昊. 荷兰住房保障体系及启示[J]. 中国房地产，2002(4)：63-65.

③ 宋博通. 20世纪美国低收入阶层住房政策研究[J]. 深圳大学学报(理工版)，2002(3)：65-72.

④ 李艳玲. 20世纪30年代美国城市公有住房建设初探[J]. 华东师范大学学报(哲学社会科学版)，200(4)：115-120.

⑤ 周林洁. 德国住房保障制度值得借鉴[J]. 城市开发，2003(6)：22-24.

⑥ 李莉. 美国新政时期的公共住房政策探析[J]. 厦门大学学报(哲学社会科学版)，2013(3)：59-66.

场化改革具有一定的参考价值。① 廖俊平等(2007)从政策定位、补贴模式、政府职能、住房供应模式等方面对美、中两国的住房政策进行对比分析，得出我国经济适用房政策应当重新定位，使中低收入家庭的支付能力与住房价格相匹配，并完善相关的金融支持政策。②

吴立范(2009)通过对美英两国主要住房政策，如公共住房政策、住房税收政策、住房贷款政策等方面的比较，提出政府有必要采取土地、财政、税收和利率等各种政策手段，对住房市场进行干预，以满足和保障城镇居民的基本居住需求。③ 佘南平(2009)结合欧洲如英国、德国、荷兰、意大利、丹麦、波兰等国的住房市场历史和现状，探索出欧洲社会模式历史演进阶段中住房市场和住房政策方面的特征和规律，提出有效解决中国住房问题的合理价值观认识，以及欧洲社会模式对于中国社会模式再造的特殊价值。④

张浩淼(2013)通过对澳大利亚公共住房分配体制在目标选择、准入资格确定和具体分配方式采用等方面的深入分析，提出：第一，理性选择分配目标是住房分配的前提和基础；第二，准入资格与具体分配方式的确定要符合各地的具体情况；第三，重视工作人员培训，提升住房分配效果。⑤

杨瑛(2014)在对德国住房政策及其背景进行梳理的基础上，总结了德国住房政策的特点和经验，并结合我国当前保障房建设的现状，就如何处理好住房市场和住房保障的关系，加快建立以租为

① 李莉，王旭. 美国公共住房政策的演变与启示[J]. 东南学术，2007(5)：48-53.

② 廖俊平，高堃. 我国经济适用房与美国可支付住宅的政策比较[J]. 经济社会体制比较，2007(1)：138-141.

③ 吴立范. 美英住房政策比较[M]. 北京：经济科学出版社，2009：23-27.

④ 佘南平. 欧洲社会模式：以欧洲住房政策和住房市场为视角[M]. 上海：华东师范大学出版社，2009：16-22.

⑤ 张浩淼. 澳大利亚公共住房分配体制及其启示[J]. 社会科学家，2013(3)：68-71.

主的住房保障体系提出了政策建议。①

2. 亚洲新兴国家和地区与中国的比较

金行仁等(1991)指出，新加坡住房改革能取得如此傲人的成绩，与政府长期致力于改善民众住房条件密切相关：例如，采用财政补贴与个人公积金相互联结的办法，使组屋建设及个人买房资金缺乏的难题得到解决；政府还依据不同阶层的实际需求，分别制定、执行相应的租购房政策等。②

芦金锋等(2005)通过对日本公营住房具体操作方式的研究，指出我国应依据家庭实际收入情况对中低收入户展开更为明确的划分，对于不一样收入的家庭提供形式各异的租金选择，并凭借租房面积的变动相应地采取递进式租金标准，而且需要出具直面中低收入户的租金估算模式。③

张祚等(2008、2012)在对新加坡公共住房深入分析的基础上，对以武汉市为例的经济适用房的分配与分布展开具体剖析④，指出在供需不平衡的前提下，经适房运行机制的不完善，一方面造成购房者在居住空间上被动选择，加剧城市居住空间分异的形成；另一方面无法在居住空间选择和满足弱势群体居住需求上体现社会公平。因此，必须建立完善和公平的经济适用房运行机制。⑤

吴莹等(2013)利用香港公屋的调查数据，分析影响公屋住户居住满意度的核心要素及其作用程度，研究发现于公共租赁房屋住户而言，他们的住房满意度不仅受到住房质量、小区居住环境等因

① 杨瑛. 借鉴德国经验，加快建设以公租房为主的住房保障体系[J]. 城市发展研究，2014(2)：77-82.

② 金行仁，钟金生. 新加坡住房发展及其经验[J]. 经济社会体制比较，1991(3)：13-14.

③ 芦金锋，王要武. 借鉴日本公营住宅经验建立我国低收入家庭住房租金模型[J]. 土木工程学报，2005(12)：128-132.

④ 张祚. 公共商品住房分配及空间分布问题理论与实践[M]. 北京：中国建筑工业出版社，2012：3-6.

⑤ 张祚，李江风，刘艳中，黄琳. 经济适用房运行机制下的城市居住空间分异与社会公平：以武汉为例[J]. 中国软科学，2008(10)：37-43.

素的影响，还由于公共住房自身在社会上形成的脆弱敏感位置等因素的影响。①

3. 跨越型国家和地区与中国的比较

田东海(1998)通过对美、英、瑞典、新加坡及中国香港等公共住房政策制定和实施的政治、行政、经济和技术的可行性分析，建立了中国公共住房发展的政策体系，并提出相应的可操作性建议。② 孟晓苏(1998)从住房补贴政策、住房金融政策、住房消费政策三方面对英国、新加坡、美国、日本等国的住房政策进行比较分析，得出可资借鉴的经验。③ 王微(1999)通过对美国、英国、新加坡、韩国、日本等国住房土地使用政策，住房金融、法律政策以及住房市场结构等方面的比较分析，得出中国住房供应体系和交易市场改革的基本思路。④

姚玲珍(2003)通过对美国、德国、新加坡、日本、瑞典、英国公共住房政策的特点及相应财税、金融政策的比较研究，在总结国外公共住房成功经验以及探讨现行中国公共住房政策优缺点的基础上，设计出中国公共住房政策的理想模式，即采用住房分类供应政策体系。⑤

杜文(2006)通过对主要经济发达国家和地区，如瑞典、美国、英国、德国、新加坡、中国香港住房保障制度的内容、手段、实施环境和效果的分析，设计出我国住房保障制度的理想模式。⑥ 陈劲

---

① 吴莹，陈俊华. 保障性住房的住户满意度和影响因素分析：基于香港公屋的调查[J]. 经济社会体制比较，2013(7)：109-117.

② 田东海. 住房政策：国际经验借鉴和中国现实选择[M]. 北京：清华大学出版社，1998：243.

③ 孟晓苏. 住房政策的国际经验与启示[J]. 中国软科学，1998(7)：101-108.

④ 王微. 住房制度改革[M]. 北京：中国人民大学出版社，1999：273-291.

⑤ 姚玲珍. 中国公共住房政策模式研究[M]. 上海：上海财经大学出版社，2003：400.

⑥ 杜文. 我国城镇住房保障制度研究[D]. 成都：四川大学博士论文，2006：117-152.

松等(2006)通过对比美国、日本、新加坡、马来西亚、英国等的公共住房政策，指出目前中国公共住房政策存在的八大问题，如立法保障问题，住房建设运营的计划性和专业性问题，目标公平性问题等，提出解决低收入群体居住的公共住房政策建议。①

贾康等(2007)通过对美、英、德、日本等国和地区公共住房体制的比较研究，提出改革我国当前住房体制的政策建议：强化政府职能，建立和完善普遍覆盖的住房保障体制；完善社会化、市场化的住房供应和调控体系；加快多层次的住房金融支持体系的建设等。②

马建平(2011)在比较发达国家和中等发达国家公共住房的起源发展、制度内容及主要特点的基础上，针对我国住房政策体制建设的纷繁复杂特性，为保障当下公共住房建设与发展的实际需求，就其制度建设及具体实施环节的部分措施提出了改进建议。③ 吴永宏(2013)通过借鉴美英、德、新加坡和中国香港等公共住房制度建设的成功经验，提出城市住房保障制度设计应包含：建设规划、土地供应、建设融资、住房供应、准入和退出等内容。④ 何元斌等(2013)在借鉴美、英、法、日、荷兰、新加坡等公共住房建设和融资模式经验的基础上，提出创新我国公共住房的融资模式选择和相应政策建议。⑤

(五)公共政策执行力的多维度动态研究

公共政策执行是现代政府管理工作的核心和关键，高效的公共政策执行力更是政府政策执行成功与否的先决条件，促进公共

---

① 陈劲松. 公共住房浪潮：国际模式与中国安居工程的对比研究[M]. 北京：机械工业出版社，2006：26-30.

② 贾康，刘军民. 中国住房制度改革问题研究：经济社会转轨中“居者有其屋”的求解[M]. 北京：经济科学出版社，2007：151-170.

③ 马建平. 中国保障性住房制度建设研究[D]. 长春：吉林大学博士论文，2011：117-135.

④ 吴永宏. 中国城市住房保障制度设计与实践运行研究：以南通为例[D]. 苏州：苏州大学博士论文，2013：89-113.

⑤ 何元斌，王雪青. 创新我国保障性住房的融资模式研究[J]. 经济问题探索，2013(1)：29-35.

政策执行力的提升对政策目标的达成具有一定影响。因此，公共政策执行力及其执行成果，也就成为政界和学界共同探究的主要对象。中国公共政策执行力的研究，是在引进西方政策科学研究成果上应运而生，并伴随着中国共产党和国家领导人对政策执行的认识和态度的变化而不断成长。① 孟繁森 1985 年明确提出，应创立一门研究党和国家生命的学科——政策学②，自此政策执行力研究正式起步。

1. 政策执行力与利益关系

于凤荣等(1995)指出，政策执行优劣与具体目标的达成及实质实现水平高低有着紧密的关联，提高执行力应注重发挥政策的利益调节效能，维护社会整体均衡；积极重塑政府形象与地位；极力创造条件、鼓励民众参与决策，促成更多的政策认可；继续强调对政策执行力的评估与监管等。③

皮正茂(2005)提出，通过构建更具实际效用的公共政策执行系统、更具社会责任感的各级政府，加强对公共政策执行方的全面培训等方式，可以切实提高我国的公共政策执行力。④ 殷华方等(2007)认为，从中央-地方政府关系的视角，同时考虑政策自身的特性，提出地方政府的政策执行框架，并指出在不同的政府间关系及政策特性下，地方政府会采取完全不同的政策执行策略行为。最后，结合中国外资产业政策在江苏省的执行力案例对政策执行框架进行说明。⑤

---

① 罗立. 政策执行力研究综述：现状、问题与发展[J]. 北京航空航天大学学报(社会科学版)，2013(2)：1-5.

② 孟繁森. 应创立一门研究党和国家生命的学科：政策学[J]. 政法论坛，1985(2)：70-73.

③ 于凤荣，王殿春. 提高我国公共政策执行力的对策研究[J]. 行政论坛，1995(3)：11-13.

④ 皮正茂. 关于我国公共政策执行力的思考[J]. 湖北师范学院学报(哲学社会科学版)，2005(2)：4-6.

⑤ 殷华方，等. 中央-地方政府关系和政策执行力：以外资产业政策为例[J]. 管理世界，2007(7)：22-36.

王学杰(2008、2009、2010、2012)指出，政策执行力是从内在意志到外在行动，由自身行为到公众形象所构成的政府张力系统。① 目前我国地方和部门权力利益化，是危害政策执行力最烈的离散因素。② 可以采用结构分析方法观察公共政策执行，进而很好地认识政策执行不力的深层原因。③ 湖南省 40 年改革的实践证明，政策执行力是地方政府改革和发展的核心竞争力。④

陈菊香(2010)提出，政策执行力是公共政策有效执行的关键要素，由于利益错位以及政策执行要素缺失，当前地方政府的政策执行存在僵化执行等削弱政策执行力的变异行为。完善政策执行机制、提升政策执行能动因素是提升地方政府政策执行力的有效途径。⑤ 罗自刚(2012)提出，加强公共政策执行力建设，应充分发挥出法律效用，以坚实的民主来促进执行，将各种利益关系进行统合，着力提高“依法执行力、民主执行力以及和谐执行力”⑥。

丁煌等(2012、2013、2014)认为，随着我国社会利益主体多元化格局的形成，公共行政实践中出现了政策执行力不足引发的系列问题，可以通过造就多种政策执行主体、改进政策执行方式方法、推动民众积极参与等方法提升政策执行力。⑦ 也可以通过设置政策执行监督机制、培育公共行政精神等方法来治理关系运作

① 王学杰. 对政策执行力涵义的再思考[J]. 学习论坛，2010(8)：44-48.

② 王学杰. 对提高政策执行力的思考[J]. 行政论坛，2009(4)：38-41.

③ 王学杰. 我国公共政策执行力的结构分析[J]. 中国行政管理，2008(7)：62-65.

④ 王学杰. 政策执行力：地方政府改革发展的核心竞争力[J]. 行政论坛，2012(3)：24-27.

⑤ 陈菊香. 地方政府政策执行力的削弱行为及其提升路径[J]. 四川省社会主义学院学报，2010(3)：49-51.

⑥ 罗自刚. 公共政策执行力：从价值博弈到宪政之治[J]. 中共山西省委党校学报，2012(1)：75-78.

⑦ 丁煌，周丽婷. 地方政府公共政策执行力的提升：基于多中心治理视角的思考[J]. 江苏行政学院学报，2013(3)：112-118.

对政策执行力的负面影响。① 由于政策执行系统具备动力学系统和耗散结构的特征，还可通过构建利益激励相容制度，促进执行民主化等措施提升政策执行力。②

刘小康(2013)指出，公共政策的执行属于一种多层次、多部门内及相互间的若干行为者的集体选择进程，公共政策执行力应指公共政策执行过程的效能，政策内容、体制、承诺、能力、干预对象和行动联盟五大重要影响因素及其相互关系，构成了一个公共政策执行力影响因素的通用框架。③

2. 政策执行力与制度创新

莫勇波(2005)提出，要想提高地方政府执行力，需要极力推动政府体制革新，这一过程既包含重新打造科学的政府组织系统，促成政府人事体制改革、建立健全适用于各种利益团体的调治体制，还包括转换政府执行监督体制，培植不同于旧有官僚传统的新式执行力文化等。④

周国雄(2007)指出，公共政策执行力作为衡量政策运行质量的重要指标，受到多方面因素的影响⑤，可以通过加强政治制度、法律制度建设，完善干部人事管理制度、公共政策决策制度、运行和监控制度建设等，提高政策执行力。⑥ 宁国良等(2007、2010)认为，提升政策执行力应以成本效益为重要原则，从优化成本模型和提升执行效益层面选择有效对策。⑦ 注重优化

---

① 丁煌，汪霞．“关系运作”对地方政府政策执行力的影响及思考[J]．新视野，2012(6)：61-65.

② 丁煌，汪霞．地方政府政策执行力的动力机制及其模型构建：以协同学理论为视角[J]．中国行政管理，2014(3)：95-99.

③ 刘小康．论公共政策执行力及其影响因素[J]．新视野，2013(5)：60-63.

④ 莫勇波．提升地方政府政策执行力的路径选择：基于制度创新角度的探析[J]．云南行政学院学报，2005(6)：63-66.

⑤ 周国雄．论公共政策执行力[J]．探索与争鸣，2007(6)：34-37.

⑥ 周国雄．提升公共政策执行力的制度分析[J]．中共福建省委党校学报，2007(8)：39-42.

⑦ 宁国良，刘辉．成本-效益分析：公共政策执行力研究的新视角[J]．中国行政管理，2010(6)：61-64.

公共政策决策机制、创新动力机制、构建共享机制及完善利益均衡机制等。① 陶学荣等(2007)提出，培育执行主体素质、营造政策执行力文化氛围、加强政策执行力机制建设是提升政策执行力的重要措施。②

许才明(2009)提出，提升乡镇政府政策执行力的途径有：提升公共政策质量，理顺县-乡-村之间的关系，革新乡镇政权的权力运行机制，完善公务员队伍建设以及优化执行环境。③ 申喜连(2009)指出，提高公共政策执行力的对策有：构建完善的政策执行机制；改变传统的政策执行方式；提高公共政策执行人员的素质；健全政策执行监督机制等。④ 何植民等(2009)强调，若想切实提高政府执行力，需要从内外生体制上花大气力来培养公共行政的精神。⑤

徐元善等(2012)提出，通过营造先进的执行力文化、重塑官员道德、完善制度约束机制等途径来提升乡镇政府政策执行力。⑥ 程建明等(2012)根据山西省的案例来探讨公共服务政策执行力弱化的原因，并从政策决策、政策执行、政策监督方面提出解决对策。⑦ 刘雪明等(2012、2013、2014)指出，地方政府政策执行力评价体系应重在运用，需要建立起多元评价主体，做好制度构建、机

---

① 宁国良，周东升，陆小成. 基于公共治理范式的地方政府政策执行力研究[J]. 湘潭大学学报(哲学社会科学版)，2007(7)：15-18.

② 陶学荣，吕华. 政府政策执行力与公信政府的构建[J]. 江西社会科学，2007(9)：225-229.

③ 许才明. 乡镇政府公共政策执行力问题研究[J]. 学术论坛，2009(9)：70-73.

④ 申喜连. 论公共政策的执行力：问题与对策[J]. 中国行政管理，2009(11)：41-44.

⑤ 何值民，等. 公共精神：提升地方政府公共政策执行力的关键因素[J]. 云南行政学院学报，2009(6)：39-41.

⑥ 徐元善，孙台维. 论乡镇政府政策执行力提升的伦理意蕴[J]. 中国行政管理，2012(3)：78-80.

⑦ 程建明，程皓. 政府公共服务政策执行力弱化原因及对策探讨[J]. 经济问题，2012(12)：36-40.

构完善、技术准备等配套建设。① 平衡计分卡具备的优势，能够消除现有政策执行力评价体系的不足，成为构建公共政策执行力评价体系的有效路径。② 在当前全面推进反腐倡廉建设的新形势下，廉政政策执行力的发挥受到多种因素的影响和制约，如何提高廉政政策执行力成为当前反腐倡廉工作的题中之意。③

三、国内外研究评析

世界各国对城市公共住房的研究是一个认识不断深化、视野不断拓宽的过程。随着工业化、城市化进程的飞速发展，城市中低收入家庭住房问题日益凸显，发达国家为解决中低收入阶层的住房问题，制定了专门的住房发展计划和住房政策，以实现“人人享有住房”的基本目标。众多学者分别从社会学、经济学、政治学、公共政策学等不同学科领域，对公共住房的理论依据、政策取向、保障模式等方面展开研究。这些研究成果不仅对公共住房的发展产生了积极的影响，也为我们研究中国城市公共住房问题提供了理论和方法上的借鉴。

从研究主题和对象来看，当前关于公共住房政策的研究，由于受到现实条件等因素的制约，大多采用个案分析方法，围绕某一特定住房计划或政策进行，如美国的“希望 6”计划和住房凭单计划；或是出于强调社会公平与人文关怀的价值理念，针对某一特殊群体，如老年人、少数民族、女户主家庭，对现有的住房政策展开抨击。然而，对于公共住房政策执行整合方面的研究则寥寥，尽管对公共住房问题进行研究以来，也有学者强调关注住房领域的分配公平、注重住房供应模式与社区健康发展，减少由此产生的居住空间分异和社会分层等问题，但却很少有学者从社会公平的视角对如何

---

① 刘雪明，廖东岚. 地方政府政策执行力评价体系的运用分析[J]. 西北工业大学学报(社会科学版)，2012(4)：15-21.

② 刘雪明，廖东岚. 论平衡计分卡在公共政策执行力评价体系构建中的应用[J]. 山西师范大学学报(社会科学版)，2012(3)：32-35.

③ 刘雪明，等. 论廉政政策执行力的涵义、构成及影响因素[J]. 广州大学学报(社会科学版)，2014(6)：5-11.

实现住房公平展开深入系统的研究。

从研究方法上看，国外关于公共住房政策的研究，大多建立在解决住房供求矛盾的基础上。不同专业背景的学者们要么运用科学的定量方法，对某些国家或城市展开实地调查，通过发放问卷、查阅权威数据库、对象访谈等获取第一手资料，并根据到手的材料对公共住房政策的主要内容、执行工具手段及利弊效果进行分析。要么采用传统的定性研究方式，通过发布的官方报告、文件等，结合其他学者的研究，对公共住房的受益群体、存在问题及改进办法展开科学的比较借鉴。但是，毕竟每项研究都是参照当时当地的具体环境进行，缺乏自身的理论体系和方法设计，故而在政策概括性和理论高度上略显不够。

从研究视域来看，除了从管理学、社会学、经济学、法学等学科视域研究公共住房政策以外，从交叉学科如政治哲学、政治社会学的比较视角研究公共住房政策的成果还相当之少，容易产生分解研究对象的后果。住房问题牵涉面广，如何厘清政府与市场的边界、如何看待住房在经济社会中的作用、如何提高住房政策执行力等都是急需破解的方向性难题，由此看来，在社会各界大力强调国家治理现代化的今天，公共住房跨部门协作问题还没有取得突破性进展。目前，虽有学者发表关于住房政策执行方面的研究著述，但也只是作出微观层面的初步探讨，还需要在公共住房诸多配套政策上展开更全面细致的研究。

从研究结果和实践意义来看，当前关于公共住房政策的众多研究，在对现存政策问题的理解上较为客观，在对改进住房政策体制方面也与各国、各城市的实际情况相符合。然而，因为研究始终停留在就某一特定问题展开讨论，过多地关注住房政策的经济或社会维度，而在政治维度上思虑不全，因此欠缺整体的住房政策体系规划与安排。例如，怎样提供公共住房、各类住房的适宜群体及划分标准、不同利益集团之间的合作与博弈、住房配套政策的执行和效果评估，甚至法律法规的出台与完善。故而，研究结果缺乏完整性和一定的跨学科研究深度，对他国实践的指导意义存有局限。

总而言之，公共政策执行力，主要是指为了治理当前中国公共政策执行力低下等问题，从企业执行力演变过来的政府执行力理论在公共政策执行范畴内的进一步延展。国内学者对此研究起步较晚且多为介绍性、局部和零星的研究，尤其对于公共住房政策执行力的研究还很薄弱，不利于指导地方政府加强公共住房政策执行力建设，也不利于维护社会公平。因此，本书从政治社会学与公共政策学相结合的视角来探讨公共住房政策执行力问题，就具有较强的现实紧迫性。

第三节 研究方案建构

一、研究思路与重难点

社会经济发展的实践证明，住房问题产生于现代工业革命之后，是城市化的必然产物，大多数国家在急速成长期都会遇到住房问题。西方发达国家更是无不使用政府权力调控住房市场实现相应的保障目标，区别在于由于社会现实和改革进程不一样，使得政府的影响力各异。无论政府采取何种形式或手段来干预住房市场，都是根据自身实际情况作出的必然选择。发达国家不仅可以依托住房政策来保障社会各层次人们的多元住房诉求，还能用它来重新分配社会资源、平衡各种群体之间的利益、维持社会公平。对于当下中国而言，构建一整套合理的住房政策体系运行机制，有效提升公共住房政策执行力，是一个重要的研究课题。

(一)研究思路

住房公平不但属于政治领域的研究主题，也是现阶段的一个重大社会经济问题。理论研究表明，由于个体被赋予的权利或机会的不公平，容易产生不同群体之间收入方面的巨大差异，继而形成现实意义上的劣势人群，他们在意欲分享市场经济改革带来的可喜成就之时，无形中被边缘化。为驱除这一社会不平等现象，政府的职责在于尽可能使其安家立业，这也是各国政府建立公共住房政策系统的根本原因和执行准则。美国第 32 任总统罗斯福(F. D. Roosevelt)曾指出，一个“居者有其屋”的国家不可战胜。新加坡前总理李光耀也认为，住房是老百姓最大的财产，老百姓有了房产，分享到经济发展的好处，国家就建立了稳定的基础。① 因此，在我国目前贫富收入差异明显、住房供给不够且分配不公的现况下，通过推行公共住房政策增进社会公平就显得十分紧要。

本书的整体思路将围绕“理论探讨→实例设计→最终论断”的方向展开，第一，理论探讨层面。在断定基本研究问题和主要逻辑的基础上，回顾国内外公共住房政策及执行力的相关研究，尝试从社会公平的视角，以福利多元主义和协作治理理论为工具，对中国城市住房政策的发展历程展开分析，深入挖掘各个阶段存在的政策不公平行为。第二，实例设计层面。将美、英、德、法、新加坡等发达国家的公共住房政策当作比较对象，通过剖析这些国家公共住房改革的成功经验，探究其政策执行力的主要效果。与此同时，在理解中国公共住房政策发展演变的前提下，以广州市为例，对当前采用的公共住房政策特点及执行力情况作出较为客观合理的评价，尝试阐明公共住房政策执行力不佳的其他影响。第三，最终论断层面。基于前述理论探讨和实例设计的研究成果，得出全书的最终结论以及本书存在的不足与未来进一步努力的方向。

(二)研究重难点

公共住房政策起因于住房供需矛盾，然而，倘若想高效处理这一世界性难题，实现住房公平目标，势必是一项任重而道远的艰难使命。住房公平问题牵涉到诸多要素，人口规模、收入水平、土地保障、财税政策、金融体制等，不计其数。政府制定公共住房政策的主旨是致力提升全体成员的福利水平，维续民众生产活动的根基与社会公平。然而，公共住房政策不太可能独立施行，需要前述要素及其配套政策的结合以产生协同功能，因此与之相关的部门众多，对于那些政府组织臃肿、机构之间职责交叉重叠的发展中国家来说，住房问题的治理会特别艰巨，达致“住有所居”的目的就越加负重致远。

---

① 人民网. 新加坡如何保障人人有房住，组屋覆盖 82% 居民[EB/OL]. [2011-10-11]. http://finance.people.com.cn/GB/15853090.html.

公共住房政策是世界各国政府长期重视的公共政策，学术界对公共住房政策的研究多为国别和地区的实证研究，这些研究成果对于本书的参考价值在于：第一，从政治学、管理学、社会学、法学等不同学科视角，对公共住房政策展开研讨，提供了方法论的理论基础；第二，从现有文献来看，国外对公共住房问题的研究，已从宏观和中观的政策研究发展到分不同国家和地区的微观实证研究，这些为本书提供了微观研究方法的借鉴。然而，公共政策执行力却是一个典型的中国式概念，国内学者对此方面的研究还处于起步阶段，且在已有研究中较少有实例设计，系统化的研究更是缺乏。从文献研究结果来看，学界尚没有对公共住房政策进行动态化考量的系统研究，也没有关于中国城市公共住房政策执行力提升方面的较大样本量的个案调查和定量测算。这些正是本书欲尝试的主要创新，同时也是本书拟突破的重难点。

二、研究方法与基本假设

通过文献比较研究发现，住房公平探究的出发点是保障民众对住所的根本需要。但是，在这一研究范式内又发出了多种“声音”，比如住房改革的标的、底层群体的划定、住房供给的方式方法和居住空间隔离等。这些纷争牵扯到多种思想主张，不仅局限在哲学、政治学或社会学的研究视域内，还与经济学、地理学和公共管理有关。这些学科理论之于公共住房政策执行力产生截然不同的判断，并沿用各自的研究工具，从而视为本书的研究方法与基本假设的直接来源。

(一)研究方法

1. 理论研究与个案研究相结合

第一，为了能从总体上对国内外学者在城市公共住房及其政策执行力方面的研究方法、研究进展有一个较为准确的把握，本书对发达国家和地区的公共住房模式与政策执行经验展开分析比较。然后，在对相关文献展开阅读和翻译、分类梳理的基础上，完成文献综述，为后期研究奠定坚实的理论基础。第二，本书还采用个案研究的方法，主要包括专家访谈、实地调查、文件分析等。了解我国城市尤其是一线城市——广州市的公共住房政策执行力情况和对住房保障的影响，为本书增添相关理性认识与经验积累，也为研究变量的修正做好铺垫。

2. 定性研究与定量研究相结合

鉴于定性与定量研究的优劣，本书在实际操作进展中将根据不同情景选择运用。关键思量以下方面：第一，当资料数据来源受到限制时，采取定性与定量分析相结合的方式实现原有研讨目标，即采纳统计年鉴或行业分析报告的办法弥补调查对象信息残缺的弊端。第二，因为实质探讨问题的分歧，将依据具体境况选用不一样的说明方式。譬如，对于社会公平的判断是依照程序公平还是结果公平进行？怎样才能使低收入群体感觉公平？这些问题没有定论也很难量化，因此，更契合定性描述。第三，按照各类学科的本质差别，选取相应的研究方法。

3. 宏观研究与中观、微观研究相结合

本书力求在资料数据由来的限度以内，从宏观方面驾驭公共住房政策的国内外发展近况及其未来走向，但是在某些方面也会利用中观或微观研究作为添补。第一，鉴于原始数据来源的限制和作者自身能力及时间等方面的束缚，在苦于获取整体资料数据的状态下，从微观个案层面对重点展开阐述。第二，住房争论的焦点在于城市住房供给，尤其是大型城市面临的住房矛盾。目前关于公共住房的研究欠缺从具体城市方面进行可追踪的持续研究，作者针对中国城市化的发展现状，选择具有一定代表性的城市——广州市展开中观和微观研究。

4. 多学科交叉研究与网络应用相结合

缘于本书涉及的多种学科相互交织的特征，在实际分析中不但需要依靠不同学科的理论知识，而且需要凭借形式各异的研究工具，例如，基于多层次模糊综合评判法构建公共住房政策执行力评估指标体系。其间，借助 AHP 算法，利用 YAAHP 软件的矩阵计算结果，确定各级评估指标权重的赋值。此外，本书在研究公共住房政策的进展中，将充分行使当下网络应用技术高速发展的最新成果，力争以更为生动灵活的方式传递研究思路及最终成效。

(二)基本假设

科学研究必然与基本假设紧密相连，意指某些最基础的无需验明的自然存在。其一，作为分析对象与研究问题的本源，需要对其实行精准度较高的类型化和抽象化处理；其二，但凡在此条件下进行总结提炼，即可构成理论演绎和科学论证的逻辑前提。理论研究的可行性很大程度上取决于假设的科学性，本书的研究主题是城市公共住房政策执行力问题，实质上属于政府在资源稀缺情况下如何趋利避害的范畴，因而本书从社会公平的视角切入，引进最基本的两个经典假设——“经济人假设”和“资源稀缺性假设”来评释这一论题。

1. “经济人”假设

1776年，苏格兰哲学家和经济学家亚当·斯密(Adam Smith)在《国民财富的性质和原因的研究》一书中，首次对“经济人”作出阐释：商品提供者出于自身利益而在客观上维护了他人的利益，即以利人为手段而利己。亚当·斯密指出，因为人皆有着寻求自身利益的本性，社会调整应遵从这一需求，由此得出闻名遐迩的“看不见的手”的论断。亚当·斯密的原话是：“我们每天所需的食料和饮料，不是出自屠户、酿酒家或烙面师的恩惠，而是出于他们自利的打算……我们不说唤起他们利他心的话，而说唤起他们利己心的话。我们不说自己有需要，而说对他们有利。”①“经济人”假设包含三个基本命题：一是利己，二是理性，三是利他。由于不同的社会环境造就了人的多样性，据此，应当对利己与利他及其相互关系进行深入分析。经济学中的理性通常是指“工具理性”，按照阿马蒂亚·森(Amartya Sen)的解读：“一是指个体追求某种工具价值的最大化；二是指个体决策过程在逻辑上的无矛盾或一致性。”②由此看来，“经济人”可以看作是具有自利动机和追求个人

① ［英］亚当·斯密. 国民财富的性质和原因的研究(上卷)[M]. 郭大力，等，译. 北京：商务印书馆，2009：12.

② ［印度］阿马蒂亚·森. 伦理学与经济学[M]. 王宇，王文玉，译. 北京：商务印书馆，2000：18-26.

效用最大化的完全理性人。尽管有关人性是否是纯粹的“经济人”在理论上一直存在争议，但是“经济人”假设能为理解人在社会中(包括市场和政治生活中)所进行的行为选择提供强有力的解释和说明。

政府作为宏观经济的行为主体，与市场中的其他主体一样，也有着天然的自利倾向，其行为目标或是追求国民生产总值的最大化，或是追求个人和民众所得效用的最大化，这一过程实际上是“经济人”特性的延伸。由于政策执行主体大多是行政人员，因此，研究公共政策执行力问题首先需要对人性假设展开分析。在政治生活中，选民的政治选票总是投给那些能给自身带来最大利益的政府官员，而行政官员也倾向于支持那些能给自己带来最大利益的决策方案和政策措施，这就使得两者不得不按照“经济人”原则行事，从而可能出现政策失灵，影响到政策执行力的高低。从这种角度来看，政府体现出来的“经济人”特征比一般经济主体更加明显，因此在执行公共政策时，必须充分考虑“经济人”对实现政策目标的负面影响，防止执行过程中的权力异化。

公共选择理论认为：“对处在代表国家行事地位上的人(公仆)，如果要适当地设计出能制约赋予他们的权力和他们在那些权力范围中的行为的法律-宪法条款，我们就一定要把他们看作是以他们自己的权利最大限度地在追逐纯财富的人。”①换言之，公共政策制定主体，包含行政官员在内，与经济人同属理性且自私的这一类人，他们不断地追寻着自身的最大政治利益，而不论这种利益是否与公共利益产生冲突，虽然这类人有可能会回应公众期望，但这种反响也许只是其诸多正常反应之一。现代西方社会面临的重重困难，与其说是市场制度的破产，不如说是政治制度的失败。因而设置“经济人”假设，可以清楚明了地看到社会公平前提下，地方政府在协作治理过程中孕育的种种矛盾和障碍，进而创造性地提出提升我国城市公共住房政策执行力的价值观念、相关政策和举措。

---

① ［美］詹姆斯·M. 布坎南. 自由、市场和国家［M］. 吴良健，等，译. 北京：北京经济学院出版社，1988：38-39.

2. 资源稀缺性假设

1932年，英国经济学家莱昂内尔·罗宾斯(Lionel Robbins)在《经济科学的性质和意义》中，首次将“稀缺”引进经济学，把在稀缺资源束缚下人们的行动方式当作研究的主旨。他指出人们行为目的和方式之间的关联内容包括：目的或需求多样、方式手段稀缺、目标之间手段转换的可能、不同目标重要性的区别。“正是在这里，经济科学的研究内容获得了统一，经济科学研究的是人类行为在配置稀缺手段时所表现的形式。稀缺性并非指单纯的稀少，而是说相对于需求而言是有限的。”①萨缪尔森(Paul A. Samuelson)等人也认为，“经济学的精髓之一在于承认稀缺性是一种现实存在，并探究一个社会如何进行组织才能最有效地利用其资源。事实上，正是由于存在着稀缺性和人们追求效率的愿望，才使得对经济学的关注永远不会消失。”②在西方经济学中，常常将资源配置当作研究重心，主要原因在于它们对资源实质和人类本性的根本鉴定——资源稀缺不可再生、人类欲望无限没有止境，即不管人们作出何种努力，所能获取的资源总是难以满足个人的需要。恰是因为资源稀缺性假设的成立，促成政策科学对各种资源和利益进行权威分配的必要。在资源稀缺环境的限制下，各种利益群体之间的矛盾和摩擦具有持久性和无法规避的特征，因此需要将整个社会的根本政策部署与资源稀缺性联结起来，然而这种因为资源的稀缺与人们需要的满足和利益实现之间的紧密关系，容易导致公共政策执行力方面的问题。

本书研究的是公共住房政策执行力问题，执行力作为基本经济词汇，理应成为纯粹的市场效率问题。然而在实际施行中，地方政府常以地区代言人的身份出现，资源稀缺的特性正好促成其为发展本地产业而尽力保护本身已有资源、大力引进外在资源，并千方百

① [英]莱昂内尔·罗宾斯. 经济科学的性质和意义[M]. 朱泱，译. 北京：商务印书馆，2009：20、44.

② [美]保罗·萨缪尔森，威廉·诺德豪斯. 经济学(第十九版)[M]. 萧琛，等，译. 北京：商务印书馆，2012：5-7.

计地主导住房产业的发展，完全暴露出以发展经济为天职的政府部门为增进地方利益的非理性政策行为，直接造成不良的府际竞争。这种竞争在某种水准上使得行政资源配置歪曲变形，倘若政府部门转而采取“协作”手段来解决资源分配问题，不但不会涌现这些矛盾，而且能进一步凸显社会公平。总而言之，资源稀缺不可再生性伴随着区域要素流动的可能，也即“政-企”或“政-社”协作的可能，但面临过分抢夺的危机。唯有展开有节制的动态竞争，重视相互协作，才能开创多方共赢的均衡局面。

三、研究内容与技术路线

解决中低收入群体的住房需求一直是政府关注的焦点，特别是对于像我国这样的发展中国家来说，显得尤为重要和紧迫。就公共住房政策体系而言，各国不仅仅将其视为社会保障体系的组成部分，更将其视为影响国家宏观经济与社会和谐稳定的重要因素。本书通过综述国内外不同时期公共住房理论研究的最新成果，在借鉴部分国家和地区提升公共住房政策执行力成功经验的基础上，结合我国城市(广州市)住房政策变迁的背景及特征，从公共政策执行主体、客体、对象、环境等方面深入挖掘当前公共住房政策执行力较弱的内在机理。最后，从社会公平的研究视角，为中国城市公共住房政策体系的建立和执行力的提高提供科学的决策依据。主要研究内容及技术路线安排如图 1-6 所示。

第一章：导论。在研究背景的基础上提出本书的研究问题，探讨本书的研究目的和价值意义。进而通过对国内外研究现状的理论研究比较，提出本书的研究方法与基本假设、研究内容和技术路线。

第二章：概念界定与理论梳理。在对公平、公共住房、公共政策执行力等相关概念进行合理界定的基础上，对福利多元主义理论作为本书理论背景的原因加以诠释，然后对协作治理理论运用于本书的适切性展开分析。

第三章：完全福利与市场失灵：我国城市公共住房政策及其公平性发展轨迹。本章将我国城市公共住房政策的历史演进划分为

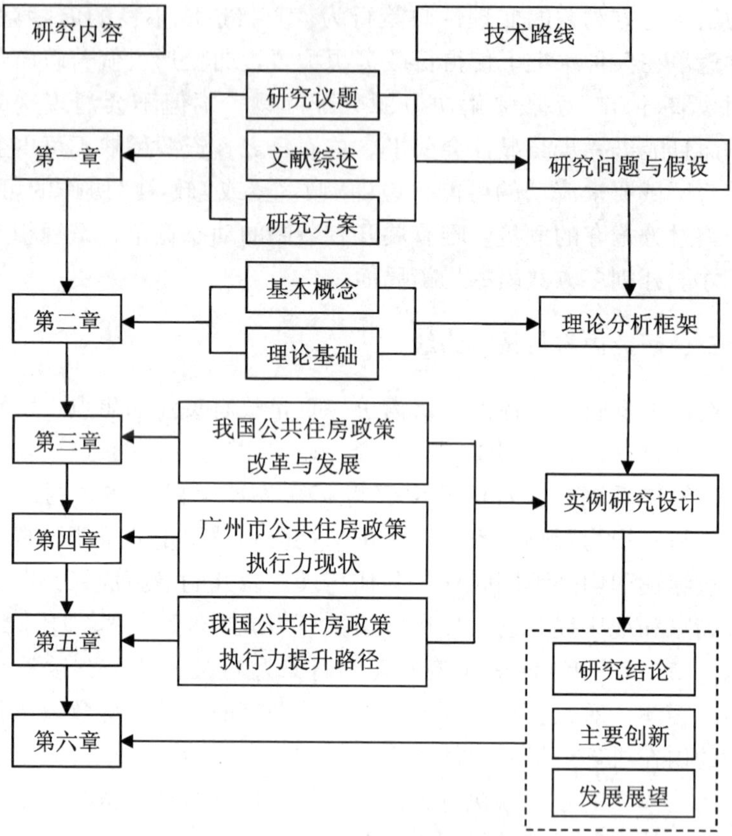

图 1-6 本书的研究内容与技术路线图

四大阶段、共九个关键发展时期，分别是：住房政策初具雏形时期(1949—1954 年)、住房分配完全福利化时期(1955—1977 年)、住房改革公房出售试点时期(1978—1985 年)、住房改革提租补贴时期(1986—1991 年)、住房改革市场化初步形成时期(1992—1997 年)、住房改革商品化形成时期(1998—2002 年)、住房改革市场化发展时期(2003—2007 年)、住房改革政府强力调控时期(2008—2011 年)和住房改革双轨并重发展时期(2012 年至今)。在逐一对这些时期住房政策改革的主要内容展开分析的基础上，探索住房政策产生的社会不公平行为。

第四章：公平欠缺与利益博弈：广州市公共住房政策执行力现状分析。通过回顾广州市公共住房政策的历史变迁，指出公共住房政策执行力产生部分偏移的突出表现。例如，公共住房政策执行规划力缺乏长远取向、服从力没有完全到位、公信力出现下降趋势、监控力未能全面覆盖、问责力不够具体明确等。在此基础上，从公共住房政策执行主体、客体、对象、环境、机制等方面分析广州市公共住房政策执行力不是太高的主要原因和重要影响。

第五章：社会公平与协作治理：我国城市公共住房政策执行力的提升路径。从“宏观、中观、微观”层面着手，主要对住房公平前提下提升城市公共住房政策执行力的价值观念、社会福利背景下提升城市公共住房政策执行力的相关政策、协作治理环境下提升城市公共住房政策执行力的具体举措加以拓展，以期能对我国城市公共住房政策执行力的提升提供实质性参考。

第六章：研究结论与研究展望。总结了本书的主要结论和创新之处，指出研究中存在的不足，并提出进一步努力的方向。

第二章

概念界定与理论梳理

国外成熟的市场经济国家都把提供公共住房、维护社会公平看作是政府的首要责任，并通过政府政策干预的方式来解决住房问题。例如，新加坡的“居者有其屋计划”、德国的“住房储蓄政策”、美国的“包容性区划”、英国的“可持续社区计划”、法国的“低租金住房建设”、瑞典的“住房税收优惠政策”、澳大利亚的“住宅资助计划”、日本的“住宅金融公库”等。其共同经验在于：为低收入群体提供住房保障，政府责无旁贷；公共住房是住房保障政策体系的核心；公共住房的质量不容忽视，需要科学规划、合理设计；公共住房政策具有严格而完善的资格审查、动态监控及退出制度；避免居住分异、形成新的贫民窟等。因此，为了应对房价暴涨背后隐藏的社会资源分配不公、贫富分化等现象，有必要对住房公平等概念及相关理论作出清楚的阐释。

第一节　基本概念界定

一、公共住房

(一)公共住房的含义

从广义上来说，公共住房属于众多住房形式的一种，它是整个住房体系的重要构成部分。从狭义上来说，公共住房是指由国家财政拨款投资建设的仅供出租使用的房屋，如不少欧洲国家在世界大战以后为民众大面积建造的出租房屋。从广义上来说，公共住房的畛域无穷，例如，19世纪末经济发达国家出现的工厂主为其雇佣工人所建造的“雇佣住房”，工人阶级自发联合互助建造的“合作住房”；20世纪80年代以前以政府为主、民间住房合作社部分参与建设的“工人住房”和“低收入者住房”；21世纪以民间非营利住房机构为主、由政府提供一定补贴、仅针对社会福利家庭的“社会住房”等。①

基于各自不同的社会意识形态和时代背景，公共住房的具体命名及内涵在各国也存在一定的差别。在法国，“社会住宅”是指受到政府资助的由私人、非营利住宅公司、公共部门、社会自治团体等建设经营的，供给低收入家庭居住的低租金、低价格房屋。② 在德国，“福利住房”是指为解决低收入群体居住问题，由国家资助建设并管理的低租金住宅。③ 在美国，“公共住房”是指政府为城市低收入家庭建造和维护、收取低额租金并由政府管理的住房，是一项旨在帮助低收入和少数族裔群体获得廉价舒适的住房而实施的政

① 姚玲珍. 中国公共住房政策模式研究[M]. 上海：上海财经大学出版社，2003：12-13.

② [日]原田纯孝. 法国的住宅政策与住宅保障[J]. 国外社会科学文摘，2000(4)：58-62.

③ 余南平. 欧洲社会模式：以欧洲住房政策和住房市场为视角[M]. 上海：华东师范大学出版社，2009：188.

策项目。① 在英国，“可支付住房”是指在本行政辖区内由政府出资建设的公共房屋，主要形式有社会住房、过渡性住房和某些低成本自有住房，目的在于满足那些无力购买适宜住房家庭的居住需要。② 在日本，“公营住房”主要是指接受政府补贴的地方公共团体，为低收入阶层建设的租金较低的租赁型住房；“公团住房”则是指住宅公团面向中间收入阶层建设的可租可售的住房。③ 在中国，计划经济体制下的城市房屋基本上都可称为公共住房，目前市场经济体制下的公共住房，主要包括公共租赁住房和经济适用住房。公共租赁住房，是指由国家提供政策或资金支持，各种社会主体通过新建或者其他方式筹集房源、向城镇低收入和中等偏下收入住房困难家庭提供的住房。经济适用住房，是指已经列入国家计划，由政府组织房地产开发企业或者集资建房单位建造，以微利价向城镇中低收入家庭出售的住房。

不管是沿用“公共住房、可支付住房或社会住房”的称谓，还是美国的第 8 条款住房、英国的市镇住房、瑞典的合作住房、新加坡的公共组屋，抑或是日本的公营住房、公团住房及香港的公屋，它们都是政府机构为了解决城市中低收入群体的住房困难，鉴于各自不同的政策环境，充分发挥“无形之手”的调控作用下的产物。这些公共住房所针对的目标对象大相径庭，因而可能主要采取出租的形式，抑或是采用产权出售的方式，但总之都具备公共物品或准公共物品的某些特征，这或许是将之统称为公共住房的缘故。④

根据上述认识，公共住房常与社会保障、社会福利制度联系在一起。一般来说，通过住房保障制度提供的住房被称作是保障性住

---

① ［美］阿列克斯·施瓦兹. 美国住房政策(第二版)［M］. 陈立中，译. 北京：中国社会科学出版社，2012：143.

② ［英］戴维·莫林斯，艾伦·穆里. 英国住房政策［M］. 陈立中，译. 北京：中国建筑工业出版社，2012：82-89.

③ ［日］平山洋介. 日本住宅政策的问题［M］. 丁恒，译. 北京：中国建筑工业出版社，2012：6-7.

④ 张祚. 公共商品住房分配及空间分布问题理论与实践［M］. 北京：中国建筑工业出版社，2012：51-52.

房，即是指“政府提供给中低收入住房困难家庭的限定标准、限定价格或租金的房屋，通常由廉租住房、经济适用住房和政策性租赁住房构成”①。由于这类住房传统上是由政府拨款建造，相对于私营部门供给的商品房来说，具有公共物品的特性，英文中称为“public housing”，国内学者也将其译为“公共住房”。因而，我们可以这样界定“公共住房”：为了满足中低收入群体的基本居住需求，政府利用政策转移支付等形式，直接投资建设或选取其他方式对建房机构加以补贴，由私人住房开发机构兴建，然后以较低租金或价格向中低收入阶层出租或出售的具有保障性质的房屋。与此相应，“公共住房政策”，即是指政府为了帮助中低收入家庭解决住房困难问题，或者实现国家所有的住房福利分配，对公共住房的需求、供给、消费、流转等环节实施有效干预和调控而制定的一系列法规条例的统称。目前主要包括：廉租房政策、公共租赁住房政策、经济适用住房政策以及住房公积金政策等。

（二）公共住房的基本特征

从以上分析特别是对公共住房含义的科学界定中，不难理解公共住房除了具有满足中低收入阶层基本居住需求的商品属性以外，还具备维护社会公平、改善民生、保障民权以及体现社会进步与经济发展、实现整体和谐安定等社会性职能。由于各国公共住房的实际执行情况相去甚远，住房政策执行力的高低及长远效果也截然各异，其基本性质及主要供应对象如表 2-1 所示。

表 2-1　全球主要国家和地区公共住房情况概览

国家/地区	公共住房	供给对象	性质
美国	公共住房	收入属于最低的 1/3 那部分群体	出租为主
德国	社会福利住房	低收入家庭	出租
法国	社会住宅	低收入居民和家庭	可租可售

① 孙洁. PPP 与保障性住房[M]. 北京：中国财政经济出版社，2013：7.

续表

国家/地区	公共住房	供给对象	性质
瑞典	公益住房	所有公民	可租可售
瑞士	公租房	各个阶层	可租可售
荷兰	公共住房	中低收入家庭	出租
新加坡	公共组屋	中低收入阶层	可租可售
澳大利亚	公共住宅	中低收入家庭	出租
	社区住宅	低收入者和有特殊需要的住户	出租
日本	公营住宅	处于最贫困的 1/4 低收入阶层	出租
	公团住宅	中等偏下收入家庭	可租可售
韩国	租赁住宅	最低收入群体	出租
	国民安居房	低收入及短期无力购买自有住房的家庭	出售
	公共租赁住宅	中低收入家庭	可租可售
加拿大	公共住房	低收入家庭	出租
	社会住房	住房支出超过其收入 30%的家庭	可租可售
英国	社会住房	低收入家庭	出租
	可支付住房	中低收入家庭	可租可售
中国香港	公屋	低收入人群	出租
	居屋	中低收入人群	出售
中国内地	公共租赁住房	低收入住房困难家庭	只租不售
	经济适用住房	有一定支付能力的中低收入家庭	只售不租

1. 政府的宏观调控性

公共住房主要指的是，政府为了维护社会公平的价值目标，以国家财政投资为主，由政府或私人建房机构建造的住宅；抑或是非营利组织和民间团体受到政府资助、针对中低收入群体建设的出售或出租型房屋。由于不完全市场和不完全竞争的存在，需要政府这只“有形的手”对住房市场进行必要的干预和补充，因此在公共住房的建设、分配管理等环节，都有政府调控的影子。鉴于政府在公共住房建设中的主导作用，一般通过立法建立与住房相关的政策或制度，目的在于保障社会成员的基本人权。在此政策体系下，政府组织和实施住房计划，对住房市场进行监管和适度调控，帮助住房困难群体获得基本居住条件，缩小不同收入阶层之间的差距，使低收入群体能够住有所居。

2. 住房供给对象的有限性

从公共住房的供给对象来看，公共住房主要指的是政府主导建设、提供给中低收入阶层居住的房屋。现实意义上的中低收入阶层，通常是指“收入水平位于全社会收入水平最低的 1/4 层中”。因此，公共住房等同于中低收入群体住房。公共住房政策弥补了市场缺陷，使住房困难的低收入家庭也能平等地享受住房权利，但这种保障性仅限于社会特定群体，保障的程度也仅限于救助。凡是住房可支付能力超出最低标准住房市场价格的家庭，都应当通过购买或租赁商品房来解决自身的住房问题，且不应再列入公共住房保障范围。

3. 住房经营目标的公共性

公共住房实际上是维护社会公平的准公共物品，是市场机制自身无法有序提供的产品，属于市场失灵或不能完全发挥作用的领域。公共住房政策的执行，就是通过财政转移支付的方式，实现社会收入的再分配；弥补初次分配的不公，使大多数低收入家庭能够从中享受到社会经济发展的成果，从而保持相对的社会公平和稳定。从公共住房建设资金来源来看，公共住房建设、运营管理的根本标准是非营利性，因此在政策实际执行过程中，常常存在亏损，需要依靠国家补贴。从公共住房价格制定方面来看，公共住房指的是比市场租售价格偏低的房屋，这一差别主要源自政府带有倾向性的土地政策、房屋租赁政策和财税等政策扶持，因此政府只能承担有限责任的保障，才能确保适度公平的住房消费。

4. 住房分配结果的公平性

从公共住房分配领域来看，住房分配和轮候体系形成的依据主要是：家庭收入水平、人口规模大小、现有物业使用情况等，以此确保分配结果的公平性，这一过程远远要比居民通过自身努力进行购房或建房复杂繁琐。不仅如此，通过政府的积极干预，解决中低收入家庭的住房问题，实现“住有所居”的目标，反映了“最劣者受益最大原则”，这既是维护社会安定的重要手段，也是社会收入再分配的重要方式。建立起“全覆盖、分层次、多渠道”的公共住房供应体系，对保障经济平稳发展和维护社会公平具有重要的意义。

基于公共住房是所有住房问题能否得以圆满解决的关键，各国政府纷纷制定各式各样的住房政策来调控整个住房市场——“解决中低收入阶层的住房困难，满足他们不断增长的住房需求”。一个具有责任感的政府出台的相关住房政策，常以公共住房政策作为主体、其他住房政策作为补充。由此看出，公共住房政策的制定和执行，既可以保障中低收入阶层的住房需求，又可以改善整个城市的居住环境，避免城市“贫民窟”的出现，从而增进公共健康、促进社会福利。

二、住房公平

从人类文明的发展史来看，公平是和谐社会的基石。中国古代的春秋战国时期，就有关于公平问题的详尽阐述。孔子指出，“有国有家者，不患寡而患不均，不患贫而患不安”，表达了追求公平社会的迫切愿望。墨子提倡“兼相爱”，并勾勒出一个“爱无差等”的公平理想社会。西汉时期的《礼记·礼运》更是阐明了“大道之行也，天下为公”的思想。董仲舒则从“大富则骄，大贫则忧”考虑，提出圣者应使“富者足以示贵而不至于骄，贫者足以养生而不至于忧，以此为度而调均之”的观点。① 西方社会在古希腊和古罗马时期，智者即将处理好人们之间相互关系的根本标准纳入公平界域。亚里士多德(Aristotle)认为，“城邦以正义为原则，由正义衍生的礼法，可凭以判断是非曲直，正义恰正是树立社会秩序的基础。”②

---

① 包玉秋. 社会公平的法哲学基础[J]. 社会主义研究，2007(5)：77-80.

② [古希腊] 亚里士多德. 政治学[M]. 吴寿彭，译. 北京：商务印书馆，2009：9-10.

“公正必定是适度的、平等的；分配的公正在于成比例，矫正的公正也就是得与失之间的适度”①。近代社会，学者们对天赋人权、社会契约、自由、平等等观念的论证也为市场经济的发展提供了理论支撑。洛克、卢梭、孟德斯鸠、康德等思想家从“自然状态与权利、社会契约”等层面出发，阐释他们对公平的不同解读。进入20世纪，人们越来越认识到若没有全社会理解并认同的公平原则作为政治、社会经济生活的道德基础，势必危及全人类的生存和发展。由于住房是可视度最高的私有物品，也是民众最容易比较的公平衡量物，于是，住房占有是否公平就成为衡量社会公平正义的主要指标。

(一)穆勒的功利主义公平观

功利主义是以行为的目的和效果衡量行为价值的伦理学派之一，作为一种完整的理论体系和一个在理论及实践上有着重大影响的学派，形成于18世纪末19世纪初的英国，杰里米·边沁(Jeremy Bentham)和约翰·斯图亚特·穆勒(John Stuart Mill)分别是这一理论体系和学派的代表人物。它包含两个重要的原理：“第一，当一种行为或实践在整个世界上导向最大可能好的结果或最小可能坏的结果时，那么这种行为或实践就是正确的；第二，义务和权利的概念从属于最大利益或为最大利益所决定。”②换句话说，如果一项公共政策让每一个人的状况都有了轻微的改善，即使这项政策以其他方式让所有人的状况都发生了轻微的恶化，这项政策也是公正的且符合公共利益。

边沁的功利主义学说有着诸多思想渊源，尤其是萨雷·贝卡里亚(Cesare Bonesana Beccaria)的“最大多数人的最大幸福”思想对其功利主义学说的形成产生了直接影响。鉴于个人行为往往同时具有增大和减少共同体幸福的双重作用，边沁提出了相应的个人行为的

① [古希腊]亚里士多德. 尼各马可伦理学[M]. 廖申白，译. 北京：商务印书馆，2009：147-151.

② [美]汤姆·彼彻姆. 哲学的伦理学[M]. 雷克勤，等，译. 北京：中国社会科学出版社，1990：108-109.

功利判断标准："当一项行动增大共同体幸福的倾向大于它减少这一幸福的倾向时，它就可以说是符合功利原理或言之符合功利。"由于政府的行为对共同体全体成员幸福的影响也具有与此类似的双重作用，边沁提出了相应的政府行为的功利判断标准："当一项政府措施之增大共同体幸福的倾向大于它减少这一幸福的倾向时，它就可以说是符合或服从功利原理。"①

穆勒作为边沁功利主义的追随者和功利主义学说的集大成者，认为公正本身不应当被看作是一种独立的义务，"而是履行其他某种义务的手段，在涉及权利时，保持公正毫无疑问是义不容辞的，但其中体现的只是一种更广泛意义上赋予每个人权利的义务。"②平等是与公正密切相关的一个概念，无论在正义的概念上抑或是正义的实践中，平等都扮演着举足轻重的角色，甚至在许多人看来，平等就是正义的本质所在。"所有与正义有关的问题就是与功利有关的问题"③，但并不是所有的功利都可以称为正义，正义所代表的是社会某些层面上极为重要的，具有不容置疑的权威性的那部分功利。穆勒继承了自由主义的传统，认为政府"一般应实行自由放任原则"，"生活中的事务最好由那些具有直接利害关系的人自由地去做，无论是法令还是政府官员都不应对其加以控制和干预"，"除非某种巨大利益要求违背这一原则，否则，违背这一原则必然会带来弊害。"④穆勒认为，"由于贫穷提出给予帮助的要求最有力，显然有最为充分的理由通过社会组织来救济亟待的人"⑤，主张制

① ［英］杰里米·边沁. 道德与立法原理导论［M］. 时殷弘，译. 北京：商务印书馆，2009：59.

② ［英］约翰·斯图亚特·穆勒. 功利主义［M］. 叶建新，译. 北京：九州出版社，2007：105.

③ ［英］约翰·斯图亚特·穆勒. 功利主义［M］. 叶建新，译. 北京：九州出版社，2007：147.

④ ［英］约翰·斯图亚特·穆勒. 政治经济学原理及其在社会哲学上的若干应用(下卷)［M］. 赵荣潜，等，译. 北京：商务印书馆，1991：539-542.

⑤ ［英］约翰·斯图亚特·穆勒. 政治经济学原理及其在社会哲学上的若干应用(下卷)［M］. 赵荣潜，等，译. 北京：商务印书馆，1991：558.

定济贫法，保障公共救济得以顺利发展。

赫奇逊(Francis Hutheson)、边沁、穆勒都认为，人生的普遍目的就是趋乐避苦，当个人行为严重地波及他人的快乐或痛苦时，对个人行为的评价就不仅仅具有个人的意义。个人的行为不仅要有利于自己，而且要有利于他人、有利于社会、有利于大多数人，这是功利主义公平观的核心思想。这一思想对于判断人们的行为和政府政策的优劣，建立正确的行为准则并执行科学合理的公共政策，使其符合或有利于社会的整体利益和共同幸福，具有重要的意义。

(二)罗尔斯的契约主义公平观

契约方法在当代政治哲学中一直占据着主导地位，其代表人物有罗尔斯(John Rawls)、诺奇克(Robert Nozick)、德沃金(Ronald Dworkin)等，他们都把建立“理想的社会制度”需要的社会契约当作核心。1971年，罗尔斯出版了《正义论》一书，因系统阐述了公平的正义原则、理论观点而蜚声学界，2000年出版的《作为公平的正义》对前书中提出的一些原则和观点作出了修正和补充。罗尔斯拓展了约翰·洛克、让-雅克·罗素和托马斯·霍布斯提出的社会契约论的概念，认为下述“公正原则”将在初始状态中获得一致同意并产生：“第一，每个人都必须享有最大限度的基本自由的平等权利，这个自由应与其他人的类似自由相一致；第二，社会和经济的不平等必须这样形成：①应该有理由期望这些不平等合乎每个人的利益；②取得地位和公职的机会对全体开放。”①罗尔斯的正义原则中最有创意也最具争议的是第二个原则，即社会利益的分配应当有利于社会之最不利成员的最大利益，通常被称为“差别原则”。根据该原则，在制度设计时，需要适当地向社会底层或弱势群体倾斜。在一个公平正义的社会，由公平正义所保障的权利绝不应受制于政治交易或社会利益的权衡，其中居住权公平更是社会公平的重要基石，公共住房政策设计成功与否，关键在于政策本身能否给低收入阶层带来最大公平的住房分配利益。

---

① [美] 约翰·罗尔斯. 正义论[M]. 何怀宏，等，译. 北京：中国社会科学出版社，1988：56-57.

由此可见，罗尔斯公平观的现代价值在于：①强调自由优先性的同时，也推崇平等的价值取向，机会均等被认为同样是极有价值的现代观念。“政治自由的价值对所有公民都必须在这种意义上是充分平等的，即所有公民都拥有担任公共职务和影响选举结果等公平机会。”①②强调尊重个人权利与自由，对其引发的不公正，主张用国家再分配达到尽可能的平等，并遵循有利于最少受惠者获得最大利益的原则处理不平等安排。“因为这些不平等非常可能产生于不同收入阶层之间的差别，正如他们受个人出身和成长于其中的社会环境的影响，也受他们在自然天赋分配中所占居位置的影响。”②③基于市场竞争的结果常与社会正义矛盾，不能仅由个人能力竞争决定财富收入，须把自由的市场机制纳入政治-法律结构中，这种基本结构“分配基本权利和义务，决定由社会合作所产生的利益如何分配的方式”③，通过该结构来调节和保障经济活动的总趋势及机会均等。④推崇“公平优先于效率”的观点，不赞同“效率至上”原则。认为“仅仅效率原则本身不可能成为一种正义观，正义是优先于效率的，二者的一致性仅仅在完全正义同时也是有效率的体系里才能达到”④。

简单来说，罗尔斯的公正原则本质上是关于盎格鲁-撒克逊公平概念的严密阐述，在公共利益背景下，“公平公正”包括：信任、一致性、坦率、正直、明确表达的期望、平等的待遇、一种在组织中拥有的主人翁和影响力的感觉、不偏不倚的决策以及相互尊重。依据罗尔斯的观点，每一位在城市拥有豪宅的富人，其财富都是从“社会”中赚到的，而对于“社会”，每个组成它的人都作出了平等

---

① ［美］约翰·罗尔斯. 作为公平的正义[M]. 姚大志，译. 上海：上海三联书店，2002：247.

② ［美］约翰·罗尔斯. 作为公平的正义[M]. 姚大志，译. 上海：上海三联书店，2002：125.

③ ［美］约翰·罗尔斯. 正义论[M]. 何怀宏，等，译. 北京：中国社会科学出版社，1988：3.

④ ［美］约翰·罗尔斯. 正义论[M]. 何怀宏，等，译. 北京：中国社会科学出版社，1988：72、80.

的基本贡献。这样看来，富人多占有城市稀缺的空间，是比穷人过多地利用“社会”这一资源的结果，他对城市空间的多占包含着穷人的贡献，因此，应该拿出一些来补偿穷人，这也是西方社会广泛推行物业税的道德依据。此外，这些拥有稀缺资源的人更容易在城市中占有更大的“空间”，并由于此类稀缺空间的垄断性，占有者更容易复制自己的优势地位。面对这种工业化以来城市空间占有的过分悬殊，发达国家推行大规模公共住房建设就有了社会公德的依托。

(三)阿马蒂亚·森的比较主义公平观

1988年诺贝尔经济学奖获得者阿马蒂亚·森(Amartya Sen)在社会选择、福利经济学基础理论、更广泛的分配伦理学以及与这些领域相关的测量问题上，是一位无可怀疑的大师。阿马蒂亚·森所提出的公平正义理论，与社会契约的方法相比有以下几点不同：①主张应沿着孔多塞(Condorcet)和亚当·斯密(Adam Smith)的道路，在理智思考的基础上，就明显的非正义达成共识，而不是寻找绝对的正义；②关注的焦点不必仅仅局限于制度，相反可以考察人们实际能够过上的生活和自由，包括他们选择生活的自由；③关注理性的思考，以及在此基础上可能达成的一致，而不是一个由自主权国家来执行的基于国家的社会契约，这就使得“全球性正义”成为可能。

阿马蒂亚·森提出了一个关于正义的理论框架：“我们为什么需要一个正义的理论”以及“需要一个什么样的正义理论”。①关于前者，阿马蒂亚·森的答案是：这是由于我们采取的明智的思维方式，才能对感觉到的信息加以判别，才能断定目击到的惨剧能否成为斥责的凭据，才能将不可抵抗的天灾与本可预防但没能阻止的人祸加以区分，才能将我们的视线从对惨状的纯粹伺探与救援转移到对不公平的深远说明。阿马蒂亚·森承认，当今世界存在着种族歧视、迷信等各种非理智行为，但理智的运用可解除或削弱这些非理智现象，然而规避理智的那部分人恰恰是掌握公共权力的“卫道士”。这与森的主张，即“我们并非寻找绝对的正义，而是致力于减少明显的非正义”类似。②关于后者，阿马蒂亚·森清楚地表明：研究需要重视现实生活而不是在抽象的制度规则上停滞；研究范围可遍布全球而不仅限于单个国家；允许存在多种不同的正义因由而非只承认其中的一种。鉴于此观点，阿马蒂亚·森从现实切入的层面，在全球范围内通过公共理性来界定正义标准。从本质上说，这种基于理性来解释正义的研究方法并非只是源自西方社会，在古印度等其他东方世界早已盛行；也非人类思想发展史上的唯一选择，纵观古今可知强调制度安排的先验主义和注重现实的比较主义之间一直存在此起彼伏的抗争。①

阿马蒂亚·森从比较研究的视角提出广义的公平理论，摆脱了社会契约论的研究局限，目的在于证明我们如何才能回答关于促进公平和消除不公平的问题，这与当代主流的公平理论有着显著区别。首先，一套能看作是实际理性根源的公平理论，必须包含对怎样减少不公平现象以及增进公平行为展开评估的方法，而不是竭力追求一个十足公平的社会。其次，即使如此繁多的关于公平的比较问题能获得完全解决，并且能以适当的形式实现共同的主张，但其余的一些比较还存有争论，剩下的各种观点是经过明晰考虑的后果，并非规避理智的产品。最后，可以矫正的不公平现象，很大程度上或许与行为本身的逾越而非制度设计的缺陷有关。关注公平问题时，注重社会活动实际对通晓公平的本质将产生长远的参考意义。

（四）住房公平的内涵

住房是人类维持生存的基础资源，住房权利作为人类的基本权利之一已经获得了广泛的共识，对城市空间资源的公平配置和对住房权利的保障，是现代社会公平的重要内容。1948 年《人权宣言》第 25 条第 1 款，首次提出住房权利，在此之后，住房权利成为一系列国际宣言的重要内容。1996 年通过的《联合国人类居住议程》指出，人人享有适当住房的权利意味着“每个人都能够获得健康安全的、便捷可靠的且能够负担的房屋，这中间还包括基础服务、根本设施以及适宜的居住环境，人人都受到住房和土地租用期法律的平

① ［印］阿马蒂亚·森. 正义的理念［M］. 王磊，李航，译. 北京：中国人民大学出版社，2013：1-2.

等保护”。住房权利也因此被许多国家上升到法律层面来加以保护。

综上所述，现代意义上的“住房公平”主要包括：①住房权利公平。要求社会正式或非正式制度安排给每位成员享有住房的同样资格，不应受到家庭背景、性别、教育程度、职业类型等因素的制约或影响。②住房机会公平。即国家或政府提供给社会成员享有住房的公平机会。权利公平属于静态规则，是一种事前公平，相比较而言，机会公平则可以看作是权利公平在社会现实中的深层次表征。虽然城市的空间资源非常稀缺，难以像一般商品那样无限制地增加供给，但是，政府可以通过建立完善的公共住房政策，公平地分配空间资源来实现住房公平。这就意味着人们的基本居住需求能够得到满足，不仅有房住，而且能够“住得有尊严”。③住房规则公平。规则公平即程序公平，主要是指住房分配的程序及其执行各环节应该公开透明、具备合法性，杜绝某些人通过对程序加以控制来攫取不正当利益，符合既定的社会规则。④住房能力公平。即住房可负担能力公平，就消费结构而言，住房支出的减少表明人们可用于精神娱乐消费支出的增多，从而增加与人们活动能力有关的总体福利。因此，房价或租金越合理，且在居民的可负担能力范围内，也就意味着更高程度的住房公平。⑤住房结果公平。强调住房分配的结果体现全体公民的利益，防止贫富悬殊过大，属于一种事后公平。倘若只能达成住房权利、机会和程序公平，还只可称作是形式上实现了公平，但实质上仍处于不公平的状态，只有在住房权利、住房机会、住房规则以及住房能力公平皆兑现的前提下，对社会的整体住房情况加以宏观调控后达致结果公平，才真正意味着住房公平的最终实现。

在强调住房公平的同时，我们也应认识到，正如托马斯·福勒(Thomas Fuller)所言，“片面的公平其实是最大的不公平”。住房公平并不意味着绝对的住房平均，而是通过有效的措施缩小社会成员之间居住不平等的差距，从而在住房方面实现社会福利的最大化。影响住房公平结果的不仅有制度或规则的公平，还有机会、资源、结果等方面的公平，因此，如何合理地配置住房资源，保障每位社会成员享有公平的住房权利和住房机会，保证住房负担合理公平，是住房公平最重要的内容。

三、公共住房政策执行力

（一）执行力

执行力（Executive Power），“一般是指政府的行政权力和法律执行效力，也可用于强调组织在执行各项规定事务时所具有的能量、力量或效力等”①。这一概念在行政法学界最先产生，强调对具体行政行为赋予强制执行的法律效力，随着管理科学的兴起，“执行力”被工商管理学界广泛使用。拉里·博西迪（Larry Bossidy）和拉姆·查兰（Ram Charan）在其著作《执行》一书中指出：“执行是一门学问，它是战略实施中不可或缺的关键环节；执行是企业领导者的主要工作；执行必须成为企业文化中的核心元素。”②保罗·托马斯（Paul Thomas）和大卫·伯恩（David Byrne）在《执行力》一书中明确提出：“执行力是一整套行为和技术体系，它能够使公司形成自家独特的竞争优势。”③布里克利（James A. Brickley）等强调，“即使是最好的商业策略，都可能被不当的组织设计毁掉，从而影响企业执行力”④。美国ABB公司董事长巴尼维克（Percy Barnevik）也曾说过：“一位经理人的成功，5%在战略，95%在执行。”⑤由此看来，“执行力”就是将企业的长远战略、规划目标、员工培训等逐步落实，并转化为效益或成果的能力。

---

① 莫勇波. 公共政策执行中的政府执行力问题研究[M]. 北京：中国社会科学出版社，2007：23.

② ［美］拉里·博西迪，拉姆·查兰，查尔斯·伯克. 执行：如何完成任务的学问[M]. 刘祥亚，等，译. 北京：机械工业出版社，2011：10.

③ ［美］保罗·托马斯，大卫·伯恩. 执行力：没有执行力就没有竞争力[M]. 白山，译. 北京：中国长安出版社，2003：1.

④ ［美］詹姆斯·布里克利，克利福·史密斯，等. 执行力：组织设计的核心[M]. 袁世珮，译. 汕头：汕头大学出版社，2005：5.

⑤ 人民网. 经理人如何提高执行力[EB/OL]. ［2004-1-13］. http://www.people.com.cn/GB/paper53/11099/1005081.html.

执行力欠缺，再好的决策也只是空中楼阁。然而，近些年国内的管理书籍和报纸杂志，言必称“执行力”，还创造性地延伸出“决策力”“领导力”“管理力”“文化力”“品牌力”等新名词，进而得出“执行力就是核心竞争力”的论断。实际上，一套经过科学化设计、符合客观实际、顺应民心民意的政策制度体系，可以使执行事半功倍；反之，即便“执行力”再强硬，推行起来也有可能走向反面，这样的例子不胜枚举。

(二)公共住房政策执行力

“公共政策执行力”是一个典型的中国式概念，其出现主要是为了解决当前政策执行不力等行为，由企业执行力演绎而来的政府执行力在公共政策领域的拓展。于凤荣等在1995年就指出，“政策执行的好坏，关系到政策内容的实现以及政策效果的程度。如果政策执行不力或不当，非但未能解决原有的公共问题，而且会使原有的问题更加恶化，引发新的危机。”①然而，至此后有关政策执行力的研究一直寥寥，直到2006年“执行力”首次被写入《政府工作报告》，提出“建立健全行政问责制，提高政府执行力和公信力”，其研究才引起学界的普遍关注。在这一领域较具影响力的学者有：丁煌、莫勇波、周国雄、王学杰、宁国良等，他们主要侧重于关于公共政策执行力的内涵与结构、影响因素、提升机制与路径等方面的研究。

周国雄指出，“公共政策执行力，就是政策执行主体为达到政策目标，通过对各种相关资源的调度、控制和使用，有效执行公共政策的能力总和。”②王学杰认为，“公共政策执行力，主要是指执行党的路线、方针、政策和国家的宪法、法律、人大决议以及政府制定的政策法规的行动力。”③宁国良指出，“所谓公共政策执行力，

---

① 于凤荣，王殿春. 提高我国公共政策执行力的对策研究[J]. 行政论坛，1995(3)：11-13.

② 周国雄. 博弈：公共政策执行力与利益主体[M]. 上海：华东师范大学出版社，2008：18.

③ 王学杰. 我国公共政策执行力的结构分析[J]. 中国行政管理，2008(7)：62-65.

指的是执行主体在公共政策执行过程中，以公共政策资源的投入和消耗来实现公共政策目标和获得效益大小的能力。"①莫勇波认为，"政府的政策执行力，是指政府组织所存在能够有效执行公共政策以及反映各项公共政策的路线、方针、制度、决策、法令、命令、战略和计划的政府内在力。"②总体来看，公共政策执行力，是指"公共政策执行主体为了实现既定的政策目标，在执行公共政策的过程中，显示出来的政策执行规划力、服从力、公信力、监控力、问责力及调整力等多种力量的协同整合力"③。据此得出，"公共住房政策执行力"，即是指政府等住房政策执行主体为了实现既定的住房公平目标，在执行公共住房政策的过程中，鼓励其他社会力量参与建设或管理，由此展示出来的公共住房政策执行规划力、服从力、公信力、监控力及问责力等多种能力的协同整合力。

第二节 福利多元主义理论诠释

福利国家（Welfare State）强调政府承担福利供给的主要责任，似乎过早地实现了高经济增长率和低失业率。但是，随着20世纪70年代以石油危机为背景的经济衰退，使得福利国家政策的执行举步维艰，暴露出系列危机：其一是财政危机，为了满足维持福利国家中固有的服务和转移支付对财政资源的需要，国民产出中的公共征用达到了难以为继的比例，从而导致了危机；其二是效率危机，应归于依赖受益人中普遍分配的保护性产品，减少了他们承担的经营义务，并且滋养着不断生长的寄生和浪费。④ 基于政府失灵

① 宁国良，刘辉. 成本-效益分析：公共政策执行力研究的新视角[J]. 中国行政管理，2010(6)：61-64.

② 莫勇波. 政府执行力：理论思路与现实路径研究[M]. 北京：经济科学出版社，2013：49.

③ 丁煌，周丽婷. 地方政府公共政策执行力的提升：基于多中心治理视角的思考[J]. 江苏行政学院学报，2013(3)：112-118.

④ [丹] 本特·格雷夫. 比较福利制度：变革时期的斯堪的纳维亚模式[M]. 许耀桐，等，译. 重庆：重庆出版社，2006：209-210.

以及福利危机占据主流位置的“凯恩斯-贝弗里奇”模式的强硬回击，使得人们重新反思国家在福利领域中的角色疆界。福利多元主义顺势而出，提倡社会福利来源的多元化，既非全部依靠市场，也非通盘仰仗政府，福利是整个社会的产物。

一、福利多元主义的理论蕴涵

（一）福利多元主义的理论来源

早在20世纪80年代福利国家发生危机以前，斯堪的纳维亚国家就已着手对福利社会进行思考和探寻，代表人物有Thomas Boje、Bent Greve、Bob Jessop、Klaus Nielsen、Bruno Amoroso等人，这即是福利国家理论范式转折的开端，“福利型社会”“社会投资型国家”“志愿福利型国家”“积极干预的福利政策”等名词不断地被提出。吉登斯（Anthony Giddens）提出，“可以重建现存的福利制度，以实现把减少结构性不平等的目标，特别是预防被排斥的底层阶级形成的目标与贯穿一生的福利区分开来。”①究竟对福利国家危机执何种态度，在于人们对目前已产生的危机的辨识，反对声多集中在质疑国家兴办福利、降低市场作用和个人地位的方式。于是，学者们着手探究将福利国家看成是一种单独在社会经济系统外运行的超然形式，以及化解福利危机的可能体制。福利多元主义正是在这样的背景下应运而生，成为建立政府部门、私营部门、志愿机构和家庭之间合作伙伴关系的目标，以实现社会福利方面的责任分担。

“福利多元主义”（Welfare Pluralism）这一术语首先出现在1978年英国的沃尔芬登报告《志愿组织的未来》（*The Future of Voluntary Organizations*）中，“志愿部门的主要好处之一是：它对我们的政治和社会制度中的多元主义特征作出了贡献”，即福利供给存在着多元体系。与之相似的观点还出现在1979年志愿组织国家委员会出版的《变动世界中的格莱斯顿志愿活动》（*Gladstone's Voluntary Action*

---

① ［英］安东尼·吉登斯. 超越左与右：激进政治的未来［M］. 李惠斌，等，译. 北京：社会科学文献出版社，2009：152.

Organization in a Changing World)中，其中讨论到“对法定福利效率的质疑，提出有效的解决途径将更多地依赖于志愿行动”①。福利多元主义的提出，引起了学界和政界的广泛关注和认同，并给予了很高的评价，认为它能够对福利国家危机做出解释，更重要的是提出了福利国家未来的发展方向。由于“福利多元主义”和“福利混合经济”描述的是同一种现象，所以可交互使用，其福利供给都是由政府部门、志愿部门、商业部门以及非正式部门组成。② 在西方政治社会领域，福利多元主义暗示政府主导作用的下降，不再将政府当作社会福利提供的主要源泉；从地方政府层面来说，意指政策在实际执行中有必要加强其他方面的资源而非仅仅依靠强制性的行为。但是，由于全球经济社会环境、主流意识形态等千差万别，福利多元主义的具体组成和相应功能的施展也存在一定分歧。罗斯(R. Rose)、伊瓦斯(A. Evers)、约翰逊(N. Johnson)、鲍威尔(M. Powell)、吉尔伯特(N. Gilbert)等分别从不同视角对该理论作出了进一步阐述。

(二)福利多元主义的理论发展

1. 罗斯的福利三分法

罗斯(R. Rose)采用三分法的方式，首先对“福利多元主义”进行了清晰的界定，他认为福利的提供主体由国家、市场和家庭三部分组成。作为福利提供的不同的三方，无论哪方相对其他方而言都具有一定的贡献，社会的整体福利是由国家、市场和家庭共同提供或相互竞争后的混合体，用公式表示为：TWS=H+M+S。罗斯还指出，虽然国家在福利供给上的作用明显，但它不属于福利供给方面的垄断方，市场一方也能提供福利生产。然而，只是从国家和市场的层面研究福利存有局限，原因在于这两方提供的福利需用金钱来权衡，但是，家庭一方为老人、儿童等弱势群体提供的照顾属于非

---

① 丁学娜，李凤琴. 福利多元主义的发展研究：基于理论范式视角[J]. 中南大学学报(社会科学版)，2013(6)：158-164.

② 黄源协. 社区照顾：台湾(地区)与英国经验的检视[M]. 台北：扬智文化事业股份有限公司，2000：125.

货币化生产。倘若不能为市场方和家庭方的福利供给留足空间，就相当于无形中承认国家方面在福利供给中的霸主位置。① 在福利国家发生危机的历史时期，罗斯的理论由于强调社会其他部门在福利供给中的功能而引起广泛关注，并由此开启了福利多元主义的研究之路。

2. 伊瓦斯的福利三角论

伊瓦斯(A. Evers)认为罗斯关于福利多元的界定过于粗略，提出“应将福利三角置于文化、社会经济与政治情境中，并将三者详细解构成对应的组织形式、投射的价值意义和内生的关系结构。市场经济提供就业福利，个人努力、家庭保障和社区互助是非正式福利的主旨，国家通过正式的社会福利体制将各种资源进行重新分配”②。在一定的社会政治和经济文化条件下，国家与家庭分别提供的福利，可成为社会成员分担市场失败的风险。从此种意义上说，伊瓦斯的理论使得福利三角研究拓宽到经验范畴，为西方国家政府部门解析原有的福利系统提供了一个宽广的理论架构。因为把“家庭”提至与“国家、市场”同样突出地位的福利提供体制有失水准，后来伊瓦斯又在原有研究的基础上作出进一步修正。他采取四分法的方法，指出社会福利的根源包括“国家、市场、社区和民间社会”，如表2-2所示。着重强调民间组织在福利提供中的独特功能，提及和先前起到的作用比较，“互助社、自助组织、友谊社等志愿性组织将在社会保障和福利供给中发挥出日益明显的功用。”③ 对于志愿性组织来说，成功主要在于“官僚理性、市场理性和社区理性”之间搭建的桥梁是否稳固、私人利益与公共利益是否保持一致，尤其是能否足够重视社会资本对整体福利的重要效用。

---

① Richard Rose, Rei Shiratori. The Welfare State: East and West[M]. New York: Oxford University Press, 1986: 13-39.

② A. Evers & H. Wintersberger. Shifs in the Welfare Mix: Their Impact on Work, Social Servicesand Welfare Policies[M]. Bloomington: Campus Verlag, 1990: 7-30.

③ Evers A. Part of the Welfare Mix: The Third Sector as an Intermediate Area[J]. Voluntas, 1995, 6(2): 159-182.

表 2-2　伊瓦斯的福利多元主义理论①

项目	市场	国家	社区	民间社会
福利生产	市场	公共部门	非正式组织/家庭	非营利组织/中介机构
行动原则	竞争	科层制	个人责任	志愿性
供应对象	消费者	公民	社区成员	市民/协会成员
交换中介	货币	法律	感激/尊敬	说理/交流
价值选择	自由	平等	互惠/利他	团结
有效标准	福利	安全	个人参与	社会/政治激活
主要缺陷	对非货币化结果的忽视	忽视少数群体，选择自由度降低	对非团体成员的排斥，道德约束降低	专业化欠缺，福利分配不平等以及低效率

3. 约翰逊的福利四分法

约翰逊（N. Johnson）采用四元划分的方法，建议在福利主体——“国家、市场、家庭”的本原上添加志愿组织，即将福利提供主体剖析成非正式组织、志愿组织、政府组织以及商业组织，注重福利供给的非垄断性与相互之间的均衡。非正式组织，比如邻里、亲友、家庭提供的福利；志愿组织包括互助组织、非营利机构、社区组织等提供的福利；商业组织主要负责职工福利和具有营利性质的福利；政府部门则负责提供直接与间接福利。约翰逊特别强调，“将志愿组织与非正式组织加以区别的是组织发展的程度，就其内部来说则存有不同形式。”②他的主要贡献是对福利供给主体展开了更为详尽、与实际更相吻合的结构划分，不但丰富了福利多

① 彭华民，黄叶青．福利多元主义：福利提供从国家到多元部门的转型[J]．南开学报(哲学社会科学版)，2006(6)：40-48.

② N. Johnson. The Welfare State in Transition：The Theory and Practice of Welfare Pluralism[M]. Brighton：Wheatsheaf，1987：58-94.

元主义的理论内容，而且在人口高龄化、失业普遍、家庭成员单一等社会现实愈益紧张的情境下，充分揭示出“市场、家庭、志愿组织”等非正式组织对福利供给的作用是化解福利危机的必经之路。

4. 鲍威尔的福利混合经济

鲍威尔(M. Powell)认为，有关福利混合经济(Mixed Economy of Welfare)或者福利多元主义有必要建立“三维度论述”分析供给、融资和规制。福利混合经济的组成包括国家、市场、志愿性和非正式福利。①国家在福利供给中的角色随时间而变化，在某些历史阶段，它采取的是直接供给的方式，而在另外一些阶段，则采取向非国家机构提供资金或支持的方式。②即使在市场的有效性和公正性受到攻击的时候，劳动力市场仍然被视作最好的福利提供者；市场比国家更有效率。③志愿性部门通常被划分成两类：博爱和互助；前者倾向于与等级式的劫富济贫的慈善机构有关；后者是指那些横向式的自助活动。④非正式福利带有“互惠”的特点，源于个体间不同类型的密切关系，这种非强制性福利来源于家庭、朋友和街坊邻居提供的帮助。①

5. 吉尔伯特的福利多元结构

吉尔伯特(N. Gilbert)把福利多元主义嵌入到广阔的社会背景中，认为福利多元结构有两层含义：“一是它可以被视为由公共、志愿、营利或非正式部门四方面构成，社会福利通过这四种部门传送到相应公民手中；二是这四种部门深嵌至福利国家的公共和私人领域，尽管它们可以独立运营，但仍与经济市场活动相互重叠。”②吉尔伯特指明，社会与经济市场的区别在于指引福利分配的动机和标准不同，正因为福利提供在公私域之间、社会与经济市场之间互相交错，从而证实了各式政策从相互排斥到兼备相容的演变历程。总体而言，福利三分法和四分法并不存在绝对的界限，某些提倡三分法的研究者往往也采用四分法展开分析。不同的福利理论有着不

① ［英］马丁·鲍威尔. 理解福利混合经济[M]. 钟晓慧，译. 北京：北京大学出版社，2011：10-19.

② Neil Gilbert，Paul Terrell. 社会福利政策导论[M]. 黄晨熹，等，译. 上海：华东理工大学出版社，2003：78-79.

同的福利多元组合内容，无论是三分还是四分法，形成的一致共识是：适用于工业社会的国家保障模式，已经远远落后于后工业社会的发展要求，纯粹依赖政府一方提供福利没法满足社会整体需求，也难以促进福利体制的可持续发展，多方协作提供福利成为社会的必然选择。

二、福利多元主义作为本书理论背景的缘由

国家若要实行一个广泛接受的福利服务供给原则，就会以中央和地方政府为媒介，比较私营企业提供福利服务的标准，从而实现福利服务的社会自给。这种情况既适用于医院，也适用于住房。①住房政策不只是经济政策，“房地产不能仅仅是经济政策的组成部分，更应该属于社会政策的重要成分。把房地产视作经济政策，其GDP功能被凸显，而社会功能就遭到忽视。”②目前中国住房政策领域存在两种欠缺：“一是仅有经济政策思维，缺乏社会政策思维；二是仅有简单福利思维，缺乏混合福利思维。”③由于住房政策的跨领域性质，单纯从经济政策的角度来看，公众可以依据自己的购买实力在市场上获得相应住房，政府的责任主要是确保房地产市场的正常运行。从社会政策的视角分析，住房问题的解决属于“二次分配”范畴，政府需要借助公共财政等方式，为每位公民提供适宜的住所。从该种意义来说，住房政策属于社会福利畛域，政府的主要职责在于持续提供此种福利并且兼顾社会公平。由此看来，以福利多元主义理论作为本书的理论背景就具有了必然性和合理性，加之该理论所蕴涵的两大特点也为我国公共住房政策执行力方面的研究提供了参考和借鉴。

第一，主体多元化。福利多元的实在价值主要体现在：它倡导

---

① ［英］贾森·安奈兹. 解析社会福利运动［M］. 王星，译. 上海：上海人民出版社，2011：122.

② 郑永年. 住房政策不只是经济政策［EB/OL］.［2010-7-11］. http://news.xinhuanet.com/house/2010-07/11/c_12320608.htm.

③ 郭巍青，江绍文. 混合福利视角下的住房政策分析［J］. 吉林大学社会科学学报，2010(2)：128-134.

并开创了福利供给系统中真正的多元行动主体格局，并致力于建构网络化的互动关系和制度体系，而不是单纯倚重“国家-市场-社会”中的任何一方。① 解决国家的福利危机应该重视政府以外的其他社会部门在福利提供中的作用，因此，需要改变以往由政府统包统揽的做法，积极引入市场、家庭和其他社会组织，使得这些非正式组织或部门可以根据自身的特点，向公众提供多样化的福利选择方式。值得提醒的是，福利多元主义理论并不是极力鼓吹“小政府”或“无为政府”模式，而是期望形成一种由多种势力共同参与福利提供的多元主体局面，将政府职能转移到诸如制定与执行新的社会福利供给模式、创造与维持优越的发展条件与环境、主导与保障各种社会资源的公平分配、筹措并调整各项资金的来源等方面。简言之，福利多元主义理论主张的是各种福利提供主体协同合作的系统论观念。

第二，分权和参与。福利改革的实质是对各种稀缺的资源进行重新配置，不管是在福利社会或后福利社会时期，各个国家需要解决的核心问题一直是怎样在原定条件下既充分满足居民的根本生活需要，又鼓舞居民个人的积极能动性，“分权和参与”常被视作实现主体多元的实在路径。其一，分权暗指在社会福利分配范围内，中央政府下放职权至各地方政府；其二，分权也暗指多种势力的参与，也就是说，把政府的福利提供方职责分散给市场、家庭或其他非营利组织，使得社会力量协作参与到改革完善公共服务的制定与执行各环节中。实质上是强调社会福利和服务的地方化、社区化及消费者的主动参与和选择，由此可以促使社会培育出自助精神而非过度依赖政府，同时使得被弱化的家庭照顾角色得以回归。福利多元理论对于重新思考政府在福利供给中的责任、调动社会不同资源在福利供给中的参与等问题提供了有益的借鉴。

综上所述，大多数国家的住房福利供给采取的是混合多元提供的模式，要么部分源自市场，要么部分源自非市场的公共途径。除

① 韩央迪. 从福利多元主义到福利治理：福利改革的路径演化[J]. 国外社会科学，2012(2)：42-49.

此以外，为了尽力规避沉重的公共财政包袱的产生，西方福利国家越来越注重政府在制定与执行公共住房政策时，应当积极努力、多头出击、不断挖掘各种社会和市场资源，例如，经由非营利组织和公民家庭的资源，并以各式各样的协作方式尽力满足多层次住房需要，这也就是当今各国一直加以充实完善的住房政策领域中的福利多元主义道路。从国外的历史发展经验来看，通过房屋协会、房屋建设管理协作组织与相应基金会和志愿者组织等，可以有效帮助中低收入阶层切实解决政策信息闭塞、申请程序繁琐、公共住房配套建设不足、公共小区邻里关系冷漠、家庭矛盾与冲突多发等实际困难，提供较为全面周到的公共服务。凭借我国现有的经济社会水平及发展速度，不但需要而且完全有可能采用政府适当资助的方式，积极培育并发展与住房服务紧密相连的各种社会基层非政府部门或非营利组织，从而衍生出多样化的住房服务，增进住房领域的混合福利。

第三节　协作治理理论介说

协作治理(Collaborative Governance)是一个由不同治理机制混合而成的整体，主要包含四方面的组成要素：作为财富、权力来源与条件的流通和网络；透过多种形式和经常性的讨价还价而介入的众多参与者；不同的游戏规则不断地取长补短；守卫者和仲裁人负责保证程序的合法性。① 在现今社会历史发展的过程中，协作治理理论能够首先从西方社会产生，必然有其丰饶的理论土壤和稳固的现实基础；自从该理论传入中国以后，为了适应中国的体制改革环境，它又必须作出本土化调整。近年来，我国公共住房政策领域正在经历市场化转型，自由化的资源配置使得利益主体多元部门功能分化，并引起目标冲突、资源竞争、利益垄断等系列政策问题。诸多表征昭彰现今的住房政策体系已经呈现出某些协作性特征，因

① 刘伟忠. 我国地方政府协同治理研究[D]. 济南：山东大学博士论文，2012：26.

此，对协作治理展开理论追溯和谛视就成为题中之义。

一、协作治理的理论渊源

如果以协作治理理论产生的历史渊源作为凭据展开理论追溯，可以追溯至古希腊亚里士多德对政治学的系列论著，直到现世自然科学以及社会科学领域内的众多建树，既包括政治学、经济学、社会学、管理学等学科的突出成就，也涵盖数学、地理学、物理学等学科的重大发现。但仅从协作治理理论的内核来看，协同学理论、多中心治理理论和政策网络理论就成为其最重要的理论来源。

(一)协同学理论

“协同学”(Synergetics)亦称协同论或协和学，该词源于希腊文，本意为“协同作用的科学”。1969年，德国物理学家赫尔曼·哈肯(Herman Haken)在研究激光的过程中提出了协同学的基本观点，并在1971年与经济学家R. 格雷厄姆(R. Graham)合作的文章中指出：“不管怎样对立的两方，一旦位于相同的统一体里，在一致目标的影响下，即具备了协同发展的可能条件与现实基础，都能够达成协同发展。”1972年，第一届国际协同学研讨会在德国埃尔姆举办，该次会议的主要内容于1973年以论文集《协同学》的方式结集出版，标志着协同学的诞生，它被正式当作一门科学展开研究。1976年，哈肯教授公开出版了《协同学导论》一书，之后又相继发行了《高等协同学》《协同学：大自然构成的奥秘》等系列著作，以控制论和信息论、系统论和突变论等理论作为研究基础，采用数学和统计学等学科研究方法，描绘事物发展从无序转向有序的一般规律，从而创立了协同学的理论框架和学科结构。

1. 协同学理论的主要内容及学科应用

协同理论强调，各种截然不同的系统，虽然其本质属性互不一样，但是在整体环境条件下，各种系统之间又相互作用、协同合作。其间也包含一些常见的社会形式，比如不同企事业单位之间的团结协作、不同部门之间的调整融合，以及不同系统之间的搅扰牵制等。协同论的主要内容包括：①协同效应。当某一系统的各个子系统到达预定临界点时就会形成协同效应，该种效应在所有庞杂的系统中均存在，成为系统从无序形态演变为有序形态的动力来源。②伺服原理。当系统处于临界点时，其子系统将会延展出协同功能，然后产生几个序参量，由这些变量来主宰系统的整体行为，使之从无序发展为有序。③自组织原理。在系统与外界缺乏信息沟通或交流的情形下，各个子系统相互间经过作用自发产生某些功能结构特征，即自生性。① 协同学作为一门新兴的横断学科，把自然科学和社会科学中存在的协同现象作为自己的研究对象，捕捉不一样的系统之间的共性，随即采用相对应的数学模型探究各学科面临的问题。正是具备了这样的特点，才使得协同学研究产生宽广的运用领域，它在经济学、社会学、管理学、物理学、化学等诸多领域都获得了理想的成绩。

在管理学界，首先提出“协同”概念的是美国战略管理学家伊戈尔·安索夫(H. Igor Ansoff)，他在1965年出版的《公司战略》一书中，把协同看作是公司战略四要素之一，并阐释基于协同观念的战略如何发挥纽带作用，将公司多元化的业务联系起来，从而使公司更好地利用现有优势拓展新的发展空间。② 协同论在未来岁月中展示出惊人的生命力，1996年，“协同商务之父”Jim Hepp-lemann指出，以人为本的协同工作将成为以后企业是否具有真实竞争力的衡量标准，并进一步解释协同的最根本含义是由多人、多个部门相互配合完成共同的目标。③ 安德鲁·坎贝尔(Andrew Campbell)也在《战略协同》一书中将学者们多年的研究成果进行汇总比较后提出，“协同是一个非常值得关注的话题，协同公式2+2=5表明了公司整体价值大于各独立组成部分价值的简单总和”④。尤金·巴达赫

---

① 周毓萍. 基于协同管理理论的商业银行核心竞争力研究[M]. 北京：中国金融出版社，2012：21.

② 丁铭华. 基于自组织的企业集团资源协同管理研究[D]. 上海：同济大学博士论文，2008：10.

③ 谢梅隆. 狭义项目群管理分析及其在软件外包企业的应用研究[D]. 天津：天津大学博士论文，2011：28.

④ [英]安德鲁·坎贝尔，凯瑟琳·萨姆斯·卢克斯. 战略协同(第二版)[M]. 任通海，等，译. 北京：机械工业出版社，2000：1.

(Eugene Bardach)则从公共管理的视角提出，“协同就是两个或两个以上机构从事的任何共同活动，通过一起工作而非独立行事来增加公共价值”①。此后，又有来自不同专业学科背景的众多学者，采用协同学的理论观点与方法手段，鉴于科学管理研究对象的协同作用而展开系统的讨论，目标在于达成整体协同效应，促使系统产生的结果大于各投入要素之和。

2. 协同学理论对协作治理的启示

协同学理论和协作治理的相似之处，不但体现在研究对象的本质特征方面存在一定的共性，还表现在对行为目标、整体结构以及自组织治理等核心概念的剖析方面相似。此外，协同学的观点为领会各种利益主体在协作治理进程中的合作博弈提供了最明显的理论来源。

首先，协作治理是由各种利益主体围绕特定目标展开的博弈游戏，其间，各级政府组织、经济社会组织、非营利性组织、普通公众等构成了一个庞大复杂的社会整体结构。倘若要使这一结构产生的政策执行力获得实质提升，其前提条件是必须生成协同作用，否则就有可能远离原来的政策执行轨道，进而影响到政策执行目标的实现。协同学的理论与方法，有助于帮助我们深入理解协作治理过程中存在的各种利益关系，重视协作功能的整体发挥。

其次，公共政策是利用政府权威对各种公共资源进行的二次分配，属于典型的利益再分配范畴。包括住房政策在内的各式各样的政策执行行为，皆可看成是在协作治理过程中各执行主体对相应社会资源的优化配置，因此具有一定的繁复性。协同学理论所倡导的对系统行为展开研究的整体性方法和工具，有利于我们在提高政策执行力的努力过程中对主要与次要矛盾加以区别，抓住关键变量、验证基本假设，指引政策执行方向朝着既定目标靠拢。

再次，在各级政府执行公共政策的流程中，政策自身目标行为的变化、被赋予相应权力的执行主体的结构转换、利益相关者的关

---

① ［美］尤金·巴达赫. 跨部门合作：管理“巧匠”的理论与实践［M］. 周志忍，等，译. 北京：北京大学出版社，2011：6.

系调整、政策执行客体的机制改进以及执行对象对政策的认同甚至内化等，都会因为政策执行的内外部环境条件的变化而相互作用。协同学理论关于系统进化中组织结构的研究方法和已有成就，有利于我们进一步安排如何提高执行力的主客体结构。

最后，鉴于协作治理的要旨在于推动公共政策执行各方遵循制定的规则程序相互作用，与此同时，自主集成的各种社会自组织还对公共服务与治理持续发生影响。公共政策执行力的提升和社会整体治理目标的达成，在一定程度上仰仗于前两种力量的合力实际发挥的功能范围。协同学理论针对自组织结构与人工智能装备提出的协调统一原理，能够为设计与改良协作治理体制提供实质性参考。

(二)多中心治理理论

多中心治理(Polycentric Governance)理论的形成是社会管理领域的一次重大突破与进步①，英国自由主义思想家迈克尔·博兰尼(Michael Polanyi)在《利润与多中心性》《管理社会事务的可能性》等“二战”前后所撰写的论文中，最先使用“多中心”来描述其所理解的社会秩序特征，并对经济行为加以分析。② 由此使得多中心突破经济研究范围，进一步延展至其他领域。但促成“多中心”真正入驻公共管理相关视界，则主要经由美国著名公共行政学家奥斯特洛姆(Ostrom)夫妇的研究，形成标志是1990年《公共事物的治理之道》一书的公开发行，使得多中心变成一种新的公共治理范式。“多中心治理”是与“单中心权威秩序”相互对峙的思想，它直接表达了“地方组织为了有效地管理公共事务并提供公共服务，实现持续发展的绩效目标，鼓励多元行为主体基于一定的行动规则，通过相互博弈与调适、共同参与等方式，形成的公共事务治理模式”③。

---

① 丁煌，周丽婷. 地方政府公共政策执行力的提升：基于多中心治理视角的思考[J]. 江苏行政学院学报，2013(3)：112-118.

② [英] 迈克尔·博兰尼. 自由的逻辑[M]. 冯银江，等，译. 长春：吉林人民出版社，2002：150-184.

③ [美] 迈克尔·麦金尼斯. 多中心体制与地方公共经济[M]. 毛寿龙，译. 上海：上海三联书店，2000：69-75.

1. 多中心治理的理论图景

第一，多中心治理的适用范围：①竞争性的市场经济，有助于关于大批物品和服务的比较价格的公共信息的出现；②竞争性的公共经济，对收益-成本计算的逐渐敏感以致收益弥补成本；③科学探究，要求尊重他人的自治；④法律和裁判安排，除非存在一个达成一致的共同体，否则不可能存在一种多中心治理的基础；⑤具有分权和制衡的治理体制，政府单位中的多中心性对于“人类事务整个制度”中的多中心性的维持是必需的；⑥国际秩序模式，多中心秩序是展示足够的自生自发性以实现自组织和自治的开放体制。①

第二，多中心治理的基础：公共物品。多中心治理关注所有公共物品的提供（包括纯公共物品和准公共物品），文森特·奥斯特罗姆按照使用的共同性和排他性将物品分为私益物品、公益物品、收费物品和公共池塘资源。“公共物品属性并非一成不变，只有确认物品的属性，各式各样的公共机构才能针对社群利益发展不同的规模经济，也只有在这时才能实现在公共经济中起作用的多组织安排的产业性质”②。因此，交叠管辖和分散权威是公共服务产业存在的必要条件。

第三，多中心治理的主体：政府、企业、公民社会、非营利组织、国际组织等多元主体。①寻求某种公益物品或服务的集体消费单位，比如居民小区、社群、政治管辖单位和其他某种人群；②生产某种公益物品或服务的实体，比如私人企业、非营利部门、公共机构或者集体消费单位；③作出安排以联结生产者或消费者的中介，比如单个公共企业家、公共机构或者集体消费单位。③ 正如埃莉诺·奥斯特罗姆（Elinor Ostrom）所言，“多中心意味着多个决策中心，它们形式上相互独立……它们在竞争性关系中将彼此考虑在

① ［美］文森特·奥斯特罗姆. 美国联邦主义［M］. 王建勋，译. 上海：上海三联书店，2003：235-249.

② ［美］文森特·奥斯特罗姆. 美国公共行政的思想危机［M］. 毛寿龙，译. 上海：上海三联书店，1999：78.

③ ［美］迈克尔·麦金尼斯. 多中心体制与地方公共经济［M］. 毛寿龙，译. 上海：上海三联书店，2000.

内，进入各种契约性及合作性的任务，或求助于中心的机制以解决冲突”①。

第四，多中心治理的结构：允许消费、提供和生产部门在不同综合层面上协同运作，个人或社群在可替代的公共服务生产者之间自主选择，将占用、供应、监督、强制执行、冲突解决和治理在一个多层次的嵌套式企业中加以组织。② 因为只有这样，多中心才更具完整性与可存续性。“多中心体系趋向于加强创新、学习、适应、可信赖性、参与者合作的程度以及在多重维度上获得更加有效、公平和可持续的结果。增强公民的自主治理能力，使其形成小规模的集体消费单位，将会鼓励面对面的讨论，并获得共同的理解。”③

第五，多中心治理的运行模式：取决于充分竞争、协作生产和有效的冲突解决机制。在多中心体制中，各个中心的自治性决定了它们以自我需求为目标追求自身利益的最大化，这就使得各中心在半市场环境下展开竞争，在某些情况下，消费者积极介入是高质量物品或服务生产的必要投入。对于不同主体间的利益冲突，可以通过广泛的协商或者建立新的机构使外部性内部化，最终促成多种利益在公共治理活动中通过协商或对话方式达到理想的均衡状态。

2. 多中心治理对协作治理理论的解释

多中心治理的重心即“多中心-协作”治理，协作治理是现代公共事务发展的根本趋势与特征，多中心治理运转的正当性就在于能否在现代社会协作治理中发育和构造合法、合理的多元行动者规则与秩序，并且在治理公共事务的集体行动层面形成相互承诺的信任机制。公共领域的信任关系不仅是协作治理的前提，也是协作机制构成的内在要素，“多中心性”结构而不是“中心-边缘”结构决定了现代社会治理的建构实践。正是因为多中心治理结构中包含着政府

---

① ［美］埃莉诺·奥斯特罗姆. 应对气候变化问题的多中心治理体制[J]. 国外理论动态，2013(2)：80-87.

② ［美］埃莉诺·奥斯特罗姆. 公共事物的治理之道：集体行动制度的演进[M]. 余逊达，等，译. 上海：上海译文出版社，2012：122.

③ ［美］埃莉诺·奥斯特罗姆. 应对气候变化问题的多中心治理体制[J]. 国外理论动态，2013(2)：80-87.

组织、非政府组织以及其他公民社群与个人，虽然这些治理主体分别具备单独开展治理运营的功能，但是多中心治理运行的真正“轴心”则在于这些独立主体之间的协作治理；甚至在大多数语境中，多中心治理指称的主要是协作治理——在一定意义上，协作治理就是多中心治理最浓缩的表达。①

文森特·奥斯特罗姆曾作出经典诠释：“一旦自主治理实现，并不意味着可以假定支撑自治的共识将会自动维持。”“一种多中心治理结构的设计与建立不可能一蹴而就……政府官员必须安排提供公共物品，要么通过生产这些产品直接提供，要么通过与其他生产者签订合同间接提供。公众必须自力更生，还必须愿意为解决集体问题与政府官员合作。保持这种平衡非常困难。”②多中心被看作是当前公共管理的有效治理模式，在政府决策、市场机制、公共或私营组织承包的服务中广泛存在，“当代治理能否获得成功，主要关节点在于构建包含政府在内的社会网络组织，并建立相应的信任关系与合作方式”，故而，多中心治理涉及的协作理论，指的是公共理性充分发展的一种形式，是按照“公共性”规范与价值自觉重构的多元行为主体，基于公平、承诺和相互信任，谋求公共利益，积极改善“政府-社会公众”关系，达到无缝隙协作的治理状态。

（三）政策网络理论

作为一种政策分析工具，政策网络（Policy Networks）是将网络理论引入政策科学领域的创新性应用方法。彼得·卡赞斯坦（P. Katzenstein）首先提出“政策网络”一词，“政策网络是包含不同形式的利益调和与治理、在政策制定过程中形成国家与社会之间系统生物关系的政治整合性结构”③。一般认为，政策网络发轫于20世纪五六十年代的美国，继而在英国得到蓬勃发展，后来甚至在德国与

① 孔繁斌. 公共性的再生产：多中心治理的合作机制建构[M]. 南京：江苏人民出版社，2012：57.

② ［美］迈克尔·麦金尼斯. 多中心治道与发展[M]. 毛寿龙，译. 上海：上海三联书店，2000：30-31.

③ Katzenstein P. J. Between Power and Plenty：Foreign Economic Policies of Advanced Industrial States[M]. Madison：University of Wisconsin Press，1978：9.

荷兰都产生了新的运用。该理论主要环绕政策过程中国家与社会因政策资源相互依赖而形成的不同关系模式来描述、解释或预测政策过程及其后果。当下，政策网络理论研究已席卷欧美学界甚或成为公共管理研究的代名词。对处于转型期的中国而言，政府决策过程可能存在着比西方更为复杂的政策关系网，运用政策网络理论对这些利益主体间的关联进行具体研究，显然比简单运用“法律存在-规范模式”或“国家-社会模式”研究显得更有解释力。①

1. 关系互动：美国学派关于政策网络的微观研究

美国学派主要承袭了长期占据主流地位的多元主义政治研究传统，重点关注微观层面各机构、各成员之间的沟通而非整个组织结构的调整。他们最先从国会议员、行政官员或利益集团等政策相关者构成的“次级政府”(Sub-government)开始②，如格里菲斯(Ernest Griffith)早在1939年《民主的绝境》中就阐释过该思想，并认为它对民主政治产生牵制作用。在他之后的一些研究人员转向批驳这种模式，一针见血地指出，“关系闭塞的次级政府等政策网络常影响到政策后果，并对美国的民主思想提出挑战且构成威胁”③。弗里曼(Leiper Freeman)在1955年出版的《政治过程》一书中明确提出“次级系统”(Sub-system)概念，用来指“在公共政策的特定领域进行决策的参与者或行动者的互动方式”④。除此之外，Ripley、Lowi、Heclo、Mcfarland、Sabatier、Wildavsky等学者还先后提出了一系列理论，如“铁三角”(Iron Triangle)、“议题网络”(Issue Network)和“政策社区”(Policy Community)等。总体来看，美国学派关于政策网络的研究论述，相比欧洲国家算不上十分丰富，更多的是某些社会学者采用网络分析的方法对公共政策执行领域存在的问题

① 胡伟，石凯. 理解公共政策：“政策网络”的途径[J]. 上海交通大学学报(哲学社会科学版)，2006(4)：17-24.

② 石凯，胡伟. 政策网络理论：政策过程的新范式[J]. 国外社会科学，2006(3)：28-35.

③ David Marsh. Comparing Policy Networks[M]. Buckingham and Philadelphia：Open University Press，1998：6-7.

④ Freeman J. L. The Political Process[M]. New York：Random House，1965：22.

展开探究，因此其概念及方法论皆染上了一层社会学的颜色。

2. 利益协调：英国学派关于政策网络的中观研究

政策网络概念的真正形成及其研究，出现在20世纪七八十年代的英国。Jeremy Richardson 和 Grant Jordan 率先对“政策网络”和“政策社区”实行概念互换运用。英国学派关于政策网络的研究之所以能够获得迅猛发展，主要原因在于三项理论性和经验性研究：一是中央与地方各级政府之间的关系研究；二是政府与产业界关系的研究；三是 Nuffield 基金会“英国政策过程中政策网络比较研讨会”。在这三项研究的倡议、支持与启发下，英国随即出现了一大批围绕农业、海防、民用核能源、青年就业、健康服务等政策而展开的政策网络个案研究。① 以 Rhodes、Marsh、Jordan、Martin Smith 等为代表的英国学者，把研究重点放在政府内部各个部门之间、政府机构与利益集团之间的组织关系对政策后果产生的作用与影响上。其中，罗茨(R. Rhodes)无疑是这一研究的集大成者，他认为，政策制定来源于中央和地方之间的交换关系，在这场博弈游戏中，参加者能够掌控他们所被赋予的资源配置权，从而最大化地影响到政策结果，借此可以权衡自身的利益消长。这些资源不仅包含宪法法律所给予的资源，也覆盖了政治、财政、组织和信息等方面的资源。罗茨指出，这种交换关系就存在于政策网络里，从此种意义上可以判定政策网络属于一个中观概念。② 罗茨作出的贡献，不仅夯实了政策网络研究的根基，还影响到一批学者尾随其后展开进一步的分类研究。

3. 政府治理：欧洲大陆学派关于政策网络的宏观研究

20世纪80年代以来，在有关“治理”繁复庞杂的论争中，达成的一致共识是：“政府不能像一台凌驾于社会的超凡机器那样来主导社会，政府本身只是影响公共政策过程的众多行动者之一。”③相

---

① 李玫. 西方政策网络理论研究[M]. 北京：人民出版社，2013：12-13.

② R. A. W. Rhodes, David Marsh. Policy Networks in British Government[M]. Oxford：Clarendon Press，1992：14.

③ Walter J M Kickert，Erik-Hans Klijn，Johannes F. M. Koppenjan. Managing Complex Networks：Strategies for the Public Sector[M]. London：SAGE Publications，1997：32.

比英美研究传统不一样的是，欧洲大陆学者尤其是德国、荷兰学者Mayntz、Kenis、Schneider、Klijn和Kickert等人把对政策网络的研究上升至宏观方面，主要探讨国家和公民社会层面间的关系，将政策网络看作新型的政府治理模式。① 首先，欧洲大陆学派把政策网络当成可能对政策结果直接产生影响的一种隐在的政策工具，属于一种能够在各种差别情况下广泛使用的分布在公私域之间的政治资源体制。这一观点在德国学者的研究中得到较为集中的体现，主要包括Renate Mayntz、Fritz Scharpf、Patrick Kenis、Volker Schneider、Edgar Grande等学者的研究。其次，作为一种独特的治理形式，政策网络研究更为重视的是汇集各种分析方法，梅恩茨(R. Mayntz)和沙普夫(F. Scharpf)提出的“行动者为中心的制度主义”理论，常常和资源依赖理论、交换理论、博弈理论等相互联结产生作用。最后，欧洲大陆学派开展了数量庞大的量化研究，依托先进的计算机仿真技术对政策网络结构加以模拟分析，而后以图形图像的方式表达研究成果，阐发网络结构之于政策结果的实质作用。荷兰学者如Joop Koppenian从事的政策网络研究，也部分受到该量化研究传统的侵染。除此以外，意大利、法国、丹麦、西班牙等其他欧洲国家，也有学者进行与政策网络有关的研究，但特征并不是非常突出。总而言之，他们都倡导公私行动者在政策网络中的非官僚互动结构模式。

4. 政策网络对协作治理理论的借鉴

随着西方社会中技术进步、价值多元和管理主义的迅猛势头，各国政府所面临的公共事务也更加错综复杂。社会公共领域的问题之间相互联系、相互渗透、相互影响，充满矛盾与冲突，由此导致公共政策实践产生变化，譬如，公共政策数量的增加和范围的扩大。西方政府不得不重新审视国家与社会关系调整这一根本问题，寻求一种可操作性的理论支持，为日趋复杂的政策过程提供切实可行的帮助。今天的政策不再来自于一个中央权威机构，无论这个机

① 石凯，胡伟. 政策网络理论：政策过程的新范式[J]. 国外社会科学，2006(3)：28-35.

构是行政还是立法机关，实际上是在一个涉及公共和私营组织的多元主体的过程中制定出来的。这正是为什么政策网络理论并不仅仅代表一种新的分析视角，更重要的是预示着政策共同体结构开始产生真正的改变。

政策网络理论指出，政策自现实各公共领域中形成的政策网络里产生，其间就包括多元利益主体即行动者，他们以不同方式参与政策过程，实质上打破了封闭的政策结构，提出更大的政治参与诉求。研究政策网络理论，有利于对博弈群体的结构性调整与改善提出新的思路，从而推动政策过程的民主化进程。相对于政策网络结构而言，鉴于政府并不是仅存的政策主体，政策执行还需要依靠其他类别行动者的信息资源，故而促成单一零散的利益诉求凝聚为科学合理的利益标准，有利于保障弱势群体在决策过程中的话语权，实现社会的公平与善治。因此，政府应该重视社会组织的成长，注重培育和发展社会利益群体，鼓励社会各类相关行动者积极参加政府决策过程并分担公共事务的治理，在与之分开行使公共权力及分享社会资源的同时，充分展现社会及市场的职能。简而言之，政策网络理论指导下的政策过程，尤其是政策执行过程，是国家与社会关系不断协调的必然反应，须通过重视正式和非正式利益主体间的网络关系对政府决策的影响，引入协作治理方式而不是官僚层级制来解决日益复杂的公共问题。

二、学界对协作治理理论的贡献

由于协作治理是新近产生的一个概念，纵然相关研究精彩纷呈，但是对于协作治理理论的涵义界说、价值体系、实现路径等各家仍各持己见，迄今未有定论。在涉及使用协作治理理论来搭建公共住房政策执行力提升框架方面，相关成果更可谓是寥若晨星。然而，这正是本书拟采用的理论研究工具与方法，因此只有从根源上对该理论的涵义特征、价值以及与公共住房政策执行力的契合度方面，展开纵深探讨和深层次解读，才不至于偏离本书的主旨及中心命题。

(一)协作治理理论检视

20世纪70年代末期，风靡全球的新公共管理运动虽然促成了公共行政的高效，但同时也出现了分化的组织机构和碎裂的公共服务。于是，20世纪90年代中后期，美国、英国、新西兰、澳大利亚及加拿大等国从化解新公共管理改革引发的危机开始，构建以协同政府(Joined-up Government)、整体政府(Holistic Government)、公私伙伴关系(Public-private Partnership)、网络化治理(Governing by Network)、无缝隙政府(Seamless Government)、协作性公共管理(Collaborative Public Management)等为主要内容，超越新公共管理的第二轮改革。这些改革主张整体化理念，强调公共服务价值，从重组政府机构、整合政策制定与执行、提高公共服务质量和回应性、促进资源共享等方面实施协作治理。

1. 治理理论辨识

作为一个较具现代性的范畴，英语中的“治理”(Governance)一词来源于拉丁文和古希腊语中的“操舵”(Steering)，原意是“控制、引导和操纵”。① 自1989年世界银行报告中首次使用“治理”概念以后，它已逐渐成长为一种寓意厚实的理论系统和体制框架。正如鲍勃·杰索普(Bob Jessop)所言：过去15年来，它在许多语境中大行其道，以至于成为一个可以指涉任何事物或毫无意义的“时髦词语”。② 从更为宽泛的意义上讲，治理意味着由所有这些不论其是否属于官方的政治单位行使权威、进行控制③；它力图把四分五裂的各子系统统一起来，以便采取有利于公共利益的集体行动④。

治理理论创始人之一的詹姆斯·罗西瑙(J. N. Rosenau)提出，

① 俞可平. 治理和善治：一种新的政治分析框架[J]. 南京社会科学，2001(9)：40-44.

② [英]鲍勃·杰索普. 治理的兴起及其失败的风险：以经济发展为例的论述[J]. 漆蕪，译. 国际社会科学杂志(中文版)，1999(1)：31-48.

③ [瑞士]彼埃尔·德·塞纳克伦斯. 治理与国际调节机制的危机[J]. 冯炳昆，译. 国际社会科学杂志(中文版)，1999(1)：91-103.

④ [法]玛丽-克劳德·斯莫茨. 治理在国际关系中的正确运用[J]. 肖孝毛，译. 国际社会科学杂志(中文版)，1999(1)：81-89.

“与统治相比，治理是一种内涵更为丰富的现象，它既包括政府机制，同时也包含非正式、非政府的机制。尽管他们未被赋予正式权力，但在其活动领域内也能够有效地发挥功能”①。格里·斯托克(Gerry Stoker)指出，“治理是统治方式的一种新发展，其中的公私部门之间以及公私部门各自的内部界限均趋于模糊。治理的本质在于，它所偏重的统治机制并不依靠政府的权威或制裁。”②罗茨详尽的罗列出“作为最小国家的治理”“作为新公共管理的治理”“作为良好治理的治理”“作为公司管理的治理”“作为社会调控体系的治理”“作为自组织网络的治理”6种不同的关于治理的定义。③ 库伊曼(Jan Kooiman)将治理纳入社会-政治治理分析框架中，甚至对其作出12种划分。④ 1995年全球治理委员会《我们的全球伙伴关系》的研究报告也指出，“治理是各种公共或私人的个人和机构管理共同事务的诸多方式的总和，它是一种促使相互冲突或不同利益得以调和并采取联合行动的持续过程。其中既包括有权迫使人们服从的正式制度和规则，也包含各种人们同意或以为符合自身利益的非正式制度安排”⑤。

20世纪90年代中后期，国内学者也从不同视角对“治理”的内涵进行阐述。从现有文献研究来看，最早对“治理”作出阐述的是智贤先生的《GOVERNANCE：现代“治道”新概念》，文中“Governance”被译成“治道”，含义是“为实现经济发展，在管理一国的经济和社会资源的过程中运用公共权力的方式”⑥。徐勇在《GOVERNANCE：治理的阐释》一文中指出，“治理主要是指统治者或管理者通过公

---

① ［美］詹姆斯·N. 罗西瑙. 没有政府的治理［M］. 张胜军，等，译. 南昌：江西人民出版社，2001：5.

② ［英］格里·斯托克. 作为理论的治理：五个论点［J］. 华夏风，译. 国际社会科学杂志(中文版)，1999(1)：19-30.

③ Rhodes, R. A. W. The New Governance: Governing Without Government［J］. Political Studies，1996，44(4)：652-667.

④ Jan Kooiman. Modern Governance: New Government - Society Interactions［M］. London：SAGE Publications，2002：35-48.

⑤ 俞可平. 治理与善治［M］. 北京：社会科学文献出版社，2000：4.

⑥ 刘军宁. 市场逻辑与国家观念［M］. 北京：三联书店，1995：55-56.

共权力的配置和运作，管理公共事务以支配、影响和调控社会的互动过程。”①在此以后，随着俞可平、陈振明、毛寿龙等学者的推动，与治理相关的研究成果开始井喷，传播异常迅速。代表性观点有：Governance 是有关治理的模式，也就是“治道”，尤其是指在市场经济条件下，政府对公共事务的治理之道。② 治理是指“官方或民间的公共管理组织，在一个既定范围内运用公共权威维持秩序，满足公众的需要。目的是在各种不同的制度关系中运用权力去引导、控制和规范公民的各种活动，最大限度地增进公共利益”③。治理是对合作网络的管理，指的是为了实现与增进公共利益，政府部门和非政府部门等众多公共行动主体彼此合作，在相互依存的环境中分享公共权力，共同管理公共事务的过程。④

综合来看，治理的兴起是对福利危机、全球化等现实挑战的回应，核心在于“正当性(代表性领域)、效率(事实和绩效领域)与合法性(法律领域)”⑤。弗朗索瓦-格扎维尔·梅里安(Francois-Xavier Merrien)指出，“新的管理的特征不再是监督，而是合同包工；不再是中央集权，而是权力分散；不再是由国家进行再分配，而是国家只负责管理；不再是由国家指导，而是由国家和私营部门合作。”⑥作为一种跨学科交叉理论，“治理”涵盖了一连串对政治学及公共管理学产生影响的远见卓识：①去中心化(decentralization)。在公共管理过程中，国家和政府的中心地位被撼动，向地方政府与社会各部门下放权力，甚或将权力让与跨国组织的趋势已势不可

---

① 徐勇. GOVERNANCE：治理的阐释[J]. 政治学研究，1997(1)：63-67.

② 毛寿龙，李梅，陈幽泓. 西方政府的治道变革[M]. 北京：中国人民大学出版社，1998：7.

③ 俞可平. 全球治理引论[J]. 马克思主义与现实，2002(1)：20-32.

④ 陈振明. 公共管理学：一种不同于传统行政学的研究途径[M]. 北京：中国人民大学出版社，2003：87.

⑤ [法] 皮埃尔·卡蓝默. 破碎的民主：试论治理的革命[M]. 高凌瀚，译. 北京：三联书店，2005：89.

⑥ [瑞士] 弗朗索瓦-格扎维尔·梅里安. 治理问题与现代福利国家[J]. 肖孝毛，译. 国际社会科学杂志(中文版)，1999(1)：59-68.

挡。②多中心性。在公共事务治理中，除政府外的其他治理主体必须参与进来，加强多元协作，共同行动，使社会自治成为常见形式。③反对鼓吹市场作用。但是，认可并提倡政府、市场及其他网络组织的合作及影响力。④多层次与多方式治理共存。治理可以超越国家、地区及组织的界限施行，在执行中能够通过对利益联合体作出回应、与市场签订合同外包或购买公共服务、培养组织忠诚度及信任关系等方式，并借助层级市场与网络加以运用。

2. 协作治理理论释义

无论学者们对治理如何界定，“协商参与”“博弈谈判”“公私伙伴”“集体行动”等共识，对于处理需要共同行动的众多领域提供了一种崭新的解决思路。美国哈佛大学 Donahue 教授提出，“协作治理即是指通过与政府以外的力量共同努力，并采用与其分享自由裁量权的办法来实现官方预定的公共目标。”①埃瑞·维戈达(Eran Vigoda)提出，“政府和公共机构系统的结构须在发展统一体的基础上进行改革，该改革可把协作、回应性以及理想类型的公民所有权加以联结。”②罗伯特·阿格拉诺夫(Robert Agranoff)等认为，“协作性管理对在多组织安排中的运行过程加以描述，以处理单个组织不能或不易解决的问题。协作是用来解决问题的有目的的关系，它在限定条件下创造或者发现相应的解决方法。”③Chris Ansell 和 Alison Gash 指出，“协作治理指的是这样一种治理安排，其间，一个或多个公共机构直接参加国家利益相关方的集体决策过程，该过程是正式且共识取向地、审慎地制定或执行着公共政策，又或者以管理公共项目及公共资产为目标。”④斯蒂芬·戈德史密斯(Stephen Goldsmith)和威廉·埃格斯

① John Donahue. On Collaborative Governance[M]. Cambridge: Harvard University, 2004: 1.

② ［以色列］埃瑞·维戈达. 从回应到协作：治理、公民与未来的公共行政[J]. 孙晓莉，译. 国家行政学院学报，2003(5)：91-96.

③ ［美］罗伯特·阿格拉诺夫，迈克尔·麦圭尔. 协作性公共管理：地方政府新战略[M]. 李玲玲，等，译. 北京：北京大学出版社，2007：4.

④ Chris Ansell, Alison Gash. Collaborative Governance in Theory and Practice[J]. Journal of Public Administration Research and Theory, 2007, 18(4): 543-571.

(William D. Eggers)则认为，“网络化治理是全球治理模式加倍发展的一个缩影，它把第三方政府高水平的公私合作特性与协同政府充沛的网络管理能力加以联合，然后再利用技术将网络连接到一起，并在服务运行方案中给予公民更多的选择权。”①

如上所述，“协作治理”是指在一种限定的界域内，政府机构、社会经济组织以及民众等多元主体为了实现公共利益目的，将已有的法律法规、政策制度作为行为规则，在政府主导下采取主动参与、平等协商及集体行动等形式，共同治理公共事务的动态过程。主要特征包括：①基本目的的整合性。注重政府与公众、其他社会组织在公共事务治理中的协同作用。但参与各方的目标、动机有所差别，容易产生出多样化的协作治理目标，因而需要对之实施有效整合，才能维持并实现相应的公共利益。②治理体系的开放性。只有在开放的系统中，才能实现公众与其他社会组织参与公共治理；也唯有在开放的环境下，不同主体间的物质信息与能量技术等的转换才不会间断，真正实现平等协商或合作行动。③治理主体的多元性。非政府机构、企业或公民在内的全部社会组织及行动者，都拥有参加公共治理的权利和义务，需要兼顾多方利益诉求，实现社会公平正义。④治理边界的模糊性。对诸多子系统进行紧密结合，以期引起共鸣反应，再进一步强调对原有界限的模糊化处理，这样即可完成在既存框架中对复杂公共事务的治理、社会资源的整合或利益关系的调整，从而提升公共政策执行力。

(二)我国学界关于协作治理的系列研究

我国学界对协作治理的相关研究，重点集中在对西方治理理论评述、社会协同创新、多中心治理、公私伙伴关系、整体性治理、网络化治理、合作治理与公民参与、政府与非营利组织、第三方政府等领域。其间，协作治理在近几年日渐走入研究视野，成为公共治理研究的焦点，当前研究范围主要涉及以下方面：

1. 协作治理的学理性研究

刘亚平(2010)指出，目前学者们对协作性公共管理的研究重心

---

① [美] 斯蒂芬·戈德史密斯，威廉·埃格斯. 网络化治理：公共部门的新形态[M]. 孙迎春，译. 北京：北京大学出版社，2008：17.

集中在协作的结构、过程、协作关系的领导以及参与者四个方面，协作性公共管理的未来发展需要解决协作中的权力影响、责任问题，并认识到协作并非一定有益。① 秦长江(2012)指出，协作性公共管理具有“服务协同、资源共享、效率提升和互惠互利”等优势，对我国的公共服务供给多元化、跨区域公共事务治理、政府部门体制改革、行政人员人事制度改革等具有重大的意义。但也还存在着组织协调障碍、创新行为欠缺、协作成本突出、官员问责困难等协作悖论。② 姜士伟(2013)指出，目前学者们在施行协作治理过程中，产生了用词及定义上的差别，因此可以在归纳总结学界已有成果的前提下，通过研析 Collaborative Governance 的理论来源及文献资料，从措词、缘由及含义等方面为协作治理正名。③

2. 协作治理与政府管理创新研究

周晓丽、马晓东(2012)指出，协作治理模式从启动条件、制度设计、领导能力和协作程序四个方面探究协作发展的可能性与路径，对我国突破“对口支援”中的问题提供了有效的解决思路。④ 王国红、马瑞(2013)指出，“重新塑造地方政府的公信力，急需政府对市场和社会单向管控模式加以变革，积极拓展政治参与途径，健全公民治理体制；逐步厘清政府与社会的关系，培育多元治理主体；不断增进公民治理与地方治理的合作互动，探索政府、市场和民间组织的多元协作治理路径。”⑤邓念国(2013)提出，协作治理的有效性主要受参与者结构、制度平台、动力机制、作用类型以及关键变量五方面因素的影响。在公共服务提供中，协作治理模式具

① 刘亚平. 协作性公共管理：现状与前景[J]. 武汉大学学报(哲学社会科学版)，2010(4)：574-582.

② 秦长江. 协作性公共管理：理念、结构与过程[D]. 上海：上海交通大学博士论文，2012：182.

③ 姜士伟. “协作治理”的三维辨析：名、因、义[J]. 广东行政学院学报，2013(12)：11-15.

④ 周晓丽，马晓东. 协作治理模式：从“对口支援”到“协作发展”[J]. 南京社会科学，2012(9)：67-79.

⑤ 王国红，马瑞. 地方政府公信力的流失与重塑：多元协同治理的视角[J]. 湖南师范大学社会科学学报，2013(2)：70-75.

有广阔的发展前景，但也具有一定的限度。①

3. 协作治理与公共危机治理研究

吕志奎、孟庆国(2010)指出，近年来我国政府遭遇的诸如气候环境变化多端、自然灾害频发、食品药品安全问题、地方保护主义等，不同程度地挑战了单边主义治理模式，凸显出跨区域、跨部门协作性公共管理的重要性和紧迫性。② 夏美武、赵军锋(2011)提出，构建“多元协作式”危机管理格局，关键在于客观分析动力与阻力的来源及强弱程度，从多元主体自身和主体衔接两个层面共同推进，不断强化制度建设，优化组织结构，实现信息整合。③ 周晓丽(2012)提出，必须整合协作治理的相关要素并完善相应制度，切实营造出公共危机协作治理的软环境和制约机制，才可能进一步实现公共危机的协作治理。④

(三)协作治理理论研究的拓展方向

通过对中国学术期刊网络出版总库、国家哲学社会科学学术期刊数据库、维普中文科技期刊数据库等国内权威数据库的搜索发现，以“公共治理”“多中心治理”作为检索词的论文文献较多，而涉及协作治理、网络化治理等方面的研究则相对较少，如表2-3所示。在Ebsco、Elsevier、Emerald、Sage、Wiley等常用外文文献数据库中搜索发现，西方学者对公共治理、公私伙伴关系方面的研究著述颇丰，而对多中心治理、协作治理等方面的研究则相对较少，如表2-4所示。通过前述关于协作治理理论起源与施行现状的分析与阐说，能够较为明显地观察到协作治理理论的未来研究范围及重点，并可在以下方面作出进一步延展。

---

① 邓念国. 公共服务提供中的协作治理：一个研究框架[J]. 社会科学辑刊，2013(1)：87-91.

② 吕志奎，孟庆国. 公共管理转型：协作性公共管理的兴起[J]. 学术研究，2010(12)：31-37.

③ 夏美武，赵军锋. 危机管理中多元协作的动力与阻力分析[J]. 江海学刊，2011(6)：134-138.

④ 周晓丽. 论公共危机的协作治理[J]. 新视野，2012(3)：66-69.

表 2-3　中文数据库与协作治理相关的检索

数据库名称	收录时段	覆盖范围	检索词	检索方式(篇数)			
				主题	篇名/题名	关键词	摘要/文摘
中国学术期刊网络出版总库(CAJD)	1999—2016.6	8182 种学术期刊	公共治理	1638	550	465	1465
			公私伙伴关系	152	34	145	76
			多中心治理	687	141	649	377
			网络化治理	145	52	73	129
			协作治理	92	28	24	85
国家哲学社会科学学术期刊数据库(NSSD)	1995—2016	600 多种精品学术期刊	公共治理	无此项	526	384	327
			公私伙伴关系	无此项	40	71	51
			多中心治理	无此项	89	79	288
			网络化治理	无此项	29	25	83
			协作治理	无此项	17	9	61
维普中文科技期刊数据库(CSTJ)	1989—2016	12000 余种期刊	公共治理	无此项	713	860	738
			公私伙伴关系	无此项	14	23	39
			多中心治理	无此项	115	94	373
			网络化治理	无此项	19	30	81
			协作治理	无此项	34	25	231

续表

数据库名称	收录时段	覆盖范围	检索词	检索方式(篇数)			
				主题	篇名/题名	关键词	摘要/文摘
中国重要会议论文全文数据库	1999—2016.6	30047 本会议论文集	公共治理	127	48	22	109
			公私伙伴关系	4	2	4	2
			多中心治理	55	9	52	26
			网络化治理	3	1	1	2
			协作治理	4	0	0	4
中国重要报纸全文数据库	2000—2016.6	500 多种重要报纸	公共治理	113	113	0	无此项
			公私伙伴关系	32	2	32	无此项
			多中心治理	58	1	58	无此项
			网络化治理	1	1	0	无此项
			协作治理	4	4	0	无此项

表 2-4　外文数据库与协作治理相关的检索

数据库名称	收录时段	数据库性质	检索词	检索方式(篇数)		
				Title（标题）	Abstract（摘要）	Keywords（关键词）
EBSCO ASC	2000—2016	EBSCO 出版社全文期刊数据库	Public Governance	301	973	无此项
			Public-private Partnership	305	987	无此项
			Polycentric Governance	6	14	无此项
			Governing Networks	14	127	无此项
			Collaborative Governance	40	104	无此项
Elsevier Science Direct	2000—2016	Elsevier 出版集团全文数据库	Public Governance	60	667	117
			Public-private Partnership	73	271	141
			Polycentric Governance	2	24	3
			Governing Networks	2	63	0
			Collaborative Governance	10	93	24
Emerald Insight	2000—2016	Emerald 出版社电子期刊数据库	Public Governance	42	472	111
			Public-private Partnership	38	125	60
			Polycentric Governance	0	1	0
			Governing Networks	1	10	0
			Collaborative Governance	6	64	4

续表

数据库名称	收录时段	数据库性质	检索词	检索方式(篇数)		
				Title（标题）	Abstract（摘要）	Keywords（关键词）
SAGE Journals	2000—2016	SAGE 出版公司电子期刊数据库	Public Governance	110	210	4
			Public-private Partnership	290	790	270
			Polycentric Governance	0	2	1
			Governing Networks	0	0	0
			Collaborative Governance	6	220	9
Wiley Online Library	2000—2016	Wiley 出版机构电子期刊数据库	Public Governance	199	1685	136
			Public-private Partnership	217	562	164
			Polycentric Governance	2	17	1
			Governing Networks	23	901	8
			Collaborative Governance	27	138	12

1. 协作治理之“协作”层面的探索

当协作治理被看作是一种新型概念理论时，首先需要对其特殊的内涵加以界定区分，由此明晰与其他相似概念的差别，展示独有的理论应用范围。在现有研究著述中，虽然也有学者强调对协作治理概念加以规范性处理，倡导协作治理理论即是协同理论和治理理论的综合体。然而，相应概念评释却没法突破旧有的“治理”研究框架，有些则干脆使用国内外专家学者们对“治理”的描绘来界定“协作治理”，这样无疑造成了协作治理研究在“治理”层面停滞不前的局面，“协作”层面的研究成为被遗弃的部分。

2. 协作治理之“主体间关系”的探讨

虽然大多数研究人员普遍认为，协作治理主体既包含政府与市场，也包括各种社会组织、非营利机构和公民个人，但是当前的诸多研究皆把重点放在政府与其他组织的合作方面，于是自然而然地将研究倾向定位在以政府为中轴，而对于其他主体的研究则关注度不高。与政府主导的公共治理不一样的是，各独立行动主体在治理过程中并没有受到任何利益方的实质性牵制，因此更加具备公共治理精神与多元协作特性。未来有关其他行动主体的研究，可以在现有的大量研究成果的基础上，改变以政府为核心的常见方法，试验众多政策相关者进行合理组合的模式，引发对各种治理主体之间的协作治理活动应有的重视。

3. 协作治理之“应用研究”的转向

协作治理的研究主旨，总会伴随公共治理活动的变化而相应产生改变。在社会公共领域，治理理论已被拿来应对某些不能单纯依赖政府治理加以解决的庞杂问题，比如生态环境保护不力、区域合作困难、公共服务匮乏等，具体成效已初见端倪。尤其是在公共危机整治方面，协作治理已变成化解此类危机的常见选择。随着协作治理理论的进一步发展，有关公共住房、文化教育、社会救助等对民生影响深远的问题，也应纳入协作治理理论研究的范围。

4. 协作治理之“公共政策执行”的深入

在本质来源上，协作治理与公共政策执行拥有十足的相似性，协作治理关注的多元主体参与及合作等思想，同样在公共政策执行中得到新的运用。我国公共政策执行力不高的一个主要理由，即是在公共政策执行中过于依靠政府这只“看不见的手”发挥作用，而未能充分调动或利用其他企事业单位、非营利组织或公民个体的政策参与积极性。所以，在深入研究如何修订公共政策议程、选择公共政策决案，以及科学合理地执行与评估公共政策结果等环节中，怎样使协作治理理论指导下的各参与主体形成一致的共识，切实提高政策制定的科学性与政策执行的有效性，就具有重大的理论价值与实际意义。

三、协作治理理论运用于本书研究的适切性分析

协作治理的核心即怎样利用多种力量融合产生的整合力来治理公共事务，化解社会矛盾与纠纷。在许多国家及地区，政府政策在管理公共事务和解决公共问题上发挥着主导作用，假如众多政策自身已具备一定的科学合理性，那么达成努力目标的焦点在于执行。公共政策执行的现实表明：在公众或社会组织缺失的境况下，仅仅依赖政府一方的推动，常常造成政策功能漏洞；与此相反，倘若能在多元主体之间展开共同行动，则可能极大地提高公共政策执行力。因而从政策执行层面来看，政策执行力的提升和协作治理之间存在固有的契合性。

第一，协作治理有利于社会各方住房参与意识与能力的提高。传统公共行政提倡政治-行政二分法，指出公众的关键作用就是参与国家政策制定，可归属到政治参与领域；行政是一门技术性较强的活动，由价值中立的职业化官员担任，只对民选官员负责，并由他们展开监督。在该理论影响下，行政活动促成管理人员与民间组织和公众之间的隔离，行政体系对于回应社会他方缺乏应有的动力和责任。而在协作治理发展中，各方参与主体为了实现自身的利益目标，在统一的规则体制内展开有序交往，并慢慢趋向公共利益。以住房政策执行为例，政策参与各方秉承住房公平的相关标准及原则，在相互尊重与理解的基础上充分调适自身利益诉求，不断填补产生出来的住房阶层差距，即提供公共住房。“从而，在国家和社

会之间稳妥地矫正政府的行动与公民的意愿和选择之间的矛盾。”①也正是由于营造出这样的住房政策执行环境，各社会组织与广大公众才能深刻体会积极参与对于自身的重要性，并准确感知住房政策参与中所赋予的权利和拥有的义务，进而使得住房政策参与意识和能力获得逐步积累及实在提升。

第二，协作治理有利于政府提供优质的公共住房产品和服务。众所周知，政府提供的公共物品和服务异常繁杂，不仅包含纯公共物品，典型的如国防、国土安全、法律秩序等，同时也涵盖诸多准公共物品，如公共教育、住房保障、高速公路等。但是，由于竞争激励机制、监督惩处机制的欠缺，导致各级政府在提供公共物品及服务时的低效，甚或产生政府官员寻租腐败行为。协作治理理论在应对社会事务的治理过程中，关于加强政府、经济社会组织与公众之间集体行动的观点，有利于对这一问题加以完满解决。因为公共住房属于准公共物品，政府可以依据此种公共物品的独特属性，在供给公共住房、满足中低收入阶层基本居住需求时，对公共住房的提供对象及政府自身的供给能力采取多样化的选择方式。有的可由政府直接生产提供，如各级政府通过制定带有倾斜性的土地政策、财税政策等直接投资建设廉租住房；有的可通过成立公共企业或交由私人机构建造经营，如实行公共定价或政府补贴等方式，鼓励企业或非营利部门兴建公租房或经济适用住房。比较而言，在多数情形下政府需要动员社会其他组织，采用契约外包或购买公共服务等方式来组织公共住房的生产与供给。在共同行动中，各级政府部门和其他组织之间产生了稳固的相互依存关系，政府的主要定位在于凭借协作网络来保障提供优质高效的公共住房产品及配套服务。

第三，协作治理有利于公共住房政策执行力的提升。由于社会现实存在的种种壁垒、制度性障碍和各种人为制约因素等，使得公共住房政策的施行远比市场决策复杂艰难，所以常常导致公共住房

① ［日］蒲岛郁夫. 政治参与［M］. 解莉莉，译. 北京：经济日报出版社，1989：9.

政策执行失败或失效，达不到原本的维护社会公平的目标。虽然在公共住房政策制定之初，政府就预设了形式不一的社会组织或公众参与渠道，如各式各样的居民住房情况调查、网络听政问政等，以便尽可能地兼顾社会住房利益需求，但是，在公共住房政策实际执行中，即使一项住房政策设计得再完美，由于执行主体对住房政策认识的严重不足、执行组织本身的固有缺陷或住房利益相关者的博弈等原因，公共住房政策的公平实质也难以充分发挥。协作治理提倡政府机构和社会各方行动主体在平等的条件下展开沟通和磋商，产生深层次的理解与信任，并力求在不一样的利益团体之间维持动态平衡。与此同理，随着民间建房组织的不断壮大和公众参与住房政策行动的意识与水平渐涨，在公共住房政策执行时强调多方协作，可以有效增加弱势群体在住房决策中的砝码，也有利于提高住房政策的认同度和服从力，确保公共住房政策能真正体现出中低收入阶层的利益偏好，最终提升公共住房政策执行力。

第 三 章

完全福利与市场失灵：我国城市公共住房政策及其公平性发展轨迹

住房权利作为人类的基本权利已获得广泛共识，对城市空间资源的公平配置和对住房权利的保障，是现代社会公平的重要内容。早在 1933 年的《雅典宪章》就赋予了城市“居住、工作、游憩”三大特色功能，其中居住被列为首要功能。1996 年 6 月举办的第二次联合国人类居住会议，提出“人人享有适当住房”和“城市化世界中人类住区的可持续发展”是具有全世界紧要意义的主题。① 我国由于过去多年实行计划经济的影响，住房形势相当严峻，因此，如何实现合理地配置住房资源，保障每位社会成员享有公平的住房权利和机会，保持住房负担合理公正，是住房公平的根本宗旨。实质上，公共住房政策致力解决的是城市中低收入特别是低收入群体的住房问题，它涉及社会收入的再分配和社会公平，关系到经济的平

---

① 蒋来用. 住房保障财政政策研究[M]. 北京：中国社会科学出版社，2011：5.

稳健康发展。中华人民共和国成立至今，城市住房政策的发展轨道，基本上沿着“从直接管制的住房福利政策向间接调控的住房市场政策转变、从最初对所有居民的普惠模式向主要针对社会中低收入群体的特惠模式演变”。

第一节 公共住房政策高度行政化阶段（1949—1977年）

一、住房实物分配泛福利时期的实施背景

1949年中华人民共和国成立之初，国民经济千疮百孔，城镇居民住房陷入极度短缺和破旧失修的境地。1949年以前，社会贫穷且分配不公，各阶层的住房情况更是千差万别，只有少数官僚、军阀及大地主拥有府邸宅地，广大民众则大多住在低矮、通风采光差、基础设施缺乏的平房中，更有大量人口寄居在临时搭建的棚屋里。据统计，20世纪50年代初期，北京市的危险破旧房屋占全市房屋面积的2/3，上海市棚户区有320处居住人口达100多万人；贫民窟遍及全国，诸如北京的“龙须沟”、天津的“三级跳坑”、西安的豫民巷、哈尔滨的“十八拐”、广州的“水上人家”等数不胜数，还有许多无家可归者露宿街头。① 即使是这样的住房状况也并非人人可得，许多在贫困线下挣扎的人们根本无力租房或建房。中华人民共和国成立之初，广大人民群众虽然获得了政治上的解放，但是经济上依然处于贫困和低收入状态，这使得城镇居民的住房供给不可能通过民间或个人途径解决，只能依赖于国家。

1949—1977年，在社会主义计划经济及苏联模式的影响下，我国城市主要施行完全福利性的住房政策，即国家承担为城市居民家庭提供新建住房的责任，对职工住宅采取统建、统分、统包的公有住房政策和实物福利分配办法。具体来讲，就是在低薪金的前提

① 黄兴文，蒋立红，等. 住房体制市场化改革：成就、问题、展望[M]. 北京：中国财政经济出版社，2009：108.

下，国家无偿划拨建房用地、以政府或单位为主建造公房，然后行政分配给需要的职工，居住期间只收取微乎其微的房租。由于这种制度不存在因个人或家庭地位及收入高低而产生房屋所有权与居住方式的差异，因此一度被赞为最能体现社会主义优越性的公平配给模式。但是长期奉行的“先生产、后生活；高积累、低消费”的指导方针，将住房看作是纯粹耗费资源的“非生产性”支出，使得住宅建设规模十分有限。加之住房属性的福利性、住房供给的计划性以及激励机制的缺乏，“住房难”成为普遍现象。

改革开放以前的这种“产权公有、实物分配、低租金使用”的福利住房政策，政府和企事业单位承担了住房建设、分配和管理的全部责任，个人只需缴纳少量房租，在百废待兴、构建产业体系的初期，这一低水平的福利住房政策与当时的低工资政策相匹配，也从不同程度上满足了部分城镇居民的基本住房需求。然而，这种住房政策固有的缺陷导致它难以维续，不断增加的住房建设投资使得政府和企事业单位的财力难以支撑，居民住房条件改善缓慢。1977年年末，全国主要城市住房短缺面积已超过10亿平方米，人均居住面积甚至从1952年的4.5平方米下降到3.6平方米；城市缺房户达626万户，约占城市总户数的37%①，几乎所有住房都是由国家投资建设，不存在私人住房投资。在社会主义意识形态下，住房被视为一种社会福利，然而，低水平租金难以实现“以租养房”，国家每年在住房维护方面需要投入巨额财政资金，在当时的历史条件下，财政积累明显不足，直接造成住房供应短缺。这在住房靠单位的年代，福利分房政策很容易演化为赤裸裸的权力配给模式，受惠人群比例小，论资排辈现象严重，其实是一种缺乏社会公平的分配方式，也为后来的住房改革埋下了不平等的根源。

二、住房政策初具雏形时期(1949—1954年)

1949—1955年属于社会主义制度的建设时期，我国建立了高

---

① 马洪，孙尚清. 中国经济结构问题研究(上册)[M]. 北京：人民出版社，1981：6.

度集中的政治体制和计划经济体制，在不同的历史阶段分别采用不同的住房改造政策。中华人民共和国成立初期，百业待举，政府选择承认私人房屋所有权的方式动员民众建造住房，并保障住房的合法租借与流通权利。1949 年 4 月 25 日《中国人民解放军布告》指出，不能像处理农村土地问题那样来对待城市房屋及土地。9 月 29 日通过的《中国人民政治协商会议共同纲领》(临时宪法)第 3 条清楚地规定："保护工人、农民、小资产阶级和民族资产阶级的经济利益及其私有财产。"在政策实际执行过程中，除了"没收帝国主义、国民党政府、官僚资本、战犯、反革命分子、封建地主在城市中的土地，接收外国侨民解放前在城市中购置的房地产"以外，大批量的城市私人房屋及土地仍然得到了认可，各地方还依据居民手中的地契为其换发了新政府的"土地房产所有证"。政府的主要职责在于"取缔一些封建的特权、强占强租、投机取巧或收取过高租额的行为"。在这些政策文件出台以后，当时的公房资源得到大量增加，私人房产也在城市中依旧占据着庞大的比例。以北京、天津和上海为例，私有房产的占有比重分别是：53.85%、53.99%、66%，其中相当大的部分是作出租之用。①

随着 1950 年 4 月 3 日政务院《契税暂行条例》、1951 年 8 月 8 日政务院《城市房地产税暂行条例》、1952 年 4 月 14 日中共中央《三反后必须建立政府的建筑部门和建立国营公司的决定》、1952 年 5 月 24 日内务部地政司《关于加强城市公有房地产管理的意见》、1954 年 6 月 11 日财政部《关于修改契税暂行条例的通知》、1954 年 10 月 14 日最高人民法院转发财政部《关于契税工作中几个问题的解释和规定的通知》等系列政策法令的颁布，标志着我国城市住房政策初具雏形。在 1954 年 9 月 20 日一届人大一次会议通过的《中华人民共和国宪法》中，仍然有限地保护着资本家的生产资料所有权，而作为生活资料的城市居民房产则受到明确保护。② 宪法规定："国家依照法律保护手工业者和其他非农业个体劳动者的

① 沈彬. 从合营到经租：私房的社会主义改造[N]. 东方早报，2012-9-4.

② 杨俊峰. 现行城市土地制度的来龙去脉[N]. 南方周末，2012-7-12.

生产资料所有权”以及“资本家的生产资料所有权和其他资本所有权”，并且“国家保护公民的合法收入、储蓄、房屋和各种生活资料的所有权”。但是，在该宪法颁布后不久，就开始了城市住房事实上的国有化进程。

三、住房分配完全福利化时期(1955—1977年)

(一)住房改造：公私合营、国家经租

1955年12月16日，中央书记处第二办公室在《关于目前城市私有房产基本情况及进行社会主义改造的意见》，列举出当时私人房屋出租的各种缺陷，例如“租金价格不一”“转租牟利”行为广泛存在，“顶费”等事实盘剥现象十分突出；大多数房东怀着“因陋就简”的心态，只负责收取房租而不承担修缮房屋的义务。因此，正式提出“对私有房产的社会主义改造”，此目标要求“加强国家控制，使私有房屋出租完全服从于国家政策，并逐步改变其所有制”。1956年1月18日，中共中央对全国批转了前述意见，标志着城市私有住房改造正式开始，其代表形式即为“公私合营、国家经租”。

第一阶段是借助1956年私营工商业全行业公私合营的热潮，对住房产业展开公私合营改造，即对原有的私营房产公司和某些大的房屋占有者，可以组织统一的公私合营房产公司，进行公私合营。对于合营改造后房主的租金收益，中央指出，国家返还给房主的租金数目，可从租金总额中扣除房产税、房屋修缮保养费、房屋管理费后，再根据各地实际情况给房主以适当的固定租金。实质上，在住房公私合营改造过程中，定股定息、私方人员安排和房屋修缮管理，已变成地方政府的笨重包袱。1958年的全国房产工作会议鉴于“大跃进”的全盘铺开，有关私人房屋改造的政策也出现明显变动，认为公私合营与私房改造的特征不符，相比较而言，“国家经租”形式更加简单灵便，更易为广大房主接纳，有利于社会主义改造的进行。由此，私人房屋改造步入下一阶段。

第二阶段是1958年以国家经租形式，继续对私人房屋加以改造，即“由国家展开统一租借、统一分配使用和修缮维护，并依据

不同对象给房主以合理利润”(“经租房”即来源于此)。但是，在片面强调住房福利的思想下，以租养房被逐渐淡化甚至否定，1963年全国公房每平方米月租金跌至0.10元左右，最低的只有几分钱。职工的房租负担占家庭收入的比例，从1951年的7.48%降到2%~3%，有些只有1%左右，“文革”时期各大城市公房租金标准更是全面失控。① 不仅如此，住房改造规定私有房屋凡是大于50平方米就归政府经租或合营，但是实践中远远不止如此，进一步拓宽了住房改造的范围。据1963年12月30日国家房产管理局《关于私有出租房屋社会主义改造问题的报告》，实际执行情况是：“凡是出租房屋皆施行经租，有些甚至把房主的部分自住房也实行经租；不少地方并没有给房主留出足够的自住房，租金则是在一定时间内付给房主原房租20%~40%的固定租金”②。“经租”表明，房主已同时丧失了房屋所有权与租赁权。

1964年9月18日，最高人民法院在《关于国家经租的房屋不允许继承问题的批复》(法研字80号)中声称：“国家经租房屋的业主，实际上已经丧失了住房所有权，因此在业主死后，经租房屋不允许其家属继承。”③1965年4月24日，国务院批转国家房产管理局《〈关于制止降低公有住宅租金标准问题的报告〉的通知》，对公房租金标准作出明确规定：“公有住房租金标准，应当按照中央第二次城市工作会议的规定，贯彻以租养房的原则。现行的公有住房租金标准，符合以租养房原则的不能降低，不能做到以租养房的更不能降低”④。但是，在“文革”开始后的1967年11月4日，国家房产管理局、财政部税务总局出具的《答复关于城镇土地国有化请

① 马智利，等.我国保障性住房运作机制及其政策研究[M].重庆：重庆大学出版社，2010：80.

② 杨俊峰.现行城市土地制度的来龙去脉[N].南方周末，2012-7-12.

③ 补充说明：从法律意义而言，不存在这种所有权灭失的方式。因此从1997年开始，国家对广东华侨经租房进行大规模清退，以示对私有财产的尊重；2007年年底，最高人民法院废除了这一批复的司法解释。

④ 国家城市建设总局房产住宅局，北京日报社理论部.城镇住房问题[M].北京：北京日报出版社，1981：132-133.

示提纲的记录》，则提倡将城镇土地永久性地全部收归国有，“其中街基等地产包括建有房屋的私有宅基地，无论什么人的土地都要收归国有”。然而，1975年的宪法并没有清晰追认上述行径，也没有清楚限定城市土地统统国有；城市土地可以凭据法律规定进行征购、征用或国有化，从不同层面反映出在城市中依然存在私人房产。

（二）住房自建：国家投资、新建住宅

1956年社会主义改造完成之后，由于国家提倡重视积累、抑制消费，政府对住房建设的投资比较有限，直接导致城市居住条件的恶化和住房的严重短缺。1960年10月15日，中央批转了建工部《关于解决城市住宅问题的报告》，指出“今后二三年内，各地应在勤俭建国原则的指导下，有计划地新建一批职工宿舍和必要的宿舍及民房，其他非生产性建设一律停止”。1962年10月6日，国务院下达了《关于当前城市工作若干问题的指示》，要求“改善城市居民的居住条件，并逐步新建一些居民住宅；住房租金专款专用，保证房屋的经常维修和改建扩建”。但1958年开始的“大跃进”及随后的“三年经济困难时期”，使得“二五”时期住宅投资占基本建设投资的比例下降至4.11%，全国住宅竣工面积占房屋竣工面积的比例下降至28.3%①，出现了住房建设的第一个低潮。

1964年5月7日，国务院发布了《关于严格禁止楼、馆、堂、所建设的决定》，紧接着在7月24日颁布了补充规定。1964年7月13日，国家房产管理局发布了《关于加强全民所有制房产管理工作的报告》，确定了住房建设管理的基本基调及详细举措，某些沿袭到现在。“文革”期间（1966—1976年），城市房屋与住房政策体制均遭到不同程度的破坏。1969年国家房管局被撤废，各级机构陷入瘫痪或被捣毁状态；私有住房被强制上缴，住宅建设与管理混乱，几近停滞，城市居民住所环境急剧下降。“三五”“四五”和“五五”时期前三年，住宅投资占基本建设投资的比例分别为4.03%、

---

① 罗应光，向春玲，等. 住有所居：中国保障性住房建设的理论与实践[M]. 北京：中共中央党校出版社，2011：118.

5.71%和6.8%，住宅竣工面积占房屋竣工面积的比例也降至30%以下，均达到历史最低点。① 如表3-1所示。因为政治上的混乱而延缓了城市住房的发展，并导致住房建设进程中的又一个低潮。

表3-1　1958—1978年我国住宅投资建设情况比较

时期	住宅建设投资额（亿元）	占基本建设投资（%）	竣工面积（10^4 平方米）
"二五"时期	49.56	4.11	11012.00
1963—1965	29.09	6.96	4271.00
"三五"时期	39.32	4.03	5400.00
"四五"时期	100.74	5.71	12573.00
"五五"时期	294.49	11.84	26657.50
1976	22.84	6.67	2420.00
1977	26.30	6.88	2828.00
1978	39.21	7.83	3752.00

1975年，随着经济的逐步复苏，工人阶级对住房的需求进一步加大，国家开始制定关于自筹资金建设职工住房的相关政策。1975年10月8日，国家建委发布了《关于加强城市房产管理工作的通知》，责成所属城市建设局管理房产工作，并希望各省、市、自治区建委归口管理，适当健全房产专业管理机构。至此，全国城市房产建设管理体制开始渐渐恢复。② 1977年4月10日，国家建委发布了《关于厂矿企业职工住宅、宿舍建筑标准的几项意见》，

① 凤凰网. 城镇住房分配制度的发展[EB/OL]. [2014-11-22]. http://news.ifeng.com/history/zhongguoxiandaishi/special/maozedongshidaizhufang/.

② 中国房地产信息网. 中华人民共和国成立60年住房建设大事记[EB/OL]. [2009-9-9]. http://www.realestate.cei.gov.cn/filea/br.aspx?id=20090908161323.

规定了住房建设的基本原则，要求增强住房管理，逐步推动住房建设与管理的“六个统一”标准。① 1977 年 7 月 30 日，国家建委转发了上海市《关于中央各部直属单位建造住宅的暂行办法》，提出了对单位自建住房的具体管理意见。

该阶段主要采取的方式是：通过国家投资、新建住宅，扩大全民所有的住宅总量等措施，分阶段逐步建立起城市住房公有制为主体的住房体系。住房一直被当作社会主义福利的组成部分，是社会主义优越性的重要体现，它受到社会主义意识形态和中国历史传统的双重影响。在此影响下，使得部分计划用于住房建设与消费的资金，被国家聚集拢来投入其他生产性建设，造成劳动力价格与价值的长期不对等，工资只是作为少量补偿而支付给劳动者再生产报酬的货币形态，住房则成为剩下的较低水准的实物分配形式。因此，这一时期的住房政策带有明显的“低薪资、低租金、高补贴”的行政配给色彩。

四、住房政策完全福利化的负面影响

(一)住房实物分配政策的主要特点

从公民收入的分配视角来看，住房实物分配可归属于二次分配领域，即由政府或单位负责建房，然后对职工薪资中的住房消费部分进行统一扣减，最后以实物形式分配给职工无偿使用。② 把住房纳进二次分配范畴，造成住房结果与职工的实际工作努力情况及绩效水平之间几乎没有任何关联，惯用的分房根据是：工龄长短、职务/职称高低、婚姻状况等。由此产生“住房依赖”思想，即职工在住房分配方面的“等国家建房、靠组织分房、要单位给房”观念，认为只要在国营单位工作，住房问题迟早会得到解决，大家都在熬年头，吃国家和企业的“大锅饭”。这个时期的住房政策虽然适应

① 住房“六个统一”标准：即“统一投资、统一规划、统一设计、统一施工、统一分配与统一管理”。

② 赵四海. 中国城镇住房问题研究[D]. 武汉：华中师范大学博士论文，2003：37.

了低工资、高积累、优先保障工业尤其是重工业发展的需要，但也产生了一系列比较严重的问题。

这种福利住房政策的主要特点有三，一是所有城市住房都由政府与单位主导供给。从1958年伊始，国家就不再动员私人建造房屋，转而由政府和单位负责向城市居民提供住房。二是住房分配的实质是只提供简单住所，而非拥有住房。住房所有权属于国家或单位，个人和家庭只享有使用权。由于职工工作的流动性不大，住房的居住没有年限限制，职工去世后住房可继续由其子女居住。三是价格低廉的房租。因为住房被当成是所有居民都可以获得的社会福利与发展成果，所以在住房租金方面也就选取价格低廉的租金政策形式。城市居民只要求“走过场”似地缴纳房租，每月2~3元，就可以取得对房屋的永久使用权。由于房租不够支撑修缮费用，还需要政府补贴住房维修开支。城市职工住房主要依靠单位内部加以解决，对极少数没有工作单位且住房困难的城市居民，其住房则由地方政府予以调配。① 各级政府以及各级单位，几乎承担着全部居民与职工的住房义务，提供者与被提供者之间都视其为天经地义的事。

(二)住房实物分配政策的负面效果

第一，住房完全依赖政府或单位投资建设，虽然几乎不存在私人财力负担，但是折损了城市居民的建房积极性和购房热情，且对住房消费而言，没有产生任何刺激导向功能，从而对包括国家、集体和个体在内的其他途径的住房开发形成束缚，导致住房的生产流通、消费与分配等环节陷入滞胀，住房资金运转与循环失灵，结果无疑是住房供给严重不足，住房困难问题变成一个经久不治的毒瘤。

第二，行政实物福利分房政策，由于否认住房的商品属性，使其不能进入市场展开自由交易，因而丧失了市场对住房开发建设的促进作用，也牺牲了市场自动调节住房供给分配的天然功能。此外，对社会房屋住所资源实行行政性配备，减弱了市场机制对房屋资源

① 朱亚鹏. 实现住房权利：中国的实践与挑战[J]. 公共行政评论，2010(3)：71-90.

配置的调整效力，遏制了房地产市场的进一步发展。显而易见，该政策不仅导致住房资源配置效率低下的结局，还严重波及住房市场的发育完善程度，妨碍到整个住房及其相关产业的向前运营。

第三，住房建设资金没法实现良性运转，堕入恶性循环的怪圈。由于执行的是低租金政策，国家和企事业单位承担过重的非生产性住宅投资，随之而来的巨额维修、保养支出对企业正常的生产经营造成很大的负面影响。国家和企事业单位每年用于新建职工住房的资金达200多亿元，加上维修管理现有的24亿平方米住房而支出的几十亿元，以及许多单位发放给个人的住房补贴等，总数约300亿元。① 这些资金只有投入、没有产出，且一直分散使用，连最基本的住房简单再生产都难以维续。加之价格低廉的租金收入远不够支付房屋维修费用，造成全国各城市中均存在着房屋大面积失修、危房数量持续增加、住房寿命逐年缩短、居民住房条件日趋恶劣的情况。国家和企业承担的建房任务越多，需要支出的住房补贴及维修费用也越多，住建资金捉襟见肘，负担越来越重。

第四，在城市职工薪资体系及日常开支比例中，住房消费只占据其中很小一部分，这是促成薪金酬劳不能充分展现按劳分配标准以及住房租金过低的重要原因。据统计，在改革开放前30年里，全国合计建设住房14.49亿平方米，用于住房建设的总投资为549.79亿元；然而同期城镇居民人口则从1949年的5765万人激增到1978年的17245万人，人均住房投资其实不到300元，年人均住房投资不足10元。② 至1978年，城市人均居住面积已下降为3.6平方米，换而言之，即平均每人在家庭中只能占有大约一张床大小的位置，对于那些处于该平均线以下的居民家庭来说，住房条件与环境则更加窘迫，揭示住房供给困境。

第五，住房实物福利分配政策，加剧了官僚等级观念；能否享

① 迟文岑. 关于住宅建设资金问题的探讨[J]. 烟台大学学报(哲学社会科学版)，1988(3)：88-94.

② 江泽林，等. 城镇住房保障理论与实践[M]. 北京：中国建筑工业出版社，2012：8.

有住房以及房屋面积大小与地理位置好坏，就成为部分公民彰显特权与能力的新领域。尽管在住房程序上对分配做出了较为严格的规定，但由于供给不足等原因，具体执行时容易产生各种寻租行为，助长了某些不正之风和社会分配不公平现象。如“走后门批条子”“请客送礼多住房、住好房”的现象，在各城市普遍存在，有“门路”的人可以搞到几套房，而“无路可走”的长期分不到房，甚至三代、四代人蜗居于一间狭小的屋子里。这些不仅不能实现住房全民保障的目标，反而使得政府之于民众的住房保障能力发生严重倒退，带来更深层次的社会问题。

综上所述，住房被当作是社会实物福利分配给每位职工，这一政策举措决定了在职工薪资体系中并不包括住房消费的成分。如此经济收入分配模式，不但使得城市居民消费支出结构歪曲变形，产生“低房租、高补贴”的结局，而且造成住房资金短缺，没法实现良性循环。这一住房政策体制存在的弊端，原因在于国家财政直接参与建设的房屋数量过多，连年支出的房屋修缮管理费用庞大，但是却没有相应形成科学合理的城市住房租金政策管理系统。公共住房租金普遍偏低，相关管理体制执行力低下，住房交易市场欠缺生成的土壤，加上人口增长迅猛，住房建设投资更显不够，直接导致住房短缺等危急问题。以此来看，传统的住房实物分配政策体系呈现出严重的不适应性，存在帕累托改进的余地。

第二节　公共住房政策改革探索阶段（1978—1997 年）

一、改革探索阶段住房政策演进的总体背景

1978 年以后，随着拨乱反正，从落实城市住房政策着手拉开了住房制度改革的序幕。1978 年 3 月 6 日，第三次全国城市工作会议在北京召开，下发了《关于加强城市建设工作的意见》，决定“加快住宅及市政公用设施建设，从 1979 年开始，在 47 个城市试行每年从上年工商利润中提成 5%作为城市维护和建设资金”。9 月

5 日，国家计委、建委、财政部等联合发出《关于自筹资金建设职工住房的通知》；10 月 19 日，国务院批转国家建委《关于加快城市住宅建设的报告》(国发〔1978〕222 号)，提出“至 1985 年，基本实现城市平均每人达到 5 平方米的奋斗目标”。其实，针对当时的住房困难问题，早在 1978 年 9 月邓小平就提出：“解决住房问题能不能路子宽些，譬如允许私人建房或者私建公助、分期付款，把个人手中的钱动员出来，国家解决材料，这方面潜力不小。建筑业是可以为国家增加收入、增加积累的一个重要产业部门，在长期规划中，必须把建筑业放在重要位置。”①这番谈话促成酝酿住房政策改革问题，而且深谋远虑地将这一改革与国民经济的发展及建筑产业的转型紧密联系在一起。

1980 年 4 月 2 日，邓小平发表了著名的“关于建筑业和住宅问题的谈话”，进一步提出了较为完整的住房改革思想。② 邓小平同志的这些讲话，无疑为我国城市住房政策改革定下了根本基调，充分体现出住房商品化的指导思想，弥补了住房实物福利分配的缺陷，涵盖了迄今为止的住房政策改革的绝大部分内容。比如，关于住房市场化、租金调节、分期付款买房等与社会主义市场经济体制相符合的论断。自此，住房改革以前刻意压缩住宅投资的局面得到扭转，根据《中国固定资产投资统计数典(1950—2000)》的数据，可以算出 1952—1979 年年均住宅投资占 GDP 的比重仅为 2.45%，而在 1980—1997 年平均达到 7.01%。

进入 20 世纪 90 年代，在邓小平的社会主义市场经济理论和关

---

① 王微. 住房制度改革[M]. 北京：中国人民大学出版社，1999：218.

② 邓小平“关于建筑业和住宅问题的谈话”的主要内容：关于住宅问题，要考虑城市建筑住宅、分配房屋的一系列政策。城镇居民个人可以购买房屋，也可以自己盖。不但新房子可以出售，老房子也可以出售。可以一次付款，也可以分期付款，10 年、15 年付清。住房出售以后，房租恐怕要调整，要联系房价调整房租，使人们考虑到买房合算。因此要研究逐步提高房租，房租太低，人们就不买房子了。繁华的市中心和偏僻地方的房子，交通不便地区和不方便地区的房子，城区和郊区的房子，租金应该有所不同。将来房租提高了，对低工资的职工要给予补贴。建房可以鼓励公私合营或民建公助，也可以私人自己想办法。

于住宅问题谈话精神的指导下，中国城镇住房政策改革正式启动，并逐步建立起政策性和商业性相结合的规范化的住房分配与交易市场。总体来看，这一阶段的改革主旨是：通过采取渐进持续的、平稳推动的方式，先进行选择性试点，之后再逐步扩张。这是由于我国的经济体制改革属于“摸着石头过河”式的渐进改革，被当作其重要组成的住房改革也必然选择渐进模式。此外，因为大众住房观念的改变、历史经验教训的总结和新政的出台等都需要较长的过渡期，必须循序渐进。

二、住房改革公房出售试点时期(1978—1985年)

(一)全价售房(1979—1981年)

自1978年邓小平“关于允许城镇居民自建住房的谈话”以后，河南省南阳、巩义等地分别被选作为住房“公建私助”的试点地区；1979年，国家拨款给西安、南宁、柳州、梧州四个城市，要求政府统一兴建住房、并以土建成本价向城镇居民出售，即“全价售房”。1980年，各省、市、自治区相继选择试点地区进行售房。5月20日，国家建委转发城建总局《关于加强住宅建设工作的意见》，在鼓励私人建房的同时，指出城市现存公有房屋是国家的一笔巨大财富，把它管理好、维修好、使用好，对改善群众居住条件具有重要作用。6月22日，国务院批转《全国基本建设工作会议汇报提纲》，正式提议实行“住房商品化政策”，“准许私人建房和买房，准许私人拥有自己的住宅”。7月19日，国家城建总局印发《关于加强城市公房管理工作的意见》，提出建立健全房产管理机构、坚持统一管理的方针、贯彻“以租养房”的原则、加强房屋维修保养，合理分配房屋。12月30日，国家城建总局下发《关于认真做好住房分配工作的通知》，至此，住房改革正式提上议事日程。

1980年，全价售房试点扩大到50个城市；1981年，试点又扩大到23个省、自治区、直辖市的60多个城市及县镇，出售的住房种类也从最初的新建房屋扩展到旧有住所。售房价格在120~150元/平方米，一套住宅相当于一位职工10~20年的工资总额，付款方式也灵活多样，可以一次付清，亦可分期付清，付款年限从2～15年不等，付款的年利率也不尽相同。① 但是，鉴于该时期城市居民收入水平普遍较低，房屋销售价格相对偏高，对于一项正处于推行中的房改政策而言，实难维续。该阶段的销售对象事实上集中于少数高收入群体，绝大部分城市住户因经济负担能力有限而被排除在外。至1981年年底，在选定的试点城市中，总共才售出房屋3000多套，住房销售量占同期新建房屋总量的比例也极低。故而，以全价出售公房的试验被迫终止，代之以补贴售房。

(二)补贴出售(1982—1985年)

1982年，国家有关部门在整理成本价售房试点失败的基础上，提出“政府、单位、个人”三方适当负担的住房销售准则。以成本价出售新建房屋的方法基本终止，试行公有住房补贴出售，并选择郑州、常州、四平、沙市四个城市，首先开始新建住房“三三制”补贴出售试点。1984年，国务院批准在“北京、上海和天津”三个直辖市进一步扩大试点。截至1985年年底，全国已有27个省、自治区、直辖市中的160个城市及300个县、镇展开了公有住房补贴出售试点行动，大约有1093万平方米住房售给了城镇职工。②

所谓“三三制”补贴售房，即指依据新建房屋的土建成本价销售公房，地方政府、企事业单位和居民个人分别承担房价的三分之一。由于该阶段职工待遇较低，其他金融借贷等配套政策也十分短缺，尽管是“三三制”形式，居民个人也窘于支付，加之政府和单位方面的补贴占据较大份额，导致资金难以实现顺利流转，这一办法并未实现预期成效。但是，从理论和实践方面摆脱了以往住房政策的约束，为住房分配货币化与市场化改革奠定了基础。1983年5月25日，国务院批准《城镇个人建造住宅管理办法》，并于12月7日颁布《城市私有房屋管理条例》，明确提出“国家依法保护公民城

① 朱亚鹏. 住房制度改革：政策创新与住房公平[M]. 广州：中山大学出版社，2007：51.

② 龙灏. 城市最低收入阶层居住问题研究[M]. 北京：中国建筑工业出版社，2010：40.

市私有住房的所有权，任何单位或个人都不得侵占、毁坏城市私有房屋”。该条例纠正了城市房屋公有的社会主义理论误区，为下一步的住房政策改革提供了参考依据。

从实际执行情况来看，“补贴出售”使得一般居民家庭的购房包袱大为减轻，大概只要两年左右的收入就可获得一套新建住房，因此该种方式较易为民众所接受。不过，补贴出售也遭到某些地方政府及企业的猛烈反对，因为半数以上的买房资金来自地方政府和企业的补助，且政府不足部分转由企业负担，进而陷入一个新的“购房悖论”，即购买新房职工越多，企业需要分担的补助金额就越大，资金就越不能实现有效利用与循环。加之补贴售房模式并没有涉及低租金制度，也就是合理的租售比价尚未确立，大多城市居民在自己出资买房一事上仍不情愿。此外，在补贴出售公房的各个环节中，局部地区还出现恣意贬低房价、贱买贱卖等不合时局的行为。该时期房改主要体现在单项政策措施或个别城市试点，进展比较缓慢，在1985年之前基本没有触动旧的住房制度，政府房改决策部门只是初步形成对住房政策改革的根本认识和下一步房改的基本思路。

1984年六届人大会议通过的《政府工作报告》指出，“城镇住房建设要进一步推进商品化试点，开展房地产经营业务”，并明确住房供给与消费的市场化趋向。同年初，建设部邀请相关专家对17市的居民收入与房屋出租价格展开深入调研，提出住房政策改革的关键是解决低房租问题。总之，这一时期只是住房改革的探索阶段，没有涉及租金、房价等商品性因素。从实际执行来看，按照房改价出售存量住房，基本上是以事实占有为基础，当时很多住房都以远低于市价的方式转移到私人手中，并通过产权将不合理的既得利益予以固化，使得不同单位职工之间的住房差距悬殊，产生严重的社会不公平。

三、住房改革提租补贴时期(1986—1991年)

(一)提租补贴：提高房租、促进售房

由于“全价售房与补贴出售”均在实践中难以得到有效执行与

推广，于是“提租补贴”思路被摆上住房改革进度表。1986 年 2 月，国务院住房制度改革领导小组正式成立，并设置住房改革办公室来统领全国的房改工作，并于 7 月 25 日召开第一次房改方案讨论会议，内容主要涉及住房提供、配给及消费等方面，确定新的房改重点在于逐步提高房租(先提高到成本租金再到商品租金)，此后我国房改划入经济体制改革队列。1986 年 3 月，《关于城镇公房补贴出售试点问题的通知》(城住字〔1986〕第 94 号)经由原国家城乡建设环境保护部发出，明确规定：“城市出售公有住宅，原则上按全价出售；对有些城镇不计后果、随意贱价出售旧房的做法，必须坚决制止；对那些在售房中搞不正之风的单位和个人，要追究责任，严肃处理。”这一时期改革的主要内容是：以提高房租为切入点，同时出售公有住房，即提租补贴——“提高并增加工资，转暗补为明补、变住房实物配给为货币分配，通过提高租金促进售房”。

1986 年烟台市提出“提租发券、空转起步”的提租改革办法，映现出有名的“烟台模式”，即为了不过分加重居民负担，由企业与政府发券补助，有步骤地提高房屋租金。在经过 16 个月的周密部署、筹划以后，国务院正式批准从 1987 年 8 月 1 日起执行，唐山、蚌埠等城市也在这一年加入到房改试点行列。① 在这之后，各地方凭借自身的天然优势及有利的政策环境，伺机而动地创制出各种提租手段以推动住房改革，如“小步提租、只提不补”，以及“提租发贴、超标加租”等；② 还提议施行“新房新标准”“以息补租”等方式。

(二)住房改革开始的标志：国发〔1988〕11 号

在汇总归纳各城市房改试点经验的前提下，国务院于 1988 年 1 月召开第一次全国住房制度改革工作会议，并在同年 2 月 25 日，

---

① 吴亚非，郭庆汉. 住房制度改革的回顾与反思[J]. 社会科学动态，1999(11)：40-44.

② “小步提租、只提不补”，即放慢提租步伐，但不给予补贴，使居民逐步提高租金；“提租发贴、超标加租”，即提高租金的同时给予一定补贴，变暗贴为明贴，同时对超标准住房部分不给予补贴。

以国办第11号文的形式批准印发了房改领导小组《关于在全国城镇分期分批推行住房制度改革的实施方案》，打算用3~5年时间在全国城镇分期分批实施住房制度改革，并列出了8条相关措施。这是我国首个事关房改的法规性文件，标志着住房政策改革进入“整体规划与全面执行”阶段，它与1998年颁布的23号文同为我国房改进程中两个重要的政策文件。11号文充分肯定了各试点城市的大胆尝试及有益经验，确立了房改行动的具体目标、步骤及相关配套政策，对全国房改工作作出“两步走”的行动部署。① 依据该方案，至1990年，全国共有12个城市、23个县镇出台了以“提租补贴”为主要方式的住房政策体制改革办法，公房租金的执行标准从使用面积0.08~0.13元/平方米提高到1.2元/平方米左右。② 不仅如此，对于存量公房与增量公房，许多城市和企事业单位还对其展开单项租金改革试验，例如，践行“新房新租”及收取“租赁保证金”等规定。

1991年，城市住房改革获得进一步发展，使得前一时期存在的彷徨局面得到控制，各种房屋综合配套政策也陆续出台，意味着房改迈入整体推进阶段。1991年6月7日，《国务院关于继续积极稳妥地进行城镇住房制度改革的通知》(国发〔1991〕30号)发布，在贯彻执行〔1988〕11号和13号两个文件的基础上，提出进一步完善住房体制改革的十一条要求(简称“房改11条”)。③ 这一时期的

---

① 国发〔1988〕11号提出的“两步走”即，第一步，全国所有公房均按折旧费、维修费、管理费、投资利息、房产税五项因素的成本租金计租，抑制不合理住房要求，促进个人购房，初步实现住房商品化。第二步，随着工资调整，逐步把住房消费纳入工资体系，进入企业成本；在逐步增加工资和住房由成本租金提高到商品租金的基础上，进一步实现住房商品化，推动住房社会化、专业化、企业化经营。

② 陈伯庚，顾志敏，陆开和. 城镇住房制度改革的理论与实践[M]. 上海：上海人民出版社，2003：63.

③ “房改11条”的主要内容：合理调整现存公有住房租金，有计划有步骤地提高到成本租金；职工购买公有住房，在国家规定的住房面积内实行标准价。大力发展经济适用商品住房，优先解决无房户和住房困难户的住房问题；以及分步提租、新房新制度、集资合作建房、发展住房金融业务等多种形式推进房改的思路，使新建住房不再进入旧的住房体制，有利于今后住房改革的顺利进行。

政策导向开始发生变化，政府期望借助新房新制度的形式，回避提高存量房租金标准的障碍，并选择在外部施行增量住房改革，从而实现住房政策质的飞跃。为了督促这 11 条要求具体化，第二次全国城镇住房制度改革工作会议于同年 10 月在京举行。11 月 23 日，《国务院办公厅转发国务院住房制度改革领导小组关于全面推进城镇住房制度改革意见的通知》(国办发〔1991〕73 号)明确了住房改革的总体目标和分阶段目标，即“按照社会主义有计划商品经济的要求，从改革公房低租金着手，将现行公房的实物福利分配逐步转变为货币工资分配，由住户通过商品交换取得住房所有权或使用权，使住房进入消费品市场，实现住房资金投入产出的良性循环”①。

(三)提租补贴遭遇的现实障碍

住房提租补贴的成效比较显著，不仅能够确保现有房屋的折旧费与维修养护费，而且能较为有效地抑制不恰当的住房续期，形成最早的住房消费资金来源，使住房投资结构逐渐趋于合理。然而，提租改革也面临一些现实障碍。第一，由于该政策将原建房与维修资金等“明补”转化为工资“暗补”的做法，伴随城市提租试点改革的开始，也紧跟工资一同纳进企业收支和财政预算系统。但是，住房资金的循环及其运用并未发生实质性改变，使得住房补贴的发放情况直接受制于企业经营的优劣与财政预算的多少，从而间接作用于房租的收缴。加之官方或非官方的资金管理机构欠缺，更是再次提高了提租补贴的运作成本。第二，从改革对象来看，提租补贴倾向于住房存量改革，实际上是以产权形式将既得利益固化，政策优惠覆盖面比较有限。对于那些无房户和缺房户而言，有失公平。第三，改革遭遇既得利益者的抵制而难以深化。第四，随着城市居民个人薪酬的提高，住房消费在薪资体系中的比例也随之上升，个人

① 国办发〔1991〕73 号提出的“房改分阶段目标”是：“八五”期间以改变“低租金、无偿分配”为基点，公房租金计租标准力争达到实现简单再生产三项因素(维修费、管理费、折旧费)的水平；到 2000 年，公房租金计租标准努力达到包括五项因素(维修费、管理费、折旧费、投资利息和房产税)的成本租金水平；长期目标是住房租金计租标准达到包括八项因素(增加土地使用费、保险费和利润)的商品租金水平，完成向住房商品机制的转换。

不必承受提租负担并不科学。

1990年至1991年，北京、上海等市在住房改革探索中，试行“小步提租不补贴”的方式，并通过优惠出售旧有公房及制定住房公积金政策等，扩大住房建设资金来源，增加住房供给。① 从前述分析可以清楚地看出，这一时期房改的立足点在于以“提租补贴”而不是以增加住房供应为主导方式，以期对住房的不合理需求产生作用。由于指导思想上对原有城市住房政策弊端的实质性认识不足，导致改革的方向和目标不是很清晰，加之全国通货膨胀的影响，该方案尚未全面推开即遭夭折。无论是“提租补贴”还是“补贴售房”，都在一定程度上反映出住房改革结果的不公平，因这两种方式皆以原住房面积为依据进行，造成原来住房面积大的住户得到更多补贴，而住房面积窄小或没有住房的群体只得到较少或没有得到补贴，无疑形成住房资源分配上的“马太效应”。该时期的住房改革在脱离完全的社会主义住房体系的同时，仅向以市场为基础的住房体系迈出一小步。失败之处在于：第一，在经济方面，租金和住房售价的制定不以成本为导向，制定的租金低于成本，也不重视人们对住房的评定价值和国家经济成本之间的关系；第二，在管理方面，这一阶段改革的关键缺点是，它并没有能力结束企业对员工住房的直接责任。② 这一时期住房分配的单位制特征明显，各单位之间存在不均衡的情况，必然造成分配上极大的社会不公平的事实。

四、住房改革市场化初步形成时期(1992—1997年)

(一)住房商品化改革启动：国发〔1994〕43号

这一时期住房改革的主要特点是明确了城市房改的根本主旨：即在社会主义市场经济理论的指导下，沿着住房改革市场化与社会化的发展轨迹，全面确立住房改革的目的、准则及基本内容，从而

---

① 宋士云. 新中国城镇住房保障制度改革的历史考察[J]. 中共党史研究, 2009(10): 102-110.

② [英]保罗. 贝尔琴，戴维·艾萨克，吉恩·陈. 全球视角中的城市经济[M]. 刘书瀚，孙钰，等，译. 长春：吉林人民出版社，2011：113.

将城市公共住房改革推到一个全新的发展高度。1992 年 1 月 18 日至 2 月 23 日，邓小平视察武昌、深圳、珠海、上海等城市，发表了许多振聋发聩的讲话，提出走社会主义市场经济道路的伟大创举。1992 年 2 月，国务院正式批复上海市的住房改革方案；同年 5 月 1 日，《上海市住房制度改革实施方案》正式出台。上海市执行的是"五位一体"的房改方案，即"推行公积金、提租发补贴、配房买债券、买房给优惠、建立房委会"五项措施。① 上海率先试行住房公积金政策，极大地解决了政府财政对住房保障支持能力不足的问题，对全国房改产生了巨大影响，引发所谓的"上海效应"。

1992 年 10 月，党的十四大将"建立社会主义市场经济体制"定为中国经济体制改革的目标，房改因此在全国范围内得到推广，特别是使得一些中小城市的房改步调加速。市场竞争导致的收入和贫富差距端倪初显，中低收入阶层住房问题凸显，公共住房政策也被提上政府议程。到 1993 年，全国已售出大部分公房，但一些大中城市的房改步伐仍然缓慢，为了解决这一问题，第三次全国房改工作会议于 1993 年 11 月 30 日至 12 月 3 日在北京召开。特别是十四届三中全会作出了《中共中央关于建立社会主义市场经济体制若干问题的决定》，进一步明确改革的措施和步骤，从根本上规定了住房政策的改革方向。1992—1993 年，在城市住房改革博得实质成绩的时候，随之而来的地产热也使得房地产市场获得迅猛发展，为住房改革营造出良好的外部发展氛围。我国城市住房改革在经历了这几个阶段的发展变化后，居民家庭的居住条件普遍得到较大改善，但是住房支出却一直在低水平上踌躇不前，其中房屋租金占生活费总开支的比例从 1978 年的 1.92%下降到 1992 年的 0.78%，不但低于同期我国农民家庭平均住房消费支出水平，仅为后者的 10%，还大大低于国际上 20%～25%的一般水平。②

---

① 陈龙乾，马晓明. 我国城镇住房制度改革的历程与进展[J]. 中国矿业大学学报(社会科学版)，2002(1)：86-93.

② 新浪网. 1991—1993 年：以售带租住房制度改革阶段[EB/OL]. [2009-9-30]. http://news.dichan.sina.com.cn/2009/09/30/70116.html.

1994年7月18日，《国务院关于深化城镇住房制度改革的决定》(国发〔1994〕43号)发布，第一次明确提出城镇住房改革的根本目的是："建立与社会主义市场经济体制相适应的新的城镇住房制度，实现住房商品化、社会化、加快住房建设，改善居住条件，满足城镇居民不断增长的住房需求"。该决定还提出"住房改革要坚持配套、分阶段推进"的原则，强调房改的基本内容应包括"住房建设投资负担机制、社会化、专业化的运行体制、货币工资分配方式、经济适用住房和商品房供应体系以及政策性与商业性并存的住房信贷体系"等。这份决定与以前的房改文件相比增添了两项新内容，即"全面推行住房公积金政策"和"租金改革、稳步出售公有住房"的操作办法。该决定属于我国又一个有关住房改革的里程碑式文件，总体可归结为"三改四建"四字方针。① 这一政策的推行，旨在建立起全国统一的住房建设和消费基金，将改革重点从存量住房转移到存量和增量住房并重，并坚持"住房公积金为主、提租和出售公房为辅"的改革方略，标志着我国住房改革进入全面实施阶段。

(二)住房公积金的推行与安居工程建设

1994年11月23日，为解决中低收入家庭收入不足以购买住房的问题，财政部、国务院房改领导小组、中国人民银行联合下发《建立住房公积金制度的暂行规定》(财综字〔1994〕126号)，对在全国范围内推行住房公积金政策提出更加详尽的要求。1995年12月13—15日，第四次全国房改工作会议在上海举行，目的在于总

① 所谓"三改"，即指改变计划经济体制下的福利性旧体制，包括把住房建设投资由国家、单位统包改为国家、单位、个人三者合理负担的体制；把各单位建设、分配、维修、管理住房的体制改为社会化、专业化运行的体制；把住房实物福利分配方式改为以按劳分配为主的货币工资分配方式。所谓"四建"，是指建立以中低收入家庭为对象、具有社会保障性质的经济适用住房供应体系和以高收入家庭为对象的商品房供应体系；建立住房公积金制度；发展住房金融和住房保险，建立政策性和商业性并存的住房信贷体系；建立规范化的房地产交易市场和发展社会化的房屋维修、管理市场，逐步实现住房资金投入产出的良性循环，促进房地产业和相关产业的发展。

结推广住房公积金经验。1996 年 7 月，我国首部住房公积金地方性法规——《上海市住房公积金条例》正式颁布实施，标志着在城市初步形成了由政府、企事业单位与居民个人共同处理住房问题的政策体制。同年 8 月，《国务院办公厅转发国务院住房制度改革领导小组〈关于加强住房公积金管理的意见〉的通知》(国办发〔1996〕35 号)，明确规定公积金属于职工个人住房基金，进一步规范了住房公积金的相关管理体制。由于各个城市对公积金政策的认真贯彻执行，以致史无前例的房改热潮大范围涌现，截至 1997 年，住房公积金政策已在各大中城市普遍形成。房屋租金改革和公有住房出售步伐加快，全国售出的公房面积已达到城市住房总面积的 34%，房租也从 1980 年的平均 0.2 元/平方米上升至 1.10~1.30 元/平方米。① 房屋自有率的飞速上升，极大地改良了以经济适用房开发为主的住房建设程序，初步搭建了住房供应与金融政策系统，再次促成住房市场的全面发展。

与国务院 43 号文有着紧密关联的“安居工程”起始于 1993 年，其主旨是结合全国住房改革，构建相应的公共住房供给保障系统，切实解决城市居民与国有大中型企业职工的住房难题。1995 年 2 月 6 日，《国务院办公厅关于转发国务院住房制度改革领导小组国家安居工程实施方案的通知》(国办发〔1995〕6 号)发布，这是我国首次明确颁布的有关公共住房政策改革的具体办法，提出“实行政府扶持、单位支持、个人负担的原则，有计划、有步骤地推进大中城市的住房制度改革”②。同年 3 月 8 日，《建设部实施国家安居工程的意见》(建房〔1995〕110 号)发布，加强对国家安居工程实施的组织和领导。从此，“安居工程”成为国家推动房改、加快住宅建

① 郭玉坤. 中国城镇住房保障制度研究[D]. 成都：西南财经大学博士论文，2006：176.

② “安居工程实施方案”的主要内容：在原有住房建设规模基础上，新增安居工程建筑面积 1.5 亿平方米，用 5 年左右时间完成；按国家贷款资金和城市配套资金 4∶6 的比例提供配套资金；凡用于国家安居工程的建设用地，一律由城市人民政府按行政划拨方式供应；安居工程住房直接以成本价向中低收入家庭出售，并优先出售给无房户、危房户和住房困难户，不售给高收入家庭。

设步伐、进一步解决城镇中低收入阶层住房困难、提高城市居民住房水平的住宅建设工程。在上述房改政策的指引下，“安居工程”得到火速发展，1997 年年底建设规模为 7159 万平方米，使 65 万户城市居民的住房问题得到解决；1998 年上半年分两批下达的计划建设规模为 10694 万平方米，合计已经超出安居工程最初的计划总量。①

1978—1997 年近 20 年的住房改革取得了相当大的成就，但住房领域的问题依然存在，其主要问题已不再是严重的住房短缺，而是居民的住房承受能力不足及日益扩大的住房不平等。改革导致福利住房制度和市场分配机制共存，由于内部的公房市场与商品房市场之间存在的巨大价格差，这一住房供应双轨制变成住房不平等的制度因素。据世界银行报道，中国现行住房体系和西方以市场为基础的住房体系存在一定区别，具体如图 3-1、图 3-2 所示。最初的不平等产生于住房实物分配下隐形住房补贴的非公平分配，这种不公平程度随着大量公房的出售不断加剧。居民间住房的不公平，体现在是否能够享受住房优惠出售政策和购买到公房面积的大小及地段好坏等。停止住房实物分配、实现住房机会平等，整合公房和商品房市场，保证住房政策的公平性，就成为政府解决住房问题的迫切任务。

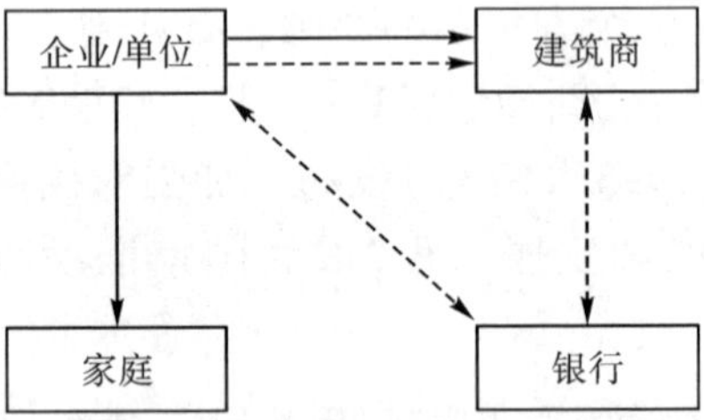

图 3-1　中国现行住房体系图

① 成思危. 中国城镇住房制度改革：目标模式与实施难点[M]. 北京：民主与建设出版社，1999：137.

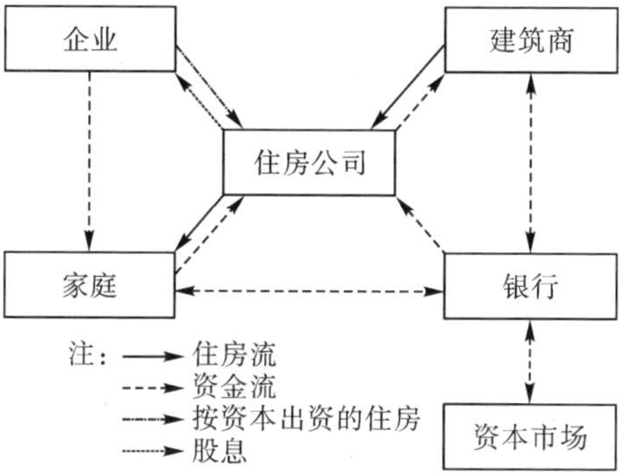

图 3-2　西方以市场为基础的住房体系图

第三节　公共住房政策市场化发展阶段（1998—2007 年）

一、市场化发展阶段住房政策演变的时代背景

1997 年发端于泰国的亚洲金融危机，使我国外贸出口增幅从前一年的 20%猛跌至 0.5%，利用外资额跌至 20 年来最低点。国内产能过剩、有效需求不足成为经济生活中的突出矛盾，市场上商品供过于求，厂商大打价格战。至 1998 年，亚洲金融危机对中国的影响已相当明显，并与大批工人下岗等一系列国内问题叠加，经济发展面临极大困难。① 对于政府来说，为了缓解就业压力并保持社会稳定，经济的快速增长至关重要，于是我国开始实施积极的财政政策和稳定的货币政策。国务院随后增发 1000 亿元财政债券，重点用于增加基础设施建设投资，同时采取降低存贷款利率、提高出口退税率等在内的一系列宏观调控政策。② 此外，还把进一步扩大

① 吴立范，罗党论. 中国的住房政策[M]. 北京：经济科学出版社，2009：55.

② 文韬，林涛. 年轮：中国改革开放三十年回望[J]. 决策探索，2008(1)：14-21.

住房消费需求作为扩大内需的重要举措，房地产作为新的经济增长点逐渐成为各方共识，由此促成了住房政策改革的货币化开展。住房货币化是指在社会主义市场经济体制下，国家或单位将住房实物形式改为货币形式分配给职工，由职工向市场购买住房，获得房屋所有权，这是“暗补”转为“明补”的一种政策方式。1998 年在中国城镇住房政策改革的历程中，具有里程碑式的重要意义，因为由福利分配转向货币化的住房分配，不仅意味着住房政策的本质性变化，更标志着我国整体经济政策和经济运行方式发生了转变。

20 世纪 90 年代中期，住房市场存在的问题是：一方面职工住房水平低下、住房分配不合理，另一方面商品房滞销、大量空置。理论界和业内人士纷纷指出，这是福利分房体制性障碍所致，必须加快住房分配货币化改革。同时，国内的市场供求关系发生了明显变化，拓展住房消费成为扩大内需的重要方面，拉动国民经济增长成为宏观经济发展的迫切需要。正是为了适应这些要求，1998 年 6 月 15 日，“全国深化住房制度改革和加快住房建设工作会议”顺利召开，就如何加强房改并推动住房建设等问题展开全面讨论，其中一个突破性进展就是决定停止住房实物福利分配，这次会议成果集中反映在《国务院关于进一步深化城镇住房制度改革加快住房建设的通知》中。该通知进一步明确了住房政策改革的指导思想，重申推进住房改革商品化、社会化，加快住房建设，促使住宅业成为新的经济增长点。同年 9 月，建设部等国家部委联合发布《关于大力发展经济适用住房的若干意见》(建房〔1998〕154 号)，提出“发展经济适用住房，建立适应社会主义市场经济体制和我国国情的住房供应体系”。1999 年，各地方政府相应制定出符合本地实际的货币化分配改革方案，充分表明已施行几十年的实物福利分房政策正式落幕。

2003 年以后，我国住房市场进入了价格持续上扬阶段，于是，政府住房政策导向由刺激住房消费转向抑制房价过快增长和投资过热。尽管国家层面采取“差别对待、按部就班”的方式，并选择使用必要的行政、经济和法律等手段，多次颁布住房宏观调控政策，但房屋供求结构欠科学、住房价格远大于价值的不合理现象依然存在，不仅给中低收入阶层带来沉重的经济压力，使其渴盼的住房问题得不到解决，而且扭曲了整个社会的经济秩序，激发出各类矛盾。

二、住房改革商品化形成时期（1998—2002年）

（一）住房货币化改革正式推出：国发〔1998〕23号

1998年7月3日，《国务院关于进一步深化城镇住房制度改革加快住房建设的通知》（国发〔1998〕23号文）提出深化城镇住房制度改革的指导思想是："稳步推进住房商品化、社会化；加快住房建设，促使住宅业成为新的经济增长点，不断满足城镇居民日益增长的住房需求"。改革目标在于："停止住房实物分配，逐步实行住房分配货币化；建立和完善以经济适用住房为主的多层次城镇住房供应体系；发展住房金融，培育和规范住房交易市场"。①

简言之，此次改革的总体思路是：在住房补贴和其他金融手段，如家庭储蓄、住房公积金以及银行贷款等支持下，城市居民能够在市场上满足其住房需求。但是，这一时期存在执行不到位、政策表面化的问题，许多地方政府在货币化改革中都采取了渐进住房改革模式，由于排除企业工人，改革方案覆盖面有限、缺乏充足而稳定的资源，忽视了单位空置存量住房以及原有住房分配结构所带来的问题。这种渐进化改革模式没能减轻原有的住房不平等，实际

① "国发〔1998〕23号文"的主要内容：①从1998年下半年开始停止住房实物分配，逐步实行住房分配货币化，新建经济适用住房原则上只售不租。不断完善住房公积金政策，建立健全职工个人住房公积金账户，进一步提高住房公积金的归集率。②对不同收入家庭实行不同的住房供应政策：最低收入家庭租赁由政府或单位提供的廉租住房；中低收入家庭购买经济适用住房；其他收入高的家庭购买、租赁市场价商品住房。调整住房投资结构，重点发展经济适用住房，加快解决城镇居民的住房困难。③继续推进现有公房改革，培育和规范住房交易市场。从1998年下半年起，出售现有公有住房，原则上实行成本价，并与经济适用房房价相衔接，保留足够的公有住房供最低收入家庭廉价租赁。④采取扶持政策，加快经济适用房建设。经济适用住房建设用地应在建设用地年度计划中统筹安排，并采取行政划拨方式供应。⑤发展住房金融。扩大个人住房贷款的发放范围，调整住房公积金贷款方向。

上这种改革在不同的社会群体之间引发出巨大的住房不公平，例如“老人”和“新人”之间，以及原有政策受益者和未受益者之间。旧有的住房不平等问题在某种程度上被忽视，并随着渐进改革的推进，特别是公房二手交易的开放而加剧。

(二)经济适用房、廉租房等政策持续推进

自1998年9月《关于大力发展经济适用住房的若干意见》(建房〔1998〕154号)施行以后，在“驱动内需、遏抑房价并完善住房供应体系”等方面，经济适用房政策均发挥出一定功用，普遍获得中低收入群体的接纳，也为建立健全与本土相符的公共住房政策系统奠定了基础。为了强化公积金的管理，1999年4月3日，国务院令第262号发布《住房公积金管理条例》(2002年3月24日重新修订)，对住房公积金的“缴存、提取、使用、管理和监督”作出详细规定，该条例对“维护住房公积金所有者的合法权益，促进城镇住房建设，提高城镇居民的居住水平”起到实质性帮助，并由此使得住房公积金管理朝着“法制化与规范化”的方向发展。这项政策法令同时促使个人住房消费逐渐走向市场，并成为消费的主体。同年4月，建设部令第70号发布《城镇廉租住房管理办法》，对廉租住房的来源、租金标准、相关扶持政策、申请及审批程序等作出清楚规定。

1999年4月22日，建设部令第69号发布《已购公有住房和经济适用住房上市出售管理暂行办法》，规定“具备条件的市、县可以开放已购公有住房和经济适用住房上市出售的交易市场”，进一步明确住房上市出售条件与程序，鼓励城镇职工家庭积极改善居住条件。同年7月15日，财政部等部委联合下发《已购公有住房和经济适用住房上市出售土地出让金和收益分配管理的若干规定》(财综字〔1999〕113号)，目的在于“培育和发展住房二级市场，规范已购公有住房和经济适用住房上市出售的收益分配和管理”。1999年8月13日，《建设部关于进一步推进现有公有住房改革的通知》(建住房〔1999〕209号)发布，要求“各地要进一步明确可出售公有住房和不宜出售公有住房的范围，凡属直管的公有住房，除按规定不宜出售的外，均应向有购房意愿的现住户出售”。

2000 年 5 月 8 日，建设部等联合发布《关于进一步深化国有企业住房制度改革加快解决职工住房问题的通知》（建房改〔2000〕105 号），提出“积极稳妥地推进现有公有住房改革，停止住房实物分配、逐步实行住房分配货币化”，这在我国公共住房的改革进程中拉开了一个新的序幕。2001 年 3 月 15 日，九届人大四次会议批准的《国民经济和社会发展第十个五年计划纲要》提出，“深化城镇住房制度改革，落实住房分配货币化政策；完善住房公积金制度，加大以经济适用住房为重点的住房建设力度，建立廉租房供应保障体系”。2002 年 11 月 17 日，国家计委、建设部出台《经济适用住房价格管理办法》（计价格〔2002〕2503 号），明确“经济适用住房价格应与中低收入家庭经济承受能力相适应，以保本微利为原则，其基准价格由开发成本、税金和利润”构成。①

这一时期的突出成就是：住房实物分配停止以后，依赖社会福利分房的渠道遭到堵截，职工“等、靠、要”的传统观念得到根本改变，充分燃起他们购买商品住房的热情与积极性。加之住房货币化补贴和个人购房抵押贷款等方面的政策扶持，不仅催生了居民的买房能力、扩大了住房的市场需求，还由此带动了住宅建设的快速发展与空置房的逐步消化。从 1998 年开始，全国掀起一股持续的住房开发与建设新高潮，促成住房市场另一个繁盛期的迅速到来。该事实有力证明，住房分配货币化是住房政策体系改革的中心环节，抓住这个环节可以释放出巨大的能量，促使新的城市公共住房政策体系的建立和完善。

三、住房改革市场化发展时期（2003—2007 年）

（一）住房政策保障职能的萎缩：国发〔2003〕18 号

随着城镇住房政策改革的深入推进，住房开发与建设步伐不断加快，公共住房管理更加规范，相关办法条例不断出台。2003 年，

① 《经济适用住房价格管理办法》所称“经济适用住房”，是指“纳入政府经济适用住房建设计划，建设用地实行行政划拨，享受政府提供的优惠政策，向城镇中低收入家庭供应的普通居民住房”。

中国经济已走出通货紧缩，但由于"非典"疫情的影响，并未出台预防房地产业过热的政策措施。在这种经济背景下，中国人民银行在2003年6月5日发出《关于进一步加强房地产信贷业务管理的通知》(银发〔2003〕121号)，要求房地产信贷业务从紧。但与央行对房地产信贷从紧的政策取向不同，国务院随后对住房政策作出重大调整，8月12日发布《国务院关于促进房地产市场持续健康发展的通知》(国发〔2003〕18号)，第一次明确"房地产业已经成为国民经济的支柱产业"，提出"完善住房供应政策，调整住房供应结构，逐步实现多数家庭购买或承租普通商品住房"，并指出"经济适用住房是具有保障性质的政策性商品住房"，该种政策变化使得更多家庭开始从商品房渠道获取住房。同年12月，建设部、财政部、民政部、国土资源部、国家税务总局以第120号令的形式发布《城镇最低收入家庭廉租住房管理办法》，提出"城镇最低收入家庭廉租住房保障水平应当以满足基本住房需要为原则，根据当地财政承受能力和居民住房状况合理确定"，并明确规定了廉租住房的保障对象、保障面积标准、保障方式及其管理监督等。

2004年5月13日，建设部、国家发展和改革委员会、国土资源部、中国人民银行共同颁布《经济适用住房管理办法》(建住房〔2004〕77号，2007年11月19日重新修订)，首次明确"经济适用住房是指政府提供政策优惠，限定建设标准、供应对象和销售价格，具有保障性质的政策性商品住房"，并详细规定发展经济适用住房应当坚持的原则、开发建设标准、价格的确定以及交易和售后管理等。① 2004年6月6日，《国务院办公厅关于控制城镇房屋拆迁规模严格拆迁管理的通知》(国办发〔2004〕46号)，要求"严

① 《经济适用住房管理办法》的发展原则及价格标准是：①应当坚持在国家宏观政策指导下，各地区因地制宜、分别决策的原则，合理确定经济适用住房的政策目标、建设标准、供应范围和供应对象等，并负责组织实施。②租金标准由有定价权的价格主管部门会同经济适用住房主管部门在综合考虑建设、管理成本和不高于3%利润的基础上确定；经济适用住房销售应当实行明码标价，销售价格不得超过公示的基准价格和浮动幅度，不得在标价之外收取任何未予标明的费用。

格制订拆迁计划，合理控制拆迁规模；严格拆迁程序，确保拆迁公开、公正、公平；严格依法行政，实现拆迁管理方式从注重依靠行政手段向注重依靠法律手段的根本性转变”。这一时期政府下发的一系列法令，比如经济适用住房、廉租住房、拆迁安置住房与住房公积金政策等，初步构成了我国公共住房政策体系的基本框架。

但是，〔2003〕18 号文对于仍然存在的住房问题，提出依靠提高市场化程度来解决的思想，使得政府在大力推进住房市场化、产业化的同时，忽视了其保障公共住房的职能。例如，〔2003〕18 号文将〔1998〕23 号文提出的“建立和完善以经济适用住房为主的多层次城镇住房供应体系”改为让“多数家庭购买或承租普通商品住房”，而不是向 80%左右的家庭提供经济适用房，住房供应的主体被商品房所替代。房改过于强调多层次的住房体系和市场作用，忽视了政府的干预力量，尤其是地方政府在保障住房问题上的责任，其直接后果是在房改的近十年时间里，房价不断高涨，房地产开发投资比例逐年增加，大量商品房被作为投资品买卖，继而房价不断攀升，与中低收入群体的实际消费承受能力渐行渐远。

(二)稳定住房价格，缓解供需矛盾

自 2004 年 8 月 31 日开始，我国对所有六类土地全部实行公开的土地出让制度，采取公开招标、公开拍卖、公开挂牌的方式，之后住宅土地用地出让价格一路猛涨。随着土地出让方式的市场化运作，积压式住房需求在短期内迅速爆发，致使住房市场价格飙升。2005 年，局部地区出现了住房投资增幅过大、市场结构不尽合理、价格增长过快等现象，因此 2005 年 3—5 月，国务院办公厅、建设部等七部委先后三次发文，密集出台了一系列调控政策措施，旨在加强住房宏观调控，合理疏导住房开发、建设与消费之间的关系，把稳定房价的工作落到实处。比如，3 月 26 日《国务院办公厅关于切实稳定住房价格的通知》(“老国八条”)、4 月 27 日《加强房地产市场引导和调控的八条措施》(“新国八条”)、5 月 9 日《关于做好稳定住房价格工作的意见》(“七部委八条”)等相继出现，主要内容包括：①调整住房供应结构，增加普通商品住房、经济适用住房和廉租住房的供给；②增加房地产交易环节的税收力度，对个人购房不足 2 年就进行转手交易，按房款收入全额征收营业税；③调整个人住房贷款政策，放开个人住房贷款利率上限，仅实行下限管理，个人住房贷款最低首付从 20%提高到 30%；④加大对闲置土地的清理力度，减缓城市房屋拆迁速度，减轻被动性住房需求对房地产市场的压力，遏制投机炒作等行为。

中央政府还采取了控制土地和信贷两个闸门的宏观调控政策，国土资源部要求继续开展经营性土地使用权招标拍卖挂牌出让情况执法监察工作，再次强调 2004 年 8 月 31 日以后，不得再以历史遗留问题为由采取协议方式出让经营性土地使用权。信贷方面，央行连续两次提高存款准备金率，时隔 9 年首次上调金融机构存贷款基准利率。银监会还对土地储备、房地产开发和个人贷款风险管理进行明确规定，这是继银发〔2003〕121 号文后又一个加强房地产贷款管理的重要信号。国家提出在高度重视稳定住房价格、保持住房价格特别是普通商品住房和经济适用住房价格相对稳定的同时，加快建立和完善适合我国国情的住房保障制度，并要求各地按照《经济适用住房管理办法》和当地政府规定，加强经济适用住房建设，完善廉租住房政策。2005 年 3 月 14 日，发改委、建设部出台《城镇廉租住房租金管理办法》(发改价格〔2005〕405 号)；7 月 7 日，建设部、民政部出台《城镇最低收入家庭廉租住房申请、审核及退出管理办法》(建住房〔2005〕122 号)，就廉租住房的申请、审核及退出管理作出清晰的规定；10 月 7 日，建设部发布《关于推进东北地区棚户区改造工作的指导意见》(建住房〔2005〕178 号)，提出"充分发挥规划的引导和调控作用，规范拆迁程序、严格拆迁管理，因地制宜、多种方式推进棚户区改造"。

2006 年以后，国家为了进一步深化对住房市场的宏观控制，尤其强调注重经济适用房、廉租房等公共住房的开发与管理，5 月 24 日，发布了《国务院办公厅转发建设部等部门关于调整住房供应结构稳定住房价格意见的通知》(国办发〔2006〕37 号)，要求"加快城镇廉租住房制度建设，规范发展经济适用住房；重点发展满足当地居民自住需求的中低价位、中小套型普通商品住房”①。由于上半年房地产投资增速再次反弹，部分大中城市房价大幅上涨，国务院常务会议提出“国六条”，再次强化住房产业健康、可持续发展问题，随后，九部委出台了“国十五条”，主要内容包括：一是明确供应结构的调整比例；二是调整住房转让环节营业税；三是严格房地产开发信贷条件；四是在“限套型、限房价”的基础上，采取“竞地价、竞房价”的办法，以招标方式确定开发建设单位。② 同时，央行两次上调商业银行贷款利率、三次上调存款准备金率，资金流动性有所收紧。

（三）住房政策保障性的回归：国发〔2007〕24号

从2007年开始，住房政策设计重新向保障性住房转移，各级政府纷纷加快廉租住房、经济适用住房和拆迁改造住房的建设。2007年5月16日，建设部出台《关于开展旧住宅区整治改造的指导意见》（建住房〔2007〕109号），提出“坚持以人为本，以解决人民群众最关心、最直接、最现实的利益问题为出发点和落脚点，切实将旧住宅区整治改造纳入政府公共服务的范畴，科学合理确定旧住宅区整治改造的内容及标准，探索创新旧住宅区整治改造的机制与方法，有效改善人民群众的生活环境，促进城市的全面协调可持续发展”③。

---

① “国办发〔2006〕37号”的主要内容：①切实调整住房供应结构，重点发展满足当地居民自住需求的中低价位、中小套型普通商品住房；②进一步发挥税收、信贷、土地政策的调节作用，抑制投机和投资性购房需求；③合理控制城市房屋拆迁规模和进度，严格控制被动性住房需求；④进一步整顿和规范房地产市场秩序，加强房地产开发建设全过程监管；⑤有步骤地解决低收入家庭的住房困难，积极发展住房二级市场和房屋租赁市场；⑥完善房地产统计和信息披露制度。

② 国务院发展研究中心课题组. 2004年以来房地产业宏观调控政策的总体评价[J]. 中国发展观察，2007(1)：40-43.

③ “建住房〔2007〕109号”提出的住房改造原则与目标是：旧住宅区整治改造要遵循集中整治与分步整治相结合、重点整治与一般整治相结合、前期整治与后期管理相结合、整治改造与社区建设相结合的原则。各地要“因地制宜、分类指导，统筹规划、分步实施，政府主导、市场运作，综合整治、配套建设”，逐步实现城市旧住宅区房屋住用安全、配套设施齐备、管理维护有效、环境整洁美化的宜居目标。

2007 年 8 月 7 日，《国务院关于解决城市低收入家庭住房困难的若干意见》(国发〔2007〕24 号)颁布，强调“把解决城市低收入家庭住房困难作为维护群众利益的重要工作和住房制度改革的重要内容，作为政府公共服务的一项重要职责，加快建立健全以廉租住房制度为重点、多渠道解决城市低收入家庭住房困难的政策体系”①。该意见标志着我国公共住房政策框架的基本确立，促使住房改革从“重市场、轻保障”转向“重视保障”的政策方向，公共住房开发与建设开始迈入“规范有序、发展完善”阶段，这份意见成为我国住房改革过程中又一个具有里程碑意义的政策文件。此后，党的十七大报告首次提出“住有所居”的政策目标，以前所未有的高度把住房保障问题写进党的纲领性文件，强调指出“健全廉租住房政策，加快解决城市低收入家庭的住房困难问题”。

我国的住房改革经历了几十年的反复实践与不断修改，终为城市低收入家庭编织出一张住房保障网，并伴随一系列配套政策的陆续发布，公共住房问题被提至前所未有的高度。例如，国家连续出台了《关于印发〈解决城市低收入家庭住房困难发展规划和年度计

① “国发〔2007〕24 号”提出的总体要求与主要内容是：总体要求是以城市低收入家庭为对象，进一步建立健全城市廉租住房制度，改进和规范经济适用住房制度，加大棚户区、旧住宅区改造力度，力争到“十一五”期末，使低收入家庭住房条件得到明显改善，农民工等其他城市住房困难群体的居住条件得到逐步改善。主要内容：①进一步建立健全城市廉租住房制度。逐步扩大廉租住房的保障范围，“十一五”期末，全国廉租住房保障范围要由城市最低收入住房困难家庭扩大到低收入住房困难家庭；合理确定廉租住房保障对象和保障标准，健全廉租住房保障方式；多渠道增加廉租住房房源，采取政府新建、收购、改建以及鼓励社会捐赠等方式增加廉租住房供应。确保廉租住房保障资金来源，如土地出让净收益用于廉租住房保障资金的比例不得低于 10%。②改进和规范经济适用住房制度。规范经济适用住房供应对象为城市低收入住房困难家庭，并与廉租住房保障对象衔接；合理确定经济适用住房标准，建筑面积控制在 60 平方米左右；严格经济适用住房上市交易管理，购买经济适用住房不满 5 年，不得直接上市交易。③逐步改善其他住房困难群体的居住条件。加快集中成片棚户区的改造，积极推进旧住宅区综合整治，多渠道改善农民工居住条件。④完善配套政策和工作机制，继续抓好国务院关于房地产市场各项调控政策措施的落实。

划编制指导意见〉的通知》（建住房〔2007〕218号）、《廉租住房保障办法》（令第162号）、《财政部关于印发〈廉租住房保障资金管理办法〉的通知》（财综〔2007〕64号）以及新的《经济适用住房管理办法》（建住房〔2007〕258号）和《经济适用住房开发贷款管理办法》（银发〔2008〕13号）等住房配套保障，更为明确地提出政府给予廉租房和经济适用房建设的优惠与支持政策，详尽规定了两种住房的保障方式、资金与房屋来源、申请与核准、准入和退出、预算与监督、法律责任等。尽管公共住房政策体系有所完善，但实际执行情况仍显滞后。据统计，2006年年底，全国实际享受过廉租住房政策的家庭仅为26.8万户，占400万低保住房困难家庭的6.7%，占低收入住房困难家庭的2.7%，占全国城市家庭的0.15%①，公共住房总体建设进程仍然迟缓，历史遗留问题过多。

四、住房政策市场化改革的特色

自1998年住房政策市场化改革以来，房地产市场蓬勃发展，但是过度市场化以及政府一定程度上的缺位，使得住房领域出现了一系列问题。不少业内专家指出，近年来住房公平已经同教育公平、医疗公平一起成为当今社会急需解决的三大主要民生问题。仔细分析可以发现，住房领域的基本矛盾集中在房价上涨过快和公共住房建设进展迟缓两个方面。

（一）住房市场化改革的特点

第一，从全面福利向部分福利转化。传统的公共住房政策是一种以“政府统包统揽、低廉房租、无使用期限”为特点的住房实物福利分配政策。该种房屋供给政策存在众多矛盾和缺陷，使得城市中低收入阶层的基本住房需求得不到有效解决。因此，房改施行后的住房政策的主要目标在于，纠正传统住房分配模式中存在的全面福利性误区，使之沿着部分福利性的方向转化。其中，包含两层含义：第一，对城市民众而言，逐步提高原有租金标准的行为，意味

---

① 金俭，等. 中国住房保障：制度与法律框架[M]. 北京：中国建筑工业出版社，2012：15.

着社会福利水平有所下降。如果居民有能力凭借自身努力解决居住问题，那么就表明福利水准下降得更多。第二，福利提供范围由城市全体居民缩小为社会中低收入群体。

第二，从实物限量提供向非实物供给转化。实施住房改革以来，曾经陆续出台“全价售房、补贴出售、提租补贴”等政策办法，使得住房完全由政府提供的境况得到一定程度的改观。住房政策持续改革以后，城市居民可以依据自身的经济实力与家庭需要来购买相应面积的住房，如此一来，城市民众的住所条件与环境状况等不再受制于政府的统一配给量。

第三，从行政非商品向市场化购买转变。由于住房改革之前的房屋存在非商品化的基本属性，即只具备住房作为产品的本质特征，不可拿来交易，是经由政府采取统一分配的形式供居民使用。在房改之后，住房被民众赋予了其他意义，被看作是富有商品特性、可展开自由交易，于是产生住房二级贸易市场。在实物福利分房终止后，城市居民只能通过市场购买或租赁的方式得到住房。

第四，从财政划拨向配套政策综合行使转变。住房政策改革以前，国家采用财政划拨的手段，有目的、有计划地推进房屋开发与建设，并凭借行政补助等形式对旧有公房展开修缮管理。其间，金融政策较少被使用，常常只作出相应资金的银行预结算规定。住房政策改革之后，这一情况发生了根本性转变，即逐渐减少使用以财政划拨为主的方式，并逐年增加行使金融等配套政策方式。自20世纪90年代以后，国家投资建房的规模逐年减弱，至1998年住房实物配给政策终结之时，财政开发新建住房的比重明显下降。与此同时，其他住房配套政策如金融税收、公积金以及信贷政策等越来越得到重视与综合利用。

（二）住房市场化改革的困境

第一，公共住房建设量稀少。一是原有住房被大量拆除。在各地旧城改造和住房新开发的进程中，大面积旧有私人房屋与公共住房遭到捣毁；众多破产或改制单位把职工居住的房屋与厂房一起售出。二是不少公共住房开发项目如廉租住房和经济适用住房，遭遇来自普通商品住宅建设折射出来的“挤出效应”，项目进展迟缓，数量十分有限。也即随着大批旧有公房的减少，相应数量的适宜的公共住房却供应不足，不能满足中低收入群体的居住需要。

第二，公共住房开发资金紧张。地方政府在“经营城市”的理念指导下，认为可以通过对公有土地进行抬价拍卖或增加商品住宅税收等方式来弥补财政亏空，因此，大多数对于旧城拆迁改造或商品住宅开发项目“情有独钟”。诸如廉租住房一类的公共住房产品不但难以收获社会经济效益，而且还需制定倾斜性的土地政策或扶持性的财税政策等，因此常被地方政府部门有意识地忽略或排除在外。对最低收入家庭而言，无论是采取住房实物分配形式还是选用直接发放货币补贴的方法，都强调政府的财政支持，然而，资金来源渠道除去国家财政专门补助以外，剩余部分全来自地方专项预算资金、不少于10%的土地出让金与住房公积金增值收益等，这些皆使得各地方政府缺乏公共住房开发与建设动力。

第三，公共住房规划与设计不足。公共住房规划的地理位置一般比较偏远，交通状况不太方便，社区公共服务配套设施也不够完善，加之居住人口繁杂，建筑品质低劣等原因，引发许多社会副作用。此外，由于公共住房政策在设计之初就明显倾向于解决低收入或最低收入家庭的住房困难，然而，中等偏下收入群体特别是新参加工作的大学生或外来务工人员，因经济基础薄弱，暂无力购买普通商品住宅，也没有资格租赁廉租住房，更不符合经济适用房的申购条件，成为被遗忘的“夹心层”或“蚁族”群体，产生新的社会不公平现象。

第四节　公共住房政策双轨运行阶段(2008年至今)

自从国发〔2007〕24号文出台后，中国城市住房政策改革，从住房商品化、社会化的房改阶段进入到住房政府保障和市场并重的住房建设新阶段。从此，中国进入探索建立新型公共住房政策体系时期，政府和市场重新调整各自对住房供应的定位和作用。该阶段的发展重点在于回归住房的社会属性，将住房的经济性和社会性有机结合起来，在继续发挥住房作为消费热点、刺激经济增长的作用的同时，一方面通过制度和政策设计降低住房作为投资品特别是投机品的热度和关注度；另一方面通过公共租赁住房、棚户区改造房、经济适用房等政策进一步完善公共住房保障体系，实现“住有所居”的住房目标。

一、住房保障和市场并行阶段的经济社会背景

（一）国际金融危机的影响

长期以来，我国经济增长过度依赖投资和出口，消费需求相对不足。由2008年次贷危机引发的全球金融危机，使我国的外部需求大幅减少，经济增长速度下降。在国际环境复杂多变的情况下，过度依赖国外需求来消化国内过度投资造成的产能过剩的增长模式，日益显示出其脆弱性和不可持续性，因此，立足国内需求，刺激消费、调整投资成为我国经济发展方式转型的重要途径，公共住房建设的加速推进也是解决这一难题的“一举多得”之策。国家发改委公布的数据显示，“2008年新增的75亿元廉租房建设投资及其所带动的地方和社会投资，可以拉动钢材消费量65万吨，水泥消费量50万吨。与此同时，国家还安排了17亿元中央投资用于棚户区改造基础设施工程建设，这可以拉动铸铁消费量两万吨，钢材消费量10万吨，水泥消费量30万吨”①。这些统计资料充分表明，加快公共住房建设的杠杆作用十分明显，具有很强的带动和辐射效应。但是，另一个不容忽视的事实是，自进入2008年之后，我国住房价格的持续攀升使得中低收入家庭的住房可支付能力不断下降，导致很多中等收入阶层面临住房困难。在我国，中低收入家庭主要是通过廉租房和经济适用房来解决住房问题，中等收入家庭则通过进入住房市场购买商品房，而房价的持续过快上涨，使得大量无房居住又买不到经济适用房的居民面临日益沉重的住房压力。

由于住房供应与一般商品不同，主要依赖于土地的供给，但是随着城市化的推进和耕地保护政策的落实，可以用于住房建设的土

① 中央政府门户网络. 发展改革委：加强保障性住房建设”一举多得”[EB/OL].［2008-12-3］. http://www.gov.cn/ztzl/kdnx/content_1167420.htm.

地越来越少，住房供需矛盾日益突出。在刚性需求和投机性需求双重拉动而住房供给有限的情况下，房价暴涨难以避免，这在经济相对发达的一线城市最为突出。2008 年 1 月 3 日，国务院发布《关于促进节约集约用地的通知》(国发〔2008〕3 号)，提出“依法应当无偿收回的闲置满两年的土地，坚决无偿收回，重新安排使用”；同时第一次明确规定“对闲置房地产用地要征缴增值地价”。这一系列举措再次保证了土地资源的有效供给，为遏制“炒房、囤地”现象注入了一针强心剂。但从住房用地供应执行情况来看，“全国 30 个省、区、市住房供地计划实际只完成 67.9%，其中保障性住房(廉租住房和经济适用住房)用地只完成计划的 65.2%，棚改房用地只完成计划的 40.2%”①，地方建设公共住房的积极性依然有待提升。2008 年 3 月 5 日，温家宝在《政府工作报告》中强调，“抓紧建立住房保障体系：建立科学、合理的住房建设和消费模式，重点发展面向中低收入家庭的住房，促进房地产业持续稳定健康发展”，并且提出采取四项措施“坚定不移地推进住房改革和建设，让人民群众安居乐业”。②

(二)国内的经济社会环境

为应对国际金融危机对我国的影响，支持扩大内需，促进经济平稳较快发展，政府对住房市场的调控有所放松。中国人民银行决

---

① 中央政府门户网站. 2010 年全国住房用地供应计划执行情况公告[EB/OL]. [2011-1-29]. http://www.gov.cn/gzdt/2011-01/29/content_1794974.htm.

② 2008 年《政府工作报告》提出的四项措施是：①健全廉租住房制度，加快廉租住房建设，增加房源供给；加强经济适用住房的建设和管理，积极解决城市低收入群众住房困难。今年中央用于廉租住房制度建设的资金 68 亿元，比去年增加 17 亿元；地方各级政府都要增加这方面的投入。同时，积极改善农民工居住条件。②增加中低价位、中小套型普通商品住房供应，建立多渠道投融资机制，通过多种途径帮助中等收入家庭解决住房问题。合理调整城市土地供给结构，增加中小套型住房用地。③综合运用税收、信贷、土地等手段，完善住房公积金制度，增加住房有效供给，抑制不合理需求，防止房价过快上涨。④加强市场监管，严格房地产企业市场准入和退出条件。依法查处闲置囤积土地、房源和炒地炒房行为。同时，加强农村住房建设规划和管理，切实解决农村困难群众住房安全问题。

定自2008年10月27日起，将商业性个人住房贷款利率的下限扩大为贷款基准利率的0.7倍，最低首付款比例调整为20%；同时下调个人住房公积金贷款利率，五年期以下(含)及五年期以上分别下调0.27个百分点。① 2008年10月22日，财政部、国家税务总局宣布自2008年11月1日起，对个人首次购买90平方米及以下普通住房，契税税率暂统一下调到1%；对个人销售或购买住房暂免征收印花税；对个人销售住房暂免征收土地增值税。② 12月20日，《国务院办公厅关于促进房地产市场健康发展的若干意见》(国办发〔2008〕131号)发布，提出"加大保障性住房建设力度，进一步鼓励普通商品住房消费，支持房地产开发企业积极应对市场变化，强化地方人民政府稳定房地产市场的职责，加强房地产市场监测"③。自2011年进入"十二五"以来，我国公共住房建设开启了跨越式发展的新时代，2011年开工1043万套，2012年开工745万套，仅这两年的保障房建设数量就是"十一五"期间五年建设数量的1.1倍。2010年国家财政用于保障性住房的资金是1747.67亿元，2011年达到3342.91亿元，环比增幅高达91.3%，比2007年增长了33倍。④

由于住房市场化长期贯彻效率优先原则，造成住房公平理念的缺失，最终导致一线城市的住房市场逐渐成为富人、权力阶层、金融机构和地方政府造富的道场，而占城市人口大多数的中产阶层沦为房奴，低收入阶层被边缘化，数以亿计的外来人口居无定所，成为对城市贡献和所得最不协调的群体以及对政府政策最不满意的群

---

① 新浪财经. 央行支持居民首次购买普通住房[EB/OL]. [2008-10-22]. http://finance.sina.com.cn/g/20081022/20185419069.shtml.

② 现代快报. 下月起购房契税下调至1% 买卖住房免征印花税[EB/OL]. [2008-10-23]. http://kb.dsqq.cn/old/html/2008-10/23/content_65710806.htm.

③ "国办发〔2008〕131号"提出的保障性住房建设任务是：争取用3年时间基本解决城市低收入住房困难家庭住房及棚户区改造问题，即到2011年年底，基本解决747万户现有城市低收入住房困难家庭的住房问题，基本解决240万户现有林区、垦区、煤矿等棚户区居民住房的搬迁维修改造问题。2009—2011年，全国平均每年新增130万套经济适用住房，并开展住房公积金用于住房建设的试点。

④ 孙洁. PPP与保障性住房[M]. 北京：中国财政经济出版社，2013：4.

体。一方面，大多数老百姓要么在高房价面前望房兴叹，要么整日为偿还房贷拼命奔波；另一方面，部分富人和有权力背景的群体，或明或暗拥有数套、数十套甚至更多住房，或投机牟利，或向低收入群体出租，使低收入群体本就微薄的工资因为租房而变得更加拮据。有住房需求的人买不起房，多数买房的人不是为了居住而是为了赚取更大的利润，鄂尔多斯的“空城计”一夜之间如同传染病一样在各地蔓延，除了广泛报道的贵阳、营口等城市，河南鹤壁、江苏常州及湖北十堰，“空城魅影”现象也逐步抬头①，这就是当前我国急需面对且要促进其公平化的住房市场现状。加之土地政策存在的缺陷，如住房用地供应渠道单一，只能是城市住宅用地，且供应方是代表政府的土地储备机构，缺乏竞争机制，土地价格被大幅推高，进一步加大了房价上涨的压力。

二、住房改革政府强力调控时期(2008—2011年)

(一)加大公共住房建设，扩大住房有效需求

2008年3月3日，财政部、国家税务总局联合发布《关于廉租住房、经济适用住房和住房租赁有关税收政策的通知》(财税〔2008〕24号)，提出“支持廉租住房、经济适用住房建设的税收政策；支持住房租赁市场发展的税收政策”。3月21日，住房城乡建设部下发《关于加强廉租住房质量管理的通知》(建保〔2008〕62号)②，并在4月23日发出《关于印发〈城市低收入家庭住房保障统计报表制度〉的通知》(建保〔2008〕79号)，促使公共住房建设朝着规范化、标准化、制定化的方向发展。6月26日，财政部发布《关于修订〈中央廉租住房保障专项补助资金实施办法〉的通知》(财综〔2008〕48号)，目的在于“为支持中西部财政困难地区做好廉租住房保障工

---

① 深圳商报. 鬼城空城全国蔓延 大量商品房积压入住率极低[EB/OL]. [2013-2-25]. http://news.sz.soufun.com/2013-02-25/9584551.htm.

② “建保〔2008〕62号”的主要内容：一是严格建设程序，加强建设管理；二是落实有关方面责任，确保工程质量；三是强化竣工验收工作，保证使用功能；四是加强监督检查工作，建立长效机制。加强经济适用住房、解危解困房、棚户区改造项目等保障性住房建设的质量管理。

作，加强中央廉租住房保障专项补助资金的管理”。10月22日，民政部等11部委联合颁布《关于印发〈城市低收入家庭认定办法〉的通知》(民发〔2008〕156号)，核心是“为规范廉租住房、经济适用住房保障以及其他社会救助工作中的城市低收入家庭收入核定行为”。

由于我国快速城市化而产生的对公共住房的大量需求，2009年3月5日，《政府工作报告》中提出：“采取更加积极有效的政策措施，稳定房地产投资，推动房地产业平稳有序发展。争取用三年时间，解决750万户城市低收入住房困难家庭和240万户林区、垦区、煤矿等棚户区居民的住房问题。”①2009年5月20日，《住房城乡建设部 发展改革委 财政部关于印发〈2009—2011年廉租住房保障规划〉的通知》(建保〔2009〕91号)发布，指导思想是“加大廉租住房建设力度，着力增加房源供应，完善租赁补贴制度，加快建立健全以廉租住房制度为重点的住房保障体系”②。

---

① 2009年《政府工作报告》提出的主要任务：全面实施促进经济平稳较快发展的一揽子计划。大规模增加政府投资，实施总额4万亿元的两年投资计划，其中中央政府拟新增1.18万亿元，实行结构性减税，扩大国内需求。加快落实和完善促进保障性住房建设的政策措施，今年中央财政拟安排保障性安居工程资金493亿元，加大对廉租房建设和棚户区改造的投资支持力度，选择一些有条件的地区进行试点，把部分住房公积金闲置资金补充用于经济适用住房建设。积极发展公共租赁住房。落实好支持居民购买自住性和改善性住房的信贷、税收和其他政策。促进普通商品住房消费和供给，加快发展二手房市场和住房租赁市场。深化城镇住房制度改革，满足居民多层次住房需求，努力实现住有所居的目标。

② “建保〔2009〕91号”的总体目标和年度工作任务：①总体目标：2009—2011年，争取用三年时间基本解决747万户现有城市低收入住房困难家庭的住房问题。其中，2008年第四季度已开工建设廉租住房38万套，三年内再新增廉租住房518万套、新增发放租赁补贴191万户。进一步健全实物配租和租赁补贴相结合的廉租住房制度，并以此为重点加快城市住房保障体系建设，完善相关的土地、财税和信贷支持政策。②年度工作任务：2009年，解决260万户城市低收入住房困难家庭的住房问题。其中，新增廉租住房房源177万套，新增发放租赁补贴83万户。2010年，解决245万户城市低收入住房困难家庭的住房问题。其中，新增廉租住房房源180万套，新增发放租赁补贴65万户。2011年，解决204万户城市低收入住房困难家庭的住房问题。其中，新增廉租住房房源161万套，新增发放租赁补贴43万户。

其实，自2008年全球金融危机爆发以后，我国政府就更加重视公共住房的建设与发展，将其视为拉动内需、促进经济增长与维护社会公平的重要政策措施。2009年4月，国务院在湖南长沙召开保障性安居工程工作会议；同年12月，又在山西大同召开全国城市和国有工矿棚户区改造工作会议；皆强调“住房是民生之要，加大保障性住房建设是一举多得的重大民生工程”。为全面落实全国保障性住房工作会议的部署，2009年12月24日，住房城乡建设部等五部委联合公布《关于推进城市和国有工矿棚户区改造工作的指导意见》(建保〔2009〕295号)，根本目的是“力争从2009年开始，结合开展保障性住房建设，用5年左右时间基本完成集中成片城市和国有工矿棚户区改造，使棚户区群众的居住条件得到明显改善”①。这些政策办法的施行，不仅提供了支持性的住房建设与消费条件，还营造出良好的外围环境，不同程度地减轻了民众特别是低收入群体的购房压力，促成住房需求的进一步扩张。

(二)加强房地产市场调控，维护社会公平

1. 密集出台住房调控政策，遏制房价上涨过快

随着公共住房建设进程的加快，房地产市场逐步回升，为进一步加强和改善房地产市场调控，2010年1月7日，《国务院办公厅关于促进房地产市场平稳健康发展的通知》(国办发〔2010〕4号，简称“国十一条”)发布，明确提出“增加保障性住房和普通商品住房有效供给，合理引导住房消费，抑制投资投机性购房需求；加强风险防范和市场监管，加快推进保障性安

① “建保〔2009〕295号”的主要政策措施：一是多渠道筹措资金。采取财政补助、银行贷款、企业支持、群众自筹、市场开发等办法多渠道筹集资金；二是加大税费政策支持力度。对城市和国有工矿棚户区改造项目，免征城市基础设施配套费等各种行政事业性收费和政府性基金；三是落实土地供应政策。城市和国有工矿棚户区改造安置住房用地纳入当地土地供应计划优先安排，并简化行政审批流程，提高审批效率。完善安置补偿政策。城市和国有工矿棚户区改造实行实物安置和货币补偿相结合，由被拆迁人自愿选择。各地在保护被拆迁人利益的前提下，按国家有关规定制定具体安置补偿办法。

居工程建设”①。该通知下发以后，全国住房市场呈现出一些正面变化，但部分城市房价仍然上涨过快，特别是一线城市如北京、上海、广州、深圳，房价几乎以百分之一百以上的速度飙升，投机性购房再度活跃，引起政府高层重视。2010年4月17日，《国务院关于坚决遏制部分城市房价过快上涨的通知》(国发〔2010〕10号，简称“新国十条”)发布，提出“各地区、各有关部门要切实履行稳定房价和住房保障职责，坚决抑制不合理住房需求；增加住房有效供给，加强市场监管，加快保障性安居工程建设”②。与此同时，住房城乡建设部等分别在4月13日和6月25日发出《关于中央投资支持国有工矿棚户区改造有关问题的通知》(建保〔2010〕56号)

---

① “国十一条”的主要内容：①加快中低价位、中小套型普通商品住房建设，增加住房建设用地有效供应，提高土地供应和开发利用效率。②加大差别化信贷政策执行力度，继续实施差别化的住房税收政策。③加强房地产信贷风险管理，继续整顿房地产市场秩序，进一步加强土地供应管理和商品房销售管理，加强市场监测。④力争到2012年年末，基本解决1540万户低收入住房困难家庭的住房问题。中央将加大对保障性安居工程建设的支持力度，适当提高对中西部地区廉租住房建设的补助标准，改进和完善中央补助资金的下达方式，调动地方积极性，确保资金使用效果。⑤进一步健全和落实稳定房地产市场、解决低收入家庭住房困难问题由省级人民政府负总责，市、县人民政府抓落实的工作责任制。

② “新国十条”的主要内容：①实行更为严格的差别化住房信贷政策。对购买首套自住房且套型建筑面积在90平方米以上的家庭，贷款首付款比例不得低于30%；对贷款购买第二套住房的家庭，贷款首付款比例不得低于50%；贷款利率不得低于基准利率的1.1倍；对贷款购买第三套及以上住房的，贷款首付款比例和贷款利率应大幅度提高。发挥税收政策对住房消费和房地产收益的调节作用。②增加居住用地有效供应。国土资源部要指导督促各地及时制定并公布以住房为主的房地产供地计划，并切实予以落实，调整住房供应结构。各地要尽快编制和公布住房建设规划，明确保障性住房、中小套型普通商品住房的建设数量和比例。保障性住房、棚户区改造和中小套型普通商品住房用地不低于住房建设用地供应总量的70%，并优先保证供应。房价过高、上涨过快的地区，要大幅度增加公共租赁住房、经济适用住房和限价商品住房供应。③确保完成2010年建设保障性住房300万套、各类棚户区改造住房280万套的工作任务。④加强对房地产开发企业购地和融资的监管。加大交易秩序监管力度，完善房地产市场信息披露制度。引导居民住房理性消费，形成有利于房地产市场平稳健康发展的舆论氛围。

与《中央补助城市棚户区改造专项资金管理办法》(财综〔2010〕46号，2012年8月6日修订)，目的在于“加快推进国有工矿棚户区改造，规范城市棚改补助资金管理，提高资金使用效益”。

为进一步巩固和扩大房地产市场调控成果，逐步解决城镇居民住房问题，2011年1月26日，《国务院办公厅关于进一步做好房地产市场调控工作有关问题的通知》(国办发〔2011〕1号，简称“新国八条”)发布，要求“进一步落实地方政府责任，加大保障性安居工程建设力度；调整完善相关税收政策，加强税收征管，强化差别化住房信贷政策；严格住房用地供应管理，合理引导住房需求；落实住房保障和稳定房价工作的约谈问责机制，坚持和强化舆论引导”①。从2010年1月至2011年1月，短短一年里政府就出台如此密集的调控政策，实属罕见，且住房调控力度不断加大、频频加码：二套房首付比例从40%提高到50%~60%；从视情况采取住房限购措施到部分城市必须限购，再到严格限制购房数量；从大幅提高三套房贷门槛到暂停发放三套房贷……②地方也按照中央的各项政策指示，纷纷出台了详尽的房产调控措施，阻挡住房价格上涨过快的势头。

2. 大力发展公共租赁住房，完善住房供应体系

随着我国住房改革的深入推进，一些大中城市商品住房价格较

---

① “新国八条”的主要内容：①2011年，全国建设保障性住房和棚户区改造住房1000万套。各地要通过新建、改建、购买、长期租赁等方式，多渠道筹集保障性住房房源，逐步扩大住房保障制度覆盖面，努力增加公共租赁住房供应。②调整个人转让住房营业税政策，对个人购买住房不足5年转手交易的，统一按其销售收入全额征税。③对贷款购买第二套住房的家庭，首付款比例不低于60%，贷款利率不低于基准利率的1.1倍。④各地要增加土地有效供应，认真落实保障性住房、棚户区改造住房和中小套型普通商品住房用地不低于住房建设用地供应总量的70%的要求。⑤各直辖市、计划单列市、省会城市和房价过高、上涨过快的城市，在一定时期内，要从严制定和执行住房限购措施。⑥国务院有关部门要加强对城市人民政府住房保障和稳定房价工作的监督和检查。

② 新华网. 理论热点面对面：对当下重大问题的解答和回应[EB/OL]. [2011-8-21]. http://news.xinhuanet.com/politics/2011-08/21/c_121889319_4.htm.

高、上涨过快、可供出租的小户型住房供应不足，加之部分地区公共住房政策覆盖范围比较狭窄等原因，中等偏下收入住房困难家庭（“夹心层”）住房负担能力愈显不足，居住水平急需提高。2010年6月8日，住房城乡建设部等七部门联合发布《关于加快发展公共租赁住房的指导意见》（建保〔2010〕87号），指出“大力发展公共租赁住房，是完善住房供应体系，培育住房租赁市场，满足城市中等偏下收入家庭基本住房需求的重要举措”。6月11日，全国公共租赁住房工作会议在北京召开。李克强总理出席会议并讲话，强调“加快发展公共租赁住房，推动保障性安居工程建设，以适应群众基本住房需求。在公租房建设、管理以及必要的审核和分配过程中，必须做到质量符合标准，过程公开透明，努力实现结果公平公正”①。至此，公共租赁住房上升至国家战略高度。

2010年7月8日，财政部、国家发展改革委、住房城乡建设部以财综〔2010〕50号印发《中央补助公共租赁住房专项资金管理办法》，明确规定“公租房补助资金按照公开、公平、公正、透明的原则，专项用于补助政府组织实施的公共租赁住房项目的开支”。2010年9月17日，加快保障性安居工程建设工作座谈会在京召开，强调“坚持以人为本，着力推进保障性安居工程，加快发展公共租赁住房”。2010年9月21日，国土资源部和住房城乡建设部联合发布《关于进一步加强房地产用地和建设管理调控的通知》（国土资发〔2010〕151号），“强化住房用地和住房建设的年度计划管理，加快推进住房用地供应和建设项目的审批；严格住房建设用地出让管理，加强对住房用地供地和建设的监管”。2010年12月10日至12日召开的中央经济工作会议也明确提出，“要加快推进住房保障体系建设，强化政府责任，调动社会各方面力量，加大保障性安居工程建设力度，大力发展公共租赁住房”。2011年3月16日发布的《中华人民共和国国民经济和社会发展第十二个五年规划纲要》再次重申，“强化各级政府责任，加大保障性安居工程建设力

① 新浪网. 李克强在京出席全国公共租赁住房工作会议并讲话[EB/OL].[2010-6-12]. http://news.sina.com.cn/o/2010-06-12/234420467465.shtml.

度。多渠道筹集廉租房房源，完善租赁补贴制度。重点发展公共租赁住房，逐步使其成为保障性住房的主体。加快各类棚户区改造，规范发展经济适用住房”①。

2011 年作为“十二五”的开端之年，从政策执行情况可基本看出未来几年的发展方向，毫无疑问，关注民生已成为主流趋势。2011 年 2 月 24 日，国务院召开全国保障性安居工程工作会议，提出“十二五”时期建设保障性住房 3600 万套(2011 年建设 1000 万套)，数量大约是近 10 年建设总规模的两倍。预计到“十二五”时期末，全国城镇保障性住房覆盖率将从目前的 7%～8%提高到 20%以上，基本解决城镇低收入家庭的住房困难问题。② 如表 3-2 所示。2011 年 9 月 28 日，《国务院办公厅关于保障性安居工程建设和管理的指导意见》(国办发〔2011〕45 号)发布，提出“重点发展公共租赁住房，加大政府投资建设力度，多渠道增加公共租赁住房供应”。截至 2011 年年底，全国累计解决了 3100 万户城镇中低收入家庭的住房困难问题。为完成 2011 年保障房建设目标，国家财政计划安排补助资金 1030 亿元，比 2010 年增长 34.7%；各地方也加大政策扶持力度，执行税费减免等倾斜性措施，确保把住房公积金

---

① “十二五”规划关于住房保障的主要内容：①健全住房供应体系。立足保障基本需求、引导合理消费，加快构建以政府为主提供基本保障、以市场为主满足多层次需求的住房供应体系。对城镇低收入住房困难家庭，实行廉租住房制度；对中等偏下收入住房困难家庭，实行公共租赁住房保障；对中高收入家庭，实行租赁与购买商品住房相结合的制度。②加大保障性住房供给。强化各级政府责任，加大保障性安居工程建设力度，基本解决保障性住房供应不足的问题。加强保障性住房管理，制定公平合理、公开透明的保障性住房配租政策和监管程序，严格规范准入、退出管理和租费标准。③改善房地产市场调控。完善土地供应政策，增加住房用地供应总量，优先安排保障性住房用地，有效扩大普通商品住房供给。健全差别化住房信贷、税收政策，合理引导自住和改善性住房需求，有效遏制投机投资性购房。加快制定基本住房保障法，修订完善城市房地产管理法等相关法律法规。完善住房公积金制度，加强管理和扩大覆盖范围。加强市场监管，规范房地产市场秩序。加快住房信息系统建设，完善信息发布制度。

② 邱道持. 保障性住房建设的理论与实践[M]. 重庆：西南师范大学出版社，2012：2.

增值净收益和不低于10%的土地出让净收益投入保障房建设。与此同时，政府机构还积极行使住房公积金贷款、银行商业贷款、社会资金共同参与等不同手段，保证保障房开发资金到位。①

表3-2　2008—2011年保障性住房计划建设及完成情况(单位：万套)

年份	建设计划							实际开工
	棚改房	公租房	廉租房	限价房	经适房	计划合计	增长率	
2008				63		63		100
2009	80	0	177	0	130	387		330
2010	280	0	180	0	120	580	49.9%	590
2011	400	230	170	80	110	1000	72.4%	1043

三、住房改革双轨并重发展时期(2012年至今)

(一)构建住房保障机制，实现住有所居

在我国社会主义市场经济条件下，住房供给不能完全依靠市场机制，而是应该走“双轨制”，即一条是“市场轨”，另一条是“保障轨”。在住房资源配置过程中，市场机制仍然要发挥基础性作用，城镇居民主要利用自有货币和房地产信贷政策，通过商品交易取得住房。此外，政府必须制定政策措施，向社会提供公共住房，构建住房系统的保障机制，从而实现城市住房公平。

2012年2月6日，李克强总理在“全国保障性住房公平分配工作座谈会”上强调，“要在确保保障性安居工程按期开工、质量可靠、如期建成的同时，把确保公平分配放在更重要的位置，切实保障中低收入住房困难家庭的基本住房需求”②。3月14日，住房城

① 张占斌，李万峰，费友海，王海燕.中国城镇保障性住房建设研究[M].北京：国家行政学院出版社，2013：17.

② 人民网.李克强主持保障性住房公平分配工作座谈会并讲话[EB/OL].[2012-2-8].http://politics.people.com.cn/GB/17054473.html.

乡建设部发布《关于做好2012年城镇保障性安居工程工作的通知》（建保〔2012〕38号），要求各市县住房保障部门主动公开分配政策、分配程序、分配房源、分配对象、分配过程、分配结果等情况，主动接受社会监督，确保准入分配工作公开、公平、公正。5月28日，住房城乡建设部颁布《关于做好2012年住房保障信息公开工作的通知》（建办保〔2012〕20号），指出推进政府信息公开有利于促进政府依法行使权利、履行职责，提高公信力和执行力；公开住房保障信息，是建设行为规范、公开透明、廉洁高效的行政管理体制的要求。并于同日发布《公共租赁住房管理办法》（令第11号），加强对公共租赁住房的管理，保障公平分配，规范运营与使用，健全退出机制。6月20日，住房城乡建设部等七部委联合颁发《关于鼓励民间资本参与保障性安居工程建设有关问题的通知》（建保〔2012〕91号），提出多种方式引导民间资本参与保障性安居工程建设，落实并营造民间资本参与保障性安居工程建设的支持政策与良好环境。① 11月8日，党的十八大报告中进一步指出："公平正义是中国特色社会主义的内在要求，要逐步建立以权利公平、机会公平、规则公平为主要内容的社会公平保障体系。加强社会建设，必须以保障和改善民生为重点，要在住有所居上持续取得新进展。"②

---

① "建保〔2012〕91号"提出民间资本参与保障房建设的方式：鼓励和引导民间资本根据市、县保障性安居工程建设规划和年度计划，通过直接投资、间接投资、参股、委托代建等多种方式参与廉租住房、公共租赁住房、经济适用住房、限价商品住房和棚户区改造住房等保障性安居工程建设，按规定或合同约定的租金标准、价格面向政府核定的保障对象出租、出售。具体方式包括：①直接投资或参股建设并持有、运营公共租赁住房；②接受政府委托代建廉租住房和公共租赁住房，建成后由政府按合同约定回购；③投资建设经济适用住房和限价商品住房；④在商品住房项目中配建廉租住房和公共租赁住房，按合同约定无偿移交给政府，或由政府以约定的价格回购；⑤参与棚户区改造项目建设；⑥市、县政府规定的其他形式。

② 新华网. 十八大报告（全文）[EB/OL]. [2012-11-19]. http://www.xj.xinhuanet.com/2012-11/19/c_113722546_13.htm.

2013 年 7 月 4 日，《国务院关于加快棚户区改造工作的意见》（国发〔2013〕25 号）发布，提出“加快推进各类棚户区改造，稳步实施城中村改造”①。10 月 29 日，国家主席习近平在中共中央政治局第十次集体学习时强调：“加快推进住房保障和供应体系建设，是满足群众基本住房需求、实现全体人民住有所居目标的重要任务，是促进社会公平正义、保证人民群众共享改革发展成果的必然要求”②。12 月 2 日，住房城乡建设部等发布《关于公共租赁住房和廉租住房并轨运行的通知》（建保〔2013〕178 号），提出“从 2014 年起，各地公共租赁住房和廉租住房并轨运行，统称为公共租赁住房。两房并轨运行是完善公共住房政策体系、提高保障性住房资源配置效率的有效措施；是改善住房保障公共服务的重要途径；是维护社会公平正义的具体举措”。

2014 年 3 月 28 日，国务院法制办将《城镇住房保障条例（征求意见稿）》及其说明全文公布，广泛征求社会各界意见。4 月 22 日，住房城乡建设部发出《关于做好 2014 年住房保障工作的通知》（建保〔2014〕57 号），提出“今年全国城镇保障性安居工程计划新开工 700 万套以上，其中各类棚户区 470 万套以上；计划基本建成 480 万套”。6 月 24 日，住房城乡建设部发布《关于并轨后公共租赁住

---

① “国发〔2013〕25 号”关于城市棚户区改造的主要内容：2013 年至 2017 年五年改造城市棚户区 800 万户，其中，2013 年改造 232 万户。在加快推进集中成片城市棚户区改造的基础上，各地区要逐步将其他棚户区、城中村改造，统一纳入城市棚户区改造范围，稳步、有序推进。市、县人民政府应结合当地实际，合理界定城市棚户区具体改造范围。禁止将因城市道路拓展、历史街区保护、文物修缮等带来的房屋拆迁改造项目纳入城市棚户区改造范围。城市棚户区改造可采取拆除新建、改建（扩建、翻建）等多种方式。要加快城镇旧住宅区综合整治，加强环境综合整治和房屋维修改造，完善使用功能和配套设施。在改造中可建设一定数量的租赁型保障房，统筹用于符合条件的保障家庭。

② 新华网. 习近平强调加快推进住房保障和供应体系建设不断实现全体人民住有所居的目标[EB/OL]. [2013-10-31]. http://news.xinhuanet.com/house/bj/2013-10-31/c_117939768.htm.

房有关运行管理工作的意见》(建保〔2014〕91号)，指出“并轨后公共租赁住房的保障对象，包括原廉租住房保障对象和原公共租赁住房保障对象，即符合规定条件的城镇低收入住房困难家庭、中等偏下收入住房困难家庭，及符合规定条件的新就业无房职工、稳定就业的外来务工人员”。

(二)住房政策的整体发展轨道及主要内容

上述关于公共住房的政策条文，清楚地表明政府在增加土地及商品房供应的同时，将重拾“住房保障”这一长期缺失的公共职能，积极开展住房“双轨制”建设。虽然近年来因为公共住房建设加速，在住房建设土地供给方面挤压了商品房的发展空间，也从需求上分流了部分购房者，但是，由于住房需求缺口庞大，“如果按每年新增完工300万套的速度发展，也要到30年后的2042年，受保障家庭户数才会上升至30%这一完全覆盖中低收入家庭的比率”①。通过本章分析，可以清晰地描绘出我国公共住房政策体系建立与发展的历史轨迹：福利分房→房改开始(国发〔1988〕11号)→住房初步货币化、公积金为主(国发〔1994〕43号)→住房商品化形成、经适房为主(国发〔1998〕23号)→房地产为支柱、商品房为主(国发〔2003〕18号)→回归保障房、廉租房为主(国发〔2007〕24号)→遏制房价、安居工程加快(国发〔2010〕10号)→公租房为主、实现住有所居(国办发〔2011〕45号)，具体如表3-3所示。通过深入研究发现，国家层面的公共住房政策通过不断发展完善，为各地方城市出台相应的住房改革政策埋下伏笔，以广州市为例，其房改政策也由此经历了一个从以“解困房”为主至“公共租赁住房”为主的演变过程，详见本书第4章。

① 中国房地产信息网. 保障房建设加速有利住房供应“双轨制”[EB/OL]. [2011-1-10]. http://www.realestate.cei.gov.cn/filea/br.aspx?id=20110810101211.

表 3-3 我国公共住房政策的历史发展轨迹及主要内容

时间	主要政策	基本内容
1949—1954 年	《契税暂行条例》《城市房地产税暂行条例》《三反后必须建立政府的建筑部门和建立国营公司的决定》《关于加强城市公有房地产管理的意见》《关于修改契税暂行条例的通知》《关于契税工作中几个问题的解释和规定的通知》	政府积极鼓励私人建房；保护房屋的合法租赁、流转权利；住房政策初具雏形
1955—1977 年	《关于私有出租房屋社会主义改造问题的报告》《关于解决城市住宅问题的报告》《关于严格禁止楼、馆、堂、所建设的决定》《关于加强全民所有制房产管理工作的报告》《关于加强城市房产管理工作的通知》《关于中央各部直属单位建造住宅的暂行办法》	完全福利化的住房政策，即对职工住宅采取“统建、统分、统包”的办法；由于低租金难以实现“以租养房”，造成住房资源奇缺，“无房、缺房、危房”等问题严重
1978—1985 年	《关于加强城市建设工作的意见》《关于自筹资金建设职工住房的通知》《全国基本建设工作会议汇报提纲》《关于加强城市公房管理工作的意见》《关于认真做好住房分配工作的通知》《城镇个人建造住宅管理办法》《城市私有房屋管理条例》	正式提出实行住房商品化政策，合理分配房屋；全价售房、“三三制”补贴出售试点；从理论和认识上打破了传统住房政策的束缚，为住房商品化做了必要的前提准备和舆论宣传
1986—1991 年	《关于城镇公房补贴出售试点问题的通知》《关于在全国城镇分期分批推行住房制度改革的实施方案》《城市房屋拆迁管理条例》《国务院关于继续积极稳妥地进行城镇住房制度改革的通知》《关于全面推进城镇住房制度改革的意见》	提租补贴售房试点；确定房改的目标、步骤和配套政策；提出大力发展经济适用的商品房，以及分步提租、新房新制度，集资合作建房、出售公房等多种形式推进房改

续表

时间	主要政策	基本内容
1992—1997 年	《国务院关于发展房地产业若干问题的通知》《中华人民共和国城市房地产管理法》《国务院关于深化城镇住房制度改革的决定》《城镇经济适用住房建设管理办法》《国务院办公厅关于转发国务院住房制度改革领导小组国家安居工程实施方案的通知》《关于加强住房公积金管理的意见》	按照房屋商品化原则，使住房的建设、分配、交换、消费进入良性循环；建立经济适用住房和商品房供应体系，全面推行住房公积金政策；启动安居工程建设
1998—2002 年	《关于进一步深化城镇住房制度改革，加快住房建设的通知》《关于大力发展经济适用住房的若干意见》《住房公积金管理条例》《经济适用住房开发贷款管理暂行规定》《城镇廉租住房管理办法》《建设部关于进一步推进现有公有住房改革的通知》《经济适用住房价格管理办法》	全面叫停福利分房，实行住房分配货币化；建立和完善以经济适用房为主的多层次住房供应体系；对住房公积金的缴存、提取、使用等作出详细规定；建立廉租住房供应保障体系
2003—2007 年	《国务院关于促进房地产市场持续健康发展的通知》《城镇最低收入家庭廉租住房管理办法》《经济适用住房管理办法》《国务院办公厅关于控制城镇房屋拆迁规模严格拆迁管理的通知》《城镇廉租住房租金管理办法》《关于做好稳定住房价格工作意见的通知》《关于推进东北地区棚户区改造工作的指导意见》《关于调整住房供应结构稳定住房价格意见的通知》《关于开展旧住宅区整治改造的指导意见》《关于解决城市低收入家庭住房困难的若干意见》《廉租住房保障办法》《关于改善农民工居住条件的指导意见》	明确经济适用房是具有保障性质的政策性商品住房；明确廉租房的保障标准、方式和对象，规定相关申请、审核及退出办法；合理控制城市房屋拆迁规模和进度；大力调整住房供应结构，对棚户区实行统一规划、分期实施；把改善农民工居住条件纳入城市住房建设规划

续表

时间	主要政策	基本内容
2008—2011 年	《国务院办公厅关于促进房地产市场健康发展的若干意见》《关于加强廉租住房质量管理的通知》《城市低收入家庭认定办法》《2009—2011 年廉租住房保障规划》《关于推进城市和国有工矿棚户区改造工作的指导意见》《国务院办公厅关于促进房地产市场平稳健康发展的通知》《国务院关于坚决遏制部分城市房价过快上涨的通知》《国务院办公厅关于进一步做好房地产市场调控工作有关问题的通知》《关于加快发展公共租赁住房的指导意见》《关于进一步加强房地产用地和建设管理调控的通知》《国务院办公厅关于保障性安居工程建设和管理的指导意见》	进一步加强和改善房地产市场调控、合理引导住房消费；加快推进保障性安居工程建设，通过城市棚户区改造等方式增加廉租住房及经济适用住房房源；加快发展公共租赁住房，完善住房供应体系，调整房地产市场供应结构，逐步形成符合国情的保障性住房体系和商品房体系
2012 年至今	《关于做好 2012 年城镇保障性安居工程工作的通知》《关于做好 2012 年住房保障信息公开工作的通知》《公共租赁住房管理办法》《关于鼓励民间资本参与保障性安居工程建设有关问题的通知》《国务院关于加快棚户区改造工作的意见》《关于公共租赁住房和廉租住房并轨运行的通知》《关于并轨后公共租赁住房有关运行管理工作的意见》	推进住房保障信息公开；鼓励和引导民间资本参与保障性安居工程建设；加快推进各类棚户区改造；公共租赁住房和廉租住房并轨运行，维护社会公平正义，实现住有所居

四、住房政策改革双轨运行的公平问题

通过几十年的城市住房改革，我国已基本形成市场供给与政府保障相结合、以市场供应为主的城市住房政策框架。自公共住房政策推行以来，在解决城市中低收入家庭住房问题上发挥出一定的积

极作用，但在政策执行过程中还有不少问题急需完善。由于目前的住房市场化取向过于强调效率，将公平摆在从属地位，对住房公平产生了消极影响，使得社会矛盾不断激化。

第一，高房价与低收入之间的矛盾。住房市场化改革以后，大多数城市居民为了满足家庭住房需要，不得不选择从市场购买商品住房的形式，“住房可支付能力”问题由此产生。借助国内经济增长的推动，民众购房能力这些年得到一定提升，但整体上还是受制于国家的经济实力，个人购房能力仍显不足，因此，普通商品住宅的价格成为关键因素。目前国内房价居高不下，这一态势由北京、上海、深圳、广州等一线城市向二、三线城市扩展。虽然房价收入比在4倍(含4倍)以上的城市职工即可享受住房补贴，但在高房价走势下，货币化补贴很难发挥实质作用，居民购房能力明显受损，住房政策执行力低下。

第二，住房保障覆盖面与居住水平问题。现行经济适用房政策的保障对象是广大中低收入群体，公共租赁住房政策则主要保障的是低收入群体。所以，在执行经济适用住房政策的过程中，普遍遭遇住房对象收入限制门槛问题、房屋建筑面积和建造标准过高问题以及房屋具体定价与其所有权问题等。在中低收入标准难以准确划分的条件下，经济适用房政策遭遇发展瓶颈，有些地方因土地收益和税费收入的减少，开发经济适用房的积极性不高，甚至倾向于取消经济适用房。从长远发展趋势来看，经济适用房只是在经济发展水平低、家庭收入不高情况下的一种过渡性政策，公共租赁住房才是发展的主流方向。公租房带有明显的社会救助性质，一般仅限于满足基本住房需求，随着经济发展和居民居住水平的提高，在房租补贴形式上也要以租金补贴为主。

第三，住房货币化补贴与工资问题。一是住房货币补贴资金的具体出处，由于各地方对于住房建设投入资金缺乏整齐划一的标准，于是相应的房租补贴也极不均衡，一般都存在区域差别与补贴数额不足的现实，使得住房货币补贴政策变成虚无缥缈的“空中楼阁”。二是社会经济单位之间对国民经济所作贡献不同，由此得到的直接与间接效益也不一样，因而住房补贴数额高低不一，少数单位甚至直接取消了房补资金，产生出新的住房补贴不公平。三是货币补贴发放条件与原则千差万别，政府部门一般依据职称等级来确定相应的补贴数目，忽略了高职称、高职位群体的工资薪酬中住房消费所占比重较高的现实，由此人为地制造出另一种不公平，因此应尽快把住房消费计入国民工资体系。

第四章

公平欠缺与利益博弈：广州市公共住房政策执行力现状分析

无论在何种时代背景下，只有当大多数民众的利益诉求有可能得到满足时，他们才会切实感受到政策的公平性；一旦这种关系转化为社会发展的和谐动力，也即在客观意义上实现了社会公平。因此，应注重公共住房与其配套政策的资源配置、协作调整等效能，使之对完善整个住房体系发挥出应有的作用。然而，由于规范住房市场发展的法制系统尚不健全，严格的执法和监督机制缺乏，住房市场运作不科学等方面的影响，容易导致住房责任难以明确，政策目标在不同利益博弈中被消解或偏离原有轨道，以致住房政策执行力低下。诺贝尔经济学奖获得者威廉·刘易斯（William Arthur Lewis）在《发展计划：经济政策的本质》一书中指出："再也没有任何一方面的公共政策比住宅政策带来的挫折和失望更多，几乎在每一个地方，计划的意图和实际成就之间的差距都大得令人愤慨。"①

---

① ［美］威廉·刘易斯. 发展计划：经济政策的本质［M］. 何宝玉，译. 北京：北京经济学院出版社，1988：105.

这种住房政策执行偏差情况在我国大、中型城市尤为明显，本章以广州市为例，对城市公共住房政策执行力问题展开深入剖析。

第一节 广州市公共住房政策历史沿革

一、改革开放前广州市城镇居民住房简况(1949—1978年)

(一)中华人民共和国成立初期广州市民住房处境(1949—1965年)

中华人民共和国成立之初，百废待兴。地方政府拥有的只是最原始的交通运输系统，一穷二白的社会经济和前资本主义的生产方式以及战争破坏，只能为公共政策提供十分脆弱的物质基础。同时，城市人口不断增多，广州市区非农业常住人口从1949年的103.9万人增加到1965年的198.02万人，年平均增长率为4.2%。其中1953年和1959年非农业人口的增长率超过了10%。① 人口的迅速增长，加上长期战争损坏了大量房屋，广州市城镇住房十分短缺，居民面临严峻的住房处境。面对当时混乱的社会环境、崩溃的经济体系和尚不稳定的政治局势，广州市政府采取了一系列措施来解决居民的住房问题。除了财政投资建房方式以外，还动员社会各方力量出资兴建职工宿舍，同时鼓励私人集资建房。市区居民住宅的发展趋势是：楼层从低层向多层、高层发展；结构从砖木逐步改造成砖混和钢筋混凝土框架结构；内部设施从简陋的多户共用厨厕逐步发展成单元(套间)式独户厨厕②；平均居住水平则呈现出马鞍形状。

由于中华人民共和国成立后的头几年是国民经济恢复和发展时期，市政府的经济力量十分有限，因而把建设重心放在旧市区边沿

---

① 广州市统计局. 广州50年[EB/OL]. [2000-9-6]. http://data.gzstats.gov.cn/gzStat1/chaxun/njsj.jsp.

② 苏宝义. 建国35年以来广州城市住宅建设的发展[J]. 住宅科技，1984(8)：4-8.

或旧工业区四周，开发了一些新住宅区和居民新村，其中较具规模的是“和平新村、建设新村、小港新村、万松园新村”等，公共住房建设量长期处于较低水平。这一时期私房占全市房屋建筑面积的70%，1950年开展了房产登记。1949—1965年，广州住宅建筑面积总量从780.4万平方米增长到992.5万平方米，年均增长约12万平方米，年均增长率仅为1.5%，远低于城镇非农业人口的增长速度。不仅如此，如表4-1所示，随着经济和各项事业的发展，城市人口大幅增加，1949—1965年，广州市城镇居民人均居住面积从4.5平方米下降到3.01平方米，下降了33.11%，平均增长率为-2.4%，其中1953—1957年人均住房居住面积的降幅最为明显。

表4-1　1949—1965年广州市区城镇住房和居民居住情况一览表

年份	年末实有住宅建筑面积(万平方米)	住宅建筑面积增长(平方米)	住宅建筑面积增长率	年末实有住宅居住面积(万平方米)	住宅居住面积增长率	人均居住面积(平方米)	人均居住面积增长率
1949	780.42		—	468.25	—	4.5	—
1950	784.58	4.16	0.5%	470.75	0.5%	4.25	-5.6%
1951	786.18	1.6	0.2%	471.71	0.2%	3.91	-8.0%
1952	789.76	3.58	0.5%	473.86	0.5%	3.93	0.5%
1953	800.08	10.32	1.3%	480.05	1.3%	3.54	-9.9%
1954	812.19	12.11	1.5%	487.31	1.5%	3.35	-5.4%
1955	821.02	8.83	1.1%	492.61	1.1%	3.16	-5.7%
1956	834.26	13.24	1.6%	500.56	1.6%	3.26	3.2%
1957	868.31	34.05	4.1%	520.99	4.1%	3.08	-5.5%
1958	882.33	14.02	1.6%	529.4	1.6%	3.04	-1.3%
1959	895.97	13.64	1.5%	537.58	1.5%	2.8	-7.9%

续表

年份	年末实有住宅建筑面积(万平方米)	住宅建筑面积增长(平方米)	住宅建筑面积增长率	年末实有住宅居住面积(万平方米)	住宅居住面积增长率	人均居住面积(平方米)	人均居住面积增长率
1960	914.23	18.26	2.0%	548.54	2.0%	2.76	-1.4%
1961	934.44	20.21	2.2%	560.66	2.2%	2.89	4.7%
1962	943	8.56	0.9%	565.86	0.9%	2.95	2.1%
1963	954.27	11.27	1.2%	572.56	1.2%	2.93	-0.7%
1964	967.64	13.37	1.4%	580.58	1.4%	2.94	0.3%
1965	992.63	24.99	2.6%	595.5	2.6%	3.01	2.4%

数据来源：根据广州市统计局《广州五十年》(中国统计出版社 1999 年版)相关数据整理。

该时期除了重点兴建多层住宅(如盘福新村、越秀北科学院宿舍、中山医学院教工宿舍、美术学院住宅区等)、改造居住条件很差的破旧民房以外，还聚集所有财力完成三件事：①改造木屋。根据 1958 年的统计，在各街区广泛分布的木屋合计 24418 间、57.7 万平方米；有 78 个点会合了 30 间以上的木屋群，共 8071 幢、20 万平方米。这些木屋普遍低矮拥挤、容易引发火灾，不少属于危破房。1965 年年初，市政府采取“自建公助”的方法，把木屋改造成砖瓦房或混合结构楼房。至 1966 年年底，共改造 11018 间，后又陆续改造 1 万多间，建筑面积净增 10.5 万平方米。②安置水上居民到陆地定居。中华人民共和国成立初期统计的水上居民共 14665 户、68225 人。广州市相关部门先后在荔湾涌、大沙头、二沙头、滨江东、如意坊等 15 个地方建造了水上居民新村或住宅区。至 1971 年，共建成房屋面积 285534 平方米，解决了 11319 户、47000 多名居民岸上定居问题。③改造用于居住的祠堂书院。广州被当作住宅的祠堂书院共 177 幢，建筑面积 7.72 万平方米，居住着 4400

多户、1.93万人。这些房屋密度大、环境差，1966年年初，市政府先后采取“加层、修缮整顿、淘汰重建”等方法，使这些居民的住所条件得到较好改善。①

（二）住房改革前期广州市民住房状况（1966—1978年）

1966—1976年，由于“文革”的影响，在政治运动的作用下，政策的公开透明性及反馈程度比中华人民共和国成立初有所下降，各类政策方案执行的专制化程度明显增强。政策执行方既不能正确理解政策目标，也不能做到具体问题具体分析，机械僵化执行情况屡见不鲜。在公共政策执行中，由于党政机关普遍受到政治运动的严重冲击，日常工作很难正常开展，政府之间、部门之间以及公职人员内部难以实现执行行动的有效配合，政策执行活动陷入空前混乱。群众性政治运动取代了制度化、规范化、常态化管理，包括公共政策执行在内的行政活动缺少除群众监督和上级监督以外的其他监控主体及措施。在计划经济为主导的二元结构中，城市之间、乡村之间、单位之间也相互分割，住宅建设和住房产业受到“左”的思想影响，“重生产、轻生活”使得住宅建设造价和装修标准过分压缩，一切从简。

这十年间，广州市城镇人口增长缓慢，市区常住人口从1966年的255.61万人增加到1976年的271.03万人，10年仅增长15.42万人，增长率仅为6%。非农业人口则由1966年的198.90万人降至196.04万人，下降了2.86万人，年均增长率为-0.1%，如表4-2所示。由于城市人口的非正常下降，居民人均居住面积反而得以增加，1966—1976年，广州市城镇居民人均住房建筑面积从3平方米增长到3.65平方米，增长了21.67%，年均增长率为1.8%。广州市住房建设总量也增长缓慢，城镇住宅建筑面积总量从1966年的994.7万平方米增长到1976年的1193.6万平方米，年均增长约为20万平方米，年平均增长率为1.7%。“文革”结束后，广州市住房建设总量增长速度才逐步加快，至1978年，住房建筑面积

---

① 广州年鉴编纂委员会. 广州年鉴1983[EB/OL]. [2014-10-16]. http://59.41.8.134:8080/was40/detail? record=21&channelid=22241.

增长率达到5%。①

表4-2 1966—1978年广州市区非农业人口变动情况

年份	人口数(万人)	非农业人口(万人)	非农业人口增长率(%)
1966	255.61	198.90	0.4
1967	260.20	202.66	1.9
1968	252.64	195.00	-3.8
1969	252.80	192.88	-1.1
1970	250.37	187.10	-3.0
1971	254.63	189.32	1.2
1972	259.41	192.16	1.5
1973	263.66	193.78	0.8
1974	266.98	195.43	0.9
1975	267.59	193.79	-0.8
1976	271.03	196.04	1.2
1977	273.76	197.58	0.8
1978	282.43	206.24	4.4

数据来源：根据广州市统计局《广州五十年》(中国统计出版社1999年版)相关数据整理。

改革开放前，广州市每年新建住宅增长率保持在比较稳定的水平，人均居住面积的变化主要受到非农业人口增长的影响。以1968年为例，当年非农业人口增长率为-3.8%，城镇人均居住面积增长率为6.7%，为改革开放前人均居住面积增长最快的一

① 广州市统计局.广州统计年鉴[EB/OL].[2014-10-16].http://data.gzstats.gov.cn/gzStat1/chaxun/njsj.jsp.

个年份。从表 4-3 关于广州市人均居住面积与人口增长及住房面积相关性的分析可以看出，1966—1979 年，城镇居民人均居住面积增长和住房面积的相关性并不显著(相关系数为 0.619)，人均居住面积和非农业人口增长之间则呈现出显著的负相关(相关系数为-0.761)。

表 4-3　1966—1979 年广州市人均居住面积与人口增长及住房面积的相关性①

		住房居住面积增长率	非农业人口增长率	人均居住面积增长率
住房居住面积增长率	Pearson 相关性	1	0.462	0.152
	显著性(双侧)		0.112	0.619
	N	13	13	13
非农业人口增长率	Pearson 相关性	0.462	1	-0.761**
	显著性(双侧)	0.112		0.003
	N	13	13	13
人均居住面积增长率	Pearson 相关性	0.152	-0.761**	1
	显著性(双侧)	0.619	0.003	
	N	13	13	13

注：** 表示在 0.01 水平(双侧)上显著相关。

广州市居民的住房基本上是由政府和企事业单位投资建设的，实行低租金配给形式的福利型住房政策，在当时的社会主义意识形态下，住房被视为一种普遍福利，职工仅需缴纳很低的房租。20 世纪 70 年代末，广州市民用公房租金为 0.12 元/平方米(使用面积)，低于全国 0.13 元/平方米的标准，房租支出占家庭收入的比

① 刘祖云，等. 穗港住房保障研究[M]. 北京：中国社会科学出版社，2013：189.

例降至2%左右。① “文革”初期，出租私房的业主不敢管理和收租，由房管部门代收租、代管理修缮(简称“双代”)，共“双代”房屋3.76万幢，291万平方米。代管后，按公房标准计收租金，比原来降低48%，月租收入673276元。至1969年9月，抢修“双代”危房3665幢，维修58064幢次，支出修缮费1408万多元，占房租收入的41%。② 由于实行低租金政策，房租还不到维护成本的一半，地方政府在住房维护方面没法实现可持续的资金循环，大量公房由于保养不到位而显得破旧，不少住房残破不堪，不适宜居住，有的还成为危房。自1973年起，按政府政策规定分期分批把“双代”房屋发还给业主自行管理。

二、改革开放后广州市公共住房政策发展情况(1979—2002年)

(一)以“解困房”为主要形式的公共住房阶段(1979—1993年)

1. “解困房”政策实施的经济社会背景

实行改革开放政策以后，广州市工业化和城市化迅速发展，住房产业日益兴旺，城镇居住条件有了显著改观，但住房建设的增长仍不能满足人口增长的需要。由于工业化发展需要大量劳动力，相关政策优势吸引着农村和欠发达地区的劳动力向城市转移，而城市在短期内无法为大量新增居民提供足够房屋，从而引发严重的住房问题。1979年，广州市区非农业人口为217.95万人，1991年达到295.32万人，12年间增长39.3%。从表4-4可以看出，广州市区非农业人口增长率显著高于同期总人口增长率，原因在于部分增长人口主要是由外地务工人员或农业人口转变而来。此外，由于这一时期广州经济发展迅速，大量外来人口进入广州，但此类流动人群并未纳入政府统计范围，实际上的人口总数远大于官方公布数据。随着人口的增加，住房供应凸显不足，城市周边农民自建房成为解

---

① 广州市地方志编纂委员会. 广州市志 · 城建卷[M]. 广州：广州出版社，1995：7.

② 广州年鉴编纂委员会. 广州年鉴1983[EB/OL]. [2014-10-16]. http://59.41.8.134:8080/was40/detail? record=21&channelid=22241.

决外来务工人员和来穗工作的大学毕业生的首选，催生了大量的“城中村”。1980年以后，广州市在启动住房商品化、市场化改革的同时，通过提供“解困房”解决城市住房特困家庭的住房难题，城镇住宅面积增长率高于同期非农业人口增长率约3%。1985年，广州市城镇住宅面积增长率比非农业人口增长率高19%，自中华人民共和国成立到“文革”期间的住房欠账得到弥补，居民住房条件得到进一步改善。

表4-4　1979—1991年广州市区人口情况

年份	总人口数（万人）	总人口增长率	非农业人口（万人）	非农业人口增长率(%)
1979	292.91	3.7%	217.95	5.7%
1980	301.70	3.0%	228.52	4.9%
1981	306.73	1.7%	233.48	2.2%
1982	310.83	1.3%	237.34	1.7%
1983	315.51	1.5%	241.81	1.9%
1984	320.79	1.7%	248.61	2.8%
1985	327.38	2.1%	256.95	3.4%
1986	334.11	2.1%	264.99	3.1%
1987	340.12	1.8%	271.82	2.6%
1988	347.39	2.1%	281.13	3.4%
1989	352.87	1.6%	288.38	2.6%
1990	356.07	0.9%	291.43	1.1%
1991	359.93	1.1%	295.32	1.3%

数据来源：根据广州市统计局《广州五十年》(中国统计出版社1999年版)相关数据整理。

改革后的广州，住宅建设投资迅速增加，1978—1985年，广州市用于住宅建设的投资达20.26亿元，为1978年前29年的3.83倍，竣工住宅1607.3万平方米，占当时全市住宅面积的55%。城镇居民住宅条件得到改善，到1985年年底广州市人均居住面积达到7.73平方米，比全国的6平方米多出1.73平方米。1985年全市房屋普查结果显示，如果按全国统一口径，居住面积只计算住房，不计算客厅，广州市人均居住在2平方米以下的住房困难户高达58682户，远高于同期上海的1.6万户。如果按广州市历来把厅、房均作为居住面积的方法计算，则人均居住在2~4平方米的有43137户，共137932人；人均居住在2平方米以下的有11642户，共64291人。在人均居住2平方米以下的困难户中，属于市、区各单位的有10717户，共55893人，占总数的92.1%；属中央、省、部队及外地驻穗办等单位的有925户，共8398人，占总户数的7.9%。据粗略计算，要全部解决市属10717户的住房困难，需建住宅535850平方米，约相当于全市一年市属住宅竣工面积的一半。还需要建房用地33万平方米，需投资2.7亿元，在当时，要在短时间内拿出这么一大笔资金非常困难。①

2. “解困房”政策的主要内容和执行效果

(1)解决人均居住面积2平方米以下困难户住房问题。

在当时财政紧张的情况下，为加快解决特困户的住房困难，减轻财政负担，公共住房的来源除了由政府组织建设外，主要是发动各单位利用自有土地建设住房来解决本单位职工的住房问题。1986年，广州市政府为有计划、有步骤地解决特困家庭的住房问题，缓解住房供需矛盾，印发了《〈关于解决广州市人均居住2平方米以下困难户住房问题的方案〉的通知》(穗府〔1986〕56号)。同年7月，成立“广州市解决住房困难领导小组”，统一制订“解困”计划并解决实施计划中遇到的重大问题。为了保证计划的落实，成立广州市“解决住房困难问题办公室”(简称市解困办)，作为广州市房

① 数据来源：广州市人民政府《〈关于解决广州市人均居住两平方米以下困难户住房问题的方案〉的通知》(穗府〔1986〕56号)，1986-7-5。

管局内的常设机构。1989年市解困办成立住房制度改革领导小组办公室(简称市房改办)，合署办公作为局级事业单位负责公共住房建设和住房政策改革。

在实际操作上，广州市规定，“房地产开发公司利用划拨用地建设的商品房中，10%的竣工房屋上交市解困办分配，并以保本微利为原则出售给困难户较多的单位或个人”，从而拉开了住房解困工作的序幕。广州市还规定，“政府拨款或单位自筹资金建成的住宅，不论是以出售或出租的形式，应首先面向低收入住房困难户”。1986—1991年，广州市解困办通过筹建云苑、沙路村两个小区，合作建设了芳村鸿图苑解困楼、石牌解困楼等共计30万平方米、4000多套住宅单位。① 与此同时，在市解困办的督促带动下，各系统建成专门负责机构，积极争取多方资金支持，共建设解困房29.6万平方米，住宅单元5020套；开发公司上交解困房3165套，约30万平方米，全部解决了登记在册的11642户人均居住面积2平方米以下特困户的住房问题。②

(2)解决人均居住面积5平方米以下困难户住房问题。

从1992年开始，广州市着手解决登记在册的2.8万户、人均住房5平方米以下困难户的住房问题。1992—1995年，广州市解困办通过多种方式解决了1万多户特困户的住房困难，包括继续建设解困房小区，开发公司上交解困房3000多套，约22万平方米，单位自行调整分配及拆迁改建解决在册特困户6000多户。③ 1987—1994年，市政府每年从财政拨出800万~1000万专款，共计7700万元，用于支持解困房建设。至1996年，广州市已解决了人均5平方米以下家庭的住房问题。

从1992年起，广州市解困办筹建了西搓路中段同德解困住宅

---

① 数据来源：广州市住房保障办公室《广州市城市低收入住房困难家庭住房政策研究报告》，2008-8。

② 广州年鉴编纂委员会. 广州年鉴1991[EB/OL]. [2014-10-17]. http://59.41.8.134:8080/was40/detail? record=20&channelid=25911.

③ 王力. 广州解决困难户住房有高招：充分调动社会各方面的积极性提供解困房源[J]. 中国房地信息，1995(8)：31.

小区(同德花苑)、赤岗大塘解困住宅小区(聚德花苑)、天河棠下解困住宅小区(棠德花苑)三个占地共80多万平方米的安居解困房小区，以解决低收入家庭的住房问题。这三大解困小区均匀分布在广州市郊的东、西、南三个方位，可建造住宅184万平方米，住宅单元2.6万套。这几个小区在2009年以前在广州市住房保障中充当了重要的角色，在解决广州市城镇居民住房困难方面发挥出重要的作用。与此同时，广州市区从1992年4月1日起，在省内率先试行住房公积金政策，至1993年年底，市区累计已有5998个单位、90万人参加了公积金储蓄，共储存公积金2.03亿元，1993年已借出5500万元用于解困房开发建设。①

(二)以"安居房"为主要形式的公共住房阶段(1994—1997年)

1993年年底，第三次全国房改工作会议提出于近期推出"安居工程"，并提交了一份安居工程方案供会议讨论，该计划后来通过修改成为《国家安居工程实施方案》。以此为标志，广州市亦从1994年开始正式进入以安居住房为主的公共住房建设阶段。"安居房"包括，"以解决中低收入家庭住房困难户为对象的解困房、廉价房以及由市政府统一安排投资的机关干部、教师及其他系统建设的政策性住房"。安居工程住宅以中小套型为主，多层住宅与高层住宅相结合，并把先前的住房解困工作划入该系统，保障范围也随之扩展为人均居住面积7平方米以下的住房困难家庭。

1."安居房"政策实施的经济社会背景

广州市是国内房地产市场开发最早、住房市场化程度最高的城市之一。随着经济的快速发展以及城市化进程的加快，催生了大量住房刚性需求，刺激了房地产投资。1991年广州市区房地产投资额仅为13.99亿元，1994年增长到137.61亿元，是1991年的9.84倍，1997年，广州市区房地产投资额达到208.31亿元，是1991年的14.89倍。在房地产市场力量的驱动下，1991年广州市城区新增住宅建筑面积188.53万平方米，1994年达到370.32万平方米，

---

① 广州年鉴编纂委员会. 广州年鉴1994[EB/OL]. [2014-10-17]. http://59.41.8.134:8080/was40/detail? record=18&channelid=9725.

1997年这一数据增长到505.07万平方米。① 这一时期，住宅投资的增长率高于人口增长率，市区城镇居民人均居住面积稳步上升，从1991年的8.23平方米增长到1994年的9.33平方米，1997年则增长到10.79平方米，如表4-5所示。

表4-5　1991—1997年广州市实有住房情况统计表

年份	年末实有住宅建筑面积(万平方米)	年末实有住宅居住面积(万平方米)	住宅面积增长率(%)	每年新增住宅建筑面积(万平方米)	居民人均居住面积(平方米)	人均居住面积增长率(%)
1991	4162.76	2431.24	4.5	188.53	8.23	3.0
1992	4379.56	2550.48	4.9	216.8	8.51	3.4
1993	4651.85	2700.24	5.9	272.29	8.89	4.5
1994	5022.17	2903.92	7.5	370.32	9.33	4.9
1995	5276.22	3043.65	4.8	254.05	9.61	3.0
1996	5644.83	3246.39	6.7	368.61	10.08	4.9
1997	6149.9	3524.18	8.6	505.07	10.79	7.0

数据来源：根据历年《广州统计年鉴》整理。

这一阶段，广州市住房市场供给和福利分房并存的特征十分明显，一部分在市场经济得益的精英阶层通过房地产市场极大地改善了居住条件，另一部分有投资能力的单位职工也从单位获得住房。然而，由于国有企业大面积亏损的现象未得到有效扭转，大量住房困难的下岗职工不仅未能从企业获取住房，更在市场的冲击下面临重重困难。于是，该阶段出现了一种恶性循环：房价越高，普通工薪阶层的支付能力相应越低，就越依赖单位解决住房问题，因此，

① 广州市统计局. 广州50年[EB/OL]. [2000-9-6]. http://data.gzstats.gov.cn/gzStat1/chaxun/njsj.jsp.

单位在住房供给中的角色反而得到加强而不是削弱。① 在这种住房双轨模式下，广州和全国其他城市一样，大量新建的住房经单位购买而进入旧体制。该阶段的住房改革使得大部分城市居民的住房条件得以改善，但住房双轨模式也进一步加剧了住房的不平等。在这样的背景下，中央和地方政府通过深化城镇住房政策改革，加快推进住房建设的商品化和社会化，同时推出具有社会保障性质的经济适用住房，为住房政策体系的完善作出有力铺垫。

2. “安居房”政策的主要内容和执行效果

1995年广州被列为国家安居工程试点城市，为落实国家安居工程实施方案，广州市在国家下达的2.8亿元安居工程贷款的基础上，从市住房公积金中提供1.06亿元的低息贷款。② 1996年广州市把住房解困工作与安居工程接轨，成立了安居工程领导小组，下设市住宅建设办公室(简称市住建办)，与市住房制度改革领导小组合署办公，负责安居工程建设实施和协调中的具体问题。1995年开始，广州市在原建的三大解困小区80万平方米用地面积的基础上，又划出55万平方米安居工程建设用地。从1986年至1996年，经过10年的努力，广州市共筹建了5个解困安居小区，解决了2万多户家庭的住房困难问题，惠及市民10万人。其中，由40多个系统、单位利用自有资金和集资、合资建成解困房4300套、26万平方米；由开发公司按低于成本价出售的解困房有3165套、30多万平方米。10年来，广州市由市级和各系统、各单位筹建的解困房共达22500套、167万平方米。③

为加快广州市安居工程实施工作，广州市人民政府根据国务院办公厅《国务院办公厅关于转发国务院住房制度改革领导小组国家安居工程实施方案的通知》(国办发〔1995〕6号)和《建设部实施国

① 朱亚鹏. 住房制度改革：政策创新与住房公平[M]. 广州：中山大学出版社，2007：64.

② 王新. 广州市实施住房解困和安居工程情况[J]. 北京房地产，1997(7)：7-9.

③ 广州年鉴编纂委员会. 广州年鉴1997[EB/OL]. [2014-10-18]. http://59.41.8.134:8080/was40/detail? record=16&channelid=7757.

家安居工程的意见》(建房〔1995〕110号)精神，结合广州市实际情况，于1997年1月22日印发《〈广州市安居工程实施方案〉的通知》(穗府〔1997〕14号)，指出实施安居工程的目标是："现阶段主要解决全市人均居住面积7平方米以下家庭的住房问题，改善和提高我市中低收入家庭的住房条件。本世纪末实现我市居民人均居住面积12平方米，每户一套单元，住宅成套率85%以上。"①1995—1998年，广州市共建设140多万平方米安居房，为2万多户居民提供住房，其中包括新增1万多户人均居住面积在2平方米以下的住户。这一时期除原有的同德花苑、聚德花苑、棠德花苑三大安居解困住宅小区外，广州市还筹备建设了琶洲、小新塘、大坦沙三大安居小区及集贤庄、黄金围、金沙洲、东沙开发区等安居工程项目。

1996年以前，广州市解困房长期处于供不应求状态，因为申请者过多，长久以来一直采用"摇珠对号"办法决定购房人选。1996年12月推出的解困房却出现滞销场面，同德花苑、聚德花苑和棠德花苑三大解困小区共推出7025套解困房，发售申请表6500份，经过摇珠对号后仅成交1772套，销售率仅为26%。其中，棠德小区推出多层住宅5000套，仅有840户申请；推出高层住宅500套，仅有28户申请。② 造成解困房滞销的原因主要有三，一是解

① 《广州市安居工程实施方案》的范围与建设规模：①范围：以解决中低收入家庭住房困难户为对象的解困房、廉价房以及由市政府统一安排投资的机关干部、教师及其他系统建设的政策性住房。安居工程管理，必须按照住房新政要求进行，实行政府扶持、单位支持、个人负担相结合的原则，使之成为加快住房建设、解危解困和建立住房新政策体系的示范工程。②建设规模："九五"期间，广州市需新增居民住宅31万套，据此测算，需增建住宅建筑面积约1860万平方米，年均增建372万平方米，共6.2万套。安居工程住宅建筑面积拟占市区年施工住宅建筑面积的20%左右，即年均需增建约75万平方米，共1.3万套，加上公共建筑面积(约占住宅建筑面积的15%)，全部按新征土地并按容积率2计算，年均需增建设用地43万平方米。按安居工程多层住宅每平方米综合成本造价控制在1900~2200元，高层住宅控制在2800~3100元，并随每年物价指数上升适当幅度，多层住宅、高层住宅分别占总建筑面积的60%、40%测算，平均每年约需投资18亿元。

② 赵卓文. 广州"解困房"为何滞销？[J]. 中国房地产信息，1997(6)：12-13.

困小区位置偏远且配套设施不齐全。如棠德小区当时仍处于城市边沿地区，周边区域尚未开发，道路交通不顺畅，往返市区通勤成本高。二是解困房价格偏高、付款方式过于固定，造成中低收入群体止步不前。近年来广州市商品房价格稳中有降(1996年多层住宅平均售价比1995年下降7%，高层住宅下降3%)，但解困房售价却连年上升，1996年多层住宅售价为1825元/平方米，高层住宅为2633元/平方米，这两项指标均居全国前列。另外，付款方式要么是一次性付款；要么只有"首付75%、房屋结构完成后付至95%、交付使用前全部付清"这种选择。① 这一相对商品房交易过于限定的付款方式，给不少市民带来沉重的支付压力。三是解困房多采取预先发售方式。由于资金来源、空间面积等方面制约，其设计与质量、装修标准等和商品房相比仍存在差别，导致购房人员心生疑虑，转而求购普通商品房。

1996—1997年解困房的滞销和2007年后经济适用房的供不应求形成鲜明对比，但此类公共住房的推出对抑制房价过快上涨的作用还是十分明显的。当公共住房大量供应时，市场上的商品房价会回归到相对理性的水平，进而培育出健康的房地产市场。如果政府在公共住房上缺位，居民住房完全交由市场供应，开发商在追求利润的动机下，会热衷于建设大户型、豪华型商品住房，并极力推高房价，从而使得城市中低收入阶层被抛离住房市场，引发严重的住房问题。

3. 其他住房政策的主要内容及执行情况

为贯彻落实《国务院关于深化城镇住房制度改革的决定》(国发〔1994〕43号)和《广东省人民政府印发〈广东省贯彻国务院关于深化城镇住房制度改革的决定实施意见〉的通知》(粤府〔1995〕44号)的主要精神，进一步深化广州市住房政策改革，促进住房建设与住房商品化的发展，1995年7月1日，广州市人民政府颁布《印发〈广州市深化住房制度改革实施意见〉的通知》(穗府〔1995〕86号)，提出"进一步完善住房公积金制度，按照个人存储、单位资

① 赵卓文. 关于广州解困房滞销问题的思考[J]. 广东经济，1997(4)：42-43.

助、统一管理、专项使用的原则交存住房公积金；积极推进租金改革，力争到2000年，公有住房租金原则上达到国发〔1994〕43号文所规定的占双职工家庭平均工资的15%；继续出售公有住房并加快经济适用住房的开发建设”①。1995年10月1日，广州市国土局与房地产管理局联合颁布《广州市解困房租赁管理试行办法》(穗国房字〔1995〕第135号)，目的在于多层次解决住房困难户的住房问题，该办法规定：“解困房的承租人在租赁合同期间应申请购买解困房，或通过其他途径解决住房，租赁期满应退出所承租的解困房”②。租赁型解困房即为广州市廉租住房的最初形式。1997年9月，广东省第八届人大常委会第31次会议批准了《广州市住房公积金条例》，对广州市住房公积金的组织管理、缴存、使

① “穗府〔1995〕86号”有关出售公有住房的规定：①广州市的公有住房，除穗房改〔1991〕2号文件规定不得出售和其他不宜出售的外，均可继续向符合购房条件的职工出售。职工购买公有住房仍遵循自愿原则。②向职工家庭出售公有住房，在粤府〔1983〕68号文件规定的住房分配面积标准之内，实行成本价；超过标准部分，一律实行市场价。③职工按成本价购买公有住房，享有旧房成新折扣、现住房折扣、工龄折扣和一次付款折扣。④职工以成本价购买的住房，产权归个人所有；一般住用5年后可依法进入市场交易，在补交土地使用权出让金或所含土地收益并按规定交纳有关税费后，收入归个人所有。⑤单位出售公有住房后，应继续按售房收入的5%上缴城市住房统筹金，并认真执行省、市的有关规定，加强对售房回收款的管理，确保房改资金的专款专用。⑥1993年12月31日以前以标准价出售的公有住房，维持原“住房变价出卖所发生的增值额，要向原产权单位交纳20%的增值费，其余归个人”等规定不变。⑦制定有关规定和实施细则等配套办法，进一步加强公有住房出售以及售后的维修、服务和产权的管理工作。

② “穗国房字〔1995〕第135号”的主要内容：①该办法所称解困房出租，是指政府以优惠政策和财政补贴所建造的解困房，按准成本租金短期出租给住房困难户的行为。②申请条件：家庭人均居住面积低于5平方米或无房居住；住房困难状况已在其上级主管机关和解困办登记备案；所在单位和申请人已参加住房公积金存储；单位或个人能够为申请人担保；市解困办规定的其他条件。③租金：实行准成本租金，准成本月租单价平均为每平方米建筑面积14.96元。实际计收标准是第一、第二年每月每平方米建筑面积8元，第三年为10元，第四年为15元，并依房屋楼层、朝向不同对均价予以增减调节：三、四、五层加收10%，六层加收5%，八层减收10%，九层减收15%；东向、南向加收5%，西北向减收10%。

用与提取、监督等作出详细规定。这标志着在住房改革过程中，作为公共住房政策体系重要组成部分的住房公积金政策在广州建立起来。

（三）以“经适房”为主要形式的公共住房阶段（1998—2002年）

1. “经适房”政策实施的经济社会背景

1998年全球金融市场的剧烈动荡，给我国经济发展造成巨大压力，同时使住房政策改革作为经济体制改革的重要内容得以加快推进。1998年6月15日至17日，第四次全国城镇住房制度改革与住宅建设工作会议在京召开，宣布“从1998年下半年起，停止住房实物分配，实行住房分配货币化，新建住房原则上只售不租”。同年7月3日，国务院颁布《关于进一步深化城镇住房制度改革加快住房建设的通知》（国发〔1998〕23号），提出“对不同收入家庭实行不同的住房供应政策，调整住房投资结构，重点发展经济适用住房，加快解决城镇住房困难居民的住房问题”。7月14日，《关于印发〈关于大力发展经济适用住房的若干意见〉的通知》（建房〔1998〕154号）发布，强调发展经济适用住房的目的是“加快住房建设，促使住宅业成为新的经济增长点，不断满足中低收入家庭日益增长的住房需求”。于是，经济适用住房建设被提到相当高度，成为此阶段住房改革成功与否的主要判断标准。

1998—2002年是广东省经济适用住房建设量比较多的时期：2001年新开工面积为124.24万平方米，是1999—2009年新开工量最大的一年；2002年竣工13580套经济适用住房，为1999—2009年竣工量最大的一年；这一时期全省经济适用住房销售价格也比较合理，销售均价在1130~1389元/平方米。① 从1998年开始，广州市亦逐步增加经济适用住房建设量，2000年，广州市国土资源和房屋管理局起草“2000—2003年经济适用住房建设计划”（“四年经济住房计划”），提出作为新的住房供应体系的重要组成部分，将继续为全市人均居住面积7平方米以下的中低收入家庭提供经济适

① 刘祖云，等. 穗港住房保障研究[M]. 北京：中国社会科学出版社，2013：220.

用住房。“预计四年内共建设经济适用房 118 万平方米，约可建住宅 12334 套；综合统计在建和计划建设的经济适用房，可分配销售给中低收入家庭的共 121.74 万平方米，14530 套”①。

2. “经适房”政策的主要内容和执行效果

广州经济适用住房是从原“安居房”发展而来(最初为解困房，1995 年改称安居房，1999 年又改称经济适用房)，项目供应量最高的年份不到市场份额的 5%。为认真贯彻国发〔1998〕23 号文和粤府〔1998〕82 号文精神，合理调整广州市住房投资结构，建立和完善适应社会主义市场经济体制的住房供应体系，适应不同经济收入家庭特别是中低收入家庭的住房需要，2001 年 2 月 13 日，广州市人民政府颁布《关于建立广州市新的住房供应体系的通知》(穗府〔2001〕13 号)，规定“今后广州市住房供应应继续保持以普通商品房为主，经济适用房为辅，重视廉租房建设的多层次体系”。经过调查测算，“2001 年至 2010 年期间，广州市商品房、经济适用房、廉租房三者构成比例分两个阶段调控：前五年为 7：2.75：0.25；后五年为 9：0.9：0.1”②。在保障性住房规划建设中，经适房所占比重远高于廉租房。从广州市 1998—2004 年经济适用住房施工面积来看，1998—2002 年经适房维持在一个相对较高的建设量，2002 年完工面积为 36.65 万平方米，是此前保障性住房竣工量最大的一年。具体如表 4-6 所示。

---

① 新浪财经. 广州酝酿再建万余套安居房[EB/OL]. [2000-9-13]. http://finance.sina.com.cn/2000-09-13/12053.html.

② “穗府〔2001〕13 号”提出的建房计划是：预计“十五”期间广州市住房总需求量为 3000 万平方米，现有存量住房约 297.8 万平方米(其中商品房空置 200 万平方米、经济适用房空置和在建面积共 97.8 平方米)，需新建住房 2702.2 万平方米。按 7：2.75：0.25 计算，商品房建设面积为 1892 万平方米，年均约 378 万平方米、58200 套(户均 65 平方米)；经济适用房建设面积为 743 万平方米，年均约 149 万平方米、24770 套(户均 60 平方米)；廉租房供应面积为 68 万平方米(廉租房户均面积按经济适用房的 1/2 计算)，年均建设或筹集面积约 13.5 万平方米、4500 套。

表 4-6 1998—2004 年广州市经济适用住房施工面积(单位：平方米)

年度	1998	1999	2000	2001	2002	2003	2004
施工面积	279605	276615	209119	294026	802361	649058	365016
竣工面积	25311	—	45372	—	366509	281064	—

数据来源:《2009 年广州房地产统计年鉴》。

由于广州市经济适用房价格偏高等原因，一度出现滞销。穗府〔2001〕13 号文规定经济适用房指导价，多层住宅控制在每平方米建筑面积 2300 元，高层控制在每平方米 3200 元。然而自 1998 年以来，广州市并没有推出价格比较低的经济适用房。在 1999 年推出的经济适用房中，多层价格突破了 2500 元/平方米，有些甚至达到 3200 元/平方米。最终结果是，买得起经济适用房的居民基本上已拥有住房，而无房低收入户却没有购房支付能力。① 由于这一时期广州市经济适用房出现滞销和空置现象，2002 年 5 月 22 日，广东省建设厅出台《关于解决城镇住房特困户问题的实施意见》(粤建房字〔2002〕59 号)，提出“坚持以供应廉租住房为主，销售经济适用房并举的政策，通过新建、腾退、承租、收购等多种形式，力争用 3 年时间，基本解决全省城镇住房特困户问题”。广州市则从 2002 年开始，逐渐停止开发建设新的经济适用住房项目，转而以货币补贴或廉租房形式为主。2002 年以后，只有“同德花苑、聚德花苑、棠德花苑”等有少量单位供应，单价在 2200~3200 元，户型为 50~90 平方米。2003 年，广州市只新推了两个经济适用房项目：中山八路的东骏荔景苑和五羊新城的东海嘉园，均价达 4600~5300 元/平方米，户型以 80~90 平方米为主。② 经济适用房在市场上继续“遇冷”，一度出现弃购现象。2004 年，为了回笼建设资金，广州市施行相关优惠政策以加快销售滞销的经济适用房，其申购条件

① 肖小冰. 广州拟再建经济适用房，对楼市影响难预料[N]. 南方都市报，2005-12-6.

② 搜狐网. 广州经济适用房发展史[EB/OL]. [2014-10-18]. http://gz.focus.cn/ztdir/jjsyf/.

也大幅放宽。

3. 其他住房政策的主要内容及执行情况

广州市是国内执行住房商品化改革最早也最彻底的一个城市，为了进一步深化广州市住房政策改革，根据“国发〔1994〕43 号”精神，广州市人民政府于 1998 年 3 月 30 日印发《关于广州市直属机关事业单位住房货币分配实施方案（试行）的通知》（穗府〔1998〕21 号），目的在于“通过向职工发放住房补贴，增加职工工资收入中的住房消费资金含量，与实行职工政策性住房抵押贷款等办法相配套，提高职工的购房支付能力，由职工根据需要和可能自行购买、租赁商品房或安居房解决住房问题”①。2000 年 5 月 8 日，广州市人民政府发布《关于实行住房货币分配有关问题的通知》（穗府〔2000〕18 号），要求“从 2000 年 1 月 1 日起，本市机关、企事业单位、社会团体以及中央、省、外地驻穗单位，一律停止按现行房改政策出售公有住房，全面实行住房货币分配。原有的住房建设资金、自有资金和公益金等可转化为住房货币分配资金的单位，可向未购买过房改房、解困房或参加单位内部集资建房的职工发放住房补贴”②。

广州市住房政策改革对房地产市场发展具有巨大的促进作用，但是，促使住宅业成为新的经济增长点和解决城镇居民的住房问题之间的矛盾长期存在，在房地产业获得空前发展的同时，住房不公

---

① “穗府〔1998〕21 号”关于住房货币分配的基本做法：各实施单位对实行住房货币分配的人员不再按本方案实施前的房改政策出售、出租公有住房，均按月按本人职务发放住房补贴，由其自行解决住房问题；如住用单位的公有住房，必须以市场租金承租或以市场评估价格购买。给每个实行住房货币分配的人员发放住房补贴的年限为累计 25 年，即 300 个月。机关各级职务人员每月住房补贴标准如下：办事员：233 元；科员：280 元；副主任科员：327 元；主任科员：373 元；副处级：420 元；处级：467 元；副局级：513 元；局级：607 元；副市级：747 元；市级：933 元。

② “穗府〔2000〕18 号”有关住房补贴标准的规定：各县级市、企业、单位在制定住房补贴标准时应量力而行，可参照“穗府〔1998〕21 号”文件的标准执行。住房补贴标准可根据物价指数变动和本地区、本单位的经济发展情况作出相应调整，调整方案按照规定的审批程序送审后实施。

平现象也开始凸显。由于现有的住房政策、土地政策、信贷政策、财税政策等存在的政策缺陷，无形中使得住房改革演变成一种社会不公平的财富分配与转移机制。社会上层或精英阶层不仅从住房改革中获得区位和质量较好的住房，而且具有较强的寻租能力，由此产生“住房挤压”行为，即位于社会体制中的上一阶层逐次侵袭下一阶层的住房利益，进而使得满足位处社会最底层的弱势群体的基本住房需求变得困难重重。

三、城市化快速发展时期广州市公共住房政策趋向(2003年至今)

多年的改革开放带来经济的飞速增长和社会的跨越式发展，我国已从生存型社会转为发展型社会。城市化水平早在1996年就首次突破30%，且1996—2006年10年间，城市化水平提高了13.42%，平均每年增长1.34个百分点，进入城市化高速发展时期。① 2005年12月29日，《全国人民代表大会常务委员会关于废止〈中华人民共和国农业税条例〉的决定》正式公布，终结了中华人民共和国实施近50年的农业税条例和一个延续了2000多年的税种，这项政策的出台对保护农民权益、加快城市化进程产生了积极深远的影响。2008年，我国城市个数由中华人民共和国成立前的132个增加到655个，城市化水平由1949年的7.3%提高到45.68%②，表明我国已处于城市化超常发展阶段。以城市化扩大国内消费需求、投资需求有着广阔的空间，从该种意义上说，未来10~20年经济的持续快速增长，将高度依赖城市化的实际进程。按照现有速度，未来10年城市化水平完全有可能提升至60%左右，进入城市化高级阶段。2014年7月24日，国务院发布《关于进一步推进户籍制度改革的意见》(国发〔2014〕25号)，强调“取消农业户口与非农业户口的性质区分和由此衍生的蓝印户口等户口类型，

① 张晓杰. 快速城市化过程中基本公共服务均等化研究[M]. 上海：上海三联书店，2013：47.

② 国家统计局. 建国60年我国城市化水平提高5倍多[EB/OL]. [2009-9-18]. http://news.xinhuanet.com/fortune/2009-09/18/content_12075777.htm.

建立城乡统一的户口登记制度”。快速城市化不仅促进了产业聚集和人口集中，尤其使得大量农村人口迁移至城市，必然导致公共物品和公共服务供应不足，住房矛盾日趋紧张。

（一）以“廉租房”为主要形式的公共住房阶段（2003—2006年）

1. “廉租房”政策实施的经济社会背景

广州市是国内实行廉租住房政策最早的城市之一，1995年10月，广州市就颁布了《广州市解困房租赁管理试行办法》（穗国房字〔1995〕第135号），提出以租赁形式解决住房困难户的居住问题。1998年下半年紧接着出台了《广州市廉租住房分配方案》（穗住建〔1998〕27号），正式启动对“双特困户”（即人均月收入低于广州市最低生活保障线、人均居住面积低于规定解困标准的困难家庭）的保障工作，基本建立了包括廉租房审批程序、轮候和公示制度、退出机制及日常管理机制等在内的双特困户住房保障体系和工作机制。

2003年全年共新建廉租房740套，约4.3万平方米，年初推出第6期廉租房189套，落实安置132户双特困户。“5月份，受理登记1979户双特困户申请廉租房，其中A类家庭（人均居住面积5平方米、人均月收入300元以下）997户，B类家庭（人均居住面积7平方米、人均月收入390元以下）982户，按电脑抽号程序确定轮候顺序，采取A类家庭优先安置的方法，并向社会公示。12月份，推出第7期廉租房首批房源共350套、2.1万平方米，落实安置249户双特困户。2003年共安置双特困户381户，是前5年安置双特困户数的57.7%。”①1998年年底，广州市住宅建设办公室将棠下小区的部分安居房进行改造，首期推出200套廉租住房。从1998年下半年至2004年年底，广州市累计投入专项建设资金2.345亿元，通过扩建和改造等方式，建设1032套廉租住房、建筑面积5.2万平方米，先后推出7期廉租房，共解决1041户双特困户家庭的住房问题；以租金核减的方式解决2896户租住“直管公

① 数据来源：广州市国土资源和房屋管理局《万千广厦庇护特困家庭——广州市实施廉租住房保障综述》，2004-03-14。

房”的低收入家庭的住房难题，核减租金 270 万元。①

2003 年 8 月 12 日，国发〔2003〕18 号文的颁布，使得住房改革逐渐偏离“建立和完善以经济适用住房为主的多层次住房供应体系”的方向，明确房地产业是国民经济的支柱产业，绝大部分家庭的住房需求被推向房地产市场。低利率和低首付政策刺激了部分城市的投资投机性购房，开发商为了追求高额利润空间，大量开发大套型和大面积商品房，而中低价位、中小套型商品房的供应大幅减少，导致不少城市住房价格上涨过快。地方政府在“经营城市”的理念指导下，不断推高土地出让价格，从中获得巨额土地出让金收益，也推动了房价的快速上涨。国际上公认的房地产开发投资占 GDP 的比重不能超过 5%，但在我国，仅 2004 年这一比例就已经达到 9.6%，一些城市甚至高达 50%以上，这种把房地产作为支柱产业的极端做法，容易给经济社会带来严重的不良影响。② 如图 4-1

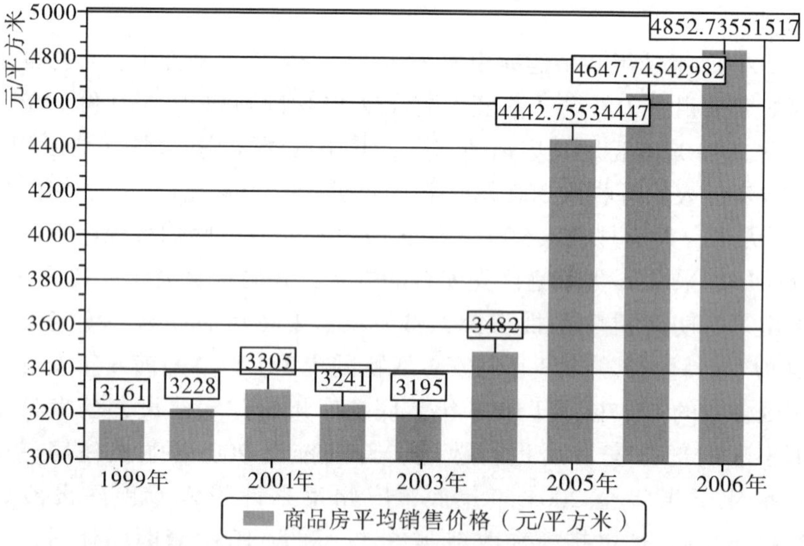

图 4-1 1999—2006 年广东省商品住宅销售均价

① 雷志炎. 广州市经济适用住房和廉租房建设管理工作情况[J]. 房地产导刊，2004(9)：218-219.

② 贾康，刘军民. 我国住房改革与住房保障问题研究[J]. 财政研究，2007(7)：8-23.

所示，与全国其他省份一样，从2003年开始，广东省住宅均价快速上涨，每年的增长幅度均在10%以上，2005年增幅达到25.8%，2006年商品房均价为4852.7元/平方米，是2003年的1.52倍。①对此，国家对住房政策进行了微调，希望抑制房价的过快上涨，但调控效果并不乐观，房价的上涨势头并没有得到遏制，许多城市居民被隔离在住房市场之外。

2004年以前，广州市房地产市场发展比较稳定，住宅价格平稳上升。2005年以后，广州市商品住房价格上涨过快，2005年广州市商品住房均价同比上涨12.8%，个别楼盘的上涨幅度一度高达30%，2007年，广州市商品住房价格再创新高，如图4-2所示。②由于我国房地产市场迅速发展和房价上涨过快，公共住房建设相对

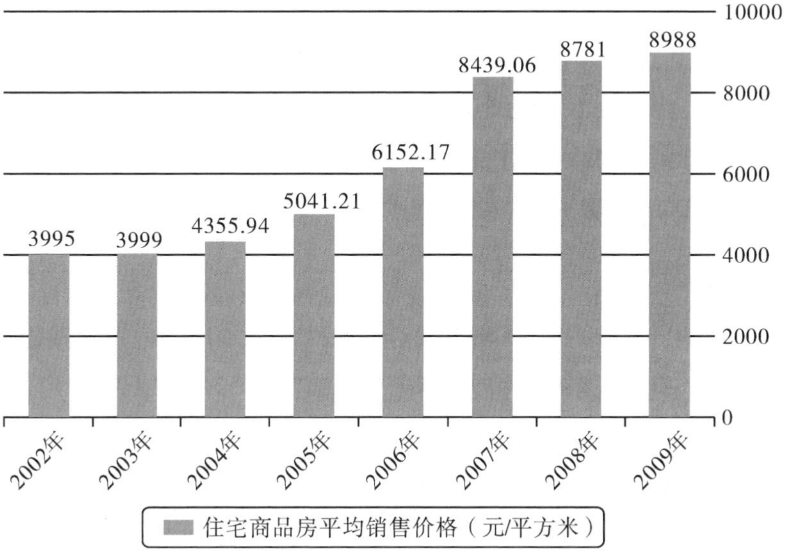

图4-2　2002—2009年广州市住宅商品房平均销售价格

---

① 中国经济信息网. 中经网统计数据库[DB/OL]. [2014-10-20]. http://db.cei.gov.cn/page/Default.aspx.

② 国家统计局. 主要城市年度数据[DB/OL]. [2014-10-20]. http://data.stats.gov.cn/workspace/index? m=csnd.

滞后，住房保障制度不够完善，政策措施不够配套，公共财政支出严重匮乏，政府公共职能缺位，低收入居民住房困难进一步加剧。在这样的背景下，地方政府也在着手完善廉租住房政策。

2. “廉租房”政策的主要内容和执行效果

2004年11月23日，广州市人民政府根据“建设部令第120号”与“粤发〔2003〕13号”精神，制定并印发《广州市解决城镇双特困户住房实施方案的通知》(穗府办〔2004〕60号)，将双特困户住房解决标准扩大为人均住房面积10平方米，提出“对双特困户住房实施廉租住房保障制度，采取以租赁住房补贴为主、实物配租和租金核减为辅的解决方式”，并对廉租住房的退出、处理和违规行为作出处罚。文件要求“在2004年底前，全部解决广州市2003年底登记在册的2914户双特困户的住房问题，同时开始接受新的申请，力争在2004年内共解决4000户双特困户的住房问题；在2005年底前，建立机构健全、资金保障、房源稳定、分散居住、动态管理的廉租住房保障制度，使廉租住房工作进入日常化”①。在这份60号文下发后，广州市仅用1年时间就全部解决了登记在册的2914户双特困户的住房困难问题，提前一年实现了广东省政府确定的工作目标。

广州是全国廉租住房投入较大的城市，2006年7月27日，广州市国土房管理局根据“国办发〔2006〕37号”与“穗府办〔2004〕60号”精神，发布了《关于印发2007年底前解决5643户双特困户住房

① “穗府办〔2004〕60号”规定的廉租房房源及资金安排：①廉租房房源。第一，实物配租的廉租住房来源主要包括：市国土房管局现有的廉租住房房源；区国土房管局腾退的直管公房。第二，鼓励各单位自管房、私房登记为廉租住房房源。第三，区国土房管局按有关房屋租赁规定，对领取租赁住房补贴的廉租户租赁的房屋进行租赁登记和检查。②资金的筹集、安排和使用。第一，设立廉租住房专项资金。第二，廉租住房专项资金来源主要包括：住房公积金增值收益中按规定提取的城市廉租住房补充资金；市和区财政预算安排的资金；廉租住房租金收入；社会捐赠的资金；其他渠道筹集用于廉租保障的资金。第三，廉租住房专项资金按规定用于租赁住房补贴的发放，廉租住房的购建、维修和物业管理等。

困难问题具体操作办法的通知》（穗国房字〔2006〕638号），要求2007年年底前全部解决2005年年底统计在册的4163户人均住房面积低于10平方米和1480户需发放租赁住房补贴，共5643户双特困户的住房问题。① 2007年年底，广州市政府投入15亿元的金沙洲廉租房新社区顺利竣工，11月28日，市政府举办双特困户廉租住房摇珠分配仪式，全部解决了5643户中选择实物配租安置的3148户双特困户的住房难题。至此，广州市2005年统计在册的5643户双特困户的住房问题已全部解决，基本实现对人均住房居住面积10平方米（相当于建筑面积15平方米）以下的双特困户的住房保障。值得一提的是，当时广州市特困家庭的收入线划定比较低，如果将收入线稍微放宽，特困家庭户数会更多。

3. 其他住房政策的主要内容及执行情况

（1）经济适用住房政策实施情况。

2003年以后，广州市经济适用房和商品房因为滞销而空置，2006年4月，广州市统计局出台的《广州市空置商品房研究报告》指出，2003年广州市商品房空置规模为历史最高水平，达722.01万平方米；商品房空置面积平均增长速度为24.7%，分别高于同期商品房竣工面积和商品房销售面积平均增长速度的17.1和6.9个百分点。② 当时为了满足居民改善型住房需求而开发建设的经济适用住房，由于其价格与市场上普通商品住宅的价格相差不大，因此丧失了“面积小、价位低”的经济适用属性。2004年，广州市销售的带电梯的高层经济适用房，最高销售均价为5088元/平方米；市场推出的一手多层普通商品住宅价格，2004年第一季度为5170

---

① “穗国房字〔2006〕638号”提出的双特困户住房保障标准是：①提高租赁住房补贴标准。将广州市双特困户租赁住房补贴保障标准从人均住房面积10平方米提高为人均住房面积14平方米，23元/平方米补贴不变，补贴标准按“实施方案”的有关规定计算。②确定实物配租安置面积。原则上按照人均安置面积不超过20平方米安置。

② 金羊网. 广州市空置商品房课题组指出：对空置房规模不必太紧张[EB/OL].［2006-5-12］. http://www.ycwb.com/gb/content/2006-05/12/content_1123384.htm.

元/平方米，二手住宅3000~4000元/平方米就可以买到。①

尽管经济适用房建设遇到波折，但广州市经济适用住房仍然解决了大量中低收入家庭的住房问题。截至2005年年底，广州市共竣工经济适用住房(含解困房、安居房)229.42万平方米，解决了3万多户中低收入家庭的住房困难，惠及人口10多万，较好地解决了人均居住面积5平方米以下中低收入家庭的住房问题。其中包含市政府筹建的云苑、沙路村、同德、大塘、棠下五个解困、安居、经济适用住房小区(共竣工住房148万平方米、20738套)和协调驻穗部队、中央驻穗单位以及本市部分国有大中型企业利用自用土地建设的经济适用住房81.35万平方米。2004年，广州市发展改革委还下达了18个驻穗部队和单位共52万平方米的经济适用房建设投资计划，从而多渠道地解决民众的住房困难。②

(2)新社区建设项目启动。

2005年以后，由于广州市房价上涨过快，中低收入家庭的住房困难日益突出。从2006年起，广州市又着手启动经济适用住房建设，标志着广州市公共住房建设工作进入新的阶段。截至2006年1月18日，广州市已批准了4个安居工程项目，其中一个位于荔湾区芳村的项目拟兴建成本房，提供给拆迁户购买；另一个工程项目则选址白云区黄石西路，拟建安居房，提供给困难户购买；其余两个安居工程属于企业内部员工购买。2006年《广州市城市建设拆迁安置新社区住宅管理办法》正式出炉，该办法所称的“新社区住宅”，是指在市政等基础设施和公益性建设、危破房改造、政府储备用地项目和部分列入政府组织的城中村改造项目中，对被拆除的房屋进行货币补偿后，由政府主导建设，提供给中低收入的被拆迁居民和农民家庭以优惠价格购买、租赁的住房。“新社区住房”一部分作为廉租房供给双特困户居住，另一部分以优惠价出售或出

---

① 黄穗诚. 广州：对重启经济适用房建设的反思[J]. 北京规划建设，2007(4)：29-31.

② 广州市总工会. 穗双特困户四年内有房住[EB/OL]. [2007-3-07]. http://www.gzgh.org.cn/web/Opens/open1.aspx?lid=6562320f-cffc-47fc-98c8-7ae13d15187e&iid=1302.

租给符合条件的被拆迁家庭以及中低收入家庭，以期改善他们的居住条件。广州市借鉴英国城市规划中“新市镇”的理念，学习香港地区“新市镇”建设的经验，从规划、交通、就业及人口结构等方面综合考虑，推进公共住房建设。

为贯彻落实《国务院办公厅转发建设部等部门关于调整住房供应结构稳定住房价格意见的通知》(国办发〔2006〕37 号)、《关于落实新建住房结构比例要求的若干意见》(建住房〔2006〕165 号)的精神，根据《关于住房建设规划编制工作的指导意见》(粤建房字〔2006〕103 号)、《广州市国民经济和社会发展第十一个五年规划》《广州市城市总体规划(2001—2010)》和《广州市近期建设规划(2006—2010)》，市城市规划局和国土资源房屋管理局于 2006 年 9 月 30 日联合编制公布了《广州市住房建设规划(2006—2010)》。提出“规划期内建设政府保障型住房 11.43 万套，建筑面积 900 万平方米；其中，建设廉租住房 0.92 万套，建筑面积 60 万平方米，建设新社区住房 6.75 万套，建筑面积 540 万平方米，部队和单位自建经济适用房 3.76 万套，建筑面积 300 万平方米”①。如表 4-7 所示。

---

① 《广州市住房建设规划(2006—2010)》提出的住房建设年度计划是：①2006 年，各类住房建设 8.87 万套，总建筑面积 850 万平方米。其中政府保障型住房建设 1.02 万套，建筑面积 77 万平方米，包括廉租住房建设 18 万平方米，新社区住房建设 40 万平方米，部队和单位自建经济适用房 19 万平方米。②2007 年，各类住房建设 13.73 万套，总建筑面积 1300 万平方米。其中政府保障型住房建设 3.32 万套，建筑面积 262 万平方米，包括廉租住房建设 18 万平方米，新社区住房建设 168 万平方米，部队和单位自建经济适用房 76 万平方米。③2008 年，各类住房建设 12.65 万套，总建筑面积 1200 万平方米。其中政府保障型住房建设 3.03 万套，建筑面积 241 万平方米，包括廉租住房建设 5 万平方米，新社区住房建设 161 万平方米，部队和单位自建经济适用房 75 万平方米。④2009 年，各类住房建设 10.55 万套，总建筑面积 1000 万平方米。其中政府保障型住房建设 2.53 万套，建筑面积 200 万平方米，包括廉租住房建设 10 万平方米，新社区住房建设 120 万平方米，部队和单位自建经济适用房 70 万平方米。⑤2010 年，各类住房建设 10.44 万套，总建筑面积 1000 万平方米。其中政府保障型住房建设 1.53 万套，建筑面积 120 万平方米，包括廉租住房建设 9 万平方米，新社区住房建设 51 万平方米，部队和单位自建经济适用房 60 万平方米。促进住房保障由“以售为主”向“租售并举”转化，着重建设各类新社区、经济适用住房及廉租住房。

表 4-7 广州市“十一五”期间住房建设计划

年度	政府保障型住房(万平方米)			商品住房(万平方米)			合计(万平方米)	比例(%)	
	廉租住房	新社区住房	部队和单位自建经济适用房	政府调控的中小户型、中低价位普通商品住房	其他商品住房			单套套型建筑面积≤90平方米住房	单套套型建筑面积>90平方米住房
					单套套型建筑面积≤90平方米住房	单套套型建筑面积>90平方米住房			
2006	18	40	19	409	109	255	850	70	30
2007	18	168	76	482	167	389	1300	70	30
2008	5	161	75	445	155	359	1200	70	30
2009	10	120	70	372	128	300	1000	70	30
2010	9	51	60	452	128	300	1000	70	30
合计	60	540	300	2160	687	1603	5350	70	30

数据来源:《广州市住房建设规划(2006—2010)》。

（二）“廉租房和经适房”并重发展的公共住房阶段(2007—2009)

1. 政策并重实施的经济社会背景

2006年以后，全国性房价上涨势头并没有得到有效遏制，反而愈演愈烈。2008年全国住宅商品房销售均价为3576元/平方米，2009年上涨到4459元/平方米，每平方米上涨883元，增长率为24.69%。如图4-3所示。2006年后，广东省住宅商品房销售均价

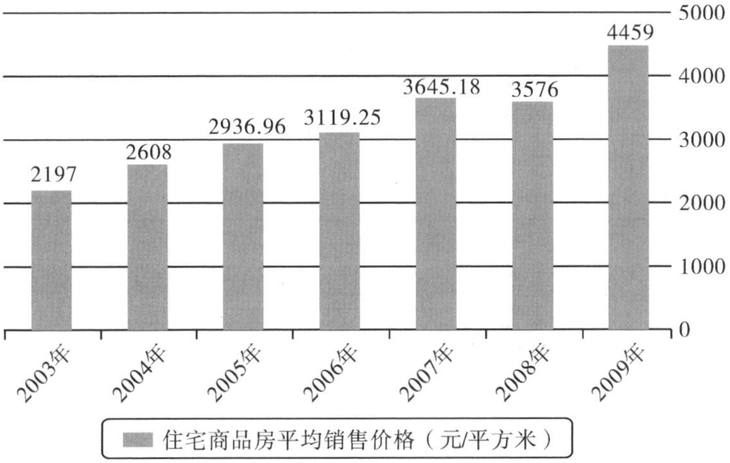

图4-3　2003—2009年我国住宅商品房销售价格

也经历了一个快速增长的过程，从2003年的2994元/平方米增长到2007年的5682元/平方米，2009年增加到6360元平方米。除了2008年受到全球性金融危机影响、房价上涨较小外，2005年和2007年的增长率超过23%，其他年份的增长率也超过10%，远高于同期城镇居民收入的增长。① 如图4-4所示。与此同时，经济适用住房的价格也经历了一个较快的增长过程，尤其是2008年以后广东省经济适用住房价格上涨更快，涨幅甚至高于同期商品住房销售价格。广州市自2005年开始，房价上涨幅度过快，2010年全市

① 国家统计局. 分省年度数据[DB/OL]. [2014-10-20]. http://data.stats.gov.cn/workspace/index?m=fsnd.

住宅商品房销售价格高达10615元/平方米，如图4-5所示。房价的过快上涨大大超出广大中低收入阶层的购买能力，住房困难日益突出，成为社会不公平的主要来源。

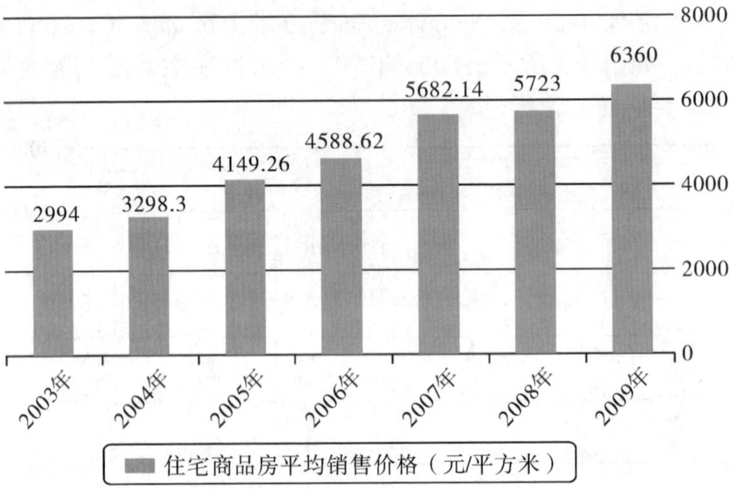

图4-4 2003—2009年广东省住宅商品房销售价格

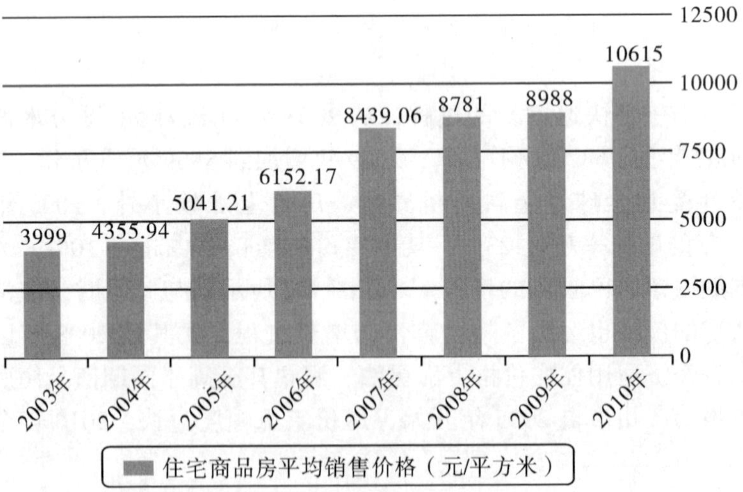

图4-5 2003—2010年广州市住宅商品房销售价格

2007年8月，国发〔2007〕24号文对国发〔2003〕18号文的有关政策进行了修正，提出重点加快建立健全城市廉租住房政策，把公共住房开发与建设的地位提到一个前所未有的高度，这是我国公共住房政策发展历程中的另一个里程碑，标志着我国公共住房政策体系的基本建立，并促使住房改革从“效率第一、兼顾公平”转为“重视公平”的发展取向，公共住房开发与建设开始进入“规范有序、调整完善”的时期。2007年后，广州市公共住房建设量逐年增大，逐步明确以“廉租住房、经济适用住房、限价商品住房和普通商品住房”四个层次构成的住房供应和消费体系的发展思路，其法律法规和相关政策规章也不断得以完善。2007年12月18日，广州市人民政府印发《广州市城市廉租住房保障制度实施办法(试行)》和《广州市经济适用住房制度实施办法(试行)》(穗府〔2007〕48号)，将廉租住房保障标准大幅提高，同时严格经济适用住房上市流转制度，完善申请、审核、公示制度，使各类公共住房管理有章可依。

2. 政策并重实施的主要内容和执行效果

为了认真贯彻落实国家关于加强房地产市场的宏观调控政策，抑制房价过快增长，保持房地产市场健康、稳定、协调、规范发展，满足市民多层次住房消费需求，不断改善民众住房条件，2007年4月24日，广州市国土房管局、市建委、市规划局联合印发《关于加快住房和土地供应加强住房管理抑制房价过快增长若干问题的意见》(穗国房字〔2007〕258号，简称“穗七条”)。提出坚持政府主导，充分调动社会各方力量，确保完成政府保障型住房建设计划。主要内容包括：“2007年确保完成政府投资15亿元兴建的6116户、建筑面积48.6万平方米的廉租住房建设，全面解决2005年统计在册的5643户双特困户的住房问题；2008年结合新社区开发再建设一批廉租住房，确保今明两年全部解决本市双特困户的住房问题。2006—2010年，计划动工建设经济适用住房840万平方米、10.51万套，基本解决全市8.46万户中低收入住房困难家庭的住房问题”①。

(1)低收入住房困难家庭住房状况与需求特征。

为了响应国发〔2007〕24号文精神，广州市政府于2007年12月至2008年3月在全市范围内展开低收入住房困难家庭住房状况入户调查。具体调查对象是市辖10区具有城镇户籍且自有产权住房人均居住面积低于10平方米(建筑面积15平方米)、上一年度人均可支配收入低于18287元的低收入住房困难家庭。统计结果显示，共有84377户居民家庭参与申报，接受入户调查核实的有79110户，符合低收入住房困难家庭条件的合计77177户，接近21万人。② 这次调查旨在弄清低收入住房困难家庭的住房状况、收入现状及具体住房需求，对建立低收入住房困难家庭的住房管理档案十分有利，并为相应住房发展规划与年度计划的科学制定提供了量化标准，还为全市公共住房政策体系的进一步完善提供了可靠凭证。

2008年8月17日，广州市委、广州市人民政府在《关于切实解决涉及人民群众切身利益若干问题的决定》(穗字〔2007〕2号，简称“惠民66条”)的基础上，印发《关于切实解决涉及人民群众切身利益若干问题的补充意见》(穗字〔2008〕9号，简称“补充17条”)，提出力争用1年左右时间解决2008年低收入住房困难家庭住房状况调查发现的2727户双特困户的住房问题。2008—2012年新开工建设不少于建筑面积463万平方米的政府保障性住房，在2012年年底前基本解决2008年全市登记在册的77177户城市低收入家庭的住房困难问题。2008年8月29日，为切实落实国办发

---

① “穗七条”的主要内容：①加大商品住宅用地供应量，多渠道增加住房供给，缓解住房供需矛盾；②加快政府保障型住房建设，切实解决中低收入住房困难家庭的住房问题；③加大闲置土地收回力度，盘活再利用存量土地，增大老城区住宅用地供应量；④加快推进老城区改造，改善人居环境；⑤加快用地和房屋建设审批；⑥开展房地产市场专项综合整治行动，创造公平竞争的市场环境和规范诚信的市场秩序；⑦加强宣传引导，创造良好的舆论氛围。

② 陈琳，丁烈云，谭建辉，周耀旭，吴开泽. 低收入家庭住房需求特征与住房保障研究——来自广州的实证分析[J]. 中国软科学，2010(10)：133-142.

〔2006〕37 号文、建住房〔2006〕165 号文、国发〔2007〕24 号文、建规〔2008〕46 号文以及粤建房字〔2006〕103 号文等文件精神，广州市人民政府出台了《广州市住房建设规划(2008—2012)》，提出“争取在规划期内基本实现城市低收入住房困难家庭‘应保尽保’，结合广州市低收入住房困难家庭住房状况调查结果，‘以需定供’地确定政府保障型住房建设计划”①。并指明住房建设的原则是：规划期内双特困家庭的住房问题实现当年新增、当年解决；着力加强经济适用住房管理，确保经济适用住房的公平、公正、公开分配，根据城市低收入住房困难家庭实际情况，完善租售并举的经济适用住房政策。

---

① 《广州市住房建设规划(2008—2012)》指出的住房建设需求情况与年度计划：住房建设需求情况是，市辖区内现有符合低收入住房困难条件的家庭 77177 户，考虑规划期内低收入住房困难家庭新增量，全市辖区约需提供 10 万套保障型住房。结合市住房保障办公室提供的 2.6 万套存量房源情况和住房调查成果，规划期内建设套数不少于 7.42 万套，建筑面积约为 463 万平方米；考虑城市旧城更新改造安置房源需要，最多要建设 10.76 万套，建筑面积约为 680 万平方米。

住房建设年度计划：①2008 年，各类住房建设总建筑面积 850 万～1180 万平方米。其中政府保障型住房建设 1.56 万～2.76 万套，建筑面积 100 万～180 万平方米，包括廉租住房建设 1600 套，8 万平方米，经济适用住房建设 1.4 万～2.6 万套，92 万～172 万平方米。②2009 年，各类住房建设总建筑面积 878 万～1190 万平方米。其中政府保障型住房建设 2.06 万～3 万套，建筑面积 128 万～190 万平方米，包括廉租住房建设 0.56 万～0.6 万套，28 万～30 万平方米，经济适用住房建设 1.5 万～2.4 万套，100 万～160 万平方米。③2010 年，各类住房建设总建筑面积 840 万～1060 万平方米。其中政府保障型住房建设 1.5 万～1.8 万套，建筑面积 90 万～110 万平方米，包括廉租住房建设 0.6 万套，30 万平方米，经济适用住房建设 0.9 万～1.2 万套，60 万～80 万平方米。④2011 年，各类住房建设总建筑面积 825 万～1050 万平方米。其中政府保障型住房建设 1.2 万～1.6 万套，建筑面积 75 万～100 万平方米，包括廉租住房建设 0.3 万～0.4 万套，15 万～20 万平方米，经济适用住房建设 0.9 万～1.2 万套，60 万～80 万平方米。⑤2012 年，各类住房建设总建筑面积 840 万～1060 万平方米。其中政府保障型住房建设 1.1 万～1.6 万套，建筑面积 70 万～100 万平方米，包括廉租住房建设 0.2 万～0.4 万套，10 万～20 万平方米，经济适用住房建设 0.9 万～1.2 万套，60 万～80 万平方米。

(2)廉租住房和经济适用房建设量增加。

2008年12月，国家发展改革委制定并颁布《珠江三角洲地区改革发展规划纲要(2008—2020年)》，提出“大力推进保障性住房建设，落实廉租住房、经济适用住房建设用地划拨、税费减免等优惠政策，加大政府投入力度，增强廉租住房对低收入住房困难人口的保障作用，完善住房货币分配和政策性租赁机制”。2009年12月11日，广东省人民政府印发《广东省基本公共服务均等化规划纲要(2009—2020年)》(粤府〔2009〕153号)，提出住房保障均等化的建设目标及实施路径。其中2009—2011年的阶段目标与实现措施是：“基本解决全省城镇户籍7万户低收入且人均住房建筑面积10平方米以下家庭的住房困难问题，试行建立政策性租赁住房制度。加大廉租住房建设力度，多渠道筹措房源：加大政府投入，省财政每年安排2亿元支持全省经济欠发达地区的廉租住房保障工作；全省每年投入23亿~30亿元，年均增加廉租住房实物配租1.2万户，其余以租赁补贴方式解决住房困难问题。通过土地划拨、税费减免等优惠政策，引导社会资金投入，增加经济适用住房供应，全省计划每年平均建成经济适用住房1.2万套，解决低收入家庭的住房困难问题”①。

2007年以后，广州市公共住房建设量逐年增加。2006—2008年，共安排廉租住房保障资金21.84亿元，确定保障型住房用地1.4公顷，总建筑面积291.2万平方米，约建成4万套保障型住房；迄今已通过各种途径解决了全市约70万户家庭的住房困难问题，并实现了对城镇“双特困户”家庭当年发现、当年解决的目标。② 根据《广州统计年鉴2007》的数据，广州城镇人均居住面积从1986年的7.11平方米提高到2007年的19.45平方米③，居民的住房条件

① 广东省人民政府. 印发广东省基本公共服务均等化规划纲要(2009—2020年)的通知[EB/OL]. [2009-12-11]. http://zwgk.gd.gov.cn/006939748/200912/t20091214_11575.html.

② 黄穗诚. 广州市住房保障办挂牌[N]. 广东建设报，2008-7-29.

③ 广州市国土房管局. 服务民生大举措 住房保障新里程[EB/OL]. [2008-7-25]. http://www.laho.gov.cn/xwzx/bjdt/200807/t20080725_160695.htm.

得到大幅改善。2008—2012 年，广州拟在规划期内建设政府保障型住房 7.42 万～10.76 万套、建筑面积 463 万～680 万平方米。其中，建设廉租住房 1.82 万～2.16 万套、建筑面积 91 万～108 万平方米，建设经济适用住房 5.6 万～8.6 万套，建筑面积 372 万～572 万平方米。具体如表 4-8 所示。

表 4-8　2008—2012 年广州市公共住房建设年度计划

年度	廉租住房			经济适用住房(新社区)		
	用地面积(千平方米)	建筑面积(万平方米)	预计套数(万套)	用地面积(千平方米)	建筑面积(万平方米)	预计套数(万套)
2008	0.04	8	0.16	0.46～0.86	92～172	1.4～2.6
2009	0.14～0.15	28～30	0.56～0.6	0.5～0.8	100～160	1.5～2.4
2010	0.15	30	0.6	0.3～0.4	60～80	0.9～1.2
2011	0.08～0.1	15～20	0.3～0.4	0.3～0.4	60～80	0.9～1.2
2012	0.05～0.1	10～20	0.2～0.4	0.3～0.4	60～80	0.9～1.2
合计	0.46～0.54	91～108	1.82～2.16	1.86～2.86	372～572	5.6～8.6

数据来源：《广州市住房建设规划(2008—2012)》。

3. 其他住房政策的主要内容及执行情况

2007 年，针对房价过快上涨的趋势，国家从土地、利率、税收等方面对房地产市场加以调控，但仍未能有效抑制房价过快上涨的势头。2008 年，广州市为了更好地调控房价，按照国家的房地产调控政策推出限价房，还出台了《广州市限价商品住宅销售管理办法(试行)》(穗府〔2008〕1 号)和《关于 2007 年、2008 年广州市限价商品住宅销售对象、最高销售价格标准的公告》(穗国房字〔2008〕19 号)，对限价房的销售和管理作出明确规定。

2009 年，为建立和完善保障性住房土地储备制度，确保保障性住房建设用地的优先保障和按需供应，广州市住房保障办公室根据《中华人民共和国土地管理法》《国务院关于解决城市低收入家庭住房困难的若干意见》《土地储备管理办法》以及相关法律法规规定，于11月23日在全国率先颁布公共住房用地储备文件——《广州市保障性土地储备办法》(穗住保〔2009〕124号)，提出公共住房土地储备应遵循“统一原则、有序原则、前瞻性原则与统筹协调原则”，不仅创新了公共住房土地储备机制，将公共住房土地储备单列，确保公共住房的长效供应，还优先储备闲置、空闲和低效利用的国有存量土地，多渠道筹集公共住房建设用地。至2010年为止，“广州市住房保障办共储备保障房用地红线4平方公里，其中0.72平方公里已用于之前的保障房建设，0.53平方公里将用于2011年项目的建设，2011年再实物储备用地2平方公里。”①

(三)以“公租房”为主要形式的公共住房阶段(2010年至今)

1.“公租房”政策实施的经济社会背景

公共租赁住房也称公租房，是指“限定建设标准和租金水平，面向符合规定条件的城镇中等偏下收入住房困难家庭、新就业无房职工和在城镇稳定就业的外来务工人员出租的保障性住房。公共租赁住房通过新建、改建、收购、长期租赁等多种方式筹集，可以由政府投资，也可以由政府提供政策支持、社会力量投资。公共租赁住房可以是成套住房，也可以是宿舍型住房”②。发展公共租赁住房，目的在于解决新入职大学生、外来务工人员等“夹心层”的住房困难。2010年后，随着国家公共住房政策逐步偏向保障居民“住有所居”，公租房政策得以大力推广。广州市第六次全国人口普查数据显示，“2010年广州市常住人口为1270.08万人，与五普相比增加了275.78万人，相当于增加了1个越秀区和1个海珠区人口的总和。从增幅上看，10年共增长27.74%，年均增长率为2.48%，高于全国(0.57%)和全省(1.90%)的平均水平。其中，外来人口增速高于户籍人口，外来人口(713万人)在常住人口中的比

---

① 蔡静霞.拿什么成就你，保障房——广州市保障房建设经验与启示[J].房地产导刊，2011(4)：49-51.

② 资料来源：中华人民共和国住房和城乡建设部令第11号《公共租赁住房管理办法》，2012-5-28。

重由 2000 年的 33.29%提高到 37.48%，成为广州人口总规模增长较快的主要原因”①。由于外来常住人口数量庞大且长期未纳入政府住房保障范围，因而发展公共租赁住房对于解决广州市常住居民的住房困难有着重要的现实意义。

为贯彻落实国发〔2010〕10 号文、国办发〔2010〕4 号文、国土资发〔2010〕34 号以及粤府办〔2010〕7 号等文件的要求，不断健全广州特色的多层次住房梯级供应和消费体系，满足不同层次居民家庭的住房需求，保持房地产市场的持续健康平稳发展，2010 年 4 月 30 日，广州市规划局、国土资源和房屋管理局联合公布《广州市住房建设规划(2010—2012)》。提出规划期内“按照总量控制、区域平衡、项目落实的总体要求，坚持以满足不同收入层次住房需求为导向，以加快解决夹心阶层住房问题为重点，有针对性地加强对房地产市场的宏观调控，实现住房供求总量基本平衡、结构基本合理、价格基本稳定”②。广州市自 1986 年实施住房保障以来，已累计为 70 万个家庭提供了住房保障。近年来，广州市政府更是进一步加大保障性住房的建设力度，由上述分析可知，“十一五”期间共开工建设保障性住房约 600 万平方米、8.07 万套，解决了约 8 万户低收入家庭的住房困难问题，惠及市民 25 万人左右。2005—2009 年，共开工建设保障房 291 万平方米，建筑面积为过去 20 年的 1.28 倍；2010 年新开工保障性住房面积达 308 万平方米，相当于前 4 年的总和。③ 迈进“十二五”，广州市执行公共住房政策的力度进一步加大，仅 2011 年就筹集保障房 91324 套，超额完成广东省下达的筹集 84959 套保障房的目标；提前一年完成 77177 户低收

---

① 搜狐网. 广州常住人口 1270.08 万人 外来人口占近 4 成[EB/OL]. [2011-5-17]. http://news.sohu.com/20110517/n307657020.shtml.

② 《广州市住房建设规划(2010—2012)》提出的政府保障性住房建设目标是：规划期内，建设政府保障性住房 8.08 万套、建筑面积 611 万平方米。其中，廉租住房 3.66 万套、建筑面积 220 万平方米；经济适用住房、经济租赁住房 3.0 万套，建筑面积 254 万平方米；政府限价房 1.42 万套、建筑面积 137 万平方米。

③ 刘雪明，李春蓉. 保障性住房政策执行中的地方政府责任分析——以广州市为例[J]. 中国房地产，2012(7)：30-36.

入家庭住房保障任务。①

为规范管理公共住房小区，建立健全相关后续监管长效机制，2010年5月10日广州市住房保障办印发《广州市保障性住房小区管理扣分办法(试行)》(穗住保〔2010〕65号)。同年7月26日，颁布《广州市住房保障工作接受社会监督办法(试行)》(穗住保〔2010〕112号)，确保公共住房资源的公平合理利用，保障低收入住房困难家庭的合法权益，促进住房保障监督工作制度化、规范化、常态化并主动接受社会监督。由前述统计数据可知，2011年广州市计划建设8.5万套保障房，其中公租房4.65万套、经适房8000套、廉租房6500套、限价房2300套、拆迁安置房1.82万套，公租房和廉租房合占比例高达62.36%。而在2007—2008年，广州市建设了1245套廉租房、3085套经济适用房，租赁型保障房所占比例只为全年开工保障房总量的28.8%。② 不难看出，自2010年以后广州市已将保障房的建设重心转移到公共租赁住房上。

2. “公租房”政策的主要内容和执行效果

2009年，广州市开展经济租赁住房政策试点，即政府新建或买房，以低于市场价格出租给拆迁户、新入职人员等“夹心层”。2010年10月，《广州市公共租赁住房保障制度实施办法(试行)》在网上公开征求各界意见，从此，公共住房经历了“以售为主”向“租售并举”，最后回归到“以租为主”的转变。为了准确掌握广州市“夹心层”住房状况和需求意愿，科学制定公共租赁住房建设规划，切实解决“夹心层”群体的住房困难，2010年10月22日至11月21日，广州市在全市范围内展开公共租赁住房需求调查。据粤府办〔2012〕12号文要求，从2012年起，广州市除正在建设和已批准立项的项目外，暂停新增建设经济适用房，自2013年4月12日起，

① 广州市住房保障办公室. 加强规范管理，确保公平善用——广州市保障性住房分配管理的主要做法[J]. 中国房地产，2012(3)：16-18.

② 新快网. 今年广州拟筹集8.5万套保障房 公租房占近6成[EB/OL]. [2011-4-2]. http://news.xkb.com.cn/guangzhou/2011/0402/128018.html.

市辖 10 区暂停受理申购经济适用房的申请。

2011 年 2 月，国务院与各地签订保障性住房目标责任书，其中广东省需要筹集保障性住房 31 万套，广州市需要筹集 8. 4959 万套，占全省总量的 1/4 强。2011 年年底，广州市 8. 5 万套保障性住房已全部开工，《广州市“十二五”住房保障规划》显示，十二五期间公共租赁住房建设比例将超过 60%。2012 年广东省发布《关于确认 2012 年住房保障工作目标责任的通知》(粤建保函〔2011〕908 号)，明确 2012 年广州市住房保障建设量为 4. 5 万套，竣工 7170 套，其中建设公租房 28000 套，占保障房建设总量的 62. 2%。随着保障房建设量的增大，广州市对保障性住房建设的财政投入也逐渐增多，2011 年为确保完成 8. 5 万套保障性住房的目标，市本级财政需投入资金 47 亿元。从土地出让净收益、住房公积金增值收益、单位住房基金增值收益等渠道提取保障房建设资金 35. 34 亿元，比 2010 年实际筹集数 25. 8 亿元增加 9. 54 亿元，增幅为 37%。①

为不断完善住房保障体系，加快发展公共租赁住房，广州市人民政府根据住房和城乡建设部令第 11 号文、粤府办〔2010〕65 号文和粤府办〔2012〕12 号文等政策要求，于 2013 年 1 月 25 日印发《广州市公共租赁住房保障制度实施办法(试行)》(穗府办〔2013〕3 号)。提出“自本办法实施之日起，廉租住房并入公共租赁住房管理，统一归类为公共租赁住房”；公租房可以通过新建、改建、购买、租赁、接管以及接受捐赠等方式筹集。2013 年 4 月 26 日，广州市住房保障办出台《广州市公共租赁住房轮候配租实施细则》(穗住保〔2013〕49 号)，对轮候册的建立，轮候号的管理，配租条件、原则、程序等做出明确规定，使公共租赁住房轮候与分配体系更具系统性。

2014 年 3 月 14 日，市住房保障办与民政局联合颁发《广州市公共租赁住房保障申请审查实施细则》(穗住保〔2014〕13 号)，强调进一步规范公租房保障申请审核相关工作，确保公租房公开、公平、公正分配。2014 年 3 月 21 日至 4 月 9 日，为推进广州市新型

---

① 广东省财政厅. 广东省广州市八项措施落实保障性住房建设资金[EB/OL]. [2011-7-15]. http://money. 163.com/11/0715/10/790D8RQ800253B0H.html.

城市化建设进程，探索基本公共服务向来穗人员延伸，《广州市来穗人员申请承租市本级公共租赁住房实施细则》(试行)(征求意见稿)，正式向社会公开征求意见。截至2013年年底，广州市新开工保障房18110套，其中市本级新开工10307套，东建菠萝山(二期)、萝岗中心城区(二期)四区、华垦黄金围经济适用房、华枫集贤庄公租房和东新高速以东(二期)5个项目：新建公租房3487套，新建经济适用房392套，新建限价房4580套，新建拆迁安置房1848套。①

3. 公共住房政策类型与供应对象

广州市从1986年开始实施“解困房”，并逐步发展演变为2010年的“公共租赁住房”，已基本形成了“橄榄球”形状的租售并举、多层次的住房供应体系。目前广州市的公共住房类型主要包括廉租住房、公共租赁住房、经济适用住房(解困房、安居房)、限价商品住房等，住房保障对象涵盖范围越来越广，保障方式和手段也更为灵活。如图4-6所示。

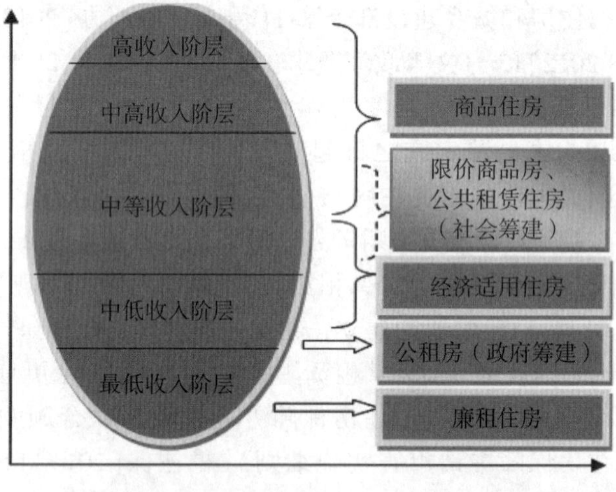

图4-6 广州市多层次住房供应政策体系图

① 数据来源：广州市住房保障办公室《广州市2013年保障房新开工项目目标任务完成情况(截至2013年12月25日)》，2013-12-26。

在广州市公共住房政策体系中，①廉租住房：供应对象是家庭人均年收入7680元(2010年调整为9600元)以下、人均居住面积低于10平方米、家庭净资产额为7万元以下的双特困户家庭。②经济适用住房：供应对象是家庭人均年收入18287元(2010年调整为22080元)以下、人均居住面积低于10平方米、人均家庭净资产限额为11万元以下的城镇低收入家庭。③公共租赁住房：其一，政府投资建设的公租房，主要用于解决符合经适房申购条件、但却没有支付能力的内“夹心层”的住房问题，其准入条件与经适房条件基本相同。其二，社会力量投资建设的公租房，主要用于解决超出经适房申购条件、但没有能力购买普通商品房的外“夹心层”的住房问题，包括新入职大学生、外来务工人员等。④限价商品住房：主要用来解决超出经适房申购条件、但没有能力购买普通商品房的外“夹心层”的住房问题。按照《广州市限价商品住宅销售管理办法(试行)》(穗府〔2008〕1号)和《关于2007年、2008年广州市限价商品住宅销售对象、最高销售价格标准的公告》(穗国房字〔2008〕19号)规定，2007年和2008年申购限价房收入条件的限制确定在家庭税前收入不超过20万元，个人税前收入不超过10万元。广州最近推出的限价房是位于萝岗区的宏康和园项目，该项目在2011年4月正式公开发售。① 以上四类公共住房政策类型如表

① 补充说明：根据穗府〔2008〕1号《关于印发〈广州市限价商品住宅销售管理办法(试行)〉的通知》，“限价房自办理房地产权属登记之日起5年内不得出租和转让。已购限价房者自办理房地产权属登记之日起5年内，因购买、继承、赠与、析产等原因再次拥有自有产权住宅的，应当在办理再次拥有住宅的产权登记前申请由市国土房管局回购或安排符合限价房购买资格者购买。回购或购买的价格按照原销售价格结合成新确定；市国土房管局放弃回购或未安排符合限价房购买资格者购买，以及再次拥有自有产权住宅时限价房办理房地产权属登记已满5年的，应当向政府补交土地收益价款。限价房补交土地收益价款应按照出租和转让时同地段、同类别商品住房市场价格与限价房购买价格之间差价的70%计算”。然而，该政策出台后并无后续的修订实施细则，现在的市场环境与7年前相比已大大不同，如果沿用之前的申购、退出政策恐怕不能适应新的住房保障情况，偏离住房公平的政策目标，因此需要及时加以调整完善。此外，广州市近4年时间并未开发建设新的限价房项目，该政策缺乏可延续性，所以本书对此不再展开深入探讨。

4-9所示。

表4-9 广州市公共住房政策类型与供应对象

公共住房类型	供应对象	准入标准
廉租住房	双特困户	经民政部门核定的低保家庭、低收入困难家庭或市总工会核定的特困职工家庭且符合廉租房保障条件
	低收入家庭	家庭人均年收入9600元以下，人均居住面积低于10平方米，家庭人均净资产限额为7万元以下
公共租赁住房（政府筹建）	低收入家庭	家庭人均年收入18287元，无自有产权住房且未享受过本市购房优惠政策，现无租住廉租住房、直管公房或单位自管公房，家庭人均净资产限额11万元以下
经济适用住房	低收入家庭	家庭年人均可支配收入18287元以下，人均居住面积低于10平方米，家庭人均净资产限额为11万元以下
公共租赁住房（社会筹建）	中低收入家庭	具有广州市市区城镇户籍，并在广州市工作或居住。无自有产权住房或自有产权住房人均建筑面积低于15平方米；租住的直管房、单位自管房人均建筑面积低于15平方米；未享受过购房优惠政策；5年内未在本市进行房产产权转移。收入标准参照城镇居民人均可支配收入的60%左右确定，家庭人均净资产限额低于13万元
限价商品住房	中等收入家庭	家庭年人均可支配收入不超过7万元，首次置业的中等收入家庭

第二节 广州市公共住房政策执行力部分偏移的突出表现

广州作为我国改革开放的前沿城市，位处珠江三角洲经济圈的核心地位。随着广州城市化进程不断向纵深推进，其公共住房体系也在不断完善。截至 2013 年年底，累计开工建设和筹集保障房已达 23.17 万套，通过实物配租和租赁补贴两种方式已解决 11 万余户困难家庭的住房问题，累计人口 33 万余人，基本实现在册低收入住房困难家庭“应保尽保”。① 大量公共住房相继投入使用，其管理也就成为真正解决好中低收入群体住房困难的关键。为此，广州学习借鉴新加坡、香港等区域的先进经验，在规范公共服务管理、创新相关技术手段等方面进行了有益的探索和实践，不断提高公共住房管理服务水平，较好地实现了公共住房资源的公平合理善用，使之真正惠及有需要的市民。但是，广州市公共住房政策体系在建设中也还存在一些瓶颈问题，如公共住房政策执行规划力缺乏长远取向、服从力未完全到位、公信力呈现下降势头、监控力覆盖不全、问责力不够具体明确等，一定程度上影响了广州市公共住房政策的执行效果和住房管理效率，使其部分偏离了原本的住房政策公平目标，制约了公共住房的可持续发展。

一、政策执行规划力缺乏长远取向

（一）政策规划的界定及其取向

规划理论分为两大类：实质和程序。前者是有关具体的功能，如土地、交通、住房等；后者是有关哲理与机制，如组织、程序、价值等；从 20 世纪中期开始，程序理论成为规划理论的主流。②

---

① 广东省信息中心. 广州 6600 公租房年底推出共 5992 户入住保障房[EB/OL]. [2013-12-20]. http://www.gdic.gov.cn/gdic/detail/tabid/56/mouid/467/Id/6473/Default.aspx.

② [加] 梁鹤年. 政策规划与评估方法[M]. 丁进锋，译. 北京：中国人民大学出版社，2009：4.

政策规划是公共政策过程中具有重要意义的阶段，社会公共问题一旦被提上政策议事日程，公共政策运行就进入拟定备选方案的规划阶段。公共政策规划，指的是政策行动主体在对政策问题分析研究的基础上，经过民主的程序和方式，运用专业知识和技术，提出相应的解决政策问题的办法或方案，为政策决策提供必要前提的过程。政策规划既是一种运用技术手段对解决政策问题的途径进行精心设计的活动，又是政策行动主体之间为实现公共利益而展开的竞争和合作活动。① 借助这一规划手段，地方政府既可以明确并提倡重要的社会价值及道德行为准则，并据此罗列出化解诸多政策矛盾与问题的优先次序，还可以用来检测公众对政策是否理解、能否达到足够信任和支持，同时产生良好的社会价值舆论导向与符合标准的利益行为。

根据公共政策专家罗伯特·梅叶(Robert Mayer)的观点，公共政策规划主要有下列取向②：①目标取向。这种目标取向要求政策行动规划必须具有可指导性与一定的前瞻性，而要达到政策规划策划安排的理想状态或结果，就需要考虑政策目标与政策资源的配合，围绕未来预期达成的目标，进行人力、物力、财力方面的支持和投入。②变革取向。政策规划必须具有持续的创新性，即关注实质执行，在观念、行为、时间、人际事务关系等方面有所改革，以此来回应现实的挑战，并一步步地迈向未来的应然状态。③选择取向。政策规划的焦点集中于选择并设计相应的行动方案，包括一系列精心设计和艰难选择的政策行为，因此方案在最初设计上需要注意向宽广度、纵深度以及可持续性方面发展。④理性取向。在政策规划中，政策行动方案的设计者需要时刻思考政策情境、政策目标、政策工具之间的有效搭配，不断增强政策规划的可行性。

(二)广州市住房政策执行规划力不足的常见反应

政策执行规划力不足，是指公共政策执行人员在执行政策时不

① 严强. 公共政策学[M]. 北京：社会科学文献出版社，2008：152.

② 张成福，党秀云. 公共管理学[M]. 北京：中国人民大学出版社，2001：107.

能顾全大局，常采取“为我所用、趋利避害”的做法，使得原本严密紧凑的政策分崩离析，乃至得到与当初规划相违的后果。因为地方政府面临的是千变万化的外界环境，在执行公共政策时拥有适当自由裁量权是必要也是必需的，但某些行政执行人员任意扩大自由裁量范围，对政策加以过度诠释运用，无视原有的精神主张，导致政策执行效果与目标期望大相径庭，政策执行规划力不足。① 这一突出反应是“政策导向多变”，即公共政策在执行中由于缺乏长远规划，完整的政策在选择性执行时变得残缺不全，其内容主旨不能准确无误地传达给目标利益群体及相关人员，政策的整体性功能难以正常发挥。

回顾我国及广州市公共住房的改革发展，可以发现政府部门对公共住房的认识是一个由浅入深的过程，但由于住房政策导向涵盖多个方面，政府机构缺乏长远的住房政策规划。房改开始时，政府希望减少在房屋建设、维修、管理上的负担，改变住房投资渠道单一的现象，加快住房开发建设以解决城市中低收入家庭的住房问题，1994—2002 年的住房政策改革基本上是围绕该目标展开。自从 2003 年之后，住房改革开始将房地产当作新的经济增长点，明确规定房地产业是国民经济的支柱产业，由此进一步繁荣了住房市场，出现了全国范围的房价飙升。直至 2005 年后中低收入阶层住房问题不断显现，政府及社会各部门才重新认识到公共住房所能发挥的重要调节作用。不仅如此，有关公共住房方面的政策一般以政府文件形式下发，欠缺法律法规的束缚，凸显政策随意性与多变性。

按照《国民经济和社会发展第十二个五年规划纲要》，“十二五”期间全国需要新建保障性住房 3600 万套，前两年每年建设 1000 万套，后三年还有 1600 万套，从而使得保障性住房的覆盖面达到 20%左右。广东省“十二五”规划则要求建设保障性安居工程 180 万套，其中 2011 年的建设任务是 31 万套。在这份前所未有的公共住房规划卷轴里，广州市分到的建设任务额相当庞大，“十二

① 丁煌，周丽婷. 地方政府公共政策执行力的提升：基于多中心治理视角的思考[J]. 江苏行政学院学报，2013(3)：112-118.

五”时期广州市需新增保障房建设面积1000万平方米以上。广州储备用地主要是供给市区两级政府组织建设保障性住房，由于社会力量参与开发建设的不确定性，此次规划储备用地共需建设保障性住房19万套；按照每套50平方米、地块容积率2.8计算，需要净用地360公顷，占地规模相当于6个珠江新城大小，约可解决98万人的住房问题。根据《广州市保障性住房土地储备规划(2011—2015)》，已筛选出保障性住房储备用地82宗，其中白云区34宗、番禺区28宗，成为未来保障房选址大户，如图4-7所示。① 由图4-7可以看出，目前公共住房土地储备布局还欠均衡，大多集中在

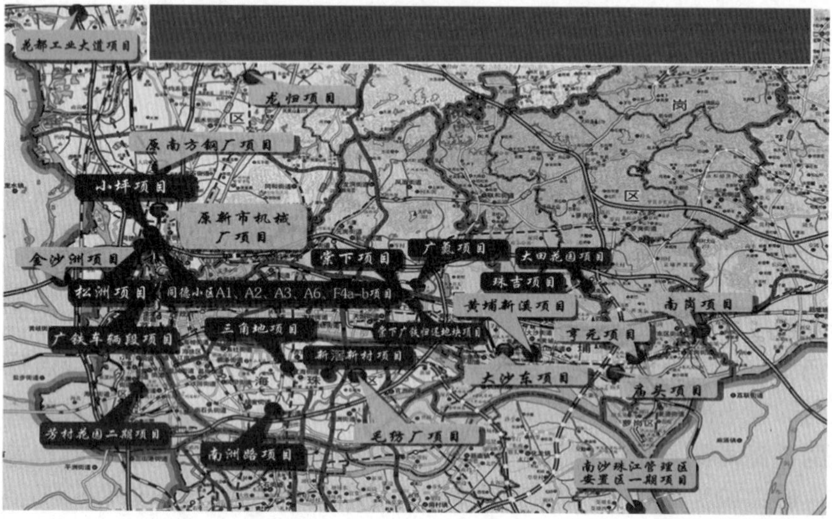

图4-7　广州市保障性住房动工建设项目位置示意图

白云区和番禺区，市民可能基于通行成本及生活成本过高等因素，不愿意搬到政府建设的地理位置比较偏远的公共住房小区。另外，以平均建安成本2500元/平方米、简单装修成本500元/平方米计算，完成这些建设任务需要资金250亿元左右，加上其他相关支

① 广州房地产网. 广州5年内储备6个珠江新城 将建设19万套保障房[EB/OL]. [2011-12-20]. http://gz.fzg360.com/news/201112/23505_3.html.

出，公共住房建设需投入更多资金。这些实际存在的难题再次凸显了住房规划方面带有一定的任务性，具体政策执行力值得商榷。

正是由于政策执行规划力不够长远，广州老城区存在大量以街坊为单位的连片破旧住宅，这与周边经过旧城改造的翻新或新开发住房在建设高度、房屋结构和居住档次上形成鲜明对比。这类住宅主要集中分布在越秀、荔湾、芳村等老城区和海珠区西北部，尤其是越秀区解放中路、北京路和文明路沿线，荔湾区中山八路、康王中路、人民路沿线，芳村西村工业区附近以及海珠区南华路、宝岗大道、洪德路沿线较多。① 从房屋来源上区分，一是中华人民共和国成立前遗留下来的住房，二是中华人民共和国成立后政府负责修缮或新建的住房，三是随着工业园区开发建设的职工住房；从产权属性上区分，一是老城区居民所有通过自建或购买的私人房屋，二是政府拥有提供给特殊困难群体租住的公有住房。这类住房由于建筑年代久远，一般是1~3层的砖瓦结构房屋，建筑密度大、间距较小，居住人口相对稠密，住所整体环境较差。而且由于原住居民迁移、住房荒废失修等原因，导致部分房屋闲置坍塌，仍在租用的住房也沿用原来的架构，内外部均比较破损、室内使用面积狭窄，并无明显改观。这种高档新式楼盘与老式低矮破旧住宅并存的局面，无疑加大了城市规划、拆迁管理工作的难度，对旧城改造住房政策执行力提出挑战。

二、政策执行服从力没有完全到位

（一）政策服从及其具体内容

“服从”常见于企业管理中，美国通用公司总裁杰克·韦尔奇(Jack Welch)曾指出，“不懂执行的管理者，一定是最糟糕的领导者，他能把公司带入歧途；最善于服从的员工，迟早都会成为这个公司中最有活力和地位的精兵”②。在公共管理领域，服从是指地

① 李厚强. 广州城市居住空间分异研究[D]. 广州：暨南大学硕士论文，2010：28.

② 葛拉翰. 服从执行：提高管理效率 培训精干员工[M]. 北京：线装书局，2004：2-3.

方各级政府在上一级的领导下，产生符合政策要求的执行行为，服从的重要意义在于它对政府机构和社会团体的协调发展发挥出来的调整功能。首先，服从是组织价值观的具体体现。政府部门及其人员需要坚持的原则是：“个人服从集体、下级服从上级、局部服从整体。”在集体行动中，政策执行行为首先讲究的就是服从，只有完全信服，才能达成上下政令一致。其次，服从还是对上级政策的认同和尊重的表现形式。在现实中，如果上级下达命令或指示的时候，下级采取各种方式变相加以实施，无疑会造成正常的政策指令不能及时得到贯彻执行，也会给公共利益带来不必要的损失。

政策服从的主要内容包括：①没有任何借口地服从命令。首先，所有组织皆要求遵照上级政策指令办事，这是政策服从的最重要反应。鉴于政府活动强调整体推动，下级机构或组织服从并执行上级颁发的政策指令只是其中组成之一，不能由于下级的不作为而影响到整体进程。其次，服从要直截了当，这意味着下级能够接受组织的考验而不是推卸责任。最后，先接受再沟通，马上按政策指令行动。可是，“马上行动”与草率行事有着本质区别，自身定有明确的目标要求、运行准则、考核奖惩标准等，做到令行禁止，切实提高政策执行力。②不理解的政策要执行，有异议的政策也要执行。首先，对于不理解的政策要服从，由于下级所处位置的高度和视野不够，因此所能获得的信息就没有上级领导那样全面和完整。其次，有异议的政策也要服从，有时上级的政策指令不一定完全正确，要先服从，然后再向上提出建议，共同商讨更合适的决策。③服从并不等于盲从。在政府工作中，难免出现上级决策失误的情况，因此，无原则地服从也十分危险。首先，提倡服从、杜绝盲从。服从是遵守、顺从，盲从是没有原则地盲目认可。其次，主动开拓，不要总是被动服从。④服从力是指发扬求真务实精神，做好本职工作的能力。各级政府要坚持实事求是原则，按照客观规律办事，增强政策执行工作的责任感，从文山会海中解脱出来，创造实实在在的成绩。① 当前有些部门和地方政府，“官僚主义、形式主

---

① 徐珂. 政府执行力[M]. 北京：新华出版社，2007：64-71.

义”的顽症还没有得到根治，如果任其蔓延，不仅会影响各级政府的形象，还会损害政策执行力。

（二）广州市住房政策执行服从力未完全到位的不良作用

政策执行服从力缺失，一般指的是执行人员在执行政策时敷衍塞责、延宕推脱，实际上并未采取可操作性的具体措施来执行上级的政策。① “有令不行”是对本该执行的政策直接采取无视、不予执行的态度，导致这一现象的原因是部分地方政府“官僚主义”作风严重，“官本位”色彩浓厚，责任意识低下，不执行上级的命令和指示，不落实国家的法律法规，属于典型的失职渎职行为。“有禁不止”是对中央和上级的政策置若罔闻、消极抵抗。我国地域辽阔，各地方的具体情况千差万别，不是所有的政策都能够顺利实施进而产生相应的效果，这就为某些地方政府“钻空子”提供了便利，他们过分强调自身条件的特殊性，打着“因地制宜”的旗号违抗上级政令。由于政策执行服从力未能完全到位进而损害公众利益，消耗政策资源，助长了地方保护主义行为。

在住房政策改革上，近些年国务院有关部门分别出台了一系列调控措施，收到了初步成效，但是，一些大中型城市的房价并没有得到有效控制，相反还出现报复性反弹。例如，“新国八条”突出强调要调整住房供应结构，加大保障性安居工程建设力度。“各地要通过新建、改建、购买、长期租赁等方式，多渠道筹集保障性住房房源，逐步扩大住房保障政策覆盖面。加强保障性住房管理，健全准入退出机制，切实做到公开、公平、公正”。但是不少城市仍在不断增加大户型、高档住宅的开发数量，武汉“六连号”事件、郑州“经济适用房土地建别墅”等一系列负面新闻长期笼罩在这个多年来为人诟病的公共住房产品上。政策执行主体在执行住房政策时，常常从自身或部门利益需要出发，选择性地建设经济收益大的普通商品住宅或高档住宅，而对于需要大量投资开发的廉租房等公共住房不予执行或延期执行，使得政策原本的调整住房供应结构目

---

① 丁煌，周丽婷. 地方政府公共政策执行力的提升：基于多中心治理视角的思考[J]. 江苏行政学院学报，2013(3)：112-118.

标变成“雾中花、水中月”，住房政策执行服从力凸显不足。

由于土地供应紧缺，广州市新建的公共住房大多偏离城市中心区域，在老城区更是分布稀少。经过前些年的开发，政府现今已不大可能提供大量储备土地用于公共住房建设，哪怕有成片土地供应，地理位置皆比较偏远。当下公共住房选址主要集中在白云区金沙洲、龙归镇、江高镇以及萝岗区、黄埔区等地域。这些小区周边的交通设施不甚完备，学校、医院等基本配套明显滞后，提高了居民的生活成本。甚至对于某些低收入家庭来说，因为住所附近很难找到合适的就业机会，而进入中心城区工作则要以较高的通勤成本为代价，于是不得不牺牲就业。然而，根据市住房保障办的调查统计，2008 年广州城市居民最低生活保障家庭籍 77177 户，其中 82%集中在荔湾、越秀、海珠等老城区。① 如图 4-8 所示。倘若打算使这类家庭入驻新建的公共住房小区，必然迫使其搬离中心城区，甚至离开长久居住的熟悉环境，尽管一定程度上能够缓解收入困难阶层的住房问题，但是，这样不光提高了他们的生活成本，还造成诸多不便，有悖政策公平的初衷。

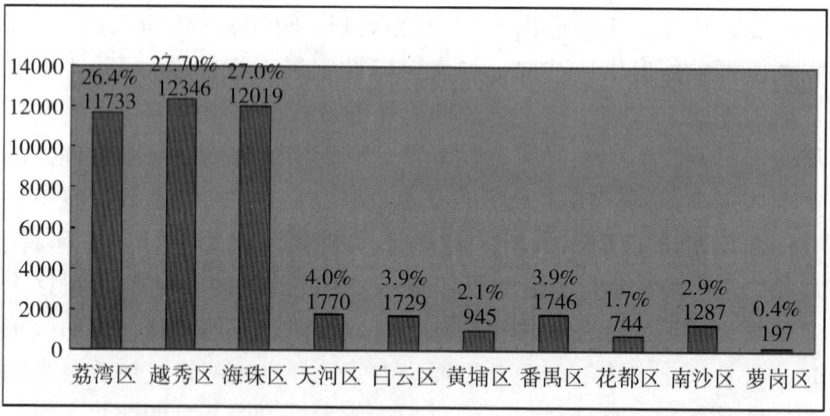

图 4-8 广州市符合廉租住房保障条件的调查对象分布区域

---

① 王卫国. 穗逾 20 万人住房困难 5 年内建 7.42 万套保障房[N]. 南方都市报，2008-8-21.

广州出现的廉租房弃住现象，充分说明目前我国廉租房建设存在选址上的通病。加之公共住房小区居民的“同质性”比较高，他们在价值观念、文化水平、收入状况甚至职业选择上都具有很强的同一性，如果政府及社会组织对这种群体缺乏积极的引导教育，新的矛盾与问题就会在不经意间发生。例如金沙洲保障房小区由于低收入群体过分聚集，滋生出一定的负面影响，诸如过于依靠政府保障、就业积极性普遍低沉等消极因素不断在住户中扩散，闲聊无事、酗酒打架、公共卫生及治安状况比较糟糕成为常态。由于这类人群同质性强，容易引发群体性纠纷事件，使得公共住房的管理难上加难。

三、政策执行公信力出现下降趋势

(一)政府公信力的界定及其对有效执行的意义

在社会科学中，信任被认为是一种依赖关系。即是这样一种心智状态：当一个人面临风险情境时，对他人的动机抱有积极的期望或信心。① 政策的有效执行是以政策目标群体对推行的政策认同和接受为前提条件，而政策能否被认同很大程度上取决于作为政策目标群体的社会公众对作为政策执行主体的政府官员是否信任以及信任的程度。② “政府公信力”是一个中国化的概念，英文文献中的相关研究主要集中在政治信任、政府问责等方面。政府公信力是指政府在施政过程中通过合理、有效地履行其功能和职责而取得公众信任的能力，是政府的一种执政能力和执政资源。③ 目前国内有关政府公信力的研究主要可概括为两方面：一是从政府主体出发，将政府的领导行为、经济表现、体制作用等归为政府的影响力和执行力，是其行政能力高低的客观反应；二是从政府客体出发，认

① ［美］尤金·巴达赫. 跨部门合作：管理巧匠的理论与实践[M]. 周志忍，等，译. 北京：北京大学出版社，2011：194-195.

② 丁煌. 浅谈政策有效执行的信任基础[J]. 理论探讨，2003(5)：91-93.

③ 朱光磊，周望. 在转变政府职能的过程中提高政府公信力[J]. 中国人民大学学报，2011(3)：120-128.

为政策的合法性与有效性来源于政府在公众心目中的地位和评价，即民众对政府及其工作人员的满意度、信任度、认同度以及信服度。

加强政府公信力建设，构建政府公信力与公共服务、社会管理之间的有机联系，对于政策的有效执行具有普遍意义。第一，从理论而言，政府公信力不仅事关我国国际形象的塑造与地位的提升，还对市场经济发展与诚信文化建设，特别是对解决社会和谐进程中出现的各种矛盾和问题，维系良好的公共服务与信任纽带，提高政府权威和政策执行力，具有难以预计的促进作用。第二，从实践来看，随着我国迈入城市化高速发展阶段，公民整体素质不断提高，网络通信技术正以一种史无前例的扩张速度在社会各阶层之间逐步普及并产生重要影响，使得信息传播更加透明高效，公民对政府信任的表达也变得更为直接且低成本。政治生态环境发生的巨大变化对政府公信力提出了严峻考验，及时、准确地把握住公共服务价值和政策偏好，对于凝聚民众话语共识，拓宽政府公信力的发展路径①，提高公共政策执行力起到重要的功用。随着国内民主政治进程的进一步加快，政府(政策)公信力建设已成为评估各级地方政府行政能力高低的关键指标，也是衡量政府软实力的核心评判标准。我国现阶段公共住房政策执行力之所以不高的主要症结在于，作为住房政策执行对象的社会公众对作为住房政策执行主体的行政人员产生信任缺失，因而难以对其所执行的政策形成高度认同。

(二)广州市住房政策执行公信力下跌的重要体现

政策执行公信力下跌，即是指执行主体在政策执行过程中凭借个人喜好杜撰某些名不符实的内容，盲目扩大政策外延，造成政策调整目标、对象范围等超越原来的规定，因此政策不能到位甚至被扩大化执行，从而影响到政策执行力的最终成效。其中，最为醒目的表现形式是“搭便车”，政策执行人员常常打着贯彻上级文件精

---

① 陈永国，钟杨. 公共服务、政府管理对政府公信力的影响——中国城市政府公信力问题的调查研究[J]. 上海交通大学学报(哲学社会科学版)，2012(3)：16-23.

神的旗帜，自作主张地执行只与区域或部门利益相关的“土政策”。这些“土政策”与原政策之间具有一定的相似性，它们要么被误传为原政策的执行条件，要么被诠释为原政策的执行手段；与原政策捆绑执行以后，不但放大了原政策的执行界域与影响，改变了原政策的作用功能，出现“政策迁徙”，还从政策质量与数量等方面造成执行公信力下跌。

为了提高城镇居民居住水平的住房公积金政策，在实际执行中不免出现公信力下降问题。根据《住房公积金管理条例》(国务院令第350号)，包括国家机关、国有企业、城镇集体企业、外商投资企业、私营企业及其他企事业单位、民办非企业单位等所有单位，都有为职工缴存住房公积金的义务。但从实际缴存情况来看，公积金的缴存单位主要集中在行政事业单位和国企，私企等非公有制单位缴存的不多。大量下岗职工、个体工商户和农民工群体由于就业状况没法参与公积金缴存，在工资体系中也缺少应有的住房消费资金，丧失了申请公积金贷款的基本条件，这就造成最需要政策扶持的群体直接被排除在政策系统之外，影响到公积金的覆盖面和归集量，进一步加剧社会分化。该条例还规定，住房公积金管理中心可以对不按规定缴存的单位实行经济处罚，但是向法院申请强制执行，不仅成本高、周期长、效率低，而且遇到恶意违法行为时，管理中心往往一筹莫展。因为该中心不像劳动部门那样具有调阅企业用工情况、财务账册等资料的行政执法权，很难获得准确的工资数额；而向法院申请强制执行需要提供执行的具体金额，在这些限制因素下，申请强制执行也就成为一句空话。

《住房公积金管理条例》还规定，住房公积金实行的是个人账户积累模式，即由单位和个人按照工资的一定比例同时缴交相同份额，纳入个人账户，归个人所有。但是，该政策并没有考虑到缴存人的购房能力问题，现实是收入偏高、资信优良的群体获得房贷资格的可能性越大，这是资本追逐利润以致产生消费信用的必然结局。一般来说，各地住房公积金最低起征点即缴费工资基数下限，是当地上一年度最低工资标准；上限为当地上一年度平均工资的2~3倍。由于缴存率和缴存基数的累积效应，导致社会成员公积金账户收入差距高达5~10倍①，加大了社会不公平行为，两极分化日趋明显。虽然该政策对公积金缴存基数和比例实行上下限制，但从使用环节来看，买房人不但可以按规定提取个人账户资金支付房款，还可借助利率优惠获得公积金贷款，即借用他人账户资金。在贷款购房的群体中，绝大多数是中等或较富裕阶层，真正的低收入阶层仅凭工资和公积金贷款很难买得起相应住房，这显然又形成了一个新的"购房悖论"。

从住房政策执行现状来看，一方面，各城市经济发展速度及住房市场差距很大，造成发达地区如北京、上海、广州等城市公积金个贷资金来源不足；而经济发展缓慢地区如贵州、甘肃、新疆等地则闲置过剩。并且，公积金不具备金融功能，系统内不能跨地区调度资金余缺，造成城市间公积金利用率严重不平衡。另一方面，按规定公积金只能用于发放个人购房贷款和购买国债，但近几年国债市场疲软，国债利率又低于同期贷款利率，所以公积金的使用渠道只剩下单一的购房贷款。可是，个人购房贷款受到城市住房消费市场活跃程度的影响，并非仅靠行业主观努力就能决定。此外，还因公积金贷款资金安全要求过高，担保条件比较严格，部分月缴存额较低的中低收入群体很难利用公积金贷款购房。由于利率的低存低贷，造成无法贷款的广大中低收入缴存群体的低息储蓄损失，并产生不断向有能力贷款的高收入缴存群体进行隐性逆向补贴的不公平现象②，住房公积金的扶贫、保障功能逐渐弱化，低收入群体的购房愿望往往难以实现。

四、政策执行监控力未能全面覆盖

(一)政策监控的含义及基本功能

"监控"是对已经采用的政策执行过程及其结果展开监督控制，

① 朱婷. 住房公积金问题研究[M]. 北京：社会科学文献出版社，2012：26.

② 丛诚. 中国住房和公积金制度发展大纲[M]. 上海：上海辞书出版社，2008：97.

从而产生某些与执行相关的经验知识，并在政策执行阶段为政府决策者提供参考。众多政府部门皆重视在公共教育、社会福利、住房与科技等领域，按照各类评估指标对政策执行的成效施行常规监控。“监控有助于考察政策的顺从程度，发现政策项目没有考虑到的结果，识别政策执行的障碍和限制，确定政策偏离的责任归属。”①政策监控是政策监督与控制的合称，是为了确保政策的合法化与贯彻实施而对政策的制定、执行、评估和终结等活动进行监督与控制的过程。② 主要目的是促进既定政策目标的实现，提高政策制定与执行的质量水平和效率标准，从而保障政策体系的顺利运转。对于政策系统来说，通过政策监控子系统及相应的监控活动可以检验政策方案是否具有一定的科学性和可行性，进一步找出政策目标与执行手段以及实际绩效之间的差距，发现问题根源出处，并探寻解决问题的新方法，比如调整政策目标、重新配置资源、加大政策执行力度等。③

政策监控主体一般由从事政策监督和控制的个人、团体或组织构成，既有官方主体也有民间组织，主要任务是保证政策系统的良性运行和政策目标的实现，减少决策失误，避免政策执行异变。基本功能包括：①确立政策监控标准。政策监控主体需要将具有一般性、原则性特点的政策目标转化为具体的、可测量的监控标准，作为实施监控的依据。②衡量政策绩效。注重对执行过程中资源有没有被合法、合理的利用，有没有以权谋私等不法现象，有没有因执行主体的主观原因造成重大过失等。③信息反馈。监控主体还需要将政策执行的效果、效率和效益反馈给决策者。④纠正政策偏差。在发现和确认政策执行偏差的基础上，分析偏差产生的原因，并予以纠正。政策过程的每个环节，包括政策规划、政策制定与执行、

---

① ［美］威廉·邓恩. 公共政策分析导论(第二版)[M]. 谢明，等，译. 北京：中国人民大学出版社，2010：13.

② 钟裕民. 政策监控视域中公共政策滞后之防范[J]. 广东行政学院学报，2010(3)：28-31.

③ 陈振明. 公共政策分析[M]. 北京：中国人民大学出版社，2003：299-301.

政策评估与反馈乃至政策终结，凡是担负这些功能的个体或组织都可纳入政策监控对象范围。政策监控主客体之间并非简单的监督与被监督的上下呼应关系，而是相互交叉重叠，呈现出复杂的平行网状结构。①

（二）广州市住房政策执行监控力纰漏的集中表现

我国目前执行系统的监督机制，因体制的依附性难以正常运转；权力机关的监督职能，因其有“权”无力而没法完全履行；新闻媒体的舆论监督，因受行政干预而无法释放全部能量；社会监督因投诉不畅、缺乏保障而难以发挥作用，这些因素直接导致政策执行监督乏力。相比较而言，政策执行监控力纰漏或未完全覆盖集中表现在：公共政策执行主体在政策执行过程中，不加节制地使用行政权力，甚至采取非法执行的方式，使得执行力全面受损。导致这一现象的主要原因在于，执行主体基于自身利益并没有向执行对象详细解释和宣传政策，相反还利用政策的整体性和抽象性，有意结合本地实际作出新的解答。当政策执行对象对政策精神主旨产生错误理解或出现不合作、消极抵抗等非理性行为时，执行主体又常采用经济处罚、武装制裁等手段横蛮地执行公共政策。

2009 年 12 月 31 日，广州市人民政府公布《关于加快推进“三旧”改造工作的意见》（穗府〔2009〕56 号），明确提出要用 10 年时间基本完成广州市“三旧”改造，在未来 3~5 年时间基本完成位于城市重点功能区的 52 个城中村的重建改造工作，并将实行税费减免和返还等政策优惠，吸引社会资金参与。据统计，“三旧”改造未来将为广州新增高达 353 平方公里的建设用地，相当于其未来 10 年新增建设用地的 2.4 倍。② 然而，在旧城重建改造过程中，频频曝光的强制拆迁事件，充分暴露出公共政策执行过程中由于监控力纰漏，执行主体不断放大其拥有的权力，迫使政策结果偏离原有的政策目标。

广州是一座拥有 2200 多年历史的文化名城，散落于城市中心

---

① 张国庆. 公共政策分析[M]. 上海：复旦大学出版社，2004：368-371.

② 蒋悦飞. 三旧改造能腾出广州 1/10 市中心[N]. 广州日报，2010-3-20.

颇具岭南风情的古建筑，则是这座城市凝固的历史、活的名片。然而面对城市飞速发展的步伐，它们正遭遇消失的危机。2013 年 6 月 10 日晚，仅靠一纸“缓拆令”保命的民国建筑金陵台、妙高台，一夜之间被开发商夷为平地①……其实自 1982 年广州成为全国首批历史文化名城开始，关于历史文化保护与开发建设之间的博弈就从未停止过。近几十年来的十多次典型的古建筑灾难，例如，除了大新小学和沙面原英国领事馆主楼被拆毁外，越秀书院、南海学宫、海关码头等几十处古建筑也先后被拆毁。目前类金陵台地块全市还有 12 宗，政府回购需要上百亿元。② 拆迁改造工作是现代化城市建设的前提条件，也是提高民众居住水平和生活质量的重要方式，地方政府应进一步完善拆迁政策，建立健全严格的拆迁管理监控机制，尤其要注重历史建筑的保护工作，处理好古建筑与城市发展之间的平衡。

目前，政府为整治公共住房违规行为，出台了一系列的惩处办法，但在实际执行中由于相关退出机制等并不健全，违规认定很难得到有力执行。不仅如此，政府机构工作人员十分有限，某些管理职能只能外包委托给物业中介公司，但是这类公司主要关注自身业务，对政府托办事项既缺乏热情又欠缺执行的合法性。2009 年伊始，广州市住房保障办在金沙洲新社区建立派驻中心，处理住房保障相关业务，但很难监督那些居住在各区的公共住房散户。2009 年 8 月，通过媒体曝光了金沙洲一位廉租房住户的转租新闻，随后，市住房保障办大量工作人员在白云区金沙洲新社区、同德小区，海珠区大塘小区和天河区棠下小区 4 个公共住房小区展开一个多月拉网式检查，结果仅发现 32 户违规家庭(2 户转租、9 户出借、21 套空置超过 3 个月)。③ 从调查过程了解到，这 32 户家庭并不是

---

① 李培，杨逸. 广州强拆事件反思：历史名城如何破解“拆与建”迷局[N]. 南方日报，2013-6-27.

② 南都网. 类“金陵台”地块全市还有 12 宗[EB/OL]. [2013-6-18]. http://paper.nandu.com/nis/201306/18/66823.html.

③ 赵燕华. 32 户占房不住廉租房被收回[N]. 羊城晚报，2009-10-22.

因为交通、子女上学不便等原因违规，主要是受利益驱动或占据住房资源不让他人居住，这些行为充分显示了公共住房监管中存在的盲区。2010 年，广州市住房保障部门还处理了一宗廉租户违规案件，该住户是无业单身男，居住期间不但没有缴纳房租，还将承租房屋内的配套电器门窗等全部拆卸变卖。相关机构在应对这些案例时，也需要耗时几个月才处理妥当。从长远效果分析，突击性检查成本太高且不可复制、延续，借此证明公共住房进出体制欠完善。

五、政策执行问责力不够具体明确

(一)问责制的含义及研究分类

无论何种政府都需要建立一套责任机制，从根源来看，这属于民主制度的范畴，政府行动即是民众通过他们的代理人展开的社会活动。欧文·E. 休斯(Owen E. Hughes)认为："责任制最基本的含义是，以其他人或团体名义行动的人要对其他人或团体汇报并对他们承担责任。换句话说，这是一种委托-代理关系，在这种关系中，代理人代表委托人的利益执行任务并向委托人汇报他们的完成情况。"①政府问责制主要解决三个重要问题："即公共行政官员为了什么负责？他们对谁负责？实现责任的手段是什么？"②人们对这些问题的回答方式以及重要性秩序就构成了不同的行政问责观点。"问责制"这个政治术语在中国诞生于 2003 年的"非典"时期，一度成为中国主流媒体的十大流行词语之一，并引发"两会"代表的高度关注。"问责"不仅仅等同于引咎辞职，也不局限于行政内部上级对下级一般意义上的责任追究或单纯强调执政党对党员身份的标准要求，"问责制"是一种层层承担责任的制度设计。③ 2009 年 6

---

① ［澳］欧文·休斯. 公共管理导论[M]. 彭和平，等，译. 北京：中国人民大学出版社，2001：265.

② ［美］珍妮特·登哈特，罗伯特·登哈特. 新公共服务：服务，而不是掌舵[M]. 丁煌，译. 北京：中国人民大学出版社，2004：115.

③ 肖光荣. 近年来国内政府官员问责制研究的回顾与思考[J]. 政治学研究，2007(3)：61-69.

月 30 日，国务院印发《关于实行党政领导干部问责的暂行规定》①，提出对党政领导干部实行问责的七种情形、具体方式及相应程序等。各地方也纷纷出台了相应的问责办法，比如《海南省行政首长问责暂行规定》《重庆市政府部门行政首长问责暂行办法》《长沙市人民政府行政问责制暂行办法》等。

学术上对问责的研究可以分为两类②：一是从民主的视域研究问责，往往以政治问责的概念出现，重点关注选任官与公众之间的问责关系以及对政府机构的影响，目的是解决公民的私权保护和对政府的选择问题③；二是从公共行政的视域研究问责，重点关注政务官、事务官和公众三者之间的问责关系以及对公共治理的影响，目的是解决行政在管理过程中的绩效问题和公权私用问题。行政问责具有前瞻性，政府官员在问责过程中需要对其行政决策、行政行为和结果加以解释或辩护，并据此接受失责惩罚。④ 显而易见，政府问责制是一系列问责制度的总和，它是一套完整的责任体系与责任链条，目的在于保证政府履行公共服务提供与社会管理职责，使

---

① “关于实行党政领导干部问责的暂行规定”提出的问责情形：①决策严重失误，造成重大损失或者恶劣影响的；②因工作失职，致使本地区、本部门、本系统或者本单位发生特别重大事故、事件、案件，或者在较短时间内连续发生重大事故、事件、案件，造成重大损失或者恶劣影响的；③政府职能部门管理、监督不力，在其职责范围内发生特别重大事故、事件、案件，或者在较短时间内连续发生重大事故、事件、案件，造成重大损失或者恶劣影响的；④在行政活动中滥用职权，强令、授意实施违法行政行为，或者不作为，引发群体性事件或者其他重大事件的；⑤对群体性、突发性事件处置失当，导致事态恶化，造成恶劣影响的；⑥违反干部选拔任用工作有关规定，导致用人失察、失误，造成恶劣影响的；⑦其他给国家利益、人民生命财产、公共财产造成重大损失或者恶劣影响等失职行为的。

② Delmer D Dunn. Accountability, Democratic Theory and Higher Education[J]. Educational Policy, 2003, 17(1): 61.

③ Anne Marie Goetz, Rob Jenkins. Reinventing Accountability: Making Democracy Work for Human Development[M]. New York: Palgrave MacMillan, 2005: 11.

④ 世界银行专家组. 公共部门的社会问责：理念探讨及模式分析[M]. 宋涛，译. 北京：中国人民大学出版社，2007：13.

其具备较强的政策执行力，能够对民众关心的重大民生问题作出及时、公正的处理。该体制主要包括：政治问责机制、管理问责机制、法律问责机制、绩效问责机制、伦理问责机制、说明问责机制等。①

(二)广州市住房政策执行问责力匮乏的不利后果

政策执行问责力匮乏，即指政策执行人员在具体执行过程中，利用政策的某些弹性和张力，“变通”执行上级政策。由于在政策执行中容易产生不少执行异变行为，从而导致政策精神很难得到全面落实，使得执行效果或效力与政策预期相去甚远，出现政策失真或问责乏力，如“上有政策、下有对策”。近些年住房政策执行问责力匮乏已演变成政策执行的一大恶瘤，不但增加了解决住房问题的难度，使之难以达到预定的政策目的，还进一步损害了政府形象，影响到住房政策的执行环境，降低了政策执行力。

以廉租房建设为例，无论采取实物配租还是货币补贴的方式，都需要足够的资金支撑，所以廉租房政策执行好坏与资金是否充足紧密相关。广州市廉租房建设资金来源主要包括：一是市、区两级财政拨款；二是提取土地出让金净收益；三是住房公积金增益；四是廉租房租金和社会捐赠等。在这些资金构成比例中，租金收入和社会赞助相对于整个廉租房建设体系而言，数额微不足道，而其他资金渠道也存在这样或那样的问题。依据政策规定，市本级政府是廉租房建设资金的主要供给方，困难地区则按照中央预算内投资补助和中央财政廉租住房保障专项补助资金的有关规定给予支持。可是，政策文件只指出中央和地方政府在廉租房建设资金上承担一定的责任，并没有明确限定各级政府须担负的资金比例，也即缺少具体数量规定。这就给地方政府提供了“可乘之机”——为获得中央财政补助而调低廉租房建设资金的地方预算份额，进而造成建设资金不足。

住房公积金增值收益，是指住房公积金业务收入与业务支出的差额。分配顺序为：住房公积金贷款风险准备金—公积金中心管理

① 李军鹏. 责任政府与政府问责制[M]. 北京：人民出版社，2009：15.

费用—廉租住房建设补充资金。根据规定，“住房公积金增值收益用于建立住房公积金贷款风险准备金的比例不得低于 60%”，因此，住房公积金增值收益普遍较少且不稳定，在提取风险准备金、支付管理费以后，剩余资金相当有限，大多不足以支持廉租住房建设。广州住房公积金管理中心发布的《广州市 2010 年度住房公积金缴存、使用情况公报》显示，2010 年住房公积金实现增值收益 10.09 亿元(同比增长 12.49%)，当年支付缴存职工利息 7.78 亿元；增值收益除按规定提取贷款风险准备金、管理费用外，用于城市廉租房建设补充资金的尚不足 3 亿元。①

《廉租住房保障办法》规定，“土地出让净收益用于廉租住房保障资金的比例，不得低于 10%”。我国实行住房市场化改革以后，土地出让收益不断增加、数额巨大，逐渐成为各地方财政的重要组成部分，将其作为廉租房建设资金来源之一不失为一种行之有效的方法。然而在政府预算外收入中，土地出让收益常常占据很大比例，高达 40%~60%以上，将之投入廉租房建设不但意味着地方政府的财政收入会相应缩减，同时也表明地方住房市场将因此产生一定动荡。此外，每年土地出让收益其实并不稳定，这就不可避免地与廉租房建设所需要的稳定持续资金来源发生冲突。广州市 2010 年国有土地使用权出让金收入 455.6 亿元，主要用于城市建设、地铁建设和土地储备开发费用等。在 254 亿元的国有土地使用权出让金支出中，有 17.4 亿元用于住房保障支出(廉租房建设 17 亿元)②，占国有土地出让金收入的 4%左右，远低于国家规定的土地出让金收益的 10%用于廉租房保障资金的比例。《2011 年预算草案的报告》中披露，2011 年广州市土地出让金收入计划 646.5 亿元，其中广州市本级 502.5 亿元，比上年增长近 60%；而预算支出用于廉租房的资金为 24 亿元，比上年增长四成多，占“卖地钱”的比重

① 数据来源：广州住房公积金管理中心《广州市 2010 年度住房公积金缴存、使用情况公报》，2012-1-4。

② 数据来源：广州市人民政府《广州市 2010 年预算执行情况和 2011 年预算草案的报告》，2011-3-24。

仍不足5%。① 如图4-9所示。换言之，用于廉租房等公共住房建设的资金增幅并未赶上土地出让金的增长速度，廉租住房建设资金来源渠道匮乏且不稳定的现实，直接拷问着公共住房政策执行的问责力。

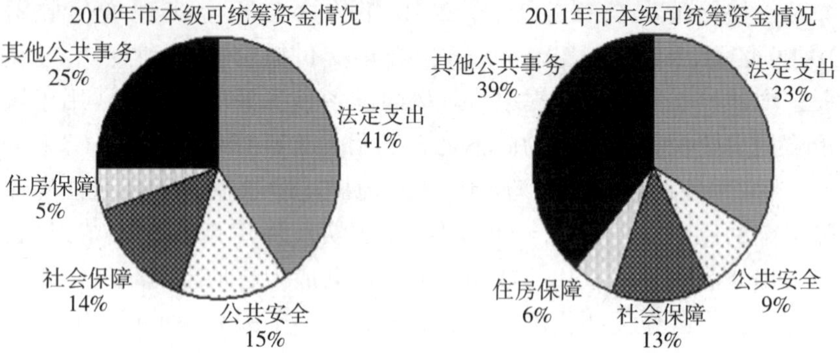

图4-9 2010—2011年广州市本级可统筹资金情况对比

第三节 广州市公共住房政策执行力不太高的主要原因

一、政策执行主体的价值认知矛盾

(一)政策执行主体的"经济人"角色

公共政策是对全社会的价值进行权威性分配，然而当前利益多元化的格局决定了政策无法满足所有社会成员的利益诉求。尽管政策多种各样，但它总表现为对一定的利益进行调整和规范，德国思想家马克斯·韦伯曾指出："获利的欲望、对营利、金钱的追求，一直存在于所有的人身上……可以说，尘世中一切国家、一切时代的所有的人，不管其实现这种欲望的客观可能性如何，全都具有这

① 新华网. 广州"卖地钱"用于保障房建设略高于5%[EB/OL]. [2011-2-23]. http://www.gd.xinhuanet.com/newscenter/2011-02/23/content_22122228.htm.

种欲望。”①人是行政管理行为的物质承担者，从某种意义而言，执行人员的整体素质直接决定着政策执行水平的高低。行政学家梅耶士在《联邦文官制度》中指出：“不论政府组织如何健全、财力如何充足、工作方法如何精当，但如果不能获得优秀人才到政府供职，就不能对公务有效地推行。”②然而，政府官员也是“经济人”，要使其作为执行主体在政策执行过程中保持绝对的“价值中立”基本上不可能。在缺乏外在约束与内在自律机制的情况下，政策执行人员会趋向最大化地追求自身利益，做出损害公共利益的选择，削弱政策执行力。正是因为政策执行人员的政治觉悟及其社会责任感高低不一，尤其是当执行人员身兼目标群体和执行主体双重角色时，更有可能违背相关政策执行标准与原则，为了一己之私而钻政策漏洞，以致产生政策执行越轨行为。

“政策执行的第一项严重错误，乃是决策者订定超越性或笼统不具体的目标。也即政策制定的目标模糊不清、脱离实际，使得执行人员没法准确理解并领会决策者的意图，政策也就难以得到有效执行。”③另外，政策执行人员的价值观念、利益偏好、执行心态、认知及能力水平等，也往往主导着执行资源、执行机制等其他要素能否高效运转，并直接影响到执行效果。第一，政策执行主体认知水平有限。由于缺乏相关经验和知识，可能对政策作出错误的理解，导致政策“执行走样”；或者是受到“追求政绩”思想的主导，盲目地执行政策，甚至滥用职权，或采取强制执行的办法，导致政策执行演变为他们追逐个人利益的工具，完全偏离最初的目标。第二，政策执行态度不坚决，法制观念淡薄。某些地方政府机构规范化、法制化程度不高，“家长制”色彩浓厚，政策执行中“按章程办事运作”“非人格化治理”等观念并未深入人心，人性权威大于法制

---

① ［德］马克斯·韦伯．新教伦理与资本主义精神［M］．于晓，陈维纲，等，译．北京：三联书店，1987：7-8.

② 刘新梅，王锋．规制机构成员影响规制效率的路径研究［J］．软科学，2007(1)：63-65.

③ 刁田丁，兰秉洁，冯静．政策学［M］．北京：中国统计出版社，2000：218.

权威。这些直接导致执行主体在执行政策的过程中“阳奉阴违、敷衍塞责”，严重削弱了政策执行力。第三，政策执行中主体调配整合政策资源的能力较差。由于主体综合素质的欠缺，不能在执行公共政策时有效地分配各种资源，导致资源浪费严重、政策执行成本偏高，执行力提升缓慢。

公共住房政策的目标是为了满足中低收入群体的基本居住需求，因此比较看重住房是否具有经济实用性。目前国内城市主要沿用的是政府主导的单一土地储备供应机制，由于土地出让金多寡与地方财政收入紧密相连，所以，政府往往在公共住房建设用地与商品房开发用地之间进退两难。一方面，政府“公共人”角色要求其必须为社会大众争取公共福利最大化；另一方面，政府“经济人”角色会使其不自觉地依赖土地财政收入，从而造成公共住房用地难以真正落实。为了确保公共住房建设用地的优先保障和按需供应，2009 年 11 月 20 日，广州市在全国率先出台了《广州市保障性住房土地储备办法》，将“凡纯粹用于保障性住房建设的地块，由市住房保障办负责储备；既有保障性又有经营性用途的地块，由市土地开发中心负责储备”。这种将公共住房建设用地与经营性开发用地分开储备的方式，对缓解公共住房供地紧张局面起到一定作用，但在政策实际执行中，仍然存在一定的投机行为。主要原因包括：首先，政府官员持有的权力属于稀缺资源，由此决定了权力的可交易性。从理性经济人视角出发，他们作为执行主体会在执行过程中利用手中的特殊资源寻找利益需求对象，并进一步考虑寻租成本和收益。① 其次，公共住房市场总体上是由政府独自经营，这是可能产生投机钻营的另一重要根源。面对一个庞大且缺乏弹性的公共住房市场，寻租的前提就是限制其他竞争力量加入，致使公共住房和土地供不应求，促成经济租金不断攀升。最后，如前所述，由于执行主体的理解能力、文化水平参差不齐，一方面可能会曲解政策，不能正确地分析解决遇到的新问题；另一方面，在实际执行过程中由

① 张梅荷，张学高，扶涛. 我国经济适用房市场存在的问题及对策研究[J]. 云南行政学院学报，2010(3)：148-151.

于对政策缺乏深入彻底的把握，可能采取消极或抵触的态度对待执行。

(二)组织机构设置不合理导致住房公平标准偏离

美国行政学者格雷厄姆·阿利森(Graham T. Allison)曾指出，“决策并非是刻意选择的结果，而是庞大的组织依据标准的行为方式运作的产物。”①政策执行组织既包括制定政策和计划的决策机关，也包括落实政策和计划的中层机关及基层机关。具体而言，行政组织管理职能过多、过细且权力过分集中于上级政府，直接助长了行政部门及其人员的依赖意识和惰性心理，导致下级政府及各职能部门缺乏灵活性与创造性，进而形成“上级推一推、下级动一动”或“上级不推、下级不动”的格局。② ①政府机构臃肿且层级过多，不但使得政令难以通达，而且容易出现信息失真或信息过滤现象，增加了政策执行的时间成本。加之政策指挥战线拉得太长，使得上级权威或指导监控缺位，政策执行的有效性得不到保障。②组织机构横向设置不合理、内部权责模糊，各执行部门相互推诿，使得整个执行过程缺乏协调，进而影响到政策执行效果。③ 不但如此，执行主体之间因为摩擦不断，最终使得政策执行敷衍或终止，严重考量政策执行力。

当前广州市公共住房管理是以市、区两级统筹为主，尽管现有各区都纷纷设立了住房保障办公室，但是，随着公共住房的大规模开发，房屋数量将大涨，后续的住房分配、小区治理等问题层出不穷，现有的组织机构、人力物力财力等都难以应付长足发展的实际需要。广州各街道办事处作为公共住房相关活动的基本施行单位，在民政部门、住房保障部门、发展改革、国土房管等职能部门协同指导下负责辖区内住房保障的申请受理、资格初审等工作，此外，

---

① ［美］菲利克斯·A. 尼格罗，劳埃德·G. 尼格罗. 公共行政学简明教程[M]. 郭晓来，等，译. 北京：中共中央党校出版社，1997：158.

② 莫勇波，张定安. 政府部门执行力问题的根源及强化路径[J]. 中国行政管理，2013(7)：9-12.

③ 莫勇波. 提升地方政府政策执行力的路径选择[J]. 云南行政学院学报，2005(6)：63-66.

还得对管辖范围内的公共住房租户实施动态监管。同时，这些工作人员还承担着民政社会救助等任务。人力配备不足、组织机构不完善、专项扶持经费欠缺等问题，不同程度地影响了公共住房系列工作的顺利开展。

公平原则最初由哈特(H. L. A. Hart)在1955年提出："如果一些人根据某些规则从事某种共同事业，并因此而限制了他们的自由，那么那些根据要求服从了这种限制的人就有权利要求那些因他们的服从而受益的人做出同样的服从。"①就政策这种利益分配的政治措施而言，"公平"概念的完整含义应包括：一方面是指收入与付出相符合，贡献与报酬相一致，权利与义务相对称，也就是责权利相结合；另一方面指的是机会平等，对于"机会平等"，不应该完全按照字面意思来理解，因为人们不可能在家庭出身、体力和智力等条件上平等。② 机会平等实际上是政治哲学家关于权利平等的含义在分配领域的具体化。在当今社会环境下，由于被用来满足需要的各种价值，还远远没有达到"充分涌流"的程度，这就尤其需要借助政策这一灵活杠杆来对公众的多样利益展开公平分配和调整，无论是政策制定者还是公民都必须考虑政府的公正和诚信，正是公正和社会诚信才能产生最好的政策，甚至是至善的政策。③ 一般来说，公共住房政策在执行过程中如果能使政策保障对象感觉公平合理，则该政策就易于执行；反之，则这项住房政策就难以被民众所接受，导致政策执行不力。尽管不公平的公共政策有时也可以凭借某种公共权力予以强制执行，但是民众常常也会采取各种各样的方式对之加以拒斥，使其变形走样，通常所说的"上有政策、下有对策"等做法在某种程度上便是公共政策执行不力的典型表现。④

---

① ［美］乔治·克洛斯科. 公平原则与政治义务[M]. 毛兴贵，译. 南京：江苏人民出版社，2009：37.

② 丁煌. 公平的政策是维护社会政治稳定的重要条件[J]. 中国软科学，1995(2)：30-32.

③ ［美］盖依·彼得斯. 美国的公共政策：承诺与执行[M]. 顾丽梅，姚建华，译. 上海：复旦大学出版社，2008：609.

④ 丁煌. 政策的公平性与执行的有效性[J]. 决策探索，1995(7)：27-28.

二、政策执行客体的政策工具操作欠妥当

(一)政策工具的不当使用降低住房政策执行力

公共政策质量是影响政策执行力的首要因素，质量上乘的政策是有效执行的前提，也是提高执行力的基础。常见的政策执行质量不高的表现有，首先，政策本身不合理，与实际情况不相符，使执行力受到不同程度的削弱。政策方案之所以不正确，主要因为不是建立在调查研究、理性分析和科学判断的基础上，而是主观臆测的结果。其次，政策含糊不清，缺乏明晰性。政策方案具体清晰是对政策执行力进行评估和控制的关键，不明晰的政策会使执行主体方向判断不准，政策难以有效执行或遭遇执行梗阻，还可能出现政策界限不清以及随意变通的情况。最后，政策朝令夕改，缺乏稳定性与协调性。一项公共政策只有具备良好的稳定性，才会使相关主体自觉地在其约束下选择相应的行为方式，同时使公众形成持久的政策忠诚和认同。正是公共政策本身的质量问题弱化了政策的外部经济性，降低了政策体系的整合力，放大了社会不良效应。

为了促进住房市场健康发展，从 2008 年开始，中国人民银行对首套房实行 0.7 倍优惠利率，按照 2008 年 12 月 23 日调整后的 5 年期以上贷款基准利率 5.94%计算，7 折后的利率只有 4.158%，处于住房改革历史最低水平。① 各年利率浮动情况如表 4-10 所示。实际利率的大幅调低减缓了购房群体的还款压力，大大扩充了购房人群，而市场无法在短期内大量增加供给，结果必然导致房价的不断推高。值得注意的是，仅 2008 年 9—12 月，短短 4 个月时间里，国家就对贷款利率进行了 6 次调整，一定程度上也彰显了政策稳定性不足，直接影响到住房政策执行力问题。此外，规范住房市场发展的法律体系尚不完善：第一，《住宅法》和《住房保障法》的立法推进缓慢，各市场主体行为并没有比较完备的法律规范，往

---

① 邓郁松. 进一步完善房地产调控政策的建议[J]. 中国发展观察，2011(10)：12-14.

表 4-10 2008—2015 年我国购房贷款基准利率变化比较

序号	日期	短期		中长期			个人住房公积金贷款	
		6 个月内（%）	6 个月至 1 年（%）	1 年至 3 年（%）	3 年至 5 年（%）	5 年以上（%）	5 年以下（%）	5 年以上（%）
1	2015-03-01	5. 35	5. 35	5. 75	5. 75	5. 90	3. 50	4. 00
2	2014-11-22	5. 60	5. 60	6. 00	6. 00	6. 15	3. 75	4. 25
3	2012-07-06	5. 60	6. 00	6. 15	6. 40	6. 55	4. 00	4. 50
4	2012-06-08	5. 85	6. 31	6. 40	6. 65	6. 80	4. 20	4. 70
5	2011-07-04	6. 10	6. 56	6. 65	6. 90	7. 05	4. 45	4. 90
6	2011-04-06	5. 85	6. 31	6. 40	6. 65	6. 80	4. 20	4. 70
7	2011-02-09	5. 60	6. 06	6. 10	6. 45	6. 60	4. 00	4. 50
8	2010-12-26	5. 35	5. 81	5. 85	6. 22	6. 40	3. 75	4. 30
9	2011-10-20	5. 10	5. 56	5. 60	5. 96	6. 14	3. 50	4. 05
10	2008-12-23	4. 86	5. 31	5. 40	5. 76	5. 94	3. 33	3. 87
11	2008-11-27	5. 04	5. 58	5. 67	5. 94	6. 12	3. 51	4. 05
12	2008-10-30	6. 03	6. 66	6. 75	7. 02	7. 20	4. 05	4. 59
13	2008-10-27	6. 12	6. 93	7. 02	7. 29	7. 47	4. 05	4. 59
14	2008-10-09	6. 12	6. 93	7. 02	7. 29	7. 47	4. 32	4. 86
15	2008-09-16	6. 21	7. 20	7. 29	7. 56	7. 74	4. 59	5. 13

往依靠“运动式”执法。与人大立法相比，地方性规章缺乏一定的权威性和严肃性，容易造成住房责任难以界定，使得住房政策目标在不同利益博弈中被消解。第二，住房预售管理制度不健全，违规成本较低，不能有效杜绝开发商“钻政策漏洞、囤积捂盘、变相涨价”等行为。严格的执法和监督机制的缺乏，导致开发商因不法行为受到的惩罚与所获收益之间不相匹配，住房领域尤其是公共住房领域失信成本过低。第三，住房市场运行不科学，住房政策执行异变行为普遍。地方在执行上级住房政策时往往打折扣，甚至以出台“土政策”等变相突破相关规定，导致住房政策执行力低下。

（二）信息不对称导致住房政策资源浪费

“信息子系统作为现代政策系统的基础部分，它的主要功能就是通过多种渠道，把原始分散的信息情报集中起来并进行科学处理，转换成适合政策咨询系统和中枢系统需要的优化可靠的信息，然后再把政策执行后取得的效果以及社会公众的有关评价等信息经过必要的综合处理，反馈给政府，从而沟通领导者和执行者、政策主体和决策客体或政策制定系统和社会的关系。”①在公共住房政策执行过程中，信息传递及其质量好坏对住房政策执行的效果有着很大的影响，而信息反馈渠道不畅通将直接阻碍政府与目标群体之间的沟通交流。

地方政府在自利思想的蛊惑下，有可能与某些利益集团结成利益共同体，对住房政策执行反馈信息有选择地进行传递，这不仅降低了因执行不到位而被问责的几率，也使得上级政府不能及时掌握到住房政策执行的原始情况。结果是加剧了政策执行中的信息不对称，导致中央政府不能及时对住房政策做出相应调整，直接影响到住房政策执行的实质效果，这也是为什么越来越多的住房政策执行异变行为首先是从网络或者媒体曝光的原因。还需引起重视的是，目前我国公民社会诚信建设相对滞后，社会资信系统还没有真正发

① 金太军. 政策制定体制中的信息系统[J]. 中国行政管理，2001(4)：54-55.

挥作用，一定程度上也带来了管理的混乱。① 由于个体收入指标的透明度不高，个人填报与单位审核等方式很难制止不符条件群体购买公共住房。在当下社会资信系统、财税系统等还不完善的境况下，即使花费较高的成本对公共住房申请人的相关信息进行核查，也很难收到预计的效果。因此，信息的不透明必然造成分配不公，一直以来困扰公共住房的寻租问题和信息不对称问题也难以解决。

例如，经济适用住房自推出之日起就具备了一定的经济性和适用性，经济性主要体现在房价相对普通商品房而言比较低廉，中低收入家庭能够负担得起；适用性主要指户型结构设计、建筑标准、房源位置及配套设施等能够反映出一定的实际使用价值。购买经济适用房，实质属于众多住房消费行为的一种，然而，“弃购率”在经济适用房认购中引起越来越多的关注。2007 年 12 月，济南首批 204 套经济适用房仅 91 套被选走，113 户放弃选房；2008 年 8 月，杭州第一期经济适用房共有 540 位符合条件者最终放弃选房，约占总数的 20%；2008 年 12 月，广州首批 2145 套经济适用房中还有 1170 套尚无人认购；2009 年 4 月，深圳市推出的 2209 套经济适用房中有 388 套无人认购；2009 年 8 月，石家庄推出的 3000 多套经济适用房中，上千套遭遇弃购；2011 年年底，武汉市上市 2256 套经济适用房，只有 1017 户登记购买，过半被弃购；2012 年 5 月，郑州市 4002 套可供选购的经济适用房房源中，九成遭弃购。②

经济适用房不断遭遇弃购危机，原因主要在于：首先，虽然与同类位置其他住房相比性价比较高，可是对于双特困户或低收入家庭来说，经济适用房的价格并不经济。他们如果用光所有积蓄来支付购房成本，则教育、医疗、就业等又成为摆在面前的现实难题。

---

① 张梅荷，张学高，扶涛. 我国经济适用房市场存在的问题及对策研究[J]. 云南行政学院学报，2010(3)：148-151.

② 新华网. 各地经济适用房屡遭弃购尴尬[EB/OL]. [2012-11-21]. http://news.xinhuanet.com/house/2012-11/21/c_123981171.htm.

其次，区位地理条件十分有限，为了尽可能地降低经济适用房开发建设成本，住房选址多位于距离市区较远的城乡结合部或郊区，给居民工作及生活带来诸多不便。加之周边配套不能及时到位，不仅增加了买房人的交通等生活成本，也使得政府建设相关公共基础设施的资金额不断升高。最后，欠缺金融等配套政策措施。全国不少城市都还未真正建立起经济适用房入市、政府优先回购的政策，金融机构为规避风险普遍出现惜贷、少贷现象，买房人很难从银行借到足够款项，这一举措对中低收入家庭如同雪上加霜，迫使他们不得不弃购。经济适用房政策设计的初衷，即是为了满足中低收入家庭的居住需求，可大量房屋"遇冷"产生较高空置率，暴露出该政策本身的固有缺陷。

三、政策执行对象的经济投资行为倾向

(一)目标群体的差异性对住房政策执行力的影响

作为一种将具有观念形态的决策方案转化成实际效果的社会性活动，政策执行本质上就是一种十分常见的对象性政治活动形式，这种活动总是通过执行人员和目标群体之间的互动而产生。住房政策指向的目标群体，指的是在住房政策执行中直接作用的对象公众，因为政策执行实际发挥的是"利益调节器"的功能，常常表现为对既定群体行为加以指导或限制、对其利益重新分配或调整，因而住房政策执行能否达到预期目标，不是决策者一厢情愿的事，也不是政策执行人员能够全盘决定的，它还与目标群体对执行的态度及反应息息相关。① 目标群体的差异性、受动性和顺服度都是住房政策执行组织及人员需要关注的方面，只有目标群体对住房政策执行的认同度越高，执行的阻力才会越小。

一般而言，目标群体对待住房决策方案的执行有两种反应：接受或不接受。按照接受的程度，又可分为三种状态：服从、认同与内化。接受住房政策方案可能是由于该项政策是严格按照规定的目标和原则行事，或者其行为部分符合规定的目标与原则；不接受政

① 周国雄. 论公共政策执行力[J]. 探索与争鸣，2007(6)：34-37.

策方案就是指目标群体不愿意采取所期望的行动，或者停止决策所期望的行动，对住房政策的部分接受或不接受都会在不同程度上妨碍政策的有效执行。显而易见，一项政策决策只要能使目标群体从中获利，则该政策就容易得到推行；与此相反，如果一项政策决策在目标群体看来是无利可图的，甚至会使原来的既得利益遭到损害，以至于面临丧失的风险，则该决策就比较难以得到认可或执行，甚至目标群体还会想方设法地对政策加以抵制。

网络频频曝光的"最牛钉子户"事件就是对此最好的印证：2011年11月7日上午10时，广州海珠区南田路龙田直街的工地上，被称为"海珠最牛钉子户"的李家三层楼房被拆除，在近5年的漫长拉锯战中，以双方各退一步的结果告终，李家得到了他们能够接受的补偿。但是，李家的父亲在当年年初黯然去世，家中被投放活蛇、喷射烟花带来的恐惧，成了李家人心中抹不去的阴影。① 伴随着中国城市化、工业化进程的不断加快，征地拆迁引发的"政府、房产开发商、社会大众"三者之间的矛盾属于这一时期的独特影像。按照《中华人民共和国物权法》的规定，"国家、集体、私人的物权和其他权利人的物权受法律保护，任何单位和个人不得侵犯；物权的取得和行使，应当遵守法律，尊重社会公德，不得损害公共利益和他人合法权益"。公民个人不动产既然受到法律保护，那么房屋拆迁理该得到合理补偿，大多数民众不是反对征地而是因为权利得不到保障。政府在公民住房拆迁安置中究竟应该扮演怎样的角色？如何规范房地产开发商针对拆迁户做出的系列不当行为？如何保证公民的合法财产与人身权益？这些问题不仅与公共政策执行力相关，还容易使人们对法治社会的信仰产生质疑。不过，当下出现的拆迁户为了提高补偿而"种房子"的行为，则需另当别论，在此不作赘述。

(二)住房政策的模糊化定位滋生社会投资倾向

住房是一件极为特殊的社会公共品，它既具有使用价值，可以

---

① 央视网. 广州最牛钉子户坚持五年妥协 三层楼今晨拆[EB/OL]. [2011-11-7]. http://news.cntv.cn/society/20111107/101258.shtml.

满足人们居住的需要，又因具有交换价值而成为抵御经济风险的保值商品。① 由于对投资投机性购房缺乏有效管理，进一步加大了部分城市的住房市场风险，近年来房价涨幅明显的城市，也是投资投机性购房比例偏高的城市。广州市经济社会的不断发展促成了日渐庞大的住房需求，其中不可避免地存在部分投资和投机性住房行为。研究表明，某个国家或地区的投资性购房比例一旦超过25%，就可能产生房地产泡沫。不少学者表示，京、沪、杭、深、广等热点城市，投资性购房比例已高达30%~40%，早已超过15%以内的警戒线。② 与此同时，由于不以自住为目的但具有更高价格承受能力的投资投机性购房者在城市大量投资，如众所周知的"温州炒房团"，必然会抬高这些城市的住房价格，进一步造成该类城市普通工薪阶层购房支付能力的下降。即许多真正的自住型需求正在被投机性需求挤出市场，过高的房价严重偏离了住房的使用价值，加大了住房市场泡沫。

2006年5月24日，国务院办公厅转发建设部等部门《关于调整住房供应结构稳定住房价格的意见》(又称"国六条")，指出"房地产业是我国新的发展阶段的一个重要支柱产业，要重点发展满足当地居民自住需求的中低价位、中小套型普通商品住房。加快城镇廉租住房制度建设，规范发展经济适用住房，积极发展住房二级市场和房屋租赁市场"。该意见明确提出所谓的"9070"标准，即为了调控疯狂上涨的楼市，九部委联合发文强调"自2006年6月1日起，凡新审批、新开工的商品住房建设，套型建筑面积90平方米以下住房(含经济适用住房)面积所占比重，必须达到开发建设总面积的70%以上"。其中，在住房土地供应方面还清楚规定："土地的供应应在限套型、限房价的基础上，采取竞地价、竞房价的办法，以招标方式确定开发建设单位。"这里提到的"限套型""限房

① 李健正. 社会政策视角下的香港住房政策：积极不干预主义的悖论[J]. 公共行政评论，2009(6)：1-25.

② 搜狐理财. 遏制投资性购房需要守住政策底线[EB/OL]. [2010-1-11]. http://money.sohu.com/20100111/n269498958.shtml.

价”的普通商品住房，即“限价商品房”。但是，“国六条”关于“限价房”这一块的政策始终只有较为粗略的要求，有关“限价房”的具体政策定位、实际操作办法与程序、未来发展方向等基本框架尚未形成，国内其他城市也少有实际作为，于是，“限价房”在政策认识和实际执行上均处于各自摸索阶段。

在这样的政策背景下，广州市作为全国第一个探索建设“限价商品房”的城市，于2006年11月16日第一次成功出让限价房项目地块。限价房政策制定的初衷是为了平抑房价，因此，在土地出让时就确定了比周边普通商品房低一成至三成的价格，以凸显该政策的住房保障特性。但是，直至2008年2月16日第一个限价房项目保利西子湾公开发售之时，广州市的房价仍在大幅飙升。2014年12月12日，广州市国土房管局正式发布《限价商品住宅退出操作指引》《限价商品住宅上市交易操作指引》，对“保利西子湾、万科城花园、中海金沙馨园、龙光峰景华庭、宏康和园”等项目中的8359套限价商品住宅的退出、上市交易等后续管理作出规定。根据这两项政策文件，在取得限价房五年后，产权人在转让限价房并补缴土地收益价款，或产权人自行缴纳土地收益价款后取得完全产权两种情况下，其限价房可以上市交易。但是，这五个限价房项目即使以当年的最高限价计算，到目前为止其周边区域的价格也是当初最高限价的三倍。如果采用一次性付款的方式购买二手房，仍然存在一定的避税空间，即使广州市地税局已启用了全新的二手房交易评估系统，但在二手房市场中，这类二手房的报税价格约为实际成交价的八成左右甚至更低。一旦限价房上市交易，那么限价房业主除了可以赚取30%的土地收益价款外，还可获得至少剩余的两成房价收益。政策的模糊化定位，无疑使得具有保障性质的限价房在实际执行中违背了解决中低收入群体住房问题的根本出发点，滋生出一定的社会投资倾向。

四、政策执行环境的资源稀缺性与封闭性

（一）住房政策执行环境对执行力高低的影响

各级政府在执行公共政策时，还受到行政系统外的环境制约。

“凡是作用于行政系统、并为系统反作用所影响的条件和因素，都可能属于行政环境范围。”①广义上讲，环境包括地理特征，如气候、自然资源、地形；人口统计变量，如人口规模、年龄分布、地区分布；政治文化；社会结构或阶层体系；以及经济体制。①政策执行的自然环境。当今世界，生态环境危机是人类面临的共同危机，如全球变暖、土壤沙化严重、淡水资源短缺等，已逐渐成为不仅是区域性而且是全球性的问题。②政策执行的政治环境。目前对政策执行程序的合法性、公正性缺乏相应的法律规范，依法行政的思想还未牢固树立，执行过程中的违法抵触行为时有发生，导致“有法不依、执法不严、以罚代管”的现象广泛存在，同时也反映出弱势群体的生存权与城市环境品味权之间的矛盾，这些冲突势进一步加剧政策执行环境的恶化。③政策执行的经济环境。由于现有市场化程度不高，市场机制不健全，在政策执行中往往格外重视经济轻政策，导致执行力得不到有效提升。④政策执行的文化环境。几千年的封建传统使得“官僚文化”思想根深蒂固，“人治”色彩浓厚，“民本位”的服务型政府理念尚未完全确立，政策执行的信息沟通机制不健全，缺乏公众参与，政策执行对象对政策内容一无所知或一知半解，执行难度和风险显而易见，政策执行力很难认定。

从环境对住房政策执行力的作用来看，执行环境的好坏、优劣都制约和影响着政策执行力的高低。对于政治学家们而言，最为关注的环境因素是政治文化和社会经济条件。② 阿尔蒙德(Gabriel A. Almond)和小鲍威尔(Bingham Powell, Jr.)将政治文化划分为体系文化、过程文化和政策文化三个层次。③ 这三种类型的政治文化环境，可以使得行政人员对住房政策执行力达成共识，共同遵循相应的制度要求，提升住房政策的稳定性和持续性。但是，在我国传统

---

① 夏书章. 行政管理学(第二版)[M]. 广州：中山大学出版社，1998：31.

② [美] 詹姆斯·安德森. 公共政策制定(第五版)[M]. 谢明，等，译. 北京：中国人民大学出版社，2009：46.

③ [美] 加布里埃尔·A. 阿尔蒙德，小 G. 宾厄姆·鲍威尔. 比较政治学：体系、过程和政策[M]. 曹沛霖，等，译. 北京：东方出版社，2007：32-48.

文化中的"人情本位""官本位"等思想的影响下，住房政策执行过程在很多环节上都十分注重"关系经济"，忽视了制度的规范功能，将住房政策执行效果当作是地方官员歌功颂德的工具。经济是一切制度的基石，我国实行的是以公有制为基础的社会主义市场经济体制，这就要求住房政策的执行效力和效果必须有利于市场体制的建立。然而，不排除地方政府为了追求政绩，相互攀比、随意举债，由此使地方债务问题发展成比较严重的财政甚至政治问题。

2012年，广州市审计局《关于广州市地方政府性债务审计结果的报告》指出："广州市地方政府负有偿还责任的债务最早产生在1984年，1987年开始举借内债。自1997年以来，广州市地方政府性债务呈逐年增长态势，1997年初债务余额40.68亿元，2010年末债务余额增至2474.54亿元，10多年来债务总额飙升60倍。截至2013年6月，广州市政府性债务2865亿元，暂付款等隐性债务696亿元，合计3561亿元，如果按照年息6厘计算，一年付息约220亿元。"①如图4-10所示。目前，尽管市政府已经出台了《广州市存量政府性债务化解工作方案(2013—2016)》，计划通过盘活优质资产和存量土地资源、重新划分债务性质主体、增加国资经营收入等多种途径，加大债务化解力度。但是，财政还本付息负担仍然十分沉重，债务率、债偿率等风险预警指标皆接近警戒线。长期以来，地方政府已形成"通过融资平台向银行借钱→举债大搞开发建设→以国有土地使用权为担保→通过卖地偿还巨额债务"的模式。

根据国家审计署的报告，2012年年底，全国有4个省、17个省会城市承诺以土地出让收入作为偿债来源的债务余额7746.97亿元，占上述地区债务余额的54.64%。2012年上述地区以土地出让收入为偿债来源的债务，需偿还本息2315.73亿元，为当年可支配土地出让收入的1.25倍；换句话说，上述省市已经"资不抵债"，广州名列其中且是唯一一个一线城市。事实上，自2008年以来，

① 新浪财经. 广州公开地方债账单：共计3561亿元[EB/OL].[2014-1-23]. http://finance.sina.com.cn/china/dfjj/20140123/042118051758.shtml.

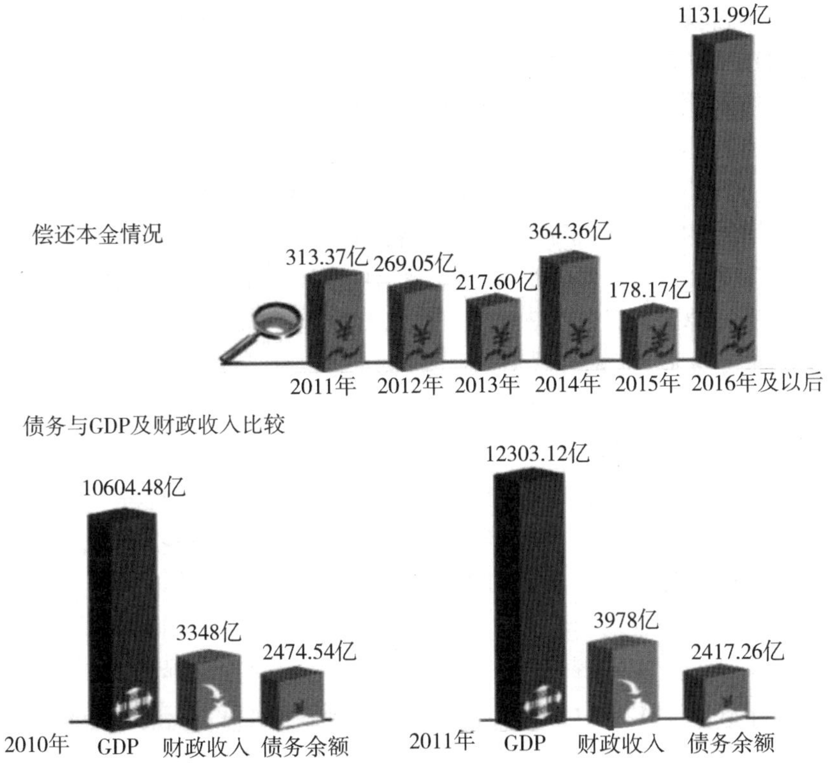

图 4-10 2010—2011 年广州市地方政府性债务余额及偿还情况

广州对土地出让金的依赖逐年加大。2013 年上半年，广州市国有土地使用权出让金收入 307. 1 亿元，同比增长 2. 2 倍，增收 212. 5 亿元，超过上半年财政收入 540 亿元的半数以上。① 如果广州市政府继续依靠土地出让金来偿还政府性债务，势必促使政府债务呈几何数持续增长，并且将对住房价格和住房政策执行力方面产生不可忽略的负面影响。

① 中国经济网. 广州人均地方债接近 2 万 专家称不卖地马上陷危机[EB/OL]. [2013-12-8]. http://www.ce.cn/cysc/fdc/fc/201312/08/t20131208_1876018.shtml.

（二）资源配置结构对执行力有效性与合法性的作用

作为政府实施宏观调控的重要杠杆，政策功能能否得到最大限度的发挥，从根本上取决于执行的有效性。有效性（Effectiveness）是指对照预期的目标水准，依据目标水准的完成程度来评价某一活动实绩的标准；效率性（Efficiency）则可定义为根据投入产出的比率，评价某一活动实绩的标准。[①] 经济学家眼中的资源，是指投入生产活动的生产要素的总和，如资本、劳动力、技术、自然资源等。[②] 政治学家眼中的资源，既包括作为支配政治体系的物质工具的物质资源，以及在生产过程中可以利用的自然力等配置性资源，更包括作为政治体系对人类自身的活动行使支配的手段，诸如权力、合法性和有效性等权威性资源。[③] 为了保证住房政策执行力的充分发挥，政府部门在住房政策执行过程中还需要充分利用各种资源，例如人力资源、物力资源、财力资源、信息技术资源、执行战略以及执行工具和方式等。各种资源的丰富程度会在不同程度上对住房政策执行力产生一定的影响，并成为决定住房政策执行力高低的至关重要的因素。

按照经济学的理论，稀缺资源的有效配置就是效率，一般把帕累托原则（Pareto Principle）作为经济效率的标准；如果实现帕累托最优，就达到了最高的效率。所谓“帕累托最优”，是指经济中的资源配置已经达到这样一种状态，在该状态下，资源配置的改变不会在任何一个人效用水平至少不下降的情况下使其他人的效用水平有所提高。[④] 与之相反，通过重新配置资源来提高他人效用的状态则被称为“帕累托无效率”。在市场经济实践中，由于公共物品、外在效应、不确定性、收入分配不公等因素的存在，使得市场机制

① ［日］西尾胜. 行政学［M］. 毛桂荣，等，译. 北京：中国人民大学出版社，2006：293.

② 王诗宗. 公共政策：理论与方法［M］. 杭州：浙江大学出版社，2003：134.

③ 丁煌. 政策执行阻滞机制及其防治对策［M］. 北京：人民出版社，2002：43.

④ 姚开建. 经济学说史［M］. 北京：中国人民大学出版社，2005：265.

的过程中必将出现资源浪费与不合理配置，即市场机制的内在缺陷使它难以实现帕累托最优。① 公共住房政策的有效执行，是以社会公众对所推行的住房政策的认同和接受为前提，而住房政策能在多大程度上得到公众的认同和接受，又取决于作为住房政策制定者和执行者的政府在民众心目中是否具有合法性。

从最通俗的意义上说，合法性是对统治者与被统治者之间关系的评价，它是政治权力及其代理人证明自身行为合法化的过程。“合法性是对统治权力的认可，这种认可建立在一系列条件基础之上，而这些条件主要与认同、价值观及同一性和法律有关。合法性也对政治权力的行使和作用在责任感和社会化方面产生了一些约束，如果上述因素能够很好的结合，那么政府在制定规章制度的时候，合法性带来的将不仅仅是秩序和效率，还有司法的公正”②。合法性问题的持久存在使得我们仿佛必须把统治权托付给令人崇敬的精英们，因为他们的行为有“客观的”经验和“原则化的”道德关怀作为基础③，在任何政治体系中，皆存在两种层次的政策合法化，一是政治系统获取统治正当性的过程；二是公共政策得到法定地位的过程。其间，政治系统合法性是公共政策合法性的基础，公共政策合法性是政治系统合法性的实现方式。从狭义角度来讲，公共政策合法化包括：决策主体合法、决策程序合法、政策内容合法等方面。④ 行政人员在封闭的住房政策执行过程中，通过预见来自特定情境中公众和政客的反应的反复过程，不断完善政策本身，使住房政策在全社会具备应有的约束力与权威性，倘若住房政策执行力的有效性下降，必然出现的结果就是住房政策的合法性遭到

---

① 陈振明. 公共政策学：政策分析的理论、方法和技术[M]. 北京：中国人民大学出版社，2004：117.

② ［法］让-马克·夸克. 合法性与政治[M]. 佟心平，王远飞，译. 北京：中央编译出版社，2002：1-2.

③ ［美］O. C. 麦克斯怀特. 公共行政的合法性[M]. 吴琼，译. 北京：中国人民大学出版社，2002：14.

④ 陈庆云. 公共政策分析(第二版)[M]. 北京：北京大学出版社，2011：146.

质疑。

五、政策监督机制的自律与他律约束不足

(一)法律等制度评估紧缺造成住房监督难以落实

法律是政府实现社会有效治理的重要保障，法律之于公共住房政策执行力的作用，即是保证住房政策执行过程的权威性与合法性，避免政策执行的盲目性和随意性。从字面意义理解，“法治”就是指法律的统治。广义而言，“法治”暗示着民众应当遵从、接受法律的统治。在政治与法律理论中，“法治”一词的含义比较狭窄，主要强调政府行为应该受到法律的统治，并遵从法律。这种意义上的“法治”概念往往转化为“政府由法律而非由人来统治”，法治由此意味着“政府的所有行为必须有法律依据，而且得到法律授权”。① 因此看来，法治的目标不仅在于规范公民行为，更在于规范政府特别是领导人的行政行为。法治的精义在于对政策执行权力加以限制，“依法办事”是政府机构及工作人员必须遵循的政策执行标准。遗憾的是，目前我国不论何种层级的政府，至今没有一部完整的法律是针对政策执行，这就使得住房政策执行力缺乏规范性与合法性。

新制度经济学代表人物道格拉斯·诺思(D. C. North)对制度作出过具体阐释：“制度是一系列被制定出来的规则、守法程序和行为的道德伦理规范，它旨在约束追求主体福利或效用最大化利益的个人行为。”②目前，住房政策执行偏误的一个重要原因就是相关评估制度不完善。首先，从评估主体来看，主要由各政府评估机构进行，他们以自身合法性和权威性制定政策而很少关注社会环境的变化及其他组织和公民的需要，且内部评估主体大多与施政部门之间存在隶属关系或利益关系，很难作出公正的评定。正如安德森

---

① [英]约瑟夫·拉兹. 论法治原则[J]. 李林，译. 环球法律评论，1990(5)：7-10.

② [美]道格拉斯·C. 诺思. 经济史中的结构与变迁[M]. 陈郁，罗华平，等，译. 上海：上海三联书店，1994：225-226.

(James E. Anderson)指出，“行政机构常常是在宽泛的和模棱两可的法令下运行，这就给他们留下了较多的空间去决定做什么或者不做什么。”①非官方评估机构有民间政策研究团体、传播媒介、中介评估组织、高校科研人员等，这些单位或个人与官方机构相比，具备展开独立评估的可能。但是在实际评估过程中，非官方机构影响力过小，专家学者又受制于自身的研究领域，很难从多种层面对住房政策展开科学评价。

其次，从住房政策评估客体来看，主要针对的是政策执行组织及其人员，这就需要对这两方面的执行力情况展开评定。对政策执行人员的执行力高低进行评估，需要先测评其各种行政能力究竟如何。但是，执行者的政策认知理解力、分析判断力及专业技术能力等相当抽象，没法用具体指标加以测算，必须选用定性分析方法对这些能力作出判定，可同时涉及个体评估的主观性和准确性问题。另外，住房政策执行力评估的过程其实也是对决策者和管理者能力的评价过程，这将使得他们的地位和权威受到来自评估结果的威胁和压力，从而产生抵制情绪。夏尔·德巴什(Charles Debbasch)指出，对行政机构来说，“如果决策与它所期望的东西不相符合或在它看来是无法实施时，它将反对这种毫无活力的东西或者试图改变既定措施的内容。”②在这种情况下，处于弱势地位的评估执行者只好扭曲本意来迎合政治体系的要求，产生与主观意愿相悖的结论。

最后，从政府执行组织来看，我国政府机构纵向可划分为省、市、县、乡四个等级，每一等级又能延伸出相应的横向结构。即政府组织现今普遍存在部门设置过多、权责不明、职能交叉重叠等问题，这就给住房政策执行力评估带来了结构性难度。常态下看，主管部门对下级部门的绩效考核不是统一进行的，职能部门常常各自为阵，似乎将评估作为一种管理职权在行使，下级组织每年需要应

---

① James E. Anderson. Public Policy-Making[M]. Orlando, Florida: Holt Rinehart & Winston, 1984: 84.

② [法] 夏尔·德巴什. 行政科学[M]. 葛智强，施雪华，译. 上海：上海译文出版社，2000：113.

付许多考核和检查，多头考核成为下级单位的沉重负担。评估行为短期化尤其是行业性的公共住房政策执行力评估总给人“搞运动、搞评比”的感觉。此外，执行力评估程序也没有规范化和制度化，缺乏良好的管理体制和行业准则，容易使本应严谨的评估流于形式，呈泛滥态势。

(二)住房后续管理机制缺位使得政策公平性流失

随着我国社会经济发展水平的不断提升，城市居民收入来源日趋多样。但是，由于社会各类管理部门之间的信息系统尚未实现资源共享，比如国土房管部门、民政服务部门、社保中心、公积金管理中心、银行证券系统、地税部门等依然分别掌管着各自所拥有的客户信息，缺乏统一的信息操作平台，无疑阻碍到准确核实公共住房申请人的实际收入情况。倘若一直沿用传统的“自我申报、入户核查、信函索证、群众举报”等方式，定然难以保证所得数据信息的全面性和真实性，尤其是很难杜绝少数居民的“搭便车”行为，结果反而减弱了经济信息核查工作的执行力度。目前，依据政策文件规定，广州市实行的是“两级审核、两级公示”的公共住房申请核查方式。即街道办事处(镇政府)负责公共住房申请受理、资格初审及公示，区住房保障部门会同区民政部门承担资格复核工作，市住房保障部门会同市民政部门负责最后公示和批准。尽管“市、区、街”三级住房保障部门与相关管理单位，在公共住房资格审核中付出不小代价、花费很多精力做了许多工作，但在实际操作过程中仍然面临法律依据不足、信息核对方式落后、沟通交流渠道不畅等尴尬局面，导致政策执行阻滞，直接影响到政策执行力。

政府机构的主要任务不单单是开发建设公共住房，更是在住房交付使用后对其不断进行养护和管理。尤其对于“公共租赁住房”，其性质是由政府主导租用给低收入家庭，在未来几十年的使用时间里，因租客身份不断发生变化，牵涉到的房屋维修、物业管理、租赁流通等都需要耗费大量的人力物力财力，仅仅依靠原来的硬性政策规定不可能存续下去。特别是在当今电商时代，公众更加希望能够享受定制的个性化公共住房服务，这就要求设立专门的机构负责后期的住房运营与管理。公共住房的后续管理是否及时、是否到位，不但关系到公共资源的公平善用问题，关系到低收入家庭的切身利益保障问题，还与我国经济可持续发展、社会长期稳定紧密相连。当前广州市在管理公共住房方面，主要关注的是：公共住房租户是否存在家庭收入、资产超过规定标准，或者通过其他途径获得住房、不再符合住房困难标准等超出住房保障条件的情形。然而，随着公共住房开发建设量的迅速上涨，申请家庭户数也在不断增加，“申请人虚报、瞒报情况或提供虚假证明材料申请、骗取住房租赁补贴或骗租公共住房”等问题也愈益突出。如何管理好公共住房，确保有限的资源保障真正需要的家庭，让每位公民“住得公平、住得尊严”，考量着地方政府的智慧和公共住房政策执行力。

第四节　广州市公共住房政策执行力高低的重要影响

一、公共住房资源配置差异对城市居住空间的影响

(一)交通资源导向的居住空间变迁

随着城市发展的速度不断加快，在市政宏观规划指引下，地方财政一般会投入大笔资金来建设城市内外连通的交通要道，比如高速公路、地铁轻轨以及水路航运等。广州市在20世纪90年代因城市房地产的迅速膨胀，住房郊区化渐成时尚，于是随着地铁二号线南延线的开通以及迎宾路、番禺大道的全线拓宽，发展出番禺洛溪板块。进入21世纪后，又因粤派地产的大规模“造城运动”成就了华南板块，其中使人感到无比惊艳的祈福新邨就是最初的典范。现在遍布远郊的各类大型住宅区项目，如南沙自贸区、亚运新城板块等，皆可谓是在最好的年代赶上了最盛大的楼市盛宴。从中可明显看出“房产开发、交通先行”的推动特性，城市交通线路的修筑也因此对居住空间布局与分隔发挥着重要作用。

对于广州中心城区来说，首先，原住居民的居住空间容易因市政路桥、地铁隧道等的建设而相应发生变迁：收入较高的原住民会因为经济条件的改变而搬至老城区内新开发的高档住宅区，仍然选

择在老城区中生活；收入一般的原住民由于受到自身环境条件的限制而不得不搬到房价相对便宜的其他城区，如天河区、海珠区、白云区或番禺区；收入最低的原住民常常选择生活在拆迁安置小区、解困房或廉租房中。其次，由于出行环境的持续改善，交通沿线多被规划为中高档住宅区，即使是没有纳入市政规划范围内的楼盘，房价也会出现不同程度的上浮。由于政府规划与市场调节“双管齐下”，凡是位于广州老城区内道路沿线的房屋，一般以各式高档住宅与写字楼的形态出现。这与距离道路沿线较远的区域尤其是公共住房选址地区，在建筑形态、居住人群、房屋价格等方面产生较大差别。

在广州市新开发区如萝岗，以及远郊区如南沙，交通导向即成为城市扩张的突出特征，无论是主动还是被动搬离市中心的原住民，通勤条件如何都是他们选择居住区域的首要因素。首先，对于中低收入民众来说，家庭成员大多在市中心工作，出行选择主要考虑地下铁、公交 BRT 等大容量公共交通工具，所以城市外沿主干道两旁常可见大型新建住宅区。例如，地铁沿线楼盘往往因提出地铁新概念而变得炙手可热，郊区大盘也常常以楼巴快速通达市中心而不乏购房人群。其次，对那些以自驾车出行的高收入阶层来说，在选择郊区房产及旅游度假型物业时也同样会考虑通行时间及成本等问题。广州市的交通建设情况，对居民住宅区拓展的速度及方向不断发挥着“风向标”的指示功能，使得城市居住空间布局呈现“依循交通线路而建设、贴近自然景观而聚居”的现代特性。

随着广州市交通道路建设和公共交通的迅猛发展，城市居民住宅区布点开始顺着各条交通轴线向多个方向发散。第一，天河区作为新规划的中心城区，依然是各类房地产开发商趋之若鹜的热门区域，以珠江新城为例，在广州 CBD(广州天河中央商务区)规划的推动下，迅速成为新一轮房价的制高点和住房开发建设的重点地区。第二，随着新光快线和地铁三号线的开通，以及西起番禺区新客运站、止于黄埔区大沙地站的地铁七号线的运营，使得华南板块依托万博、汉溪大道为核心区的番禺新城规划持续焕发活力，成为广州中央居住区(CLD)。第三，伴随广州东部交通枢纽中心的建设发展，地铁、轻轨、高快速路、水运等交通网络也正在形成，因此对增城经济技术开发区板块和新塘板块起到极大的辐射带动作用。优越的交通路网、良好的规划前景还让白云区抓住了机场路建设的契机，催生出以别墅为主的白云——南湖山水板块和以洋房为主的白云新城板块。④跟随广州市"南拓、东进、北优、西联、中调"城市发展规划的脚步，市民居住空间进一步扩宽到从化太平镇和温泉镇、增城新塘镇和小楼镇，以及南沙横沥镇和黄阁镇等地，居住空间范围大面积延伸。如图 4-11 所示。随着高速公路网的不断完善，外圈层由于自然山水环境、品牌或产品特性等优势，高档住宅区逐渐增多，不免沦为高收入群体休闲度假的二套甚至多套住房汇聚地带。

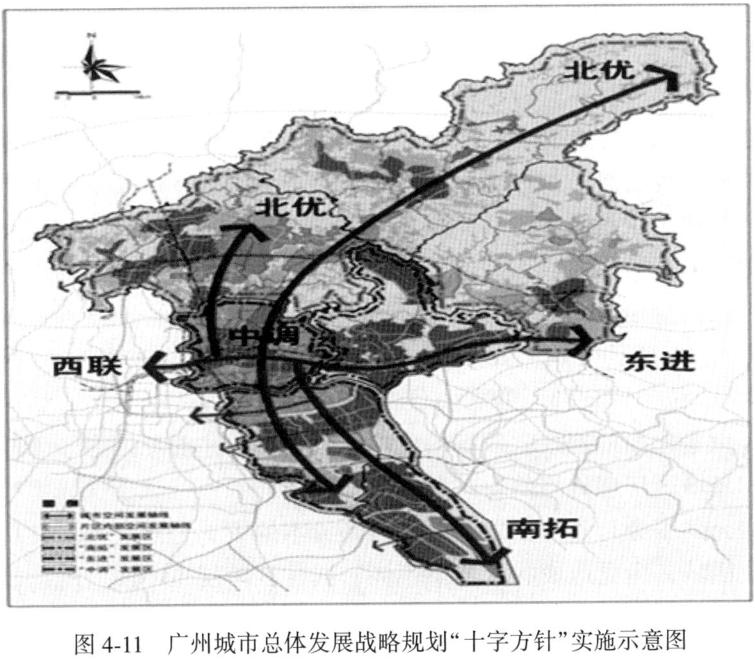

图 4-11　广州城市总体发展战略规划"十字方针"实施示意图

(二)教育、医疗等资源导向的居住空间分化

广州城市居住空间自改革开放后不断向外围延展，可是诸如基

础教育学校、医疗卫生机构等公共资源依旧齐集城市中心区。广州共有449家医院，其中35家三甲医院分布在越秀区(8家)、海珠区(8家)、荔湾区(5家)、天河区(6家)和白云区(8家)。另外，按照广州市教育局2010年公布的统计数据，广州地区共有省一级中学65所(示范性高中创建学校13所)，其中越秀区7所、荔湾区4所、海珠区6所、天河区7所、番禺区19所、白云区、萝岗区和黄埔区各2所、南沙区1所，剩下15所分别位于从化(4所)、增城(5所)和花都(6所)①，从中可看出，省一级中学的分布也很不均匀。

广州老城区因为各种文化、教育、商业、医疗等配套较为完善，周边交通也很便利，能够享受到较高的生活品质，所以成为市民优先选择的居住区域。比如，珠江两岸的长堤路、沿江路与滨江路一带是广州传统的江景豪宅区，也是富人聚居的地方；东山区由于在20世纪是华侨富商巨贾的聚集地，中西合璧的“东山洋房”印证着羊城多元文化并存的历史，现也被开发为高档住宅集中区。广州老城区由于存在教育、医疗和社会保障等方面的潜在优势，加之房价等市场力量的推波助澜，逐渐发展成为高收入阶层居住的以中高档住房为主的区域。伴随着旧城改造工作的逐步深入，廉租房、经适房等公共住房成为低收入阶层的被动迁居地；而位于新城区或郊区相对价位较低的房屋，也变成中低收入阶层的迁移地。自从20世纪90年代伊始，我国城市住房郊区化就显示出鲜明的“挤出效应”。位于广州郊区的居民住宅区的发展，并非因为中心城区居住环境恶化而迫使收入较高的群体主动逃离，主要原因在于不断飙涨的老城区房屋价格使得一般收入群体望洋兴叹，只能选择牺牲良好的公共服务与资源，以及增加通勤成本的方式定居在郊区住房低价位区域，由此造成收入群体不同，居住区阶层也不同。

在城市新开发区域，尤其是离市中心较远的地区(多为公共住房选址地区)，教育和医疗机构贫乏给居民日常生活带来诸多不

① 数据来源：广州市教育局《广州地区省一级学校名单》(GZ04052010000132)，2010-3-4。

便，因此促成地方政府与相关开发商在住宅规划布局时就带有明显的沿交通沿线拓展住房的特色，以此方便市民能够快速抵达学校、医院及其他工作场所等。在城市远郊区，一般以超级大盘的形式产生规模效应(如广州北清远郊镇超级大盘——恒大金碧天下、芒果小镇、美林湖)，并由开发商负责解决幼儿园、小学、超市、医疗中心等公共配套设施问题。但是，由于公立尤其是较高等级的公立学校、医院多建立在城市中心区或次中心区域，促使市民在选择居住地段时仍然将这两块地区作为首选。

(三)城市基础设施建设对居住空间结构分异的影响

城市基础设施是城市赖以生存和发展的根本，主要是指为生产和公众生活而提供的一般备件及公共设施，包括能源动力系统、道路交通系统、水资源和供排水系统、邮电通信系统、生态环境系统和城市防灾系统等。按照是否具有收费机制及收费是否足以达到收回建设和维护成本的标准，城市基础设施项目可划分为非经营性项目、准经营性项目和经营性项目三种。① 随着城市化水平的不断提高，基础设施建设对经济发展的瓶颈作用日益凸显，涉及的拆迁改造范围广阔、原住民众多且层次不一，同时还对相邻住宅区、商业区也产生一定影响，成为城市居住空间发生变化的决定性因素。以广州市为例，地铁隧道的修建、新白云国际机场的启用和广州南火车站的通车等对城市居住空间分异作用最大。

地铁建设具有投资大、盈利小、投资回收期长的特点，世界各城市地铁项目大多由政府财政投入、建设并运营，社会投资者的积极性不高。广州地铁是广州市的城市轨道交通系统，也是广州市民最主要的出行工具之一。地铁首段于 1997 年 6 月 28 日正式开通，截至 2013 年 12 月，广州地铁共有 9 条营运路线，总长为 260.5 公里(远期规划长度将达到 751 公里)，共 164 座车站。② 广州地铁建

① 毛腾飞. 城市公共基础设施财政融资制度创新的路径选择[J]. 求索，2003(6)：41-42.

② 数据来源：《2014—2018 年广州地铁建设竞争格局与投资战略研究咨询报告》，2014-6。

设，不但使得沿线低收入民众搬迁至廉租房等公共住房小区，还促成地铁周边物业大幅度升值，变成高价位住宅区，产生城市居住空间分异。在继广州地铁1号线、2号线开通之后，按照广州城市发展整体规划布局，为满足建设国家中心城市的功能要求，地铁3号线、4号线、5号线等线路也相继开通，因此促成黄埔区、番禺区、南沙等区的通勤条件大为改观，成为拉动区域经济增长的主要力量，进一步使得广州市的人居环境得到改善与优化。

新白云国际机场的启用，不仅对老机场及周边地区产生重要的影响，还使得新机场周围迅速成为开发建设的重点对象。首先，搬迁后的老机场为城市发展空出较大面积的建设用地，白云新城规划更是使得该板块成为居民选择居住地的热门地区，其周边板块也因房价上升而收益。其次，白云新机场的扩建，使花都和白云住宅区的自住及投资价值得以大幅度提高，成为房产开发与销售的又一大卖点。从2004年8月白云机场搬迁开始，与机场毗邻的白云区人和镇与花都区花东镇、花山镇、新华街的居民就深受飞机起降噪音的困扰。广州市政府为治理机场噪音对居民的影响，计划投入106亿元在花都区和白云区重新选址给过万噪音区居民建设安置房，共涉及8条村(白云区4条，花都区4条)、3857户(白云区2702户，花都区1155户)、12422人(白云区8322人，花都区4100人)，搬迁后原宅基地将作为今后机场扩建用地及农用地。①

为满足武广高铁、珠三角轨道交通需求，广州市番禺区钟村镇石壁村新建的广州新客站(广州南火车站)，是集国有铁路、城际铁路、地铁、公路等多种交通方式为一体的大型综合交通枢纽。新客站的建成使用，首先受惠的是商铺，其次才是住宅。自新客站落成以来，番禺区的居住条件与环境得到不同程度的优化，逐渐凸显出地理位置上的优越性，其周边商铺售价已有明显提升。新客站的部分利好早已提前为周边楼市注入一针“兴奋剂”，带动相应板块

① 凤凰网. 白云机场噪音区治理 投入106亿元为万人建安置区[EB/OL]. [2013-11-28]. http://gz.ifeng.com/zaobanche/detail_2013_11/28/1518723_0.shtml?_from_ralated.

楼盘如锦绣生态园、南国奥园及丽江花园二手住宅租售价格的快速上涨，使得城市居住空间有了不断南拓的原动力，为市民居住需求向周边城市延伸提供了可能。

城市居民居住空间的差异，使得各式经济收入群体渐渐会聚在不同地区，由此产生出林林总总的居民住宅区，而现代社会的物业管理方式又使得本就相互分开的居民区进一步与外界隔离。随着这种隔离的不断加剧，社会矛盾与问题在不同地位、不同收入群体之间日益犀利，与此同时，市场经济改革的纵深发展也再次扩大了人们之间的收入差别，使得不同辖区居民之间的流动性持续下降，导致社会各阶层的空间结构分异变得难以调和。由于我国千年的文化传统和独特的社会制度等因素，公民对政治的参与热情及自身利益的关注程度在不同阶层之间的反应截然不同，因而他们在公共住房资源配置方面拥有的话语权也各不一样。通常看来，低收入群体的政治参与意识一般并不强烈，因此能够获得的参政议政机会相对不多；中高收入群体多属于有意愿、有能力参与政府决策一族，自身有着维护合法权益的主观意识。这样就无形中产生了决策投票席位的不合常规，自然造成公共住房资源向中高收入群体偏移，不利于社会稳定。

二、公共住房供应布局对城市房屋租赁市场的影响

当高收入阶层产生更高层次的住房消费需求时，便会将条件较差、费用较低的住房过滤给中等收入阶层居住，而中等收入阶层又会将条件更差、费用更低的住房过滤给中低收入阶层，这就是所谓的住房市场“过滤现象”。[①] 通过过滤方式形成的大批二手住房，不光增大了住房在市场上的供给数量，还优化了市场住房供需结构。按照住房所有权的性质，房屋租赁包括公有和私有住房租赁两种。公有住房所有权人是国家，但在租赁中国家常采用授权的形式，责成具体授权单位管理。当前我国的“直管公房”一般由各级政府房

---

① 辛鹏程. 城市“夹心层”的住房问题及解决途径：以广州市为例[J]. 特区经济，2011(1)：286-287.

地产行政主管部门主管，依法行使占有权、使用权、收益权和处分权四项权能；“自管公房”则由国家授权的单位负责管理。私有房屋的所有权人是指持有完全房屋所有权证的个人，而对于那些持有共有权证书的私房主，只能称为共有权人，必须在所有共有权人同意后方可将住房用作出租。① 截至2013年年底，广州市登记在册的流动人口686.7万人，按照一定的漏登率计算，广州实际居住的流动人口为837万人左右，已经反超常住人口(832万)。出租屋是流动人口最主要的居住场所，有七成流动人口居住在出租屋，13%居住在工厂宿舍，9%是投靠亲戚，7%为自购物业。② 房屋租赁市场在房地产三级市场中举足轻重，不但能够解决不同需求居民的住房问题，而且有利于发展多层次的住房供应体系，提高社会综合治理能力。

(一)承租人违规转租公租房

公共住房政策在实际执行中，容易产生承租人将公共租赁住房(直管房)以市场价出租，借此获取高额利润的违法行为。2012年2月28日，广东省人民政府印发《广东省住房保障制度改革创新方案》(粤府办〔2012〕12号)，提出“逐步将全省现有的廉租住房、直管公房和公共租赁住房等保障性住房合并管理、并轨运行，统一归类为公共租赁住房，只租不售。通过建立以公租房为主的新型住房保障制度，解决住房保障对象的基本居住需求”。广州市现有直管房是指市国土房管局代表市政府直接管理的各类房屋，涵盖公产、经租产、代管产(抢修代管、无主代管、双代转代管)、托管产等房屋。这些直管公房大多位于中心城区，交通便利、配套完善，且分布在各个社区内，不会过于集中，经梳理纳入公租房系统后就能直接进行配租，非常适宜解决低收入家庭的实物配租需求。

根据广州年鉴的数据，全市共有直管房27706栋、114942套，

---

① 冯金. 房屋租赁管理政策[N]. 中国建设报，2004-1-8.

② 广州日报. 流动人口比常住多了5万[EB/OL]. [2014-4-23]. http://gzdaily.dayoo.com/html/2014-04/23/content_2605952.htm.

总面积为494.95万平方米，住宅居住人数33.56万人，年租金收入约3亿元，主要分布在越秀、荔湾、海珠等老城区。其中，荔湾区现有直管房9969幢，面积近160万平方米，承租户34428户，居住人口近10万人，是广州市三个直管房比较集中的区域中数量最多的一个；其次是越秀区，有直管房8100幢，面积140万平方米，住宅租户3.1万户；海珠区现有直管房近5000栋，总面积为90万平方米，现有住户为2.4万户。① 自20世纪90年代初期住房货币化改革以来，直管房以其极低的租金承担起城市住房的"社会保障"功能，以荔湾区为例，直管房住宅租金一般在2~3元/平方米，这样的价格远低于同地段私人出租屋的价格。

依据《南方都市报》的报道，在实地走访越秀、荔湾等公房集中分布地区后，发现转租公房行为隐蔽而充满暴利。例如，通过对越秀区直管公房比较集中的大德路一带走访发现，这里零散分布的小型中介店铺中，有些就涉及公房转租的业务。海珠中路一间地产中介铺就曾做过公房转租生意，据其工作人员介绍，有些公房转租后租金可达原租金的10多倍。广州市目前施行的公房租金标准是每平方米使用面积月租金3.5元，一套30多平方米的公房每月租金也就100多元。然而，承租人私下转租公房却可以按照市场价收租，在大德路一带，这样的住房可以租到1000多元/月。② 业内人士指出，很多公房由于年久失修、居住条件很差而被作为仓库出租，这样能获得更大的利润。大德路濠畔街一带还遍布皮料物流生意，约200多间砖木结构的老式住房首层和二层都被开辟为仓库，存放着大量皮革和鞋类货品。据了解，这样的仓库租金一般是50~60元/(平方米·月)，但看管仓库的工人普遍无法说明所租房屋的性质。调查还发现，有些临街商铺也是公房性质，海珠中路一间店铺的老板透露，他以2800元/月的价格租下了30平方米的临街铺位，该房正是公房属性，为了避免检查，其店铺营业执照的注册人

① 邓琼. 市区直管房可否纳入保障房[N]. 羊城晚报，2011-7-29.

② 南方网. 广州廉价公房多被暴利转租 租金翻了十几倍之多[EB/OL]. [2007-1-26]. http://www.southcn.com/news/gdnews/sd/200701260098.htm.

姓名只能登记“房东”的名字。① 当许多住房困难市民无房可住、排队轮候等着租住直管公房的时候，广州50%以上的公房却正在被承租人高价转租谋取私利。在越秀区某房管所，配备的9名房管员共需要管辖5个街道公房，“有的房管员需要负责8000多套公房，少的也需要管理1000多套”；在荔湾区，30多名房管员共需要监管190多万平方米、共3万多套公房，实时监控如此庞大而分散的公房体系，只靠几名房管员的巡查明显有些力不从心。②

（二）法律欠缺、中介机构参差不齐

广州市现行房屋租赁管理法律法规，属于国家层面的有《中华人民共和国城市房地产管理法》和《商品房屋租赁管理办法》；属于地方政府层面的有《广东省城镇房屋租赁条例》和《广州市房屋租赁管理规定》。前两部法令主要体现了法律的权威性，目的在于规范房屋租赁行为，其实际操作意义不是很强；后两部属于地方政府性规章，其中一些条文的贯彻执行，若缺乏详细的实施细则则很难展开。这些皆对住房租赁市场的执法效果产生影响，导致租赁纠纷不断发生，并给违法租赁行为提供可乘之机。由于住房二级市场交易主客体都比较复杂，并且交易分散、客户购买批量小，因此对房地产中介行业的依赖性很强。这种现状要求配套齐全的中介机构和较高素质的经纪、代理、律师以及评估保险人员来从事经纪服务、估价服务、咨询服务、银行信贷、按揭担保等市场服务。③

由此看来，广州市住房二级市场的健康发展离不开房地产中介行业，住房租赁中介是有效搭建出租人与承租人之间桥梁的关键，同时也是政府部门了解市场房屋供需情况的重要信息来源。但是，

① 新华网. 广州廉价公房被暴利转租 监管取证难成制度瓶颈[EB/OL]. [2007-1-26]. http://www.xinhuanet.com/chinanews/2007-01/26/content_9146235.htm.

② 网易财经. 广州逾50%公房被高价转租牟取暴利[EB/OL]. [2007-1-26]. http://money.163.com/07/0126/11/35OR7E8H002524SH.html.

③ 谢涤湘，魏清泉. 加快培育我国的住房二级市场[J]. 城市开发，1998(10)：37-38.

目前市场上的房屋中介公司鱼龙混杂，既有“中原”“合富”“满堂红”等知名房地产中介经纪品牌，也有一些小中介、黑中介虽无资质或资质不全，却依然在非法从事中介业务。加上某些居民住宅区内的物业管理部门，也在私底下开展住房交易活动，造成各房产中介公司展开恶性角逐，极大地扰乱了住房市场的公共秩序，限制了房屋租赁市场的健康可持续发展。此外，住房租赁交易程序欠规范透明，相关管制政策与激励措施十分匮乏，导致不少中介公司鼓励业主偷税漏税。不仅如此，当前大多数中介公司提供的服务还比较单一，只负责收集房源信息供租客选择，并从交易中收取一定数额的佣金，而对房屋修缮、房租代收与管理等业务并未过多涉足。

2014 年度广州市房地产中介服务机构年检结果显示，目前二手中介门店最多的当属合富置业，共有 263 间分店；其次为满堂红地产，有 252 间分店；中原地产则是 249 间分店；排名第四的是裕丰地产，有 205 间分店；此外，兴业地产、宜居地产、中联地产、置家地产分别是 37 间、24 间、20 间、16 间。在 4314 间房地产中介服务机构及分支机构中，居然有 460 间机构及 81 间分支机构未通过年检，未通过率为 12. 5%。① 由于房产中介机构主要通过中介费的制定与房屋成交价的建议，来影响最终的交易行为和结果，从而对整个房产市场的运作模式产生作用。所以，需要对当前中介机构普遍存在的“缺乏诚信、违规经营、赚取差价、胡乱收费”等不良行为加以规范管理与严厉惩治。首先，完善房地产中介政策法规体系，建立严格的市场准入制度。对中介机构的注册资金、经营场所、业务人员等设定更高的门槛，并划分不同等级资质的标准，规定其相应承接的不同标的、不同价值量和不同复杂程序的业务。②其次，合理限定房产中介机构的发展规模和速度，通过科学干预中

---

① 赵燕华. 广州地产中介 12. 5%年检未通过 逾 500 间将被注销[N]. 羊城晚报，2015-2-8.

② 熊翼飞，王建廷，宋云玲. 房地产中介企业诚信评价研究[J]. 中国城市经济，2011(23)：127-129.

介机构的成长与发展过程，达到“控制总量、规范运营、整体优化”的政策目标。最后，建立统一的房屋租赁信息平台，完善房产中介公司的信用档案。缓解中介机构与消费者之间的天然信息不对称，进一步规范房屋租赁行为，提供多种便民服务。

（三）公共住房租金价格差距明显

现今“租赁型房屋”已成为世界许多国家住房体系的重要组成部分，加快住房租赁市场的发展是引导住房理性消费，加大住房供应、均衡市场供求的主要手段。对我国当下某些中低收入群体来说，租金支出所占比重在家庭日常支出中的份额愈益增大，仅凭微薄的薪资收入实难维续。为此，广州市积极响应国家政策精神，不断出台地方性规章，大力推动廉租房、公租房等公共住房建设。但是，面对日渐高昂的商品房价、仍显狭窄的公共住房覆盖面，大量流动人口和新入职人员等只能选择从房屋租赁市场上获取相应住所。

2014 年 11 月 13 日，广州市房地产中介协会最新发布的市场报告显示，第三季度全市租金为 40.52 元/(平方米·月)，环比上涨 5.41%，中心区域租金为 42.18 元/(平方米·月)，环比上浮 4.79%，外围区域为 27.29 元/(平方米·月)，环比上涨 1.08%。从中心六区来看，荔湾区、越秀区、海珠区、天河区、白云区、黄埔区第三季度电梯楼租金分别为 46 元/(平方米·月)、65.50 元/(平方米·月)、48.42 元/(平方米·月)、52.24 元/(平方米·月)、35.35 元/(平方米·月)、30.64 元/(平方米·月)。2015 年 1 月，广州市住房保障办和物价局联合发布第一批公租房租金标准：龙归花园的电梯楼最便宜，只需 12 元/(平方米·月)；越秀区北京路的电梯楼最贵，达 50 元/(平方米·月)，这一价格超过此前国土房管局公布的《2014 年广州市房屋租金参考价》中越秀区北京街大部分电梯楼。① 租金上涨过快且区域差别较大的现实，导致包括部分白领阶层在内的中低收入群体纷纷搬离天河公园等中心

① 网易房产. 广州公布今年首批公租房租金标准 最贵 50 元/平方米[EB/OL]. [2015-1-26]. http://bj.house.163.com/15/0126/14/AGT241VO00073SD3.html.

城区，如迁至地理位置相对偏僻、租金相对低廉的东圃、岑村甚至番禺等地。虽然通过这种方式节省了租金开支，但是由于出租屋距离工作地点一般较远，引发明显的“职住空间不一致”问题。因此，增加了上班一族的交通出行时间与成本，派生出每天在固定时间段向中心城区方向流动的通勤交通，结果可以预见，必然造成城市公共交通系统出现定时疲软。比如，上下班高峰期变成“沙丁鱼罐头”的广州地铁3号线，据地铁族网站2011年12月公布的一份“全国地铁单线路客流记录”数据，广州地铁3号线以171.18万人次位居榜首，超过北京客流记录最高的1号线的151.93万人次和上海客流记录最高的1号线的143万人次。①

住房租金水平的关键影响因素繁多，浙江大学郑文娟博士利用全国35个大中城市2003—2008年的面板数据进行实证分析后发现，“住房价格、住房价格增长率、固定资产投资额、非户籍人口比重、在岗职工平均工资、人均GDP、第三产业占GDP比重和规模以上工业企业数量”等指标是导致城市住房租金水平差异的重要影响因素。② 对于广州市而言，全市商业网点、医疗卫生设施、公共文化场馆与人口总量的比例由越秀、荔湾、海珠、黄埔、天河至白云区渐次递减，而工业区则属番禺、萝岗、南沙等外围区域分布较多。因此，各区房屋租金价格不可避免地受到这些因素的影响，差别十分显著。发展住房二级市场，需要从广州本土实际出发，大部分流动人口因经济收入不高无力购买商品房、甚至无力支付新建公寓的高昂房租，只有某些租金相对低廉的旧私房符合他们的条件。所以，政府应放慢城市拆迁改造的步伐，对老房子加以修缮，使之符合最低居住标准，不但能够满足中低收入群体的基本住房需求，同时对于降低城市化运行成本、吸引大量人口来穗就业、缓解人口老龄化趋势等具有重要影响。

---

① 网易网. 番禺“堵局”[EB/OL]. [2012-7-6]. http://gz.house.163.com/12/0706/07/85NCTJU000873C6D_all.html.

② 郑文娟. 中国城市住房价格与住房租金的影响因素及相互关系研究[D]. 杭州：浙江大学博士论文，2011：150.

三、公共住房政策执行力度对城市经营的影响

(一)公共住房建设对城市土地利用效率的影响

“城市经营”是指，政府通过市场工具对各种资源与资产展开资本化运作与管理，从而促成城市经济、社会和环境效益的综合优化与可持续发展。其主要作用在于：扩大城市的经济实力，推动相关资产的保值增值，完善城市的多种功能，进而优化城市生态环境，提升城市综合竞争能力与知名度。西方国家常用TOD(Transit-Oriented Development)和SOD(Service-Oriented Development)的方式通过城市规划进行城市经营。所谓TOD，就是政府利用垄断城市规划带来的信息优势，对规划发展区用地以较低价格征用；接着进行基础设施建设，使土地升值；然后出售基础设施完善的“熟地”，利用“生地”与“熟地”之地价差，平衡建设成本。所谓SOD，是指采取社会服务设施引导开发建设的模式。政府利用行政垄断权的优势，通过城市规划对城市功能进行空间调整和迁移，使老城区和新开发区产生地价差，并获得更新与发展的资金保障。①

城市土地利用作为当今经济社会中最活跃和最普遍的活动，对广州经济社会发展具有重要的贡献作用。据广州市财政局数据显示，自2008年开始，广州对土地出让金的依赖逐年加大，土地出让金收入占包括一般预算收入和政府性基金收入在内的广州财政收入的比重从20%左右的水平一路攀升。2008年广州财政收入843.1亿，土地出让金收入173亿，占比20.5%；2009年广州财政收入1107.7亿，土地出让金收入323.4亿，占比29.2%；2010年广州财政收入1399亿，土地出让金收入455.6亿，占比32.6%；2012年广州土地出让收入达412亿元，超出当年预算的30%；2013年广州市土地出让金收入615.2亿元，超出年初预算的60.2%。②2014年上半年，广州财政收入受经济发展增速放缓的影响，增速

① 谢文蕙. 城市经营模式[J]. 科学决策，2004(4)：28-33.

② 张晓玲，陈祥华. 地方债广州样本：土地财政撑起高地价？[N]. 21世纪经济报道，2013-6-19.

有所回落，但土地出让金收入依然是贡献的主角。

随着财政收入增速下降、地方债务还债高峰来临，以及在“钱荒”背景下，卖地收入成为各地方政府最现实、最快捷的财源。2013 年上半年，广州通过招拍挂方式挂牌出让地块共 82 宗，最终 71 宗成功交易，同比上涨 73.17%。上半年土地出让金收入超过 330 亿元，已超过去年全年，土地出让面积达 453 万平方米。① 由于对社会经济发展增速的过分重视，地方政府对土地资源的干预程度也逐年增强，使得土地利用方式产生重大转变。《广州市住房建设规划(2008—2012)》指出，针对广州市城市低收入住房困难家庭多集中于旧城区的特点，将住房保障工作与旧城更新改造和“城中村”改造工作紧密结合。积极盘活已收回闲置土地、烂尾地等各类存量土地，优先供应民生用地；结合城市旧城更新改造、城中村改造等制订居住用地供应计划，着力改善老城区人居环境”。

2013 年广州市国土房管局发布的《广州市土地整治规划(2011—2015 年)》显示，广州市建设用地供需矛盾较大，需通过“三旧”改造释放建设用地供给空间。2011—2015 年五年内，全市将对 1.38 万公顷“三旧”用地进行改造，共需资金 2900.57 亿元。其中“旧城镇”改造面积为 4065 公顷，“旧村庄”改造面积为 4563 公顷，“旧厂房”改造面积为 5206 公顷，几乎各占三分之一。② 如此庞大的投资，一方面让人担忧会使目前已经偏高的地方债务进一步提高；另一方面也不排除这可能又是增加土地财政的一大渠道。根据计划，“三旧”改造重点区域主要包括荔湾区、越秀区、海珠区、天河区、白云区、黄埔区、番禺区、花都区、南沙区、萝岗区、增城市和从化市 12 个区(县级市)的 54 个镇(街)，改造规模为 9810 公顷。据了解，广州市土地利用率高达约 98%，单位土地面积的经济产值较高，其中 2010 年全市单位土地面积的国内

---

① 新华网. 土地财政“井喷” 多地半年赶超 2012 全年[EB/OL]. [2013-7-10]. http://news.xinhuanet.com/house/bj/2013-07-10/c_116477002.htm.

② 数据来源：广州市国土资源和房屋管理局《广州市土地整治规划(2011—2015)年》，2013-8。

生产总值为每平方公里14634万元，为广东省平均水平的5倍多，这是土地与GDP关系的一个生动说明。但是，拥有7000多平方公里面积的广州与仅2000余平方公里面积的深圳相比，土地利用效益仍有相当大的差距，尤其是单位土地面积财政收入，广州市只有深圳的约20%，这似乎也为广州加大土地开发力度提供了理论依据。①

广州整体土地利用效率不高的原因，主要是农村居民点用地比重偏大，而村级工业用地的投资强度和土地产出水平大多较低，低效的乡镇建设用地拉低了土地利用效率的整体水平。事实上，广州农业人口近十余年来大幅下降，但农村居民点用地却在不断增加。1996—2010年，广州市农业户籍人口由250万人减少到82万人，但农村居民点用地却由32778公顷增加到40554公顷，人均农村居民点用地高达494平方米，远远超过建设部制订的《村镇规划标准》(GB50188—2007)所界定的150平方米/人的上限。广州市2010年城乡建设用地中，城市、建制镇、村庄、采矿用地所占比重分别为50.21%、17.08%、30.69%、2.02%，村庄用地比例超过30%。② 按照该《村镇规划标准》，农村居民点所占比例过大是造成广州市建设用地效益偏低的主要原因，而且与广州市发展成为"国家中心城市和国际化大都市"的城市定位不相匹配。因此，"三旧"改造新规划为缓和城市建设用地尤其是公共住房建设用地的紧张局面提供了新的解决途径。

(二)公共住房建设对城市商品房价的影响

近年来，虽然政府对公共住房建设力度的不断加大，有关房地产市场的调控政策也频频出台，但随之而来的既不是公共住房按计划发展或公平分配，也不是商品房价如预期那样回落。旨在改善中低收入群体居住条件，实现住有所居目标的公共住房，在理论界和

① 中国新闻网. 广州："三旧"改造要处理好与土地财政的关系[EB/OL]. [2013-8-23]. http://finance.chinanews.com/house/2013/08-23/5199230.shtml.

② 郭艳华，林翰雄. 广州村庄规划编制存在的问题与对策建议[J]. 南方农村，2014(2)：49-53.

实务界引发了究竟是平抑商品房价还是拉高商品房价的争论。在此争论中，产生“刚性需求吸收论”和“土地挤出论”两种观点。① “刚性需求吸收论”指出，公共住房的开发建设及覆盖对象范围的不断扩充，定将囊括部分住房刚性需求(Rigid Demand)，由此降低市场上商品房的需要量，使得商品房价下降。“土地挤出论”指出，由于土地资源极其稀缺和地方政府对土地财政的长期严重依赖，公共住房开发势必占用本就不多的地方储备土地，促使商品住房计划用地转为公共住房建设用地，这种土地挤占方式直接造成商品住房土地供应量的减小与其价格的不断上扬，从此抬高商品住房售价。

可以看出，“刚性需求吸收论”是从商品房需求视角分析，认为住房需求分流产生房价下跌的结果；“土地挤出论”则从商品房供应视角分析，认为减少供应量产生房价上升的后果。事实证明，商品房价的高低是经住房供求联合确定，从单方面分析商品房价具有一定的局限性，最终结论也欠缺说服力。公共住房建设对商品房价的影响主要表现在：①公共住房建设占用部分商品房用地，促成商品房价的上升。在住房土地供应总量一定的前提下，公共住房用地由政府划拨，因此占用了原属于商品房的土地，由于商品房土地成本的上升及供应量的削减定会抬高商品房价。②由于公共住房吸纳部分刚性需求，所以相应就抑制了商品房价。以经济适用房为例，现实表明经适房具有一定的吸纳商品房需求的功能，在部分商品房需求遭到分流的情况下，商品房价下跌亦是必然。③从短期来看(1年以内)，公共住房开发建设生成的“刚性需求吸收效果”高于“土地挤出效果”，因此短时间内商品房价有所下跌；从长期来看，后者的影响大于前者，所以长时间内商品房价会上升。广州市近几年的住宅商品房价走势也验证了这一论点，具体如图4-12所示。

① 罗孝玲，马世昌，王维. 保障性住房对商品房价格的影响研究：基于供需结合的视角[J]. 软科学，2013(10)：1-4.

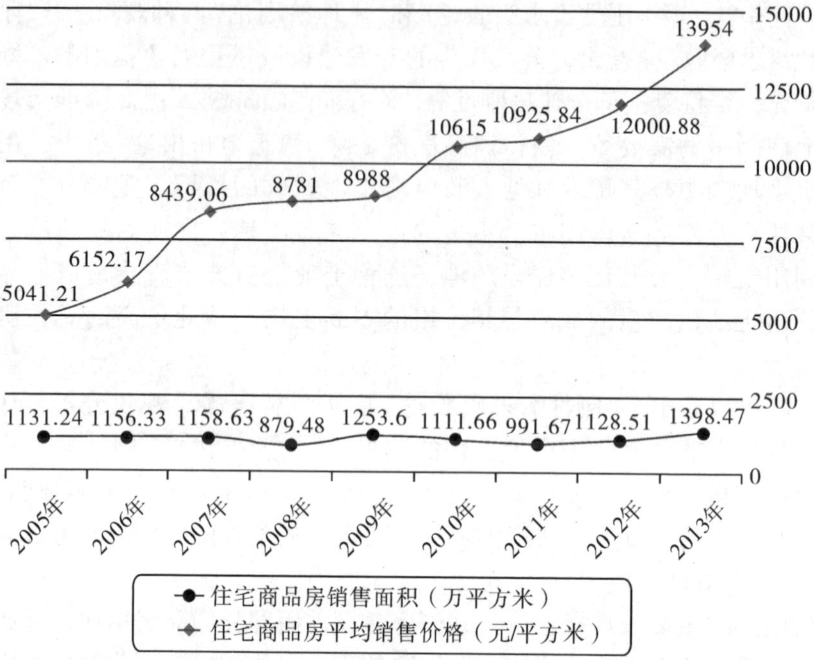

图 4-12　2005—2013 年广州市住宅商品房销售面积及价格对比①

从图 4-12 中可以看出，广州市 2005 年至 2013 年间，住宅商品房的价格均呈上升趋势，从未回落，即使在 2008 年及 2010 年，国家大力发展公共住房并对房地产市场进行史上最严厉调控的年份，打击的只是人们的购买能力，对于房价起不到太大的抑制作用。与此同时，城镇居民人均可支配收入却不见有多大变动，如表 4-11 所示，房价的涨幅远远大于居民收入的增长，相对于大幅飙升的房价，更多群体难以仅凭自身能力购买商品住房。联合国人居中心曾指出，在对 50 多个国家的首都进行调查后认为，一套住房的合理价格应在居民年收入的 2～3 倍，如达到 5 倍时，大多数人就会无

① 国家统计局. 主要城市年度数据[DB/OL]. [2015-1-27]. http://data.stats.gov.cn/workspace/index? m=csnd.

力购买，市场即会出现问题。① 发达国家的住房市场，其房价收入比基本上控制在这个范围，中国则高达20倍以上。

表4-11　2003—2012年广州城市居民人均收支对比②

（单位：元）

年份	城市居民人均可支配收入		城市居民人均消费性支出		恩格尔系数%
	绝对值	比上年增长%	绝对值	比上年增长%	
2003	15002.59	12.1	11570.58	8.4	38.9
2004	16884.16	12.5	13120.83	13.4	38.3
2005	18287.24	8.3	14468.24	10.3	37.3
2006	19850.66	8.5	15444.93	6.8	37.0
2007	22469.22	13.2	18951.32	16.6	32.8
2008	25316.72	12.7	20835.95	9.9	33.7
2009	27609.59	9.1	22820.89	9.5	33.2
2010	30658.49	11.0	25011.61	9.6	33.3
2011	34438.08	12.3	28209.74	12.8	34.0
2012	38053.52	11.4	30490.44	9.8	34.0

需要进一步强调的是，按照业内专家测算，除去征地、拆迁、补偿及税费等成本外，地方政府一般获得的土地出让净收益率在40%以上，还不包括溢价成交的地块。然而，公共住房的开发建设必然影响到商品房土地供应问题，进而对地方财政收入构成实质威胁。如前所述，公共住房建设还可能使得商品房价下跌，从而造成土地出让价格下降，间接影响到地方财政收入。正因如此，地方政

① 袁雪峰，傅正明．泡沫经济及其成因再思考[J]．贵州社会科学，2003(5)：21-23.

② 数据来源：广州市统计局《广州统计资料(2013年)》，2014-11-6.

府在开发公共住房方面存有较大的机会成本，常缺乏建设热情。此外，当劳动人口在全国范围内流动时，倘若地方政府在解决公共住房上反应得当，相反会吸引更多流动人口的涌入，这就是公共住房的外溢效应。对于这种具有外溢性的公共产品，地方政府间时常存在协调失灵，所以要求中央给予直接支持。① 根据财政部与住房城乡建设部联合印发的《关于下达2009年部分中央廉租住房保障专项补助资金的通知》(财综〔2009〕23号)，“中央财政廉租住房保障专项补助资金为70亿元，主要用于补助财政困难地区的廉租住房租赁补贴开支以及购买、改建、租赁廉租住房的支出”。综上，公共住房建设是一项关乎民生的重大工程，对于抑制商品房价具有预想不到的效果。政府部门需要大力推动公共住房建设与开发，努力解决中低收入群体的住房问题，实现社会公平。

① 王先柱，赵奉军. 保障性住房对商品房价格的影响——基于1999—2007年面板数据的考察[J]. 经济体制改革，2009(5)：143-147.

第五章

社会公平与协作治理：我国城市公共住房政策执行力的提升路径

“公平”是人类社会最基本的核心价值观，是协调人与人之间关系的首要准则。住房公平即是对住房社会资源为人们分享状况的评价指标，是对公民在住房社会资源稀缺背景下，获取满足自身居住需求的住房的过程及结果的评价与认同。① 从 20 世纪 90 年代开始，我国经历了“公房政策改革到住房商品化、旧房改造到住房建设、向中低收入群体提供经济适用房到为最低收入阶层供应公共租赁住房”这一发展历程，城市居民的住房条件由此得到巨大改善。然而，作为对国民收入的二次分配，公共住房政策应坚持“公平优先、兼顾效率”的原则，并适时运用政府这只“看不见的手”，充分弥补市场失灵。在住房公平前提下提升我国城市住房政策执行力的价值观念、在社会福利背景下提升城市公共住房政策执行力的相关

---

① 卢珂，李国敏. 住房公平与政府正义[J]. 社会科学辑刊，2012(4)：137-140.

政策、协作治理环境下提升城市公共住房政策执行力的具体举措等层面，探索我国城市公共住房政策公平性的理性回归。

第一节　住房公平前提下提升公共住房政策执行力的价值观念

一、住房权利公平价值观

(一)住房权是一项基本人权

如果价值就是诸如效率与效能之类的工具性价值，或者诸如正义与平等之类的终极价值，那么价值就会与政策相互交织。① 住房是人类生存和发展不可缺少的重要物质条件，住房公平问题在世界范围内普遍受到各国政府的关注。“二战”后，以联合国为代表的国际组织早已把公民的居住权作为一种基本人权而多次加以明确阐述。1948 年 12 月 10 日联合国大会颁布的《人权宣言》第 25 条规定：“人人有权享受为维持他本人和家属的健康和福利所必需的生活水准，包括食物、衣着、住房、医疗和必要的社会服务”②。1965 年 12 月 21 日通过的《反种族歧视国际公约》，第一次明确提出“住房权”(Housing Rights)的概念。1982 年 12 月，联合国第 37 届大会通过决议，将 1987 年确定为“国际住房年(IYSH)”；1985 年 12 月，联合国第 40 届大会又通过决议，将每年 10 月第 1 个星期一定为“世界住房日”。1991 年 12 月 12 日，联合国通过《第四号一般性意见：适足住房权》，对“适足住房权”(the Right to Adequate Housing)概念进行了全面和权威的解释。1994 年 8 月 2 日，联合国公布《住房权国际公约(草案)》，次年 2 月 16 日《迈向住房权利的战略计划》也正式出台。1996 年 6 月，联合国通过《人居议程Ⅱ》和

① [英] 简·埃里克·莱恩. 公共部门：概念、模型与途径(第三版)[M]. 谭功荣，等，译. 北京：经济科学出版社，2004：223.

② 王蕾. 住房权实现中国家平等对待义务的客观性[J]. 求是学刊，2010(2)：73-79.

《伊斯坦布尔人居宣言》等文件，提出“人人享有适当住房(Adequate Shelter for All)”和“城市化进程中人类住区的可持续发展”目标。1997年5月16日，联合国发布《第七号一般性意见：关于强制驱逐》，目的在于保证所有被强制驱逐的人，不管是非法还是具有法律依据，国家都有义务为其提供可选择的住房。1999年5月，发布《联合国住房权计划》(UNHRP)，归纳出28条能被各国政府采用尊重、保护、增进和实现适足住房权的措施。① 2000年，联合国成立住房权利特别委员会，致力于创建新的关于住房权利的国际标准。2005年，联合国人居署《应对世界城市化带来的挑战》再次指出，“有保障的居住权是城市贫民渐渐融入城市的根本，也是实现住房权的关键所在”。

住房权(适足住宅权)是指，“公民有权获得可负担的适宜于人类居住、有着良好物质设备和基础服务设施、具有安全、健康、尊严，并不受歧视的住房权利。为实现住房权，政府、个人和国际社会组织承担着重要的责任与义务”②。从公法意义上理解，住房权指的是住宅人权，即每一位公民维持其生存必需的基本权利；从私法意义上理解，住房权是指公民的住宅所有权以及与之相关的其他财产权利。③ 对于居住者而言，适足住房权的缺乏，必然导致工作和生计的尊严甚至生命权的丧失。如果公民的住房权得不到保障，人的基本权利即生存权也就无法得到保证。目前，住房权已被法律承认并为国际社会所接受，大量人权机构开始把住房权与他种人权同等对待，甚至把住房权的侵犯与酷刑或政治屠杀并列；许多非政府组织也向国际人权机构提出有关国家违反住房权义务的正式法律诉讼，法院也将住房权问题纳入正式司法框架中处理。④

1997年10月我国政府签署《经济、社会、文化权利国际公

---

① 王宏哲. 住房权研究[M]. 北京：中国法制出版社，2008：85-123.

② 杜芳. 我国公民住房权的司法保障研究[M]. 广州：世界图书出版广东有限公司，2013：10.

③ 金俭. 中国住宅法研究[M]. 北京：法律出版社，2004：55.

④ 金俭，等. 中国住房保障：制度与法律框架[M]. 北京：中国建筑工业出版社，2012：34-35.

约》，公约第11条规定，“缔约各国承认人人有权为他自己和家庭获得相当的社会水准，包括足够的食物、衣着和住房，并能不断改进生活条件。各缔约国将采取适当步骤保证实现这一权利，并承认为此而实现基于自愿同意的国际合作的重要性”①。2007年5月，建设部部长公开表示，中国将“人人享有适当住房”，住房是一种基本权利。“住房发展要从过去过分追求经济增长和平均住房面积增加，转向更加注重社会公平和解决民生问题”②。随后公布的建设部研究报告中提出，要按照联合国“人人享有适当住房”的目标，实现“人人有房住”。③ 在关于住房立法的讨论中，住房权作为人类生存权的一部分已得到普遍承认，应以立法形式使其得到保障。④简言之，“住房权利公平”是住房公平的原则性起始点，强调在住房基本规章制度面前人人平等、具有相同的资格。当前从各民主国家的根本大法中可以窥出，理论层面的权利公平问题已基本解决，我国由于受到社会历史条件等因素的制约，现有法律法规还不完善，加之在政策实践中各种新情况层出不穷，民众的权利要求愈益增加，因此现阶段在一定范围内仍不可避免地存在住房权利不公平现象。所以住房政策执行主体应注意加强法治建设，保证公民平等享有司法保护的住房权利，这也是政府必须承担的最低限度的核心业务。

(二)住房权利公平的标准与内容

尽管由于个人、家庭和社会群体的需要及偏好不尽相同，很难准确地描述适宜住房的详细规则，但住房权涵盖哪方面内容，需要对其标准及范围作出清晰明了的规定。在具体解释住房权及其主要

---

① 张清，吴作君. 住房权保障如何可能研究纲要[J]. 北方法学，2010(4)：48-60.

② 中国新闻网. 建设部部长汪光焘表示：中国将人人享有适当住房[EB/OL]. [2007-5-20]. http://www.chinanews.com/gn/news/2007/05-20/938969.shtml.

③ 建设部课题组. 多层次住房保障体系研究[M]. 北京：中国建筑工业出版社，2007：21.

④ 新浪网. 300名博士生联合建议加快住宅法立法[EB/OL]. [2008-2-25]. http://news.sina.com.cn/c/2008-02-25/232215015642.shtml.

内容之前，必须明白两个条件：一是对住房权的理解不应单从狭义的视角加以限制，比如不该把住房仅仅看作是可供人居住、生活或是工作的房子，而应看作是一种有尊严地生活在某个地方的普遍权利；二是不能只考虑住房的布局设计、框架结构等物理因素，还应顾及居住在其中的个人或家庭的整体感受与经济负担。现阶段住房供应不得不斟酌人们的可负担能力，并且房屋选址开发地区应先行配套建设好民众需要的公共基础设施。因此，住房权利公平的标准与内容如下：

1. 可居住权

适宜的住房必须具备可居住性，即能够保护所居住人口免于遭受阴暗、寒冷、炎热、潮湿或其他可能对身体健康构成威胁的影响因素，也能够保障居住人口作为自然人的身体本身的安全。首先，住房选址应优先考虑交通便利、各种市政配套设施完善的区域，便于群众就近解决就业以及享受相应的公共卫生保健服务、儿童入托入学服务和其他公共文化服务。其次，住房质量的高低直接危及住民的生命和财产安全，人们有权要求住房的质量符合安全标准，包括住宅的自然通风、阳光以及人均使用面积等。住房的安全与健康同样也适用于住房承租人，承租人有权要求出租人提供符合可居住权的房屋住所环境。

2. 公平住房权

公民在住房权面前，不论性别或种族，也不论身体是否残疾，在购房、租房与房屋分配等国家住房政策上人人平等，均享有公平的不受歧视的权利。① 例如，美国的《公平住宅法》(*Fair Housing Act*)，“禁止在住宅方面由于人种、肤色、性别、国籍、年龄、宗教、残疾人和单亲家庭等原因而受到歧视”。该法的覆盖面非常之广，不管住房是否属于政府财政投入兴建，对所有的民间与公共住房都同样适用。严格规定在住房销售或出租时，不得以残疾或家庭状况为条件，或不可在签约条件、服务提供、设施利用等方面具有

---

① 张清，严婷婷. 适足住房权实现之国家义务研究[J]. 北方法学，2012(4)：82-92.

歧视行为。① 这些体现社会公平的规定，对我国制定相应的住房政策与法律，无疑具有相当大的借鉴作用。我国政府在制定住房政策，特别是具有优惠属性的住房政策及法律法规时，更应注意保护社会低收入群体或弱势人群的住房权利，实现社会公平。

3. 住房财产保护权

住房是私人财产的重要组成，受到法律的保护。《中华人民共和国宪法》第39条规定："公民的住宅不受侵犯，禁止非法搜查或者非法侵入公民的住宅"。对于那些为了达到某种目的，强行滞留他人住宅的行为也属于侵犯公民住宅的行为，情节严重的将受到法律制裁。因为公民对住房本身及住房内所存放的物品享有财产权，所以即使是合法的拆除行为也不能对其进行侵害，否则国家就应承担赔偿责任；哪怕是"非法建筑"，但由于所包括的建筑材料以及建筑内物品仍属于合法财产，公权力不能随意对之加以损害。② 同理，这种侵害也包括对住宅所有人或使用人行使住宅权的侵犯，如在他人住宅门前或通道上堆放杂物或危险品以妨碍他人通行，对他人生命与健康造成威胁，或对住宅周围环境质量的破坏与恶化以及使不安全因素存在等。住宅周围环境往往也是住宅权的重要组成，如对住宅区的绿化、空气与水源等的破坏与污染，实际上就是对住宅权的侵犯。

4. 住房司法救济权

住房权主要是保护社会低收入者或无家可归者获得居住的权利，"无救济则无权利"。法国于2007年1月通过《可抗辩居住权》，明确规定公民有获得住宅保障的权利，政府应满足低收入者、无家可归者等特殊群体对社会住房的需要，当公民的住宅权利得不到充分保障时，可通过法律维护自己的权利。③ 该法案提出从

---

① 朱福惠，李燕. 论公民住房权的宪法保障[J]. 暨南学报(哲学社会科学版)，2009(2)：118-122.

② 杜芳. 论公民住房权的二重性[J]. 山西大学学报(哲学社会科学版)，2010(4)：112-117.

③ 金俭. 论公民居住权的实现与政府责任[J]. 西北大学学报(哲学社会科学版)，2011(3)：143-147.

2008年12月1日起，无家可归者、仅有临时住房者、居住条件不合格或不适宜者、与残疾人或丧失生活能力的人同住且面积不达标者6类主体，可优先向政府提出请求解决住房问题，如得不到解决可向行政法院提起诉讼。如果裁决不能及时执行，法院可强制要求政府提供房屋给申请者，否则会因不履行而遭受罚款。① 这意味着在法国，住房权与受教育权、健康权一样，在法律上具有可诉性(Justiciability)，即公民可以通过司法手段维护自己的权利。

(三)政策执行主体与住房权利公平的实现

国家对权利体系所承担的基本义务，主要包括两方面：一是通过法律形式对这种权利体系予以确认；二是保障法律化的权利充分有序地实现。② 由于政府是使住房条件与环境得以产生实质变化所必需资源的唯一拥有者，因此，各级政府有责任采取一定的政策措施帮助公民实现公平的住房权利。罗纳德·德沃金(Ronald Dworkin)指出，“宣称对全体公民拥有统治权并要求他们忠诚的政府，如果它对于他们的命运没有表现出平等的关切，它也不可能是个合法的政府”③。目前主要由政府给城市低收入群体提供公共住房，已成为世界各国的一致共识，美、英、德、法、日等发达国家均通过其住宅法案为中低收入阶层提供货币或实物补贴，使他们可以在市场上购买或租赁可负担住房。我国政府作为公共住房政策的制定和执行主体，应从源头抓起，将政府责任贯穿于住房土地供应与开发建设，直至市场交易等环节，保证住房权利公平的实现。

1. 在《中华人民共和国宪法》中确立住房权的概念

《中华人民共和国宪法》是我国的根本大法，在《中华人民共和国宪法》中明确住宅权的概念，并将之作为基本的人权加以保护。这是住房权相关法律制度构建的必要前提，并可为政府法律责任机

① 张群. 居有其屋：中国住房权历史研究[M]. 北京：社会科学文献出版社，2009：263.

② 王人博，程燎原. 权利及其救济[M]. 山东：山东人民出版社，1998：182.

③ [美] 罗纳德·德沃金. 至上的美德：平等的理论与实践[M]. 冯克利，译. 南京：江苏人民出版社，2007：1.

制提供法律支撑。首先，从性质上来说，住房权是基本人权，如果住房权得不到保证和实现，那么公民就无法积极地行使其他政治以及经济权利。其次，通过《中华人民共和国宪法》明确保护公民的住房权利，既是政府的政治责任，也是政府的法律义务。根据已经签署的联合国《经济、社会及文化权利国际公约》第 11 条的相关规定，我国政府对人们的住房权利的保障属于法定且不可推卸的责任。“政府必须采取积极措施，旨在保证在其管辖下的每个人都有机会在他或她不能靠个人努力得到保障时，获得住房权的资格和权利享有”①，即当其他义务都没有充分实现时提供该机会。也唯有政府，才能通过行使公共权力，发动社会积极捐赠房源、筹措建设资金等，集中一切财力物力兴建各类公共住房。

2. 加快制定《中华人民共和国住房保障法》

我国尚未通过立法确定作为人权的住房权，仅规定了司法意义上的住宅权，即住宅所有权以及与此相关的权利。所以应加快制定《中华人民共和国住房保障法》，规定人权法意义上的住宅权，即每位公民均享有获得适足充分的住房权利。首先，《中华人民共和国住房保障法》总则中应当规定政府必须担负的公共住房建设责任，各级地方政府对本行政辖区内的公共住房建设负责。其次，《中华人民共和国住房保障法》还应规定设立专门的公共住房建设管理与监督机构，对公共住房项目的招标招标、建设与分配等一系列流程进行管理和监督，防止在公共住房建设过程中出现“权力寻租”等违法乱纪行为以及弄虚作假骗取公共住房分配资格的行为。通过行政处罚乃至刑事处罚的方式对住房政策执行主体进行追究，从而使住房权成为一种可诉权利。

3. 将公共住房建设纳入公务员考核体系

公共住房建设就是为了实现社会公平，所以在《中华人民共和国公务员法》实施细则中需要针对住房建设的特殊性，为公务员业绩考核设立科学有效的评估指标。除了 GDP 年度增长率、居民收

---

① ［挪威］A. 艾德，等. 经济、社会和文化的权利［M］. 黄列，译. 北京：中国社会科学出版社，2003：178.

入增长率、税收收入以及招商引资等经济效益标准外，更加需要注重公共住房建设、民众满意度、居民幸福指数等社会效益标准，从而提高地方政府建设公共住房的积极性。根据美国哥伦比亚大学发布的《2013 全球幸福指数报告》(标准涉及教育、健康、环境、包容性、内心幸福感、生活水平等)，丹麦成为世界最幸福的国家，挪威、瑞士分列第二、第三，在 156 个国家中，中国位列第 93 位。①国家统计局的数据显示，2003 年至 2013 年，我国城乡居民人均收入差距在不断扩大，如图 5-1 所示；全国居民收入的基尼系数，2003 年为 0.479，2004 年为 0.473，2005 年为 0.485，2006 年为 0.487，

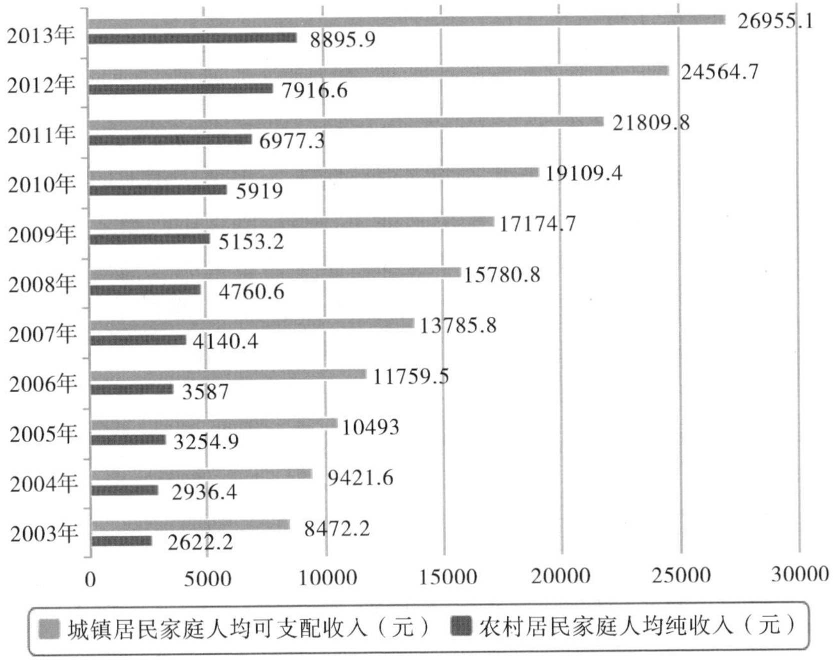

图 5-1　2003—2013 年我国城乡居民家庭人均收入对比

---

① 新华网. 2013 全球幸福指数报告出炉：中国列第 93 位[EB/OL]. [2013-9-10]. http://news.xinhuanet.com/world/2013-09/10/c_117311202.htm.

2007年为0.484，2008年为0.491；然后逐步回落，2009年为0.490，2010年为0.481，2011年为0.477，2012年为0.474①，均超过国际警戒线标准。这些数据说明当前政府的公共政策在物价、房价、教育、医疗、就业等与民生息息相关的领域执行力还不够高，并且随着经济地位差距的拉大，民众的幸福感和公平感越来越低。由此看来，“住有所居”既是公民住房权的最终目标，也是实现公民住房权利公平的最低衡量指标。

二、住房机会公平价值观

机会公平的实质内涵，指的是前途向所有人开放。只要个体具备足以胜任的才能并认为值得付出，则每个人都不该受到随意干涉而有权追求任何社会地位。一个人所拥有的机会多寡，不应取决于出身、国籍、肤色、性别、宗教信仰等毫不相干的特征，只应该取决于他自己的能力。② 机会公平强调机会分布的平衡和合理，而城市土地显然属于稀缺的公共资源，因此拿来用作建房用地的总量具有限制，加之城市居民的住房消费能力各不相同，中高收入阶层有能力且愿意购买市场商品房，中低收入阶层则常常通过租赁房屋解决居住问题。所以，为了保障民众在住房上获得公平的选择机会，公共管理部门及其工作人员就需要预先制定不同类别的住房的供地计划，并使得不同类型的住房产品与居民消费能力相匹配。简而言之，住房权利公平属于事前公平，基本上是各种静态的规定；而住房机会公平则是权利公平在住房供应过程中的具体反映与贯彻落实。

（一）住房机会公平价值观溯源

约翰·罗尔斯（John Rawls）从伦理学和经济学两个视角关注社

---

① 基尼系数（Gini Coefficient），是意大利经济学家基尼（Corrado Gini）1922年提出的，定量测定收入分配差异程度。其值在0和1之间，越接近0就表明收入分配越是趋向平等；反之，收入分配越是趋向不平等。按照国际一般标准，0.4以上，基尼系数表示收入差距较大，当基尼系数达到0.6时，则表示收入悬殊。

② ［美］米尔顿·弗里德曼，罗丝·弗里德曼. 自由选择［M］. 张琦，译. 北京：机械工业出版社，2013：132.

会公平和正义问题，不仅克服了单一学科理论方法无法解释极为复杂的社会现象的缺陷，提出和创立了具有重要价值和影响的作为公平的正义理论，而且达成了伦理学与经济学的有效结合，开辟了一个相互交叉渗透的新的学科领域。罗尔斯认为，“社会的基本结构是社会的主要政治制度和社会制度融合成一种社会合作体系的方式”。在他看来，现实社会是不平等的，为此，提出了两个正义原则：“(1)每一个人对于一种平等的基本自由之完全适当体制都拥有相同的不可剥夺的权利，而这种体制与适于所有人的同样自由体制是相容的；(2)社会和经济的不平等应该满足两个条件：第一，它们所从属的公职和职位应该在公平的机会平等条件下对所有人开放；第二，他们应该有利于社会之最不利成员的最大利益”①。第一个原则可称为平等的基本自由原则，适用于公民最基本的政治权利的分配。第二个原则实际上包括两个原则，即公平的机会平等原则和差别原则。罗尔斯认为，公平的机会平等原则优先于差别原则，要求用差别原则来调整经济的不平等。

公平的机会平等原则，首先意味着一种“形式的机会平等”，即所有人都有同样的合法权利获得有利的社会地位。由于社会成员之间在才能上的差异，并不是所有人都真正具有获得社会有利地位的机会，要实现实际上的平等，“不仅要求公职和社会职位在形式上是开放的，而且要求所有人都应该有获得它们的公平机会”②。这种公平的机会意味着社会应赋予所有成员平等地获得社会有利地位的条件，为此，“在社会的所有地方，对于那些拥有相似天赋和动机的人们，应该在修养和成就方面存在着同样的前景，而无论他们的社会出身是什么，无论他们生来属于什么阶级，以及成年之前的发展程度如何”③。鉴于此，社会必须为所有人建立平等的受教

① [美] 约翰·罗尔斯. 作为公平的正义：正义新论[M]. 姚大志，译. 北京：中国社会科学出版社，2011：56.

② [美] 约翰·罗尔斯. 作为公平的正义：正义新论[M]. 姚大志，译. 上海：上海三联书店，2002：71.

③ [美] 约翰·罗尔斯. 正义论[M]. 何怀宏，等，译. 北京：中国社会科学出版社，1988：71.

育机会，使越来越多的人能够得到更好的教育和培训，通过缩小人们把握机会的能力的差异，缩小他们在政治资源分享份额和社会财富占有上的差距，直到它停留在一个可接受范围内。

罗尔斯之所以将机会平等作为一个重要原则，并为实现这一原则而提出不断缓和社会地位和财富不平等的倾向，使公民具有平等地利用可得到的机会的能力的主张，是"由于每一个人的幸福都依赖于一种合作体系，没有这种合作，所有人都不会有一种满意的生活，因此利益的划分就应当能够使每个人自愿地加入到合作体系中来"①。从此种意义而言，其他社会成员包括处境较差的社会成员的加入，对于处境较好的社会成员幸福的实现，具有重要的贡献。罗尔斯不仅区分了形式上与事实上的机会平等，还清楚阐明了二者之间的联系，特别是从个体的能力与其把握机会的关系的角度，提出了社会成员必须接受教育的权利平等的思想。正如彼彻姆(T. L. Beachamp)指出，罗尔斯的机会公平原则的内容是：谁都不应该由于他无法负责的特性(有利条件)取得社会利益，也就是说，谁都不应该由于他所无法负责的特性(不利条件)而被剥夺社会利益。② 当然，无论从哪一方面来看，社会成员之间的绝对平等在现实中几乎不可能存在，尽管倡导人们在这些方面的平等可能最终也无法彻底消除人们在这些方面的现实不平等，但是，毋庸置疑的是，倡导人们在这些方面平等的观点和主张终究会影响到国家法律的制定和政府政策的执行，并在此作用下使得人们在这些方面的不平等程度逐渐缩小，罗尔斯所提出的机会平等原则的现实意义也正在于此。

(二)住房机会公平的主要影响因素

世界银行《公平与发展：2006年世界发展报告》指出，"公平的基本定义是人人机会均等，享有机会公平。亦即人一生的成就应主

① ［美］约翰·罗尔斯. 正义论［M］. 何怀宏，等，译. 北京：中国社会科学出版社，1988：15.

② ［美］汤姆·L. 彼彻姆. 哲学的伦理学［M］. 雷克勤，等，译. 北京：中国社会科学出版社，1990：373.

要取决于其本人的才能和努力，而不是被种族、性别、社会及家庭背景或出生国等因素所限制；同时避免剥夺享受成果的权利，尤其是享受健康、教育、消费水平的权利”①。阿内森(Richard J. Arneson)在谈到“机会平等”时指出，每个人根据自己的偏好都会做出不同的选择和决定，而这些会产生某种程度上可以预期的后果。所以，他对“机会平等”列出三条限制：第一，人们在完成这些选择上具有相同的能力；第二，选择的平等并不是以完全消弭人们在把握机会能力上的差别而形成；第三，造成人们在机会选择和把握能力上不平等的原因，必须是那些个人应为之担负责任的因素。② 只有进一步追寻机会背后的真实不可控因素，依其确立复杂的标准来分配各种社会资源，尽量消除或减小外在偶然因素的差异；同时又保证个人对自己的行为和价值观念以及生活的选择负责，承担自我选择的后果，才能不仅确认机会公平原则，而且最终确保实质性的机会公平。

人们的出生环境、背景和条件是不由自己选择和控制的，带有非常大的偶然性，但这些由于偶然和运气所带来的因素又会使得人们站在不同的起点上。一些人会因此而获得优势地位，另一部分人则只能在弱势中挣扎，由于非自身的原因而使人们处于不同起点的状态显然不公平。现实社会环境中，存在着各种不公平现象，那些拥有更多财富的人会通过各种途径和方式掌控更多的公共资源，扩大自己的社会影响力，从而获得优越的社会地位。如果得不到相应的社会资源，公民身份的平等就会流于形式，很难想象在生存线上挣扎的个人或群体，能够正常地参与公共事务和政治活动。如果一个公民既不能接受良好的教育，又无法获得适合自身条件的工作，还没法在基本需求如住房方面得到满足，那么，公民身份于他而言就毫无意义，更谈不上与其他公民之间平等的地位。出身、种族、天赋，以及所属社会阶层等，都是人们自身所不可控制的偶然性因

---

① 高国希. 机会公平与政府责任[J]. 上海财经大学学报，2006(6)：3-10.

② Richard. J. Arneson. Equality and Equal Opportunity for Welfare[J]. Philosophical Studies，1989，56(1)：77-93.

素。人们无法先行决定自己的出身家庭、父母及其社会地位、出生地点和环境以及自身所具有的某些品质和特性，但是，这些因素都会影响到机会公平的实现程度。这些偶然性因素如同一个个高低不一的平台，使不同的人站在了不同的起点上，人们也由于持有不同的社会和自然属性而与他人相区别。

平等首先就是要把人们从先天和非自我因素中解脱出来，使其站在相同的起点。约翰·罗尔斯提出社会的基本善，认为这些基本的善需要平等地分配给每位社会成员。罗纳德·德沃金则提出一种资源平等分配的理想模式：假定人们孤立地居住于荒岛上，与外界互无来往。海滩上有无数贝壳作为货币平分给每个人，然后开始拍卖海岛资源，人们根据自身喜好竞标购买，并通过“嫉妒检验原则”(Envy Test)，使每个人都得到最为期望的资源，从而进入一种平等的原始状态。① 从起点出发之后是对分配过程和结果的调整，站在相同起点的比赛只能说有着公平的开始，但在比赛中依然会有偶然因素发挥作用。形式的平等既然有可能带来实质的不公平，那么实质的平等才是追求的终点。个人天赋以及机遇等会使即便是付出同样努力的人获得截然不同的结果。因此，从完全平等的起点出发，由于不可控因素对整个过程的持续干扰，最终导致的差异性后果也并非完全合理。对公共住房资源的分配更是如此，住房机会公平只是住房公平过程的逻辑起点，由于个人能力及具体操作程序等不可控因素的影响，分配结果往往差强人意。在这种情况下，并非要求对于所有个人的不可控因素进行补偿，只要人们具有相同的“住房选择域”，并且对于任何选择偏向都具有相同的把握能力②，就可以说已经实现了住房机会公平。

(三)政策执行客体与住房机会公平的实现

2013年3月17日，国务院总理李克强在十二届全国人大一次

---

① [美]罗纳德·德沃金. 至上的美德：平等的理论与实践[M]. 冯克利，译. 南京：江苏人民出版社，2007：68.

② 周谨平. 基于机会公平的社会福利分配[J]. 湖南社会科学，2009(5)：198-201.

会议举行的记者会上指出，“我们要努力使人人享有平等的机会，不论是来自城市还是农村，来自怎样的家庭背景，只要通过自身的努力，就可以取得应有的回报”。机会公平问题更是党的十八大报告中强调的“逐步建立以权利公平、机会公平、规则公平为主要内容的社会公平保障体系”的核心任务，其实，机会公平的实现主要在于保障执行程序的公平公正。研究大多承认个人天赋和出身等客观存在的差异，更多关注的是机会本身的开放程度，焦点在于当面对某些稀缺资源或机会时，是否凡具备所需品质的个体都可以平等地参与竞争。① 在这一前提条件下，按照机会所要求的能力品质展开公共住房资源分配就变得异常公平合理。

美国是西方自由市场经济国家的主要代表，在公共住房政策方面，也同样被自由市场经济理念所包围。政策制定与执行的出发点是，无论个体还是家庭，对自身的生存和发展担负主要责任，政府职能只是保障全体成员都公平地享有同样的机会，而非将为他们提供生活必需品作为政府的义务。只有当社会成员经过努力仍无法实现自给自足，并且通过了必要的财产测试后，才有资格获得政府的帮助。② 在这种总体上不以牺牲效率为代价的公平思想指导下，美国产生了与机会公平更加靠近的公共住房模式。正因为如此，截至2003年，全美还有4600万户家庭、9400万人(相当于美国人口的35%)面临着严重的住房问题，有些人甚至无房可住。③ 目前美国享受住房保障的对象近690万，仅占总人口的2.21%。2000年的一份调查数据显示，要更新公共住房，平均每单元就需要20390美元。美国自1993年就启动了“希望Ⅵ计划”，摧毁并重建衰落的公共住房，但每年的投资仅为3亿~5亿元，仅提供120万套公共住房给低收入者居住。④

---

① John E. Roemer. Equality of Opportunity[M]. Cambridge: Harvard University Press, 2000: 5.

② 贾康，张晓云. 我国住房保障模式选择与政策优化：政府如何权衡“倒U曲线”演变中的机会公平与结果均平？[J]. 财政研究，2012(7)：2-15.

③ 蒋来用. 美国住房保障建设有哪些做法[N]. 上海证券报，2012-9-13.

④ 蒋来用. 美国住房保障建设的有益做法[J]. 银行家，2012(11)：102-103.

根据机会所涉及的对象，可以分为基本机会、指向性机会和服务性机会。①基本机会涉及人的基本权利和能力，获得这些机会才具有成为社会成员的资格。所以，对于这种机会所要求的资源和物质，适宜的分配原则是均等原则和差异原则。均等原则意味着，社会应该促使所有成员都有能力获得这些基本机会；差异原则是指，当社会不足以提供给所有人把握这些机会所需要的资源时，分配的不平等应该使处于社会最不利地位的人受益最大。②指向性机会与个人的选择和发展相关，人们通过把握指向性机会，实现自己的抱负，追求幸福的生活。在这种机会中，一方面要保证人们的自由选择权利和能力；另一方面则要剔除偶然因素的干扰，使分配结果在人们责任的范围之内，并表现出人们之间的合理差异。③从广义来说，服务性机会属于指向性机会，特点在于这种机会有着直接的服务对象。对于这类机会的获得，不但关乎分配对象的切身利益，还关系服务对象的利益，能力原则是其最根本甚至唯一的分配原则。①

由此看来，住房更多地与基本机会相连，所以，对于公共住房的提供，主要遵循均等原则和差异原则，而享受公共住房的群体可以分为非依赖性群体和依赖性群体。①对于非依赖性群体：一些公共住房项目不但与基本机会相关，而且会对指向性机会的把握产生影响，如廉租住房。如果这类住房的保障水平过高、范围过广，那么非依赖性群体就会成为自愿的依赖性群体，他们倾向于放弃指向性机会而享受相应住房保障。对于这些群体，住房分配要注意减少“溢出效应”，在住房分配方面因人而异，体现出公共住房获得者在可控因素内所具有的差异。公共住房的差别供给，将鼓励这些非依赖性群体积极参与社会生产和生活，维持和提高社会效率。②对于依赖性群体，公共住房的提供应该在均等原则和差异原则的指引下进行，满足人们作为社会成员的基本需要。

在社会生活中，实现基于机会平等的住房公平，政府不能仅仅扮演“守夜人”的角色，应该积极地制定和执行相关政策规则。尽

---

① 周谨平. 机会平等与分配正义[M]. 北京：人民出版社，2009：130-136.

管平等的自由竞争和开放的“完全市场”只是经济学基本理论的理想假设，但这并不妨碍提供均等的机会成为经济伦理中的关键问题。例如，亚当·斯密就贫困问题指出，“有大部分成员陷于贫困悲惨状态的社会，绝不能说是繁荣幸福的社会。而且，供给社会全体以衣食住的人，在自身劳动生产物中，分享一部分，使自己得到过得去的衣食住条件，才算是公正。”①任由市场展开竞争而不对差异加以调控，自然会剥夺部分群体的机会；即使在现代民主社会，对弱势群体而言，很多机会还是如同海市蜃楼般并不能使其获得平等的地位。我国现阶段由于体制改革转型的相关影响，也产生了一些新的弱势阶层，为他们分配合理的住房资源，使其享有住房公平的机会，进而提升住房政策执行力，就成为亟待解决的问题。

三、住房规则公平价值观

规则公平实即程序公平，它意味着在权利公平和机会公平的前提下，公民参与经济、政治和社会等各项活动的过程应该公开透明，不允许某些人通过对程序的控制而谋取不当利益。也就是说，人们创造财富并获得利益的过程应该合法，符合既定的社会规则。② 然而，如果价值合理性乃是产生并且维持价值过程有效性的一个函数，那就不可能保证最优过程会应用任何具有表面吸引力的规则。反而，这些过程会涉及一种在对立规则和程序之间的计分竞争，其竞争力取决于每项规则在过去成功地参与预测和推理的记录。规则或程序没有必要在表面上看起来有道理，但是在接受反馈而不断修正后，它们是互动配合产生出符合所要求的外在准则的结果。③ 在财富和收入严重不平等依然存在并且不会很快消失的情况下，打破灰色收入、制度歧视和行政垄断等“潜规则”，寻求可以

---

① ［英］亚当·斯密. 国民财富的性质和原因的研究(上卷)[M]. 郭大力，等，译. 北京：商务印书馆，2009：73.

② 贾可卿. “公平”辨正[J]. 云南社会科学，2006(6)：23-26.

③ ［美］罗伯特·诺奇克. 合理性的本质[M]. 葛四友，陈昉，译. 上海：上海译文出版社，2012：121-122.

采取的步骤或程序，至少会尽可能地接近实现政治公平和机会平等。①

(一)住房规则公平价值观溯源

在西方自由主义或政治哲学领域中，弗里德利希·冯·哈耶克(Friedrich August von Hayek)无疑是一位极为重要的人物。1960 年出版的《自由秩序原理》一书指出，“一种与环境相调适的秩序，显然不可能通过集中指挥的方式得到建构；只能产生于作为社会要素的个人间的相互调适以及他们对那些直接作用于他们的事件的回应过程之中，即博兰尼所谓的自生自发形成的多中心秩序”②。在 1967 年撰写的《政治思想中的语言混淆》一文中，哈耶克更为明确地对社会秩序加以界分：“自生自发秩序”(Cosmos)，是可以部分地依靠并非自发而是外力施加的规则；而在安排或组织的“人为秩序”(Taxis)之中，组织者能够在这一方法所能达到的有限范围内，让结果在任何他所希望的范围内符合他的选择。③ 哈耶克对这两种秩序的阐释，为日后明确洞见支配内部秩序的“内部规则”与支配外部秩序的“外部规则”之间的差异提供了可能。

哈耶克在 1973 年《法律、立法与自由》一书中进一步指出，“道德、宗教、法律、语言、书写、货币、市场以及社会的整个秩序，都是自生自发的社会秩序”。在这种自生自发的社会秩序中，仍存在两种不能混淆的秩序类型：一是在进行调适和遵循规则的无数参与者之间形成的互动网络的秩序(行动结构)；二是作为一种业已确立的规则或规范系统的秩序。④ 因为自生自发的社会秩序并不是自然生成的，而是“这些秩序的要素在回应它们的即时环境时遵循某些规则的结果”，或者说“只有当个人所遵循的是那些会产

① [美]托马斯·斯坎伦. 平等何时变得重要？[J]. 陈真，译. 学术月刊，2006(1)：136-144.

② [英]弗里德利希·冯·哈耶克. 自由秩序原理(上)[M]. 邓正来，译. 北京：三联书店，1997：200.

③ Friedrich A. Von Hayek. New Studies in Philosophy，Politics，Economics and the History of Ideas[M]. Chicago：The University of Chicago Press，1985：71-79.

④ 邓正来. 哈耶克关于自由的研究[J]. 哲学研究，2008(10)：68-75.

生一种整体性秩序的规则的时候，个人对特定情势所做的应对才会产生一种整体性秩序”①。“规则”研究范式的确立，不仅意味着人之行动受到作为深层结构的社会行为规则的支配，还意味着对人之行为的解释或对社会现象的认识，乃是一种阐释某种独立于行动者的知识，但却切实影响或支配行动者之行动的社会行为规则的问题。②

哈耶克在1966年发表的《自由社会秩序的若干原则》一文中，对“社会正义”进行了切实的批判：第一，把同样的或平等的规则适用于那些在事实上存在着许多重大差别的个人的行为，不可避免地会对不同的个人产生极为不同的结果；第二，为了通过政府行动减少不同的人在实质地位方面所存在的上述非意图的但却不可避免的差异，人们必须按照不同的规则而非相同的规则去对待不同的人。③ 这种正义理念不仅旨在为个人确立行为规则，还意为特定群体谋求特定的结果。因此，这样的正义理念只能在受目的支配的组织中得以实现，而没法在目的独立的自生自发秩序中获得立锥之地。④

通过对“唯理主义正义观”的实质性批判，哈耶克在1973年发表的《自由主义》一文中，对“自由主义正义观”概述如下：自由主义理论之所以认为正当行为规则极为重要，实是以这样一种洞见为基础，即这些正当行为规则乃是人们维持一种自我生成的，或者说自生自发行动秩序所依凭的一项基本条件。自由主义之所以认为存在着人们有可能发现、独立于特定利益的客观的正当行为规则，事实基础在于：“第一，绝大多数正当行为规则无论在什么时候都会

---

① ［英］弗里德利希·冯·哈耶克. 法律、立法与自由(第一卷)［M］. 邓正来，等，译. 北京：中国大百科全书出版社，2000：7-8.

② 邓正来. 自由与秩序：哈耶克社会理论的研究［M］. 南昌：江西教育出版社，1998：131-133.

③ ［英］冯·哈耶克. 民主向何处去？——哈耶克政治学、法学论文集［C］. 邓正来，译. 北京：首都经济贸易大学出版社，2014：222-223.

④ 邓正来. 关于哈耶克理论脉络的若干评注——《哈耶克论文集》编译序［J］. 开放时代，2001(7)：4-24.

以不容置疑的方式为人们所接受；第二，人们对某项特定规则是否正义的问题所提出的质疑，必须在这个为人们普遍接受的规则系统中加以解决，而解决的方式则是看这项应予接受的规则是否与所有其他规则相容合"①。因此，一项特定规则是否有可能具有普遍适用性，乃是评断该项规则正义与否的标准，因为唯有根据这一标准，人们才能够证明它是否与所有其他为人们所接受的规则相一致。②

因此，为了确保单个个体能够获得平等的地位或机会，政府需要以多种不同的方式来对待互不相同的个人。基于此种观点，哈耶克阐明了这种正当行为规则需要具备的特征："第一，它们必须是一般性的个人行为规则；第二，它们必须在无数的未来情势中平等地适用于所有的人。第三，它们必须对确获保护的个人领域做出界定。第四，它们必定在本质上是具有禁令性质的一般性规则，而不是具体的命令"③。换言之，自由主义所提出的只是这样一项要求，即据以决定不同个人相对地位的竞赛程序或规则必须公正，但却并不要求不同的个人在这个过程中获得公正的特定结果。这是因为在一个由自由人组成的社会中，这些结果不仅始终取决于个体本人所采取的行动，还取决于任何人都无力完全决定或预见的无数其他情势。④ 需要指出的是，尽管通过自由主义的方式所能够达致的实质公平在程度上遭到严格限定，然而为了争取形式公平而展开的各种批判与控诉，即反对基于出身、国籍、种族、信仰等实施的各类歧视性政策的斗争，却始终是自由主义传统所具备的最鲜明特性。哈耶克的这些论辩，无疑对于当前我国住房政策改革与程序公平问

---

① ［英］冯·哈耶克. 民主向何处去？——哈耶克政治学、法学论文集[C]. 邓正来，译. 北京：首都经济贸易大学出版社，2014：168-169.

② 邓正来. 普通法法治国的建构过程——哈耶克法律理论研究的补论[J]. 开放时代，2002(4)：6-32.

③ 邓正来. 关于哈耶克理论脉络的若干评注——《哈耶克论文集》编译序[J]. 开放时代，2001(7)：4-24.

④ Friedrich A. Von Hayek. New Studies in Philosophy，Politics，Economics and the History of Ideas[M]. Chicago：The University of Chicago Press，1985：119-151.

题，具有极为重要的启示作用。

（二）住房规则公平的重要表征

1. 住房规则的制定公开平等

事实上，实行规则公平更具可操作性，因为规则公平不涉及收入的再分配，只是外部环境的净化和条件的改善。只要完善各项法律法规，加强人们的道德意识建设，就可以达到预期目的。[①] ①赋予公众住房立法知情权，向社会全面公开有关住房政策规则制定的各种背景材料、草案说明、会议记录等，实现住房规则制定的"鱼缸效应"。②强调公共管理部门与多元利益主体共同参与住房规则制定，提供住房政策决策的多方商讨平台，并优化相应的程序设计。因此需要对住房立法听证等加以明晰，防止因信息流失或过滤、曲解隐瞒等产生误导公众的行为，注重住房政策执行过程的公开透明。③从规则制定的预期效果来看，因为住房规则公开明了，社会各行动主体可以比对自身实际选择相应的规则并承担必然的代价，从而减少行动主体以外的群体对政策执行行为的苛责。

2. 住房规则的适用公开平等

由于"潜规则"实际存在、不可捕捉，而且在住房政策执行过程中还可能对"显规则"产生替代或消融作用，以至于人们常常无视显规则转而追求"潜规则"，并据此使得个人或部门利益最大化。因此，实现住房规则公平的重要表征之一就是只适用显规则。①住房规则内容的不明确、用语含糊，造成政策执行人员适用规则时拥有较多的自由裁量权，容易给"潜规则"提供滋生的土壤和机会。因此，对于住房显规则中没有明确规定或与之冲突的内容，只能当作显规则适用的补充内容而存在；至于那些与住房显规则明显矛盾或冲突的内容，则必须遏制其适用，防止"潜规则"的形成。②因为内外部复杂多变的政策环境，对于住房规则调整范围内的行为，应当遵循规则明确要求展开适用，讲究法律适用中权利主体的全面平等，而非强调各种行为的独特性，从而规避普适性规则只适用其

---

① 张春晖. 教育起点公平、机会公平与规则公平的关系及其实现路径[J]. 湖北社会科学，2014(4)：160-163.

中的特殊条例，甚至是创造出新的规范展开适用。①

3. 住房规则的评价公开平等

对于住房规则执行过程中出现的各种新情况与新问题，可由司法部门依据法律授权对其合法性进行审查来切实保障规则公平。因为“如果运用法律进行重新分配比较困难，那么把某些事项留给立法机关，自己只关心效率问题就似乎是合理的”②。①根据《行政诉讼法》的规定，按照合法性标准与合理性标准，进一步强化住房规则的司法审查。即评判住房规则“证据是否确凿；适用法律、法规是否正确；是否符合法定程序；是否超越职权；是否显失公正”等。这样不但可以使得规则制定者因需要承担事后审查的相应压力而审慎立法，还可以对政策规则中存在的违法情形及时加以纠正，充分显现住房规则的公平性。②当司法部门对住房规则中的非限定行为展开评价时，应当重点关注如何才能实现利益各方的权利平衡，并使权利的分配趋近社会公平。住房规则公平要求对相同的执行行为予以同样的评价，如此方能确立规则的普遍约束价值以及在执行活动中的公平约束作用。③ 政策执行主体将住房规则的具体评价结果公布于众，能为民众提供关于规则评价的参照依据，从而促成住房公平的实现。

(三)政策执行环境与住房规则公平的实现

当今政府机构是一个开放的系统，不断与环境发生作用。健康有利的环境，既能够减少政策执行活动中遭遇的各种障碍和阻力，还因为外部力量的推动，大大提高政策执行力。住房政策执行力的各种环境影响因素，从不同侧面影响着执行主体的作为和执行对象的反应，使得住房政策执行的各个环节充满了确定与不确定性。即住房政策执行一定要按照政府决策和计划开展活动，但在各种环境

---

① 陈仕平，梁东兴，郑芳. 规则公平何以可能[J]. 科学社会主义，2013(5)：120-123.

② [美] 大卫·D. 弗里德曼. 经济学语境下的法律规则[M]. 杨欣欣，译. 北京：法律出版社，2004：11.

③ 彭剑鸣. 中国语境下规则公平的建构[J]. 贵州师范大学学报(社会科学版)，2014(4)：54-60.

因素的作用下，执行能否按照既定目标前进，执行主体能否以确定性为根本、把握不确定性，达到执行的预期目的仍是一个未知数。所以，住房政策执行过程需要考虑到执行环境的差异性，做到住房规则程序公平。

哈耶克认为，公共住房最多是一种救济穷人的工具。城市生活所提供的更大收入的可能性和其他好处，很大部分被它的更高费用所抵消，这些费用一般随着城市规模的增大而提高。那些由于在城里工作而大大提高了自身生产率的人，会从中净得好处，即使他们得为有限的住房面积甚至长距离的上下班交通花费更多的钱。对于其他人，只有当他们不必把钱花费在交通或昂贵的街区方面，或者只有当他们因为要为其他东西花费更多的钱而不介意住在拥挤的环境里，他们才能净得好处。这样就出现了自相矛盾的现象，城市里最贫困的居民往往生活在地价非常高的街区，而房东也从很可能是最破落的城区获得非常高的收入。在这种情况下，这类房产继续用于居住，只是因为这些旧房的居住密度大，房东很少花钱对它们进行修缮和维护。如果不能以这种方式提供或使用这些住房（如受到政府旧城改造或城市规划拆迁的影响），那么对于在那里生活的大多数人来说，使得收入的提高幅度高于城市生活的附加费用的机会就不复存在。①

我国由于长期的社会实践以及文化环境等方面的影响，常常把住房结果公平即实体公平作为主要的评判标准，因而全社会存在重实质正义、轻程序（规则）正义的价值取向。② 然而，鉴于评价主体认知能力方面的区别，同样的结果会在不同主体间生成不一样的评价，因此使得规则公平之于住房政策公平的达成具有极其重要的价值意义。就目前存在的某些不公平行为来看，首先并非是实体不公平，而是制定并执行的规则欠缺公平性，因此在公共住房政策改革发展的过程中，规则公平无疑变成社会公平系统的价值中枢。由于

① ［英］弗里德里希·哈耶克. 自由宪章［M］. 杨玉生，等，译. 北京：中国社会科学出版社，2012：522-523.

② 汪洪涛. 以程序公平推进和谐社会的构建［J］. 学术月刊，2007(4)：79-81.

住房规则公平搭建了所有政策对象参与表达的机会平台，社会各团体对于游戏规则的理解与接受程度也随之加深，从而更能保证政策执行行为规范标准、严密紧凑且不偏不倚。此外，以形式公平和规则公平为主要价值导向的社会环境，还能够促使全体成员自觉遵守规则要求，确保每位社会成员的权利与利益在公平获取的同时，尽可能缩小因经济收入与社会地位等产生的差距，给予相应的政策制度性关怀。

当前社会各类矛盾与冲突产生的根源，究其本质还是由于资源分配不均所引发，即在于泛市场化的政策改革倾向及具体行政行为，以及政府纠错性或弥补性的政策措施未能及时跟进。市场经济体制具有天然的优越性与竞争力，尤为重要的是该种体制还附有自由、公平的内在特质，并且准确无误运行的前提须以法治为基础。目前我国在开展住房市场化改革时，并没有完全具备以上条件，甚至在很多职能部门或相关领域还未满足自由竞争等市场经济内在要求下就开始了住房商品化改革。为商品化而商品化的改革，常常带有利用行政权力强迫展开双轨操作的特点，尤其是公共住房领域充溢着追逐利润的动机。倘若打算彻底扭转这一情况，需要对住房政策重新加以设计，特别重视政策行为的形式正义，从培育政策执行环境着手，加强社会法制秩序和政策执行力，促成住房改革井然有序的局面。值得一提的是，用法律来保障住房程序或规则政策的选择与使用，不但需要对社会各利益团体的统治地位及其对公共选择的干预加以限制，还要采取一定的政策手段或工具对公共参与者的态度进行纠偏，如设立相关的激励-约束机制，迫使其正确履行政策限定的职责与义务。与此同时，通过法制的强制性规定、各种行业准则和公共道德建设以及契约精神的重塑，帮助社会弱势群体提高获得基本权利的能力，是住房规则公平的实质与精髓所在。

四、住房能力公平价值观

在权利、机会与规则公平的身后，是达致这些社会普适价值的能力。从常态而言，每种价值的实现都需要相应的能力作为运营支撑，而某方面能力的匮乏将直接造成这类群体丧失参与资格。其间涉及竞争场域是否公平，即国家应努力为每位公民提供参与现实竞争所必备的内外在条件及配套政策措施，从而使其能够获得参与竞争的资格以及实现这些公平价值的能力。简言之，能力公平是指个人实现各种不同的生活方式的自由，它构成选择的实质性权利。以住房管理和公共服务为例，个人或群体享受的住房权利范围常常是房屋资源配置情况的直接反应。尽管个体具有自主购买住房类产品及服务的法律权利，但自身能力的大小及占有资源的多少等会直接影响到他们的选择类别和边界。

(一)住房能力公平价值观溯源

阿马蒂亚·森试图找出基本的能力因素，从而消除由于这些能力要素的缺失而产生的人们相互间的不平等。他认为对于个体而言，只有具备某些基础性能力，才可以在社会生活中做出自由的选择，他把这些能力称为"可行能力"(Capability)。个体的"可行能力"指的是，"此人有可能实现的、各种可能的功能性活动组合。可行能力因此是一种自由，是实现各种可能的功能性活动组合的实质自由(或者用日常语言说，就是实现各种不同的生活方式的自由)"①。这样的自由观既意味着个人享有的机会，又牵涉到具体选择的过程与结果。假设每个人都能够依据自身的评判准则选择最优组合，那么个人能力的实现就可以通过他的选择展示出来。假设我们持有一份足够全面的清单来显示个体的能力；在实际执行时，哪些活动该纳入这一清单，属于社会选择的范畴，需要通过适宜的执行行动加以解决。可以将最基本的功能性活动首先囊括进来，再逐渐延伸到具有详细统计资料或数据的更多项目。

阿马蒂亚·森认为，社会选择的根本问题是一个社会评价与选择程序的设计，它所追问的是：如何将个人偏好加总成社会选择。如果所有的个人偏好都完全一致，那么就不存在这个偏好加总的问题；但现实往往是人们的偏好各异，在这种情况下应当采取一种什

---

① [印度]阿马蒂亚·森.以自由看待发展[M].任赜，等，译.北京：中国人民大学出版社，2013：62-63.

么样的社会决策机制，从而以一种比较满意的方式来实现社会选择。由于人的自我具有“自我中心的福利、自我福利的目标、自我目标选择以及合理审查”四个特征，尤其是“合理审查”的特征，主要指个人对其本人的目标、价值观、偏好等具有一种自主的评价与审查的能力，因此，个人的这种能力使他可以思考什么样的生活才是其有理由追求的生活，否则，如果没有目标之类的审查，那么理性就完全成为一种工具，并不能真正指导我们的生活。① 在阿马蒂亚·森看来，人不仅是拥有目标的实体，也是一个能够根据这些价值和目标进行选择的实体。阿马蒂亚·森将自由摆在极端重要的位置，他认为自由之所以重要，不仅是因为人们深受自由理念的影响，也因为它是评价一个社会的最基本的标准。在自由研究上，阿马蒂亚·森只是根据社会选择理论的严密逻辑，得出一些有关自由的几乎是无法证否的基本判断，包括“自由与偏好相关；人们还具有元排序(Metaranking)——因此他可以进行自我审查；最低限度的自由的定义”等。②

关于为什么需要一个正义的理论，以及需要什么样的正义理论，阿马蒂亚·森主张沿着孔多塞和亚当·斯密的道路，在理智思考的基础上，就明显地与非正义达成共识，而不是寻找绝对正义。关注的焦点不必仅仅局限于抽象的制度和规则，相反，可以考察人们实际能够过上的生活，包括他们选择生活的自由(可行能力)，这就使得“全球性正义”成为可能。由于可行能力的概念是以自由和机会，即人们选择不同类型生活的能力为导向，而不仅仅着眼于最终的选择或结果，因此，可行能力视角能够反映人与人之间在各自所具有优势上的明显差别，而这种差别可以帮助我们认识到一个人的真正弱势所在，从而进行相应的政治和道德评价。需要强调的是：第一，这种可行能力方法在判断和比较个人整体优势时所指向

① [印度]阿马蒂亚·森. 理性与自由[M]. 李风华，译. 北京：中国人民大学出版社，2012：23-25.

② [印度]阿马蒂亚·森. 理性与自由[M]. 李风华，译. 北京：中国人民大学出版社，2012：366-371.

的是一个信息焦点，但自身并不就如何使用该信息提出任何具体方案。这一方法所选择的信息焦点，即对于可行能力的关注，使我们将注意力放在必须作出的决策和考虑到的适当信息的政策分析上来。第二，可行能力视角必然涉及我们的生活和所关注事物的多个特征，其着眼点在人类生活，而不单单只是在一些容易计算的客体对象，如人们所拥有的收入和商品。事实上，可行能力方法正式提出了超越对于生活手段的关注，而转向实际的生活机会的视角。①

阿马蒂亚·森进一步指出，我们可以重视可行能力的平等，但并不意味着即使在其与其他的重要考量产生冲突时，我们也必须要求可行能力的平等。这是因为：①可行能力只是自由的一个方面，它与实质机会相关，但对于与正义相关的程序公平却关注不够。事实上，可行能力只是一种对人的优势和弱势的合理评价，无论是经济优势、资源、效用，还是生活质量或可行能力，任何一方面都不能代表平等的全部内涵。②尽管自由在判断个人优势以及评价平等时具有相当的重要性，但是判断分配问题还存在其他要求，很难将这些也看作要求不同的人都享有平等的自由。③由于可以从不同角度，如福利自由和主体性自由对可行能力作出界定，因此可行能力可以有多种解读。但也有必要看到，作为公正要求的一部分，可行能力平等的适用范围比较有限。④平等并不是可行能力视角的唯一主题，可行能力的平等，或者更现实的是可行能力不平等的减少当然值得重视，但社会成员总体可行能力的提升同样值得关注。② 比较而言，阿马蒂亚·森的能力公平观属于一种相对较弱的诉求。他只要求人们具有基本的能力，确保自由选择权利或机会的实现，而对于该种能力的运作过程，并不期待完全平等的结果。

（二）住房价格的可负担能力

目前，住房可负担能力问题远比住房质量和拥挤问题重要。美

---

① ［印度］阿马蒂亚·森.正义的理念［M］.王磊，李航，译.北京：中国人民大学出版社，2013：215-216.

② ［印度］阿马蒂亚·森.正义的理念［M］.王磊，李航，译.北京：中国人民大学出版社，2013：276-278.

国只有不到2%的家庭的住房存在质量问题，不到4%的家庭面临过度拥挤问题，但却有超过16%的家庭将收入的一半甚至更多花在与住房有关的费用上，其中包括24%的租房户。① 适宜或适当的住宅应在人们的可负担能力之内，其费用应当不会威胁或在事实上剥夺人们满足自身其他基本需求的能力。个人或家庭与住房有关的费用应达到这样的水平：即在租赁或购买相应住房后，其他基本需要的获得和满足不因此而受到威胁或挤占；同时，住房权必须是人们能够实现而非仅仅是一种口号。在建筑技术现代化、住房短缺问题得到根本改善后，住房的可负担能力已成为住房公平的首要问题，这一标准也变得更具现实意义。政府应当提供给人们尤其是社会弱势群体充分的住房资源，在制定住房法律和政策时，也应考虑他们的住房需要与负担，实现人人都有能力在适宜的地方有尊严地生活。住房价格是否具有可负担性，一般可以从住房空置率和居民承受能力两方面加以判断。

1. 住房空置率

按照国际通行算法，空置率是指待出售、出租的房屋(包括未销售和已销售但无人居住的房屋)占市场全部存量住房的比率。一般而言，对空置率的数量界定为：4%~5%为适度空置率；10%为警戒空置率；超过这一界线即为严重空置，已进入红灯区。② 2005—2008年，上海楼市空置率每年都在以极高的速度增长，且年增长率超过40%以上。如果以楼市空置率每年40%的增长速度计算，目前上海商品房空置面积已经达到1540多万平方米，也就是说目前上海商品房空置率超过35%。2010年，广州市存量住房空置率高达20.24%，已超过国际警戒线的一倍。其中，空置率情况最严重的珠江新城片区，高达35.14%；空置率最低的老城区及金沙洲，也有13.35%。2011年，在深圳市调查的121个楼盘、

---

① ［美］阿列克斯·施瓦兹. 美国住房政策(第二版)［M］. 陈立中，译. 北京：中国社会科学出版社，2012：31.

② 新华网. 房屋空置率进入红灯区，地产泡沫将要破裂［EB/OL］.［2005-12-14］. http://news.xinhuanet.com/house/2005-12/14/content_3919821.htm.

4.1 万套住宅中，通过查看用水量计算结果，深圳一手楼空置率达到 43%。2012 年 3 月，北京市公安局人口管理总队发布的数据显示，北京已基本建成全市房屋标准地址数据库，共采集录入的房屋量为 1320.5 万条，其中 381.2 万套空置，以此计算，北京空置房比例高达 28.9%，其消化周期近 42 年。此外，381.2 万套空置量也相当于北京 139 万套出租房屋量的约 2.74 倍。①

房屋空置与囤积土地类似，均是住房产业资源闲置浪费的重要体现，也是厘清市场投机程度的客观辨识标准。西方国家对于房屋空置有着严格的治理方略："在德国，业主被要求须在短期内让空房得到重新利用；房屋闲置率超过 10%的市镇，地方政府甚至会推倒无法出租的住房。在法国部分城市，房屋闲置第一年，业主须缴纳房屋市值 10%的罚金；第二年为 12.5%，第三年则为 15%。在丹麦，政府部门早在 50 多年前就开始对闲置 6 周以上的房屋所有者实施罚款"②。政府之所以对住房空置格外重视，重点在于其反映了社会资源的分配情况。在众多群体拥挤在狭窄的居住空间的同时，部分人却拥有多套住房，并随着房价的飙涨轻松谋取房产增值收益，由此引发的社会不公需要依靠行政手段加以抚平。

2. 居民承受能力

在经济学中，通行做法是将房价收入比作为衡量居民承受能力的指标。一般来说，发达国家房价收入比为 1.5~5.5，发展中国家为 4.0~6.1，甚至还可能超过 6.0。我国自 1998 年以来，房价收入比一直在高位运行，大多数年份均在 7.0 以上，明显超出居民的承受能力。"2013 年 4 月，百城住宅价格同比 2012 年 4 月上涨 5.34%，82 个城市住宅价格同比上涨。以北京、广州为首的 10 个城市涨幅达 10%~16%，同比涨幅控制在 1%以内的城市只有 9 个"。5 月 2 日公布的全国百城价格指数显示，"全国 100 个城市 4

---

① 凤凰网. 住房空置率：我们不缺房？［EB/OL］.［2014-10-27］. http://gz.ifeng.com/guangzhouzhuanti/kongzhilv/index.shtml.

② 新浪财经. 西方如何统计住房空置率［EB/OL］.［2010-9-15］. http://finance.sina.com.cn/review/20100915/13378661328.shtml.

月新建住宅平均价格为 10098 元/平方米，环比 3 月上涨 1.00%。自 2012 年 6 月以来，连续第 11 个月环比上涨，虽然环比涨幅比上月缩小 0.06 个百分点，但同比涨幅扩大了 1.44 个百分点。按 100 个城市住宅价格的中位数计算，全国住宅价格中位数为 6967 元/平方米，环比上月上涨 1.09%”。① 2012 年全国城镇居民人均总收入 26959 元，其中，城镇居民人均可支配收入 24565 元，比上一年增长 12.6%，广东城镇居民人均可支配收入中位数为 27213.99 元。如图 5-2、图 5-3 所示。国家统计局公布的 2012 年广州平均工资水平为 5200 元/月，比 2011 年的 4750 元/月上涨 450 元，涨幅为 9.4%；但是与月均房价涨幅相比，工资收入涨幅其实并不高。②

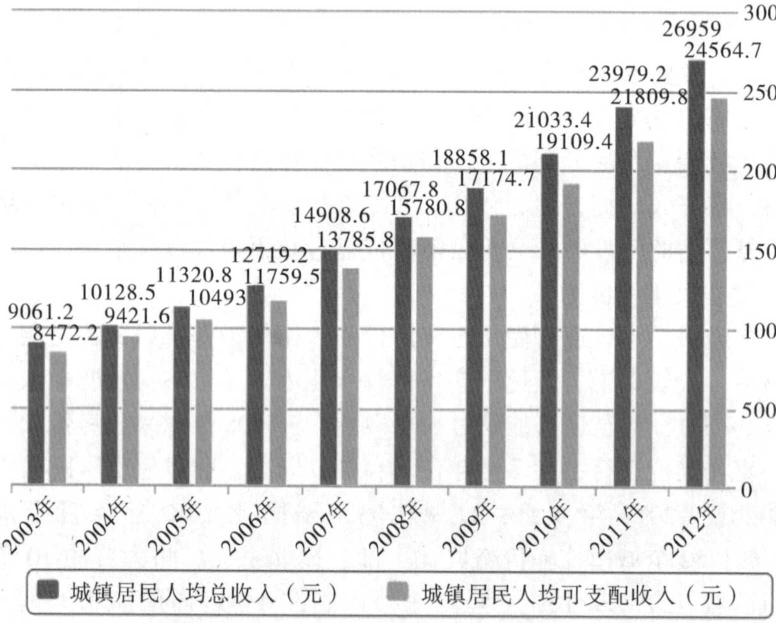

图 5-2 2003—2012 年我国城镇居民人均收入及可支配收入比较

① 凤凰网. 住房空置率：我们不缺房？[EB/OL].［2014-12-22］. http://gz.ifeng.com/guangzhouzhuanti/kongzhilv/.

② 国家统计局. 主要城市年度数据[DB/OL].［2014-10-30］. http://data.stats.gov.cn/workspace/index? m=hgnd.

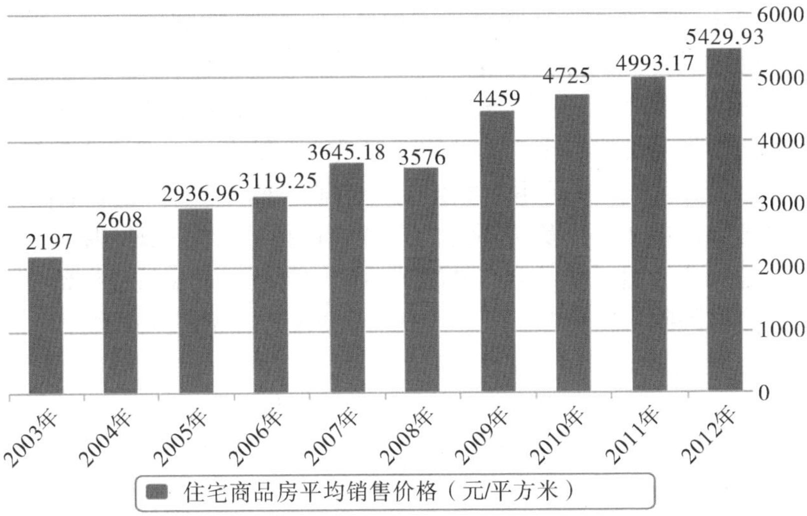

图 5-3　2003—2012 年我国住宅商品房平均销售价格

（三）政策执行对象与住房能力公平的实现

所有的公共政策若想得到彻底的贯彻实施，大多依赖于社会中的个人或群体行为，这些行为受到人们对社会伦理要求的理解与解释的影响。① 为了科学制定与正确执行公共住房政策，不仅要在确立政策目标和秩序时，清楚识别住房公平的内在特质及其准则的适用界域，还需把握包括幸福感在内的一般大众的价值判断标准。就公众能力高低而言，不单取决于个体的天生特质或后天努力，还受到外界环境与社会因素的作用。从重点关注实质公平的、关于正义与发展的视角来说，必定不可避免地聚焦于个人的主体地位及其判断；不能把人们看作仅仅是发展过程所带来的利益接受者。② 但是，一个人实际上确实拥有的可行能力取决于社会安排的性质，国家和社会不能逃避其责任。

① 张瑞. 民意与和谐社会的构建[J]. 科学社会主义，2008(2)：99-102.

② 黄荟. 阿玛蒂亚·森的贫困概念解析——以他的自由发展观为视域[J]. 江汉论坛，2010(1)：141-144.

1. 可负担住房与可持续发展

可负担住房，是指低收入或中低收入家庭能够负担得起的住房，既包括自住住房，也包括产权归政府、非营利组织、公司或私人所有的出租屋。一直以来，对于住房的可负担性，引起最多关注的是如何降低住房成本，而其他有关可持续发展的重要因素常被忽略。①《人口统计国际住房负担能力调查》2015 年最新报告显示，在房价方面最让居民负担不起的全球城市排行，第一是中国香港，第二是加拿大温哥华，第三是澳洲悉尼。调查通过比较楼市价格中位数与居民收入中位数，计算出住房负担能力，两者差距越大，负担能力就越低。2014 年香港的楼价中位数是收入中位数的 17 倍，也是该调查 11 年来的最高纪录；温哥华的楼价中位数是收入中位数的 10.6 倍，难负担程度次于香港；悉尼的房价中位数是收入中位数的 9.8 倍。但是，该调查并未就中国内地的住房负担情况计算出相应的数字，只是援引了《经济学人》所做的一项统计，中国内地平均住房负担指数为 8.6 倍，比该报告记录到的其他国家要高。② 住房可负担能力的影响因素主要包括：银行利率、经济水平、土地价格等方面。目前存在的最大问题是，低收入家庭很难通过市场发现负担得起的、适宜的住房。

在过去几十年时间里，可持续发展已逐渐成为世界各国政府政策的主要目标，“公众参与”一般被视为政府对可持续发展治理的本质特征。例如，21 世纪议程把“公众广泛地参与政策制定”作为“实现可持续发展的基本前提”。可持续发展的治理需要整合三种不同参与趋势，即公民权、社区为本以及利益相关者取向。③ 住房可持续发展，是指在社会住房资源十分有限的条件下，如何引导经济人的行为、促进住房理性消费，并有效配置资源达到公共福利的

① 郭玉坤. 可持续发展与可负担住房关系研究[J]. 商业研究，2012(5)：176-181.

② 新浪财经. 全球最苦房奴城市排行榜：香港温哥华悉尼排前三[EB/OL]. [2015-1-22]. http://finance.sina.com.cn/world/20150122/093921361337.shtml.

③ [加] 詹姆斯·米德克罗夫特. 参与和可持续发展：公民、共同体与组织的参与模式[J]. 周建勇，译. 上海行政学院学报，2010(3)：87-96.

优化。纽曼(Peter Newman)对可持续住房的界定是：①确保住房弱势群体有房住；②确保住房更加具有生态效益；③确保住房位置得到优化；④有利于改善区域环境。[①] 安克·凡·哈尔(Anke van Hal)提出，现存的住房和住宅区比大多数人想象得更有价值，可持续的住房改造包括对现有住房的大改和渐改，它应该是一种经济上合理并施惠于居民和环境的方式。通过鹿特丹 Wallisblok 项目证明，与居民合作并利用质量好的现有住房实现可持续发展成为可能。[②] 由此看来，住房的可持续发展必须体现技术可靠、公众认可、环境宜居，因此有必要平衡各种因素来保证可负担住房符合可持续发展要求，并详细制定有关公众参与、住房建设与改造、基础设施配套、住房金融与土地供应等方面的政策。

2. 居民家庭收入与住房梯度消费

住房行为属于社会再生产的消费范畴，住房消费是人类持续生存这一基本需求的满足因子。从宏观角度讲，包括社会住房消费在内的国民消费是以现实的国民收入为前提，后者决定前者的水平和结构；从居民户角度讲，包括职工住房消费在内的家庭消费是以现实的家庭收入为前提，后者决定前者的水平和结构。无论是从宏观还是微观角度而言，收入都是决定消费的关键因素，住房问题概不例外。当前我国的房价上涨速度不仅明显快于国民经济增长速度，也明显快于国民收入增长速度，因此，一方面充分激活住房二、三级市场，为不同收入群体提供梯度消费住房，促进公共住房和商品房市场的“无缝衔接”。另一方面，住房问题不可能通过市场彻底解决，还必须依靠政府实行干预。对中低收入阶层而言，应促使其树立健康合理的“租购并举”的二元住房消费观，最终形成根据个人经济实力和家庭可支付能力来确定自身住房消费层次的和谐局面。

实践表明，城市居民的住房消费本质上并非属于个体行为，而

---

① 郭玉坤. 可持续发展与住房负担能力关系研究[J]. 四川行政学院学报，2012(1)：82-85.

② [荷] 安克·凡·哈尔. 住房的可持续改造：挑战与价值[J]. 惠晓曦，译. 国际城市规划，2009(2)：65-70.

可归为家庭集体消费现象，并且受到家庭生命周期、规模结构、代际结构等因素的影响，住房消费决策呈现出梯度化的消费倾向。即城市居民家庭在购房决策中形成了租房与买房并重、新房与旧房联动、买房与卖房互通、大房与小房互补的发展态势。① 近些年，随着我国经济社会的发展，收入分配差距逐渐拉大，产生“金字塔”形的不合理分配格局，大部分中低收入阶层无法通过自身现有的经济实力解决住房问题。针对各城市居民住房可负担能力的差别，政府应该采取相应的政策细化措施和差别化的区域住房政策。如东南部发达地区和部分中部大城市，由于地价昂贵、高收入人群比较集中、住房价格偏高，要在抑制房价的同时倡导居民理性购房，推行住房梯度消费；对于中西部地区大部分城市，则要在控制房价快速上涨的同时，不断缩小居民收入差距，并加快住房二级市场和房屋租赁市场的发展，努力拓宽房源，使普通居民拥有更多选择。

五、住房结果公平价值观

结果公平主要是指分配的结果要兼顾全体公民的利益，防止过于悬殊的贫富分化，这是一种事后公平。因为单单达到权利公平、机会公平、程序公平或能力公平，还只是属于形式而非实质意义上的公平，只有在此基础上，通过对社会收入差距与资源占有悬殊的调整实现了住房结果的公平，才意味着住房公平的切实实现。按照丹麦学者安德森(GΦsta Esping-Andersen)对福利国家体制的分类，从效率与公平的视角出发，对公共住房体制的划分可以遵循大致相同的逻辑：即以美国、加拿大与澳大利亚为原型的自由主义体制，以欧洲大陆法团国家，如奥地利、法国、德国和意大利为原型的保守的合作主义体制，以北欧四国(丹麦、挪威、瑞典、芬兰)为主要原型的社会民主体制。② 由于历史、文化、宗教传统等方面的差

① 浩春杏. 城市居民住房梯度消费中的家庭因素研究[J]. 江苏社会科学，2007(3)：78-83.

② [丹] 哥斯塔·埃斯平·安德森. 福利资本主义的三个世界[M]. 苗正民，滕玉英，译. 北京：商务印书馆，2010：37-38.

异，欧洲社会市场体制并不是一个严格同一的体制，其中也有些国家更关注机会公平，而另一些国家更强调结果公平。

（一）住房结果公平价值观溯源

社会学大师罗伯特·默顿（Robert K. Merton）指出，关注结果在社会学看来并不奇怪，因为社会学家都知道这是社会学中功能分析的主要特征。尽管极力反对这种分析模式的社会学家不在少数，但与一般政策相关的研究，在涉及社会问题的说明时，必须关注可能的行动过程对于各种各样的社会单位（例如各种群体、阶层、种族），以及对更加复杂的社会系统所产生的各种功能性和反功能性的结果，即使对于这些不同结果的评估、选择和综合还缺乏科学的筹划，这也是必需的。① 政府管理者所做的大部分工作都关注结果：采取的实际行动和结构的结果，以及从政策提出到执行的预期结果。在政府机构及其成员之间滋生和存在的所谓冲突，就表现出在关注不同结果时，影响人们作出选择的利益、价值和意识形态的不同。

就政策取向研究而言，利益和价值冲突主要集中于研究过程中，对于不同的社会系统、阶层和群体而言，应关注哪些方面的结果？当一项公共政策出台时，社会学家面对的永恒问题是：阐明并提出分析“那些与人类直接相关的结果”的某种方法，这一研究早已成为所谓的功能与结构分析的议题。在任何既定情况里，一项政策可能有正反两种功能后果，从而产生一个困难但重要的问题，亦即设立评估诸种后果之公平准则。显性与隐性功能的划分，是为了避免社会行为的主观动机与其客观效果相混淆。显性功能是有助于政策体系之适应或顺应的客观后果，这种后果为此体系之参与者所预期并认可；隐性功能与显性功能相对应，其后果既非预期亦未被认可。② 功能分析中的每一个项目，都需要持续不断的理论澄清以

---

① ［美］罗伯特·K. 默顿. 社会研究与社会政策［M］. 林聚任，等，译. 北京：生活·读书·新知三联书店，2001：272.

② ［美］罗伯特·金·默顿. 论理论社会学［M］. 何凡兴，等，译. 北京：华夏出版社，1990：139.

及累积的经验研究，功能论如果能摆脱传统的某些不恰当的假定（这类假定使功能论沦为一种替现存行为方式合理化辩护的学说），功能分析社会学就会成为一种有系统的而且与经验研究相关的分析模式。①

如果这种方法的逻辑以更一般的术语来陈述，那么下列相互关联的一系列步骤就变得十分明显：第一，明确有机体的某些功能需求。如果有机体要生存或者相当有效地运行，就必须满足这些需求；第二，要有对安排（结构和过程）具体而详细的描述。在正常情况下，需求就是通过这种安排得到满足；第三，如果某种满足这些需求的典型机制被损害或者被发现不能正常运转，观察者就应该能很快找出实现这种必要功能的补偿性机制。最后，隐含在前面所有这些步骤中的是，要有对功能需求特有的结构的详细说明，以及对实现功能的安排的详细说明。② 一个有条理的、组织合理的社会结构，涉及明确定义的活动模式；在此模式中，理想地说，每一行动系列都与这一组织的目标在功能上相关。综合来看，功能分析专注于阐明社会现象对不同结构背景的结果；结构分析则是要寻找社会现象来自结构背景的决定因素。默顿研究范式的结构方面，描述了可供选择的行动的可能性机制，这类行动因每种结构以及处于结构中的各个位置而有一定局限范围和差异；其功能方面关注的是这样的机制，通过此机制每种可供选择的行动的可能性产生了对整个结构或其中任何部分有显著影响的制度性结果。③

20世纪40年代，拉斯韦尔（Harold Lasswell）预见性地提出尽管是尚未成熟的“政策科学”，它主要是指以公共和私人政策为取向的社会研究。拉斯韦尔承认，几乎所有的科学领域都可以用于有关政策制定的调查研究，但是他关心的是社会科学领域。自从他的

① ［美］罗伯特·金·默顿. 论理论社会学［M］. 何凡兴，等，译. 北京：华夏出版社，1990：151-156.

② ［美］罗伯特·K. 默顿. 社会理论和社会结构［M］. 唐少杰，译. 南京：译林出版社，2008：128.

③ ［波兰］彼得·什托姆普卡. 默顿学术思想评传［M］. 林聚任，等，译. 北京：北京大学出版社，2009：144-145.

开拓性观点提出后，人们才越来越多地认识到社会科学对促进政策制定与执行的独特贡献。其中，社会学观点首先考虑的是，我们所研究的是由制度性力量所导致的潜在社会问题，而不仅是显在社会问题。这种潜在的社会问题成为个人或集体行动非预期结果的基本模式的一个重要特例。每一种价值的总体目标——无论是高速的经济发展、迅速的技术进步、自治的社区，还是一切事物自身的充分表达，都具有积累性后果，这些后果如果不是与最初的价值相冲突，那就是对它有所削弱。事实上，技术评估关注的就是实际的或所设计的技术成果所产生的前所未知或尚未考虑到的社会、经济及其他与人类密切相关的后果。① 可以说，默顿强调的关注结果的制度思想，为科学界提供了一个由价值观、规则、信念等组成的综合体，主要包括：一是科学制度价值或规范；二是科学制度的运行机制，前者是科学界必须遵循的总体规则。

（二）住房结果公平的重要影响与作用

“结果公平”概念产生于20世纪初，首先对英国与欧洲大陆各国的政府决策构成影响，20世纪后半期进入美国后，其地位与作用开始在社会经济领域逐步凸显。但是，结果公平在公共政策执行实际中，只能当作矫正结果过度不平等的原则性要求而存在，只要朝向平均主义的发展方向，其负面效应即会立刻显现：既不能真正实现结果公平，又有可能促成新的社会问题。弗里德曼（Milton Friedman）曾指出：“无论是生而平等或机会平等，都是自由选择的重要组成，不仅不会与自由选择相冲突，相反还会增进自由选择。但结果平等却与自由选择产生冲突，不仅不会促进自由选择，相反还会损害自由选择。”②换言之，如果能够满足机会公平所需要的外部条件与环境，政府调控可能起到改善公平状况与提高市场配置效率的双重作用；但是，若把重心放在结果公平方面，情形可能恰恰

① ［美］罗伯特·K. 默顿. 社会研究与社会政策［M］. 林聚任，等，译. 北京：生活·读书·新知三联书店，2001：273.

② ［美］米尔顿·弗里德曼，罗丝·弗里德曼. 自由选择［M］. 张琦，译. 北京：机械工业出版社，2013：134-135.

相反，造成社会公平性提升的同时，市场效率不断下降。如何找准结果公平与经济效率之间的临界点，一直是政策执行理论与实践关注的焦点。

“结果公平”被看作是社会“润滑剂”般的存在，主要原因在于，一方面，由于个体自身的能力大小有区别，加之机遇的不对等，即便在权利公平、机会公平、规则公平都能够获得满足的情况下，也仍旧会产生大小不一的社会差距。个体的能力因不可控因素的制约而难以完全发挥作用，这并非由个人意愿所决定，因此造成的社会差距既不科学也不合理。另一方面，由于协同合作能给个体带来更大的利益，产生 1+1>2 的协作效应，使得部分中高收入阶层在获取较多社会财富的同时，对其他利益团体的依赖性也随之增大，占有与使用的社会资源份额也不断增多。长远看来，这必然会对社会其他阶层的资源占用构成阻碍与威胁，甚至剥夺了其他群体未来占用相关资源的可能。因此，作为对这部分群体的补偿，当前各国政府都异常重视发挥政策调整的功能，在填补社会差距尤其是经济收入差距方面展现出其独特的杠杆作用，从而使得经济差异及财富地位等差别维持在社会可承受的范围内，逐渐达致分配上的结果公平。

以英国住房政策为例，英国是西方国家中最先通过政府积极干预来为低收入群体提供相应住所的典范，特别是自从“二战”以后，更是把追求结果公平放在住房公平的首要位置，成为欧洲各国完善公共住房政策竞相效仿的对象。住房与基础教育服务、医疗保健等其他公共服务类似，被普遍当作民众享有的社会权利与公共福利，政府有责任为所有社会成员提供不同种类的住房产品。由于政府的职能不只是保障住房机会公平，更强调住房结果均平，因此，住房保障的福利供应范围得以不断扩大。20 世纪 70 年代，公共住房就已经占据英国住房总量的 25%，到 1986 年，除撒切尔政府已向居民出售大约 100 万套公房外，政府尚有 600 万套公共住房，占当年全国住房总量的 26.7%。① 由于英国国内政策更加注重结果公平的

① 李军鹏. 国外公共服务改革的做法与启示[J]. 行政管理改革，2010(10)：55-59.

发展导向，各种旨在“劫富济贫”“损有余而补不足”的政策措施接二连三地出台，不仅加重了遗产税，所得税负担也不断升高，最高财产边际税率曾一度高达98%，最高个人所得边际税率也提至83%。① 鉴于国家过度追求结果公平，公共福利规模日渐扩张，不仅在各级行政机构及其工作人员中间催生不思进取的思想，还涌现出大量投机钻营者，造成部分行业精英“用脚投票”远走异国他乡，包括美国在内的各国因此受益良多。在过去的几十年里，这正是英国经济增长大大落后于美国、日本、欧洲各国以及其他国家的原因所在。

（三）政策执行体制与住房结果公平的实现

由本书第二章可知，自2010年伊始，我国公共住房政策导向发生了重大转变，从长久以来关注机会公平与资源分配效率，转为更加重视结果公平。2011年10月27日全国人大常委会专题询问现场，众多常委指出：“2008年以来，尽管国务院和有关部门下发了29个关于住房保障方面的政策文件，但没有一个文件系统地阐明解决我国城镇居民住房问题的整体思路是什么，零敲碎打的东西多，缺乏一个顶层设计，让市场和社会都深感迷茫。”②由此看来，在住房“保障轨”与“市场轨”双轨统筹框架下，尽管政府机构在公共住房供应系统中已产生较为明确的角色定位，但在社会整体认知方面，依然处于持续探索阶段。所以，当前住房改革遭遇的发展瓶颈是：如何使我们选择的侧重住房结果公平的、与欧洲社会住房体制相似的公共住房体系更具执行力与可持续性。

长期以来，我们一直沿用中国特色的社会主义市场经济体制，美中不足在于市场调节不够、二次分配不公、社会经济活动机会匮乏。结合多方面因素来看，目前采用注重机会公平的美国自由市场模式需要的条件我们尚未准备充分，加之几千年的文化传统和当下

---

① ［美］米尔顿·弗里德曼，罗丝·弗里德曼. 自由选择[M]. 张琦，译. 北京：机械工业出版社，2013：144.

② 新华网. 七问保障房——全国人大常委会专题询问现场直击［EB/OL］.［2011-10-27］. http://news.xinhuanet.com/2011-10/27/c_111129195.htm.

的国情、公众态势决定了我们的经济体制必然综合社会主义的制度特征与市场经济的一般特性，即“让一部分人靠诚实劳动先富裕起来，然后先富带动后富，最终实现共同富裕”。所以我国在今后相当长的一段时期内，选择重视结果公平的欧洲社会市场模式更具科学性与合用性。相关因素还涉及两方面内容，其一，现阶段我国的市场经济体制在创造机会公平方面的功能还十分薄弱，因而不太适合选用美国那种主要通过完善并刺激市场，配以某些政策性经济手段来达到社会公平的模式。① 更加需要政府充分发挥“看不见的手”的功能，采取强有力的宏观调控政策与措施，通过积极干预实现恰当的住房结果公平。其二，政府主导实现社会公平的方式，可能导致成本即市场效率的流失，这也正是欧洲社会模式的主要弊端。但是，效率缺损情况不仅受制于公众对社会公平的认知，还受到本国市场经济发展程度的影响。现阶段我国施行相宜的偏重结果公平的公共住房政策，因市场配置资源的效率相对不高，所以在这方面付出的成本代价相应较低，但能综合提高社会公平的整体效应。

综上分析，“社会价值观对确保多种形式的社会组织的成功，可以发挥而且一直发挥着重要作用，这些组织包括市场机制、民主政治、基本公民权利和政治权利、基本公共物品的提供以及为公共行动和抗议而设置的机构与制度”②。在当前业已成型的住房供给“双轨统筹”框架下，必须持续探究公共住房体制的动态调整与局部优化方案，构建新型的能够满足经济发展不同阶段需求的公共住房政策供应系统。第一，需要从顶层设计高度搭建科学合理的公共住房政策结构模式，保持政策执行的统一性和公平性。第二，需要不断尝试、论证公共住房政策体制可维续的资金来源保障，比如，除政府直接投资、资本金注入、投资补助、贷款贴息等方式外，鼓励动员民间资本的投入，采用 PPP(公私合作伙伴关系)机制创新

---

① 贾康，张晓云. 我国住房保障模式选择与政策优化：政府如何权衡“倒 U 曲线”演变中的机会公平与结果均平？[J]. 财政研究，2012(7)：2-15.

② [印度] 阿马蒂亚·森. 以自由看待发展[M]. 任赜，等，译，北京：中国人民大学出版社，2013：261.

等差别化的支持政策实现公共住房建设资金的良性循环。第三，需要逐步掌控当今日益抬头的公共住房财政支出高速增长局势，使之在短期跃升后渐渐回归到理性的增长水准与公平的发展轨道。

第二节　社会福利背景下提升公共住房政策执行力的相关政策

一、整合公共租赁住房政策执行力

（一）公共租赁住房政策要点

公共租赁住房2010年开始在全国范围内推广，在我国仍属于新生事物，自建设部、发展改革委、财政部等七部门发布《关于加快发展公共租赁住房的指导意见》（建保〔2010〕87号）以来，各地都根据自身实际出台了相应的管理办法。按照建设部令第11号的规定，“公共租赁住房，是指限定建设标准和租金水平，面向符合规定条件的城镇中等偏下收入住房困难家庭、新就业无房职工和在城镇稳定就业的外来务工人员出租的保障性住房”。公共租赁住房与福利分房时期的低房租公房截然不同，是具有社会属性的公共住房类产品；其租金水平高于廉租房、低于商品房，保障范围与廉租房类似，但更加宽广。政策规定公租房供应范围和供应对象的收入线标准、住房困难条件、租金水平等由市、县人民政府确立，所以目前多数城市将廉租住房并入公共租赁住房统一管理。①

就公租房具体运营方式而论，由于受到现行财税体制等因素的影响，我国属于典型的政府主导开发建设的模式。当前许多城市普遍采取财政直接出资、增资参与公租房的规划设计、工程建设、质量监管与运营管理等活动。2011年6月30日，北京市财政首先以货币形式出资100亿元作为注册资金，正式成立保障性住房建设投

---

① 补充说明：由于廉租房与公租房在政府干预、租金管制以及适用范围等方面具有许多共性，目前全国大多数城市已将二者统一归并管理，所以本章节不再对廉租房政策展开过多深入探讨。

资中心，作为全市统筹建设公租房的融资、建设收购和运营管理平台。① 广州、深圳等市也相继建立了保障房投融资公司，据不完全统计，截至 2012 年 2 月，已经先后有湖北、河南、云南、黑龙江、陕西、吉林、甘肃等省份成立了省级保障性住房投融资平台，以解决保障房建设的融资问题。② 综合上述信息来看，我国公共租赁住房建设资金的主要来源是通过财政划拨和银行贷款形式，因而建设资金紧张、财政不堪重负是各城市公租房建设的共同障碍。

公共租赁住房与其他类型公共住房的最大区别在于产权归属不同，从政策设计看来，公共租赁住房根据出资人的不同可以分为两类：一类是由政府出资建设并拥有完全产权，另一类是由政府提供政策支持、社会力量投资建设并拥有产权。这两种形式的公共租赁住房都须交由政府建立的专门运营机构统一管理，承租人只具有稳定的居住使用权。根据建保〔2013〕178 号要求，“并轨后公共租赁住房保障对象包括：原廉租住房保障对象和原公共租赁住房保障对象，即符合规定条件的城镇低收入住房困难家庭、中等偏下收入住房困难家庭，及新就业无房职工、稳定就业的外来务工人员”。因此，公共租赁住房的租金标准可由政府统一定价，并充分考虑这些群体的实际支付能力，满足他们的基本居住需求。以广州市为例，为加快发展公共租赁住房，根据建设部令第 11 号、粤府办〔2010〕65 号以及粤府办〔2012〕12 号精神，2013 年 1 月 25 日市政府印发《广州市公共租赁住房保障制度实施办法》（穗府办〔2013〕3 号），提出“通过新建、改建、购买、租赁、接管以及接受捐赠等方式筹集公共租赁住房，并将廉租住房并入公共租赁住房管理，统一归类为公共租赁住房”。此外，自 2012 年 2 月广州宣布暂停新增建设经济适用房以后，2013 年 4 月亦同样作出不再受理经适房申请的规定，意味着广州公共住房建设导向已完全转向“租赁”，公租房成

① 央视网. 北京成立保障房建设投资中心 注册资金 100 亿元[EB/OL]. [2011-7-8]. http://news.cntv.cn/20110708/104665.shtml.

② 高伟，王涛. 多部委密集发力保障房：资金配套压力将更为严峻[N]. 经济参考报，2012-2-24.

为今后广州公共住房保障体系的主要构成。表 5-1 对该项政策的关注重点进行了分类总结。

表 5-1　广州市公共租赁住房政策的主要内容

项目	公共租赁住房(政府筹建)	公共租赁住房(社会筹建)
户籍要求	申请人及共同申请的家庭成员具有本市市区城镇户籍，并在本市工作或居住	具有本市市区城镇户籍，或在本市工作并签订 3 年以上劳动合同的新就业大中专及职校学生、引进的专业人才以及在本市工作并连续缴纳社会保险费满 3 年的优秀外来务工人员
家庭收入	家庭人均可支配收入在 1.5 万元以下	个人年可支配收入在 7 万元以下，家庭年可支配收入在 14 万元以下
资产限额	人均资产限额 11 万元	个人资产净值限额为 25 万元，家庭资产净值限额为 50 万元
建筑面积	无自有产权住房、现无租住廉租住房、直管公房或单位自管公房、未享受过政府购房优惠政策的家庭	/
单身人士申请条件	30 周岁以上的单身人士，父母在本市范围内无自有产权住房，或父母租住直管公房或单位自管公房人均建筑面积在 15 平方米以下	父母在本市范围内无自有产权住房，或父母租住直管公房或单位自管公房人均建筑面积在 15 平方米以下
租金	根据年人均可支配收入分三个级别，分别为房屋所在地房屋租金参考价的 40%、50%、60%收取	原则上按照不高于房屋所在地市场租金参考价的 80%计收
租期	3 年	

(二)公共租赁住房建设的成功经验

由于公共住房的本质尤其是其投资收益见效慢、周期长的特征，全球大多数国家在公共租赁住房建设上都遭遇过资金瓶颈问题。怎样有效展开公租房运作，持续扩大房屋供应总量，常见模式如上所述主要包括：①政府出资建设。政府建立专门的公共住房运营部门来承担住房的开发、分配与管理等工作，并通过对该类部门进行补贴的方式实现对公租房的建设和调控。②鼓励相关社会机构或个人参与投资建设。政府单独出资并管理公共住房，不仅牵涉到巨额财政投入，而且日常工作繁杂，于是纷纷转向采取财政补贴、税收减免、土地划拨等优惠政策鼓励社会团体参与建设，然后以较低价格供低收入群体租用。在住房政策执行过程中，两种方式常常并行不悖，皆倾向通过社会参与来解决公共住房问题，下面以我国香港地区“公屋”建设的成功经验对此加以分析。

1. 完善的土地政策支持

香港人多地少、可供城市发展的土地数量极其有限，却是全球公认的住房问题处理得较为妥当的地区。香港公屋模式的成功与长期实行的土地批租制密切相关，即政府向土地使用者租让一定期限的公共土地使用权，并由对方支付相应的土地出让金，主要包括公开招标或拍卖、私人协议与临时合同四种形式。① 对于兴建公屋的土地，政府通常无偿划拨给房委会，并定期开展房屋评估需求调查，以优先保证公共住房建设的足够土地供应量。通过详尽的规划设计，房委会尽量避开在城市贵重地皮上兴建公屋，以善用资源，让政府将贵重地皮出售作私人物业发展或其他盈利性项目，避免公屋用地和其他土地用途之间的冲突并使政府能够获得最大化的卖地收入。② 因此，地方政府并不会因为公共房屋建设而增大财政负担，反而可能从中盈利，使得公屋建设步入良性循环。

---

① 骆祖春. 香港土地财政治理及其对内地的启示[J]. 学术研究，2014(3)：84-91.

② 曾垂兰. 香港公屋制度发展的一些启示[J]. 中国房地产金融，2008(2)：42-45.

2. 多元化的专职管理机构

香港公屋政策之所以能够成功执行还在于设有专门机构负责公屋事宜，1973 年 4 月成立的房屋委员会被普遍视为公屋发展的重要转折点。房委会主要负责制定和推行本港的公共房屋计划，以满足无法负担私营租住楼宇人士的住屋需要，从而实现政府的政策目标。房委会除策划及兴建公营房屋外，还负责管理公共屋邨、中转房屋及临时收容中心；亦拥有和经营部分分层工厂大厦，以及附属商业设施和非住宅设施，为合资格人士提供资助置业的机会。① 房委会下辖不同的常务小组委员会，小组成员除包括房委会委员外，还邀请各界人士担任，广泛代表不同专业领域和社会层面，以确保公屋政策的制定与执行能反映社会不同阶层的意见。房委会不仅在城市规划中扮演着积极的角色，着力建设有效率的公屋社区和发达的交通网络，还尽量争取各项配套设施的同步完成，并通过对公屋实施持续的维修、改善和重建计划，提升公屋的居住条件和环境。② 香港房委会鲜活地阐释了公共住房运营与管理专业化的重要性。

3. 因地制宜的规划布局设计

香港人口密集、住房紧张的现状，迫使政府从地价中获取高额利润来发展社会福利和公共事业，因此决定了公屋建设只能因地制宜，进行高层高密度住宅开发。公屋的总体布局包括线性行列式、丁字形交错排列式、成组成团布置式和混合式等，主要体现在对山体地形的关注、对基地树木植被的利用与保护、对相应设施的配套设置上。③ 香港公屋楼层多为 30~40 层，租住公屋近一半面积仅为 30~40 平方米，出售房屋九成在 60 平方米以下；现在香港大约 47.8%的居民居住在公屋及居屋内，公屋的人均面积为

---

① 香港房屋委会. 香港房屋委员会及房屋署[EB/OL]. [2015-2-14]. http://www.housingauthority.gov.hk/sc/about-us/housing-authority/index.html.

② 王坤，王泽森. 城市低收入者住房问题的解决之道[N]. 中国经济时报，2005-6-15.

③ 杨靖，郭药，张嵩. 香港公屋规划设计的分析与启发[J]. 规划师，2008(4)：31-35.

12.4 平方米。[①] 香港公屋选址虽不是城市黄金地段，但并非意味着公共交通不便，这是由于公屋的规划设计与城市规划早已连成一体。在公屋建成交付使用之前，周边的公共交通等基础设施网络已配套充分，杜绝了"城市孤岛"现象的发生。香港公屋正是凭借科学合理的规划布局、完善齐备的基础服务、功能恰当的景观活动空间等不断提高市民的生活水平。

4. 高水平的财务运营

香港房委会从 20 世纪 50 年代起，开始建造大量公屋供中低收入群体居住。其间耗费的人力、财力相当庞大，如果只依赖公屋的低租金收入，无疑会形成巨额赤字。但现实是房委会不但不亏损，反而能够盈利。这主要是因为除了商业楼宇带来可观的收入外，房委会还积极开拓财源。第一，房屋署筹建的公屋和小区内的商铺及档位、泊车位等都属于其名下产业，通过向社会公开招标、竞价出租的方式，向承租者定期收取租金和管理费。近年也采用协商的方式，与具有影响力的商业集团接触，把小区内的大型商场以低于招标价的价格出租，由其分割商铺招商经营。[②] 第二，房屋署还定期对商业楼宇进行改造，通过商业推广展销等活动提高知名度，不仅增加了商户的经营利润，还能够提取更高的租金。这些举措都大大减少了房屋署的工作人员，也为其进一步开发公屋积累了资金。

5. 健全的法制保障

香港公屋政策之所以能够延续，法治保障非常重要。主要法规有《房屋条例》《建筑条例》《业主与租客条例》等，在公屋编配面积标准、申请条件、租金标准、复核及退出等方面有着非常具体的规定，以确保享受优惠的都是真正需要的低收入阶层。按照香港相关法律规定，一旦违规将会受到严厉制裁或惩罚。例如，《房屋条例》第 283 章第 26 条规定，公屋申请者故意提供虚假材料骗租，一经定罪可判《刑事诉讼程序条例》第 221 章所规定的 5 万港币罚款和

---

① 吴木銮. 香港新加坡公屋制度考察 香港人均住房少楼价高[N]. 时代周报，2011-3-10.

② 陈敏. 香港住房制度考察及其启示[J]. 外国经济与管理. 1995(8)：38-40.

6个月监禁。① 2009年，一名来港定居的内地妇女在被分配了一个公屋单位后，给房屋署职员的感谢信中夹带了100元港币，结果被判入狱3个月。② 2012年，香港发展局局长麦齐光和路政署助理署长曾景文，涉嫌在20多年前互相租住对方物业，骗取政府房租津贴，结果遭到廉政公署拘捕并被免职。③

目前在我国，无论是学术界还是政府决策层，日益形成这样一种共识：以租赁为主的公共住房，不仅具有相当的灵活性，还能够有效规避寻租腐败的产生。由以上分析可知，香港公屋模式对内地城市公共住房建设具有较强的实质参考作用。香港30%的居民通过租赁型公屋得到基本住房保障，公屋租金一般只占到市场租金的20%~30%，充分体现了住房的公平性。在经历1997年的亚洲金融危机以后，香港房价一度下跌了一半，但社会并没有出现太大的动荡，其中一个很重要的原因就是公屋起到了"海绵垫"的作用，熨平了房价带来的冲击，尤其是对最低收入、最脆弱群体的冲击。④ 目前国内的公租房建设以重庆市为标模，被视作新一轮房改的关键步骤，一定程度上与香港的公屋模式很相似。

（三）拓宽融资渠道，整合公租房政策执行力

按照政策规定，公共租赁住房建设资金来源主要包括：财政预算安排的资金、土地出让净收益、公积金增值收益、社会捐赠资金等，其中财政划拨不足部分需要采取向银行贷款的方式解决。由此看来，公共租赁住房建设遭遇的瓶颈是：①财政投入力度不够，住房建设乏力；②融资机制与渠道单一，住房参与平台欠缺；③投资回报不合理，后续筹资困难。因此，如何创新公租房投融资模式，成为当前迫切需要解决的问题。房地产投资信托基金（Real Estate Investment Trusts，REITs）是一种采取基金或信托的组织形式，集

---

①　刘祖云，吴开泽. 住房保障准入与退出的香港模式及其对内地的启示[J]. 中南民族大学学报，2014(2)：83-87.

②　林衍. 香港：对腐败"零容忍"[N]. 中国青年报，2012-6-27.

③　新华网. 香港发展局局长被拘捕 上任不到两周[EB/OL]. [2012-7-13]. http://news.xinhuanet.com/gangao/2012-07/13/c_123406611.htm.

④　陈杰. 中国住房模式选择向何处去[J]. 探索与争鸣，2012(1)：61-64.

合众多投资者的资金，收购并持有收益类房地产或抵押贷款以获得投资收益，并享受税收优惠的投资机构。它不仅可为投资者提供一种更加专业、收益更加稳定的房地产投资工具，还可以在一定程度上达到稳定房产价格、推动房地产业健康发展的效果。① 目前全球已有 31 个国家和地区出台了 REITs 的相关政策，还有中国、印度尼西亚、越南等 4 个国家正在考虑引入 REITs 组织形式和产品类型，如图 5-4 所示。②

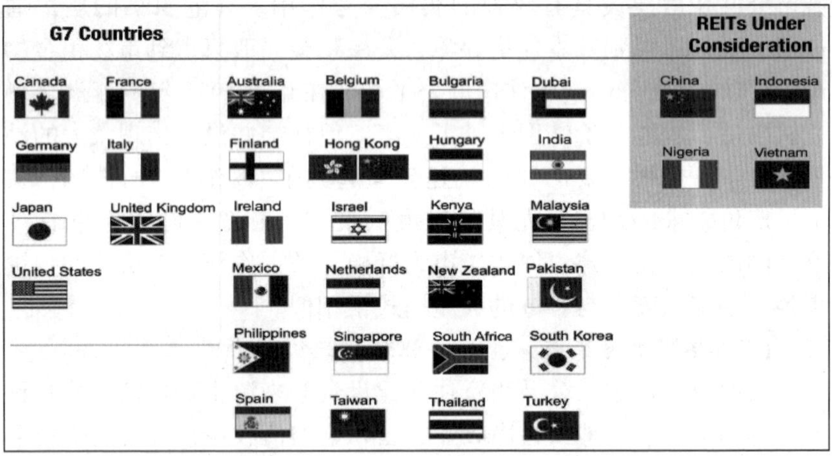

图 5-4 全球发展 REITs 的国家和地区示意图

现阶段试点公租房 REITs 的优势在于：第一，不仅能够有效打通公租房开发资金链，拓宽政府融资渠道，而且采用资产池打包可以激活用于公租房的资金；第二，政府将地方国有资产用于 REITs 融资且规定融资资金仅限于公租房建设，不但能够有效抑制潜规

① 鲁炜，钟小辉. 美国房地产投资信托基金的发展经验及启示[J]. 经济纵横，2006(10)：73-75.

② NAREIT. Global Real Estate Investment：How is the Global Listed Property Market Configured? [EB/OL]. [2014-12-20]. https://www.reit.com/investing/reit-basics/reit-faqs/global-real-estate-investment.

则、暗箱操作等行为的产生，还有利于保障政府利益的最大化，甚至可以在公众对公租房溢价的范围内使得国有资产增值①；第三，公租房 REITs 具有低门槛以及良好的流动性特征，可以大面积吸引社会闲散资金进入公共住房领域，使公共租赁住房具备转型升级的条件与可能。

1. 市场需要

作为资产证券化的形式，REITs 一旦上市交易，无疑为公众增加了一个稳定的投资渠道。首先，我国民间资本充裕、居民储蓄额较高，截至 2013 年年末，城乡居民人民币储蓄存款余额已超过 44 万亿元，如图 5-5 所示。② 这一数据不仅表明我国居民的消费能力不强，还显示当前的投融资渠道比较狭窄。

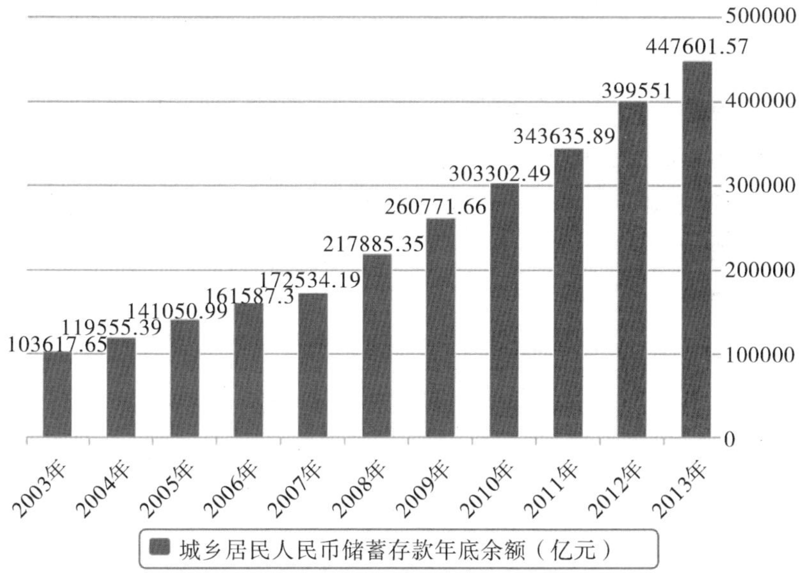

图 5-5　2003—2013 年我国城乡居民人民币储蓄存款余额对比

① 李智，乔海方. 公租房 REITs 的瓶颈与出路[J]. 国家行政学院学报，2013(6)：54-58.

② 国家统计局. 中国统计年鉴 2013[EB/OL].［2014-11-11］. http://www.stats.gov.cn/tjsj/ndsj/2013/indexch.htm.

其次，我国还存在诸如社保基金这样追求长期收益的稳定机构投资方，掌控庞大资本却苦于“无路可投”。截至 2013 年年底，全国社保基金滚存结余 4.5 万亿元①，如图 5-6 所示，按照 30%的最高可入市金额计算，至少有 1.35 万亿资金；其中，广东省社保基金累计存量高达 6000 多亿元，在 31 省市区中居于首位。② 此外，我国保险机构总资产已达 8.3 万亿元③，如图 5-7 所示，住房公积金

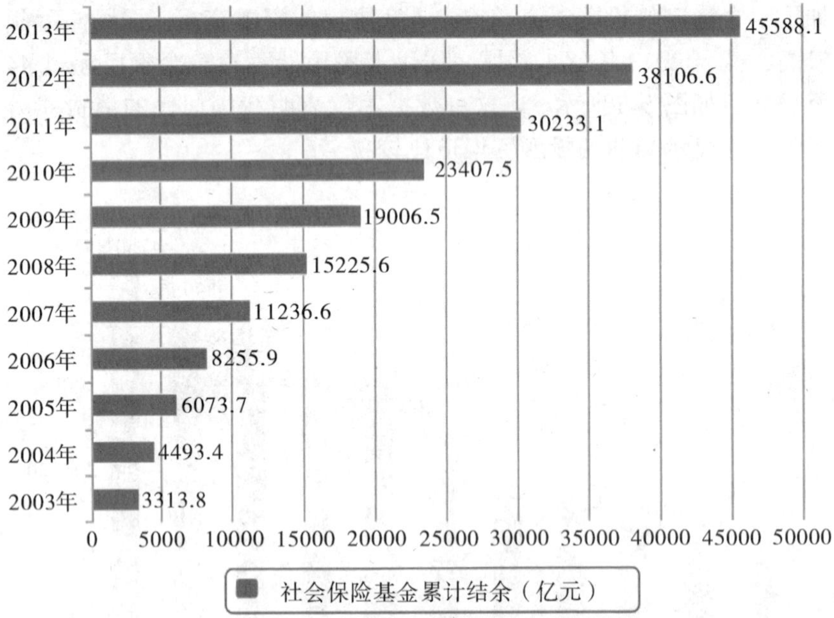

图 5-6 2003—2013 年我国社会保险基金累计结余金额对比

---

① 中国新闻网. 截至 2013 年年底 全国社保基金滚存结余近 4.5 万亿元[EB/OL]. [2014-10-10]. http://finance.chinanews.com/cj/2014/10-10/6665098.shtml.

② 广东省社会保险基金管理局. 广东省 2013 年社会保险信息披露通告[EB/OL]. [2014-12-26]. http://www.gdsi.gov.cn/tzgg/20141226/10528.html.

③ 中国保险监督管理委员会. 2013 年保险统计数据报告[EB/OL]. [2014-1-22]. http://www.circ.gov.cn/web/site0/tab5257/info3901864.htm.

沉淀资金 9498 亿元①，这些机构的资金都需要适当的投资渠道展开保值增值。公租房 REITs 因其租金回报率稳定、风险较低的特点，恰好符合这类投资机构的要求。公租房 REITs 的引入，尤其是在全国范围内的逐步推广，可充盈公租房建设资金来源，并对公租房资金短缺与机构投资者难觅优质投资渠道之间的矛盾起到一定的缓解作用。

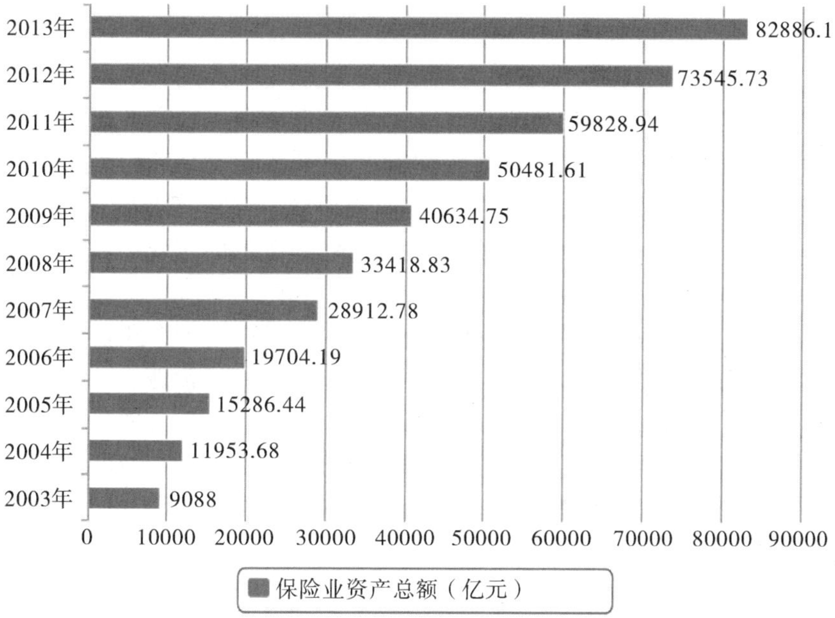

图 5-7　2003—2013 年我国保险业资产总额对比

2. 配套商业

在 REITs 实际运作过程中，确保成功运行、平稳经营、稳定回报投资者的有效途径就是开发配套商业。比如，香港领汇房地产投资信托基金，就是通过分拆出售公屋小区 180 多处零售和停车设施，盘活了政府所持有的 330 亿港币的“闲置资产”，弥补了地方

① 新华网. 近万亿资金沉淀：公积金机构离住房银行有多远？[EB/OL]. [2014-7-11]. http://news.xinhuanet.com/fortune/2014-07/11/c_1111573713.htm.

财力的不足，使得沉淀资产价值显性化。①

对于配建型公租房，开发商通常是相关配套商业设施的所有权人，不太可能对之加以收购，但这类物业由于所处地理位置较好，因而租金价格相对较高。对于统建型公租房，常常是按照规划小区相对集中建设，主要保障对象为中低收入群体，因此无意中会导致城市“贫民窟”的形成；同时由于统建型公租房选址一般比较偏僻，公共基础设施配套缺乏，会给租户带来新的困难。但不容忽视的是，公租房小区属于有着精确定位群体的居民社区，住户经济收入水平相当、消费模式相似，给商业消费提供了准确的发展取向，对商家开展同质化精准配套十分有利，从而能够获得较高的商业配套收益。由于将这类配套设施放到市场上进行出租交易后租金价格更高，不存在财政补贴，所以把配套商业设施、停车场等纳入 REITs 资产池中，自然也能获取与所需现金流相匹配的固定资产收益。

3. 向社会租赁住房转变

公租房 REITs 在房源筹措方面，除了把持现有的公租房房源及相关配套设施以外，还可以探索进行公租房的改造建设。首先，通过专门的资产管理公司进入二手房交易市场，借助手头资金大势收购二手房，或以一定折扣价从急需资金回笼的开发商那里购买项目尾盘。另外，还可参与竞拍银行拍卖的无法偿还贷款的住宅抵押贷款债务人的住房。通过这些方式既增加了可以循环利用的存量公租房，又有效降低了基金购房的边际成本。

其次，对于 REITs 收购后的这些房屋，可以根据公租房标准加以改造，然后委托给政府公租房管理机构展开公租房运营。或者筹集资金交由信托基金公司选择适合的房地产管理公司，使其依照标准建设公共租赁住房，然后将建成的新房交给政府公共租赁住房管理机构运营。在公租房改造与新建的过程中，值得引起重视的是，REITs 基金需与社保、房管等政府机构共同确定公租房的户型结构、建筑面积及内外部配套等。简言之，设立公租房 REITs，探索

---

① 姚玉洁，魏宗凯. 保障房融资可探索信托投资基金[N]. 经济参考报，2011-6-10.

使用市场机制与社会力量解决公共住房问题，不仅能够保障低收入家庭的住房需求，实现政府主导的“公共租赁住房”向市场为主体的“社会租赁住房”转变，还能整合公共租赁住房政策执行力，最终达致对多方有利的帕累托改进。

二、调整经济适用住房政策执行力

(一)经济适用房政策的保障属性与执行现状

1. 经济适用住房政策的存废之争

按照2007年11月建设部等七部门共同发布的《经济适用住房管理办法》(建住房〔2007〕258号)的规定，“经济适用住房，是指政府提供政策优惠，限定套型面积和销售价格，按照合理标准建设，面向城市低收入住房困难家庭供应，具有保障性质的政策性住房”。经济适用房政策自设立已20余年，它对保障中低收入群体的居住需求，完善城市公共住房政策体系起到不容置疑的作用。但是，由于具有保障性和市场性的双重属性，该政策在具体执行中普遍存在销售对象界定不清、建设主体选择不当、配套改革推进缓慢以及地方政府缺乏建设积极性等问题，甚至还一度出现买者富人化、建设别墅化、申请繁琐化和管理失控化等扰乱房价市场体系、降低公共福利的现象，使得这一政策的保障性遭到质疑。该政策自推出之日起，围绕它产生的腐败以及存废之争就从未停止。

目前看来，经济适用房政策并未达到预期的政策目标，面临的各类问题都可以归结为政策保障者利益的损失。经济学家张曙光教授曾表示：“经济适用房容易滋生腐败和不公平分配，完全没必要存在。”①徐滇庆教授曾提出：“经济适用房的非市场运作，让政府有了很大的操作空间，一度成为公务员和政府权力部门谋取利益的重要资源，毫无监督可言。经济适用房有扰乱价格体系、破坏社会信用、扩大贫富差距、滋生寻租腐败等弊端，应该立即寿终正寝”②。

---

① 张曙光. 经适房无现实价值[N]. 东方早报，2009-5-12.

② 搜狐网. 经济适用房政策被指有制度缺陷 专家建议废除[EB/OL]. [2010-2-3]. http://nj.focus.cn/news/2010-02-03/854654.html.

茅于轼先生也多次指出："经济适用房创造贪污腐化的机会，破坏了房地产市场，并不能真正帮助最低收入群体；既不公平又无效率，应立即叫停。"①作为一种社会福利，经济适用房旨在通过某项倾斜性政策，达到扩大住房供给、调节住房供应结构的目标，然而随着我国住房产业的突飞猛进，经济适用房政策在实际执行中出现了许多背离政策初衷的现象。随着住建部放开经济适用房在保障房中的建设比例要求，全国已有江西、广东、河北、辽宁、山东、江苏、河南等省的部分或全部城市先后停建经济适用房，这些政策行为的出台，又一次将经济适用房政策推向风口浪尖，引发社会各界热议。

2009年2月22日，江苏省常州市人民政府印发《关于加快推进我市市区住房保障工作的实施意见》(常政发〔2009〕15号)，提出加大廉租住房、公共租赁住房收购和建设力度；改革经济适用住房保障方式，变暗补为明补，由补"砖头"改为补"人头"，从2009年起，对符合条件的经济适用住房申请家庭全部实行购房货币补贴，暂停经济适用住房建设。

2012年1月3日，江西省建设厅出台《关于加快推进经济适用住房、廉租住房、公共租赁住房三房合一的指导意见》(赣建发〔2012〕1号)，要求从2012年开始，将经济适用房、廉租住房、公共租赁住房"三房合一"，并轨建设，各市县停止新建经济适用住房和限价商品房。同年2月28日，广东省人民政府印发《广东省住房保障制度改革创新方案》(粤府办〔2012〕12号)，提出"逐步将全省现有的廉租住房、直管公房和公共租赁住房等保障性住房合并管理、并轨运行，统一归类为公共租赁住房，只租不售。除已批准立项的项目外，暂停新建经济适用住房，将其供应对象纳入公租房供应范围"。

2013年5月20日，郑州市人民政府发布《关于进一步完善住房保障制度的通知》(郑政文〔2013〕113号)，全面推行廉租住

① 茅于轼. 经济适用房创造贪污腐化机会应立即叫停[EB/OL]. [2009-4-2]. http://sz.house.sina.com.cn/exhibit/2009-04-02/083036715.html.

房、公共租赁住房、经济适用住房“三房合一”住房保障管理新机制，停止新的项目选址建设廉租住房、经济适用住房，新建的保障性住房以及已建和在建的廉租住房统称为公共租赁住房。规范公共租赁住房建设，限时退出经济适用房计划，强化各级住房保障责任。

2014 年 1 月 2 日，烟台市人民政府发布《烟台市城市住房保障管理办法》(烟政办发〔2014〕1 号)，开启“三房合一、租补分离”的住房保障新模式，即原有的经济适用住房、廉租住房、公共租赁住房统一归并为租赁型保障房，不再提供经济适用房这种出售产权性质的保障房；政府主要通过发放住房租赁补贴和保障性住房配租等方式，解决保障对象的基本住房需要。

2. 经济适用住房政策的演变历程

经济适用房始于 20 世纪 80 年代的住房政策改革和住房分配货币化，是我国公共住房体系的重要组成部分。1998 年房改正式开始时，就高度重视将泛福利化的住房分配体制转为市场主导的住房货币供应体制，政府为了解决中低收入群体的住房问题，在房改的不同阶段分别选择了“实物配租、住房补贴、廉租房、经济适用房、公共租赁住房”等政策。其中，发挥过重要调整作用的就是经济适用房政策。因为亚洲金融危机的影响，决策层决定采取“以售代租”的方式，希望能借此拉动国民经济，由此改变了公共住房政策的发展走向。① 如表 5-2 所示。

表 5-2　我国经济适用住房政策的发展历程

发布年份	政策文件	主要内容
1991 年	《国务院关于继续积极稳妥地进行城镇住房制度改革的通知》(国发〔1991〕30 号)	倡导集资建房、合作建房，大力发展经济适用的商品住宅，优先解决无房户和住房困难户的住房问题

① 钟庭军. 经济适用房制度何去何从[J]. 经济研究参考，2012(44)：22-26.

续表

发布年份	政策文件	主要内容
1994 年	《国务院关于深化城镇住房制度改革的决定》(国发〔1994〕43 号)	建立以中低收入家庭为对象、具有社会保障性质的经济适用房供应体系和以高收入家庭为对象的商品房供应体系
1994 年	《关于印发〈城镇经济适用住房建设管理办法〉的通知》(建房〔1994〕761 号)	经济适用住房是指以中低收入家庭住房困难户为供应对象，并按国家住宅建设标准建设的普通住宅
1998 年	《国务院关于进一步深化城镇住房制度改革 加快住房建设的通知》(国发〔1998〕23 号)	以经济适用房为主体的多层次住房供应体系：高收入者购买或租赁市场价商品房，中低收入者购买经济适用房，最低收入者租用政府或单位提供的廉租房
1998 年	《关于大力发展经济适用住房的若干意见》(建房〔1998〕154 号)	发展经济适用住房，加快住房建设，促使住宅业成为新的经济增长点，不断满足中低收入家庭日益增长的住房需求
1999 年	《已购公有住房和经济适用住房上市出售土地出让金和收益分配管理的若干规定》(财综字〔1999〕113 号)	规定了已购公有住房和经济适用房上市补缴土地出让金和其他收益的操作程序
2000 年	《关于进一步规范经济适用住房建设和销售行为的通知》(建住房〔2000〕196 号)	根据当地房价、中低收入家庭的支付能力，合理确定本地区经济适用房在整个住房建设中的比重
2002 年	《经济适用住房价格管理办法》(计价格〔2002〕2503 号)	经济适用住房实行政府指导价，以保微利为原则，住房利润率不超过 3%，切实体现政府给予的各项优惠政策

续表

发布年份	政策文件	主要内容
2003 年	《国务院关于促进房地产市场持续健康发展的通知》(国发〔2003〕18 号)	经济适用住房是具有保障性质的政策性商品住房，要切实加强经济适用住房的建设和管理
2004 年	《经济适用住房管理办法》(建住房〔2004〕77 号)	进一步明确经济适用住房的性质、优惠政策、建设标准、供应对象以及销售价格、交易和售后管理等方面的政策
2006 年	《国务院办公厅转发建设部等部门关于调整住房供应结构 稳定住房价格的意见》(国办发〔2006〕37 号)	进一步完善经济适用住房制度，解决建设和销售中存在的问题，真正解决低收入家庭的住房需要
2007 年	《经济适用住房管理办法》(建住房〔2007〕258 号)	将经济适用房供应对象定为“城市低收入住房困难家庭”，并对其优惠和支持政策、建设管理、价格管理、准入和退出管理等作出更详细严格的规定
2008 年	《关于廉租住房经济适用住房和住房租赁有关税收政策的通知》(财税〔2008〕24 号)	支持廉租住房、经济适用住房建设的税收政策；支持住房租赁市场发展的税收政策
2011 年	《国务院办公厅关于保障性安居工程建设和管理的指导意见》(国办发〔2011〕45 号)	重点发展公共租赁住房，根据实际情况继续安排经济适用住房和限价商品住房建设，规范发展经济适用住房
2012 年	《关于鼓励民间资本参与保障性安居工程建设有关问题的通知》(建保〔2012〕91 号)	鼓励和引导民间资本根据市、县保障性安居工程建设规划和年度计划，通过直接投资、间接投资、参股、委托代建等多种方式参与廉租住房、公共租赁住房、经济适用住房等保障性安居工程建设

(二)经济适用住房建设的国际经验

美国的可支付住宅与我国的经济适用房大体相似，《1949年住房法》提出“让每一个美国人拥有合适的住宅和居住环境”的住房政策目标①，为此，政府设计并出台了一系列的可支付住宅发展计划，采用财政补贴与相关优惠政策为中低收入家庭提供可支付住房。虽然两国的基本国情不太一样，但社会经济发展演变的历史进程具有一定的趋同性，对美国住房政策的研究于我国经济适用房改革将大有裨益。总体来看，美国100多年的可支付住宅建设走过了一条从“少数资本家的慈善行为”，发展到以政府供应为主体的“福利国家政策”，再到多方合作参与的“福利社会支持”的道路。② 美国可支付住宅的长期研究与实践，使得相应的法律法规、经济资助方案与住房政策体系更加详尽完善。

1. 政策定位与供应模式

美国可支付住宅政策的核心始终强调“住房可支付性”，即提供与中低收入家庭经济水平和人口规模大小相当的建筑质量可靠的住房。该政策的主旨是使城市中低收入群体的住房负担比例不超过家庭收入的30%，从而使得其他生活必需品的消费不因此受到影响。由此看来，美国可支付住宅的可支付性政策定位，决定了该类住房政策随着外界环境条件的改变而不断进行动态调整，使其一直能够倾向城市中低收入阶层。正是基于这种政策发展导向，美国陆续实施了一系列多元化的可支付住房政策举措，主要反映在：第一，不断扩大低价位住房的供给，持续降低房屋租售价格；第二，努力提升中低收入家庭的可支付能力。

1934年，美国政府成立了联邦住房管理局，从20世纪70年代起为城市中低收入居民提供住房抵押贷款担保。1965年，联邦住房与城市发展部也宣告建立，承担住房规划工作的组织和管理。内

---

① 马光红，胡晓龙，施建刚. 美国住房保障政策及实施策略研究[J]. 建筑经济，2006(9)：75-78.

② 王承慧. 美国可支付住宅实践经验及其对我国经济适用住房开发与设计的启示[J]. 国外城市规划，2004(6)：14-18.

容包括：3~5年的房屋市场环境和需求的综合分析，3~5年的面向无家可归者和社区发展需要的策略，以及为满足无家可归者和社区发展在下一个财政年度内具体实施的行动计划。① 除了20世纪30年代因情况特殊而大量供应公共住房外，美国一般采取私人住宅为主体、公共住房为辅助的补充型住房供给模式。可支付住房的来源渠道有：第一，现存私有房屋；第二，旧有公营住房；第三，社会团体或非营利机构兴建的可支付住房。20世纪80年代以后，还产生了宗教等社会慈善组织主导供应的民间“合作型”住房方式。

2. 政策补助方式

美国对可支付住宅提供的补助政策，具体分为供给方补贴与需求方补贴两种。供给方补贴是指，国家财政直接投资建房或资助开发商兴建可支付住房；需求方补贴主要包括，“租赁补贴与所有权补贴”两类。在经济发展的不同阶段，可支付住宅政策也侧重于不同的补助方式。目前，美国有将近710万户低收入家庭获得某种形式的租房资助，其中租房券作为最大的项目，提供了220万套住房；获得联邦政府工程补助的私有住房次之，共有180万套；排在第三的是公共住房，共有120万套。余下的190万套住房绝大部分获得过低收入住房税收补贴、免税住房债券、或者HOME投资合伙项目的资助。②

首先，政府最早提供的可支付住宅形式是：公共住房。从1937年开始，联邦住房管理局就采用贷款与补助金的方式，补助各地方建设公共住房以供城市低收入家庭租用。但是，1975—2000年，更多的资源被用于对现有公共住房的维护管理，而不是新建公共房屋。公共住房的数量在1994年达到顶峰，共计140万个单元；但是至2008年，公共住房数量减少了27万个单元，下跌19%。③

---

① 倪志纯，孙金虎，裴慧敏. 美国住房保障、监管制度及借鉴[J]. 宏观经济管理，2013(5)：88-89.

② ［美］阿列克斯·施瓦兹. 美国住房政策(第二版)[M]. 陈立中，译. 北京：中国社会科学出版社，2012：9.

③ ［美］阿列克斯·施瓦兹. 美国住房政策(第二版)[M]. 陈立中，译. 北京：中国社会科学出版社，2012：145.

实际上，从20世纪70年代开始，美国就减少了政府直接建房的方式，转而扶持私营机构主导可支付住房建设。常规做法是：开发商依照标准兴建并运营可支付住房，政府通过提供贴息贷款、减免税费或低价出让土地等方式使之降低开发成本。

其次，租赁补贴，通常采用“控租与租金补贴”两种手段。“控租”即是通过立法对公共住房出租价加以限制，“1949年住房法”第三款规定，公共住房的租金至少要比当地最低的私人住房租金低20%。但是，由于低房租收益使得财政赤字经常出现，在通过“布鲁克修正案”后，房租上限提高到租户收入的25%，里根政府时期提高到30%。① “租金补贴”方面，美国先后实施了四种方式，第一种是房租补贴。1965年通过的“住房与城市发展法”，授权联邦政府住房管理机构向租住非公共住房的低收入家庭提供房租补贴，补贴额度为住房租金与租户收入的25%之间的差额。② 第二种是房东补贴。尼克松政府时期，联邦政府向房东提供补贴，补贴额为市价租金与贫困家庭收入一定比例的差额。③ 第三种是租房券。租房券于1975年开始实施，是政府发给低收入家庭用于领取住房补贴的凭证。持券人可以根据自己的需要自由选择居住地，只需缴纳不超过收入30%的房租，不足部分由政府负责支付。④ 第四种是现金补贴。现金补贴开始于里根政府时期，联邦政府对低收入家庭直接提供现金补贴，补贴额为市价租金的70%。⑤

最后，所有权补贴，是政府为了鼓励低收入家庭购买自有住房

---

① 李莉. 美国新政时期的公共住房政策探析[J]. 厦门大学学报(哲学社会科学版), 2013(3): 59-66.

② 李莉. 美国公共住房政策的演变[D]. 厦门：厦门大学博士论文，2008: 85.

③ 侯轶民，杨峥. 国外公共住房的发展经验及启示[J]. 住宅产业，2012(6): 61-64.

④ 廖俊平，高堃. 我国经济适用房与美国可支付住宅的政策比较[J]. 经济社会体制比较，2007(1): 138-141.

⑤ 施昌奎. 北京吸引民间资本进入保障性住房建设的制度创新思考[J]. 宏观经济研究，2011(6): 11-18.

而提供的优惠政策。主要有两种方式：第一，联邦政府对首次购房者实行个人所得税减免，即第一次购房支出（包括首期付款及每年抵押贷款偿还额）可以从个人所得税的税基中扣除；地方政府对第一次购房者减免不动产税若干年。① 第二，抵押贷款。联邦住房管理局为住房抵押贷款提供担保，实现方式主要有：一是将由它担保的贷款期限从 15 年延长至 25～30 年，进一步降低了月供；二是将贷款的最高限额从住房估价的 1/2 或 1/3 提高到 93%，使得首付不超过房价的 10%；三是设立了住房建设的最低标准，并在房地产业得到广泛应用；四是贷款担保使得贷款利率下降了 2%～3%，减轻了自有房户的经济负担。②

3. 立法及其他资助形式

联邦政府除了投资租赁房屋的税收激励政策外，还通过以下形式为低收入家庭提供资助：①支持某些特定住房项目的建设和实施，如公共住房、第 8 条款计划、希望六号计划（HOPE VI）；②帮助租房者获得私有住房，如租房券；③为州政府和地方政府提供用以开发其自身住房项目的资金，最早也是最大的综合补助款项目是“社区发展综合补助款”（CDBG）。住房政策不只局限于提供补贴和税收激励，它对住房的融资、开发、租赁和销售也有一定的影响。换言之，保障低收入和少数族裔家庭获得住房的相关制度、法规和实践，与住房政策也有着密切的关系。从 20 世纪 70 年代开始，联邦政府制定了一系列法律和监管措施，旨在解决住房抵押贷款中对少数族裔的歧视问题，如经修正和加强的《公平住房法案》。20 世纪 90 年代初，联邦政府通过立法要求提供住房融资的主要机构，提高对少数族裔及服务设施落后社区的贷款额度，如《房屋抵押公开法案》和《社区再投资法案》等。此外，建造规范、区域划分以及其他土地使用规范，则指定了可在某些特定社区内建造住房的数量、类型和成本。

---

① 房天下美国房产网. 美国低收入家庭如何购房[EB/OL]. [2014-6-19]. http://us.fang.com/news/13072325.htm.

② 吴立范. 美英住房政策比较[M]. 北京：经济科学出版社，2009：87.

（三）调整经济适用住房政策执行力的相关支持

1. 发展租赁型经济适用住房

随着住房政策执行范围与力度的逐步深入，经济适用房只售不租的内在缺陷渐渐浮出水面，因此，发展租赁型经济适用房有利于完善公共住房供应体系。发达国家上百年的住房改革经验及我国30多年的房改实践证明，一个较为科学健全的住房供应体系应该是："鼓励有支付能力的家庭通过市场购买、换购和租赁住房；引导中等偏低收入家庭通过租赁市场解决住房，以减轻购房带来的较重负担；对于支付能力不足的家庭，通过政府保障性质的直接或间接资助解决基本住房。"①从长远发展来看，政府在制定住房政策时，应讲究房屋"租赁与购买"两条线并行，但是对于公共住房政策而言，房屋租赁必然占据主要份额。

提倡租赁型经济适用住房，有利于提高公共住房分配有效性与公平性。因为伴随经济、就业、资源环境等因素的改变，居民家庭收入也处于不断变化之中，低收入家庭在几年甚至几十年后可能不再属于社会低收入范围。若以出售的形式向这类群体提供经济适用住房，则意味着使购房人一次性享受今后若干年的公共住房福利，把本应分散到未来的公共住房资金提前预支给了这些家庭，这对于其他同类群体来说，欠缺公平性。所以，现阶段倡导租赁型经济适用住房模式，可以通过对租房条件或租金价格的调整来灵活安排住房资源配给对象，以期更加公平地配置公共房屋资源，使其真正造福于有需要的低收入群体。

首先，完善土地供给的"招拍挂"制度。以立法形式规定经济适用房、公租房和普通商品房的土地供应比例，确保公共住房的建设用地，满足中低收入家庭的购房需求。② 准确设定经济适用房的建筑面积与价格，具体选址不能过于偏离城市中心，切实体现经济

---

① 谢家谨.《房地产这十年》系列连载之七：房地产风雨兼程起起伏伏之内幕[J].城市开发，2009(12)：60-65.

② 张晋生.房价高涨的市场结构及体制因素分析[J].经济与管理研究，2005(6)：37-39.

适用的元特征。其次，明确规定经济适用房的保障对象。可根据各地具体情况，以家庭收入和家庭住房面积两项标准为依据，衡量符合条件的中低收入家庭。最后，实施从“砖头补贴”转向“人头补贴”的住房供给方式。“人头补贴”是优于“砖头补贴”的一种政策选择：第一，能够避免对住房市场的直接干预；第二，财政补贴的作用直接到达需要补贴的人那里，并全部转化为消费者的福利满足，不会在住房建设阶段发生效益流失或被生产者侵占的行为；第三，政府不需要支付高额监督成本，提高了对市场的调控效率；第四，能充分鼓励居民自置住房。① 因此，现阶段推行“人头补贴”的方式，有利于对经济适用住房进行进一步调整，促进住房市场的健康发展。

2. 加强对开发商和购房者行为的监管

开发商在经济适用房实际运作中承担了“建设和销售”的职能，逐利性使其更加关注自身利润的高低，因此必须首先对其展开有效监管。第一，在住房结构设计上，严格执行《住宅建筑规范》等国家有关住房建设的强制性标准，按照发展节能、省地环保型住宅的政策要求，力争在较小套型内实现基本的使用功能。相关主管部门除了在经济适用房的设计方面严格把关外，还得定期对工程实施情况进行检查，减少不必要的住房资源的浪费与流失，保证经济适用住房的质量和使用安全。第二，在住房销售环节，政府价格主管方需要加强成本监审，全面掌握经济适用住房的建设成本及利润变动情况。在坚持保本微利的原则下实行明码标价，住房销售价格不得高于基准价格及上浮幅度，不得收取任何未加标明的费用，杜绝开发商伙同购房人一起造假，依法实施经济适用房的监督管理。

治理购房者违规行为的方式主要包括，第一，设立专门负责经济适用房后续监管的法定机构，经常对住户的经济收入与居住现状展开实时核查。一旦发现“骗购、转租、群租”等违规行为，应勒令其退出，并取消一定年限内的购房或租房资格，依据情节严重程

① 印堃华，胡彬. 关于经济适用房政策的探索[J]. 财经研究，1999(11)：53-57.

度加大惩处力度，逐步建立并完善经适房社区居民的个人征信档案系统。第二，对危害经济适用房社区住户安全、破坏小区环境卫生、违章使用房屋等不当行为，试行扣分制；累计到一定分值，住户将被强制退出经济适用房供应系统，并在若干年内不得再次申请公共住房。① 尝试构建经济适用房公开谴责体制，可借鉴金融行业的成功经验，定期或不定期地通过舆论或网络媒体对违规违纪行为予以曝光谴责，形成全社会对保障对象的道德约束机制。

3. 经济适用房政策是否要完全退出市场

廉租住房、公共租赁住房、经济适用住房是公共住房的“三驾马车”，江西省是全国首先宣布停建经济适用房的省份，也是最先提出将经济适用房、廉租住房、公共租赁住房“三房合一”、并轨建设的省份。其实在 2011 年 8 月，广州市关于停建经济适用房的消息也曾一度引起强烈争议，后来便再无下文。再往前追溯，不论是政府官员还是专家学者，都有不少人对经济适用房曾提出过异议，可还是有相关主管部门表示，“现阶段经济适用房仍然是解决城市中低收入家庭住房问题的有效途径”。显而易见，向城市中低收入群体供应公共住房、维护社会公平一直以来都是政府的职责范围所在，但是，对于公共住房产品中是否应该包含经济适用住房，存在着较大的争议，根源在于其本身有利有弊。一方面，经适房既可缓解中低收入群体的住房困难，也可对商品房价起到平抑作用；另一方面，经适房的尴尬定位使得真正的穷人买不起，收入较高者没资格购买，更重要的是在其分配过程中存在大量弄虚作假、权力自肥以及利益输送现象。②

总而言之，将公共住房“三房合一”的模式，从积极方面来看，有利于把有限的开发建设资金汇拢起来，从而增大公共住房存量，扩张住房保障覆盖范围，实现“住有所居”的住房政策目标。与此同时，由于公共租赁房屋的所有权属于地方政府而不是承租人，可

① 杨慧亮，葛云，高飞. 经济适用房后续管理的问题与对策[J]. 上海党史与党建，2014(3)：57-59.

② 浦江潮. 江西停建经适房释放怎样的信号[N]. 中国青年报，2012-1-9.

打消部分民众的逐利心理，铲除腐败滋生的土壤。从消极方面来看，停建经济适用房，可能加大部分中低收入家庭获得自有房产的困难，并且由于将更多居民推向商品房市场，会不会因此抬高整体房价，尚有待继续考证。尽管在理论探讨方面，关于“经济适用房政策是否要完全退出市场”的话题一直僵持不下，但在政策实际执行层面，“减少或停建经济适用房”，已经成为更多地方政府说一不二的选择，甚至跟风成势。中国指数研究院发布的报告显示，“从 2001—2010 年十年间，经济适用房投入规模虽然不断加大，但其投资额度占商品房投资的比重却明显下降；1999 年经济适用房占商品住宅的比重达 16.6%，开发投资额增长率达 61.4%，为历史最高”①。然而，从 2001 年起，随着非保障性商品住房的快速发展，经济适用房投资额占商品住房的比重持续下降，2011 年仅为 2.5%，是历年最低水平。② 由此可见，地方是否能够全面宣布停止建设经济适用住房，需要政府相关主管部门给予澄清；“三房并轨”后该赋予公共租赁住房怎样的公平保障功能，还需要进一步完善住房政策体系设计。

三、提高旧城改造住房政策执行力

(一)旧城改造政策执行中的政府行为

社会经济的高速发展，必然加快城市化进程，在发展城市、建设城市的多种模式中，城市改造是当前最为主要的方式之一。城市改造涉及诸多复杂领域，既有经济、政治、军事方面的原因，也有民众福利、利益分配、历史文物保护等方面的原因，难度之大全球公认。世界上大多数国家通过建立土地征收制度，解决因城市改造需要而拆除房屋这一问题。③ 我国城市土地所有权在国家，拆迁只

---

① 尹梦霞. 保障房建设在房地产及经济发展中的作用[J]. 城市问题，2012(2)：67-70.

② 候长江，赵息. 国内资金偏好炒房的原因与对策研究[J]. 青岛大学学报(自然科学版)，2011(4)：87-94.

③ [加] 简·雅各布斯. 美国大城市的死与生[M]. 金衡山，译. 南京：译林出版社，2005：65.

是对被征收房屋给予的适当补偿，其间关系到政府、开发商、被拆迁人、承租人、房地产价格评估机构或房地产估价师等多方面的利益。由于在实施城市房屋拆迁改造的过程中，常常面临“拆迁管理工作不到位、拆迁补偿方式与金额不公平、行政裁决和强制执行不规范、用于产权调换的房屋供应不足”等因素的干扰，各类主体之间不可避免地存在利益博弈与冲突。

1. 城市房屋拆迁政策的演变及其利益关系

随着经济体制改革、土地使用制度改革以及住房制度改革的不断发展，我国城市房屋拆迁经历了一个相当长时期的演变。1991年3月22日，国务院颁布《城市房屋拆迁管理条例》(国务院令第78号)，并于2001年6月13日对该条例进行了修改(国务院令第305号)。因该条例的某些规定与《物权法》相抵触，2007年8月24日，十届全国人大常委会通过了《城市房地产管理法修正案(草案)》。2011年1月19日，国务院正式公布《国有土地上房屋征收与补偿条例》(国务院令第590号)，以进一步规范国有土地上的房屋征收与补偿活动，维护公共利益，保障被征收房屋所有权人的合法权益。

地方在新的条例指导下相继制定、发布或废止了有关房屋拆迁的地方性法规、规章及具体规定。比如，北京、上海、广州、南京等城市相继出台了地方性的“房屋征收与补偿实施办法”，从具体执行流程上对房屋拆迁进行了细化。回顾广州城市房屋拆迁政策的发展过程，如表5-3所示，分析这一演变中的旧城房屋拆迁利益分配问题及其内在驱动因素，对于规范我国城市房屋拆迁政策体系具有重要作用。广州市旧城房屋拆迁起步于1979年，主要有三种方式：一是政府在市政公共设施配套建设中拆迁，如扩建道路、办公楼、绿化广场、商场等；二是政府对其经营管理的公产房(直管房)、代管私房中的危破房进行改造拆迁；三是鼓励房地产开发商投资旧城改造。从广州多年来旧城改造的情况看，无论采用哪种方式，处理好拆迁中的利益分配是关键。

表 5-3 广州市房屋拆迁改造政策的演变历程

起止时间	主要政策内容
1949—1978 年	房屋公有或大部分公有、土地公有的产权界定十分清晰，城市房屋拆迁量小，并没有涉及居民的经济利益。
1979—1991 年	1981 年中国第一个商品住宅小区——东湖新区项目开发中涉及的拆迁问题，主要采用开发商与被拆迁户各自协商议价的方式解决。
1992—2001 年	1992 年 1 月 6 日，广州市第一部关于城市房屋拆迁管理的政府规范性文件《广州市城市房屋拆迁管理实施办法》出台；1997 年 9 月 1 日，广州市第一部关于城市房屋拆迁管理的地方性法规《广州市城市房屋拆迁管理条例》出台。政府在房屋征用拆迁中的角色：一是发放拆迁许可证；二是行政裁决；三是执行裁决。
2002—2007 年	2003 年 9 月 3 日，广州市出台新的《广州市城市房屋拆迁管理办法》。取消了个人作为拆迁人的资格；明确对房屋所有人的拆迁补偿安置以“物”(房屋)作为依据；补偿标准根据被拆迁房屋的市场价格确定；规定双方当事人可以共同委托房地产评估机构评估；不再明确规定回迁，而代之以原址产权调换等。
2008 年至今	涉及的地方性法规和规章有《广州市城市房屋拆迁管理条例》《广州市房屋安全管理规定》《房屋安全检查鉴定办理程序》《广州市危房改造工作实施方案》《关于处理特急危险房屋的通告》等。这些在《中华人民共和国物权法》出台后，难以继续作为危破房拆迁的依据。2014 年 11 月 18 日颁布的《广州市国有土地上房屋征收与补偿实施办法》(穗府〔2014〕38 号)，成为新的拆迁征收补偿的规范性文件。

(1)政府的利益。

现阶段我国城市土地有偿使用制度更加完善，政府在城市房屋拆迁中将土地使用权从被拆迁户处收回，然后以市场竞拍价出让给房地产开发商，从而获得土地资产增值收益。因此，政府的利益主要包括：高额土地出让金及税收、政绩和其他潜在利益。其中，由于政绩的考核指标主要是 GDP 增长率，而房地产业是其重要组成部分。城市拆迁改造工程不仅能够为开发商提供投资机会，同时也能变相增加 GDP，因此各地政府热衷于推动房地产业的发展，大多数城市建设项目皆以商业房地产开发的形式出现。①

（2）被征收人的利益。

对于被征收人来说，房屋拆迁使其失去了原有房地的使用性效用与资产性收益，得到了拆迁安置补偿费。按照《国有土地上房屋征收与补偿条例》的规定，对被征收人的补偿主要包括："被征收房屋价值的补偿；因征收房屋造成的搬迁、临时安置的补偿；因征收房屋造成的停产停业损失的补偿以及对被征收人给予的补助和奖励"。虽然补偿顾及房屋面积与结构、用途与区位、装潢情况等因素，依据被拆迁房屋的市场评估价计算，但是由于地价与房价虚高，补偿标准及金额仍远低于同地段商品房价格。

（3）房产开发商的利益。

对于开发商而言，拆迁后新建的商品房价格构成包括：第一，土地出让金与相关购置费、房屋拆迁补偿费；第二，配套费和税收；第三，建安成本。② 房屋拆迁补偿标准虽呈上涨趋势，但由于标准的制定受制于各地方政策，上涨幅度不可能太大。而当前卖方市场的垄断地位，决定了开发商仍可得到小部分土地资产收益和较高的开发利润。由此看出，在城市房屋拆迁改造涉及的三方主体中，政府、房地产开发商往往都有所获，仅仅是被拆迁人或有损失，这种利益分配的不均衡是造成房屋拆迁冲突的根本原因。

---

① 法丽娜，王嫣文. 我国城市房屋拆迁中的利益问题研究[J]. 经济问题，2012(8)：37-39.

② 袁宏川，朱波涛，周新. 房屋拆迁补偿费与新建商品房价格的关系分析[J]. 建筑经济，2006(12)：160-162.

2. 政府在房屋拆迁管理中的角色定位

“政府+市场”的混合供给模式，决定了旧城房屋拆迁改造工作必然涉及政府、被拆迁户与房产开发商三个主体。被拆迁户与房产开发商属于有着自身利益最大化需求的经济主体，地方政府则是身兼行政主体、产权主体、市场主体等多重角色。在现有的土地政策与房屋拆迁改造管理框架下，地方政府既要提高对城市土地资源的配置效率，又要维护社会公平与正义，这就决定其需要成为一个有着多重目标的特殊行为综合体。

(1)利益协调者。

我国虽然通过土地使用权的有偿使用和流转建立起土地市场，但在相关要素设计时，并没有严格规范政府对土地市场的干预行为，使得政府可以利用权力在以房屋拆迁为代表的城市土地征用中，确保自身成为土地级差地租上涨的最大受益者，在土地垄断供给中实现相应的目标。按照我国的土地产权架构，国家拥有对城市土地的所有权，然后经由一定的法律程序从所有权中释放出使用权，再由各实在主体享有。在这种政策框架内，开发商只有在获得原屋主土地使用权的条件下，才能合法启动拆迁程序。在这场城市拆迁博弈中，政府既是局中人，又是游戏规则的制定者，这种双重身份将直接使得博弈的整体发展态势及最终均衡的达成受到一定影响。作为公权力的执行者以及公共利益代表，政府需要协调好旧城改造中各利益主体的关系，避免零和博弈。

(2)征收补偿方。

在城市房屋拆迁改造过程中，政府出于公共利益与发展经济的双重考虑，进行城市房屋拆迁与土地收回再开发，行使的是法律赋予的土地征收权。但是在土地征用过程中，必须给予拆迁户合理补偿；只有在补偿完成之后，才在法律意味着土地已从拆迁户手中转移到政府手里，政府才能够对收回的土地进行出让再开发。从此种意义上看，政府是房屋征收补偿的主要出资人。在这一过程中，谈判博弈的主体双方理应是政府与拆迁户，且这种补偿义务与政府的土地征收权力形影相随，是政府作为城市土地征收唯一主体必然要承担的责任。所以，政府作为城市房屋拆迁改造的补偿主体，需要坚守社会公平的补偿原则，及时从“经济人”或“企业家政府”角色回归到“公共人”角色。

(3)公共利益代表。

在城市房屋拆迁改造的不同阶段，政府拥有不同的权力，分别承担着不一样的责任。在土地征收阶段，政府行使的是行政征收权，需要承担的是与土地征收相匹配的补偿义务；在土地出让阶段，政府行使的是城市一级土地出让市场上的垄断供应方的权力，获得土地出让收益，承担的是将所收回的土地成功出让给房产商的责任；在房屋拆迁阶段，政府行使的是做好房屋拆迁的管理权力。① 政府只有在旧城改造的不同时期，饰演好相应的角色，“不缺位、不错位、不越位”，才能更好地协调不同主体的利益。尤其作为公共利益的代表，更是需要处理好开发商与拆迁户之间的利益矛盾与纠葛，遏制自身利益的膨胀，才能有效提升旧城改造住房政策执行力。

(二)旧城改造的国际经验

旧城改造又称“城市再开发”或“城市更新”，1958 年 8 月，第一届旧城改造问题国际研讨会在荷兰海牙举行，提出“旧城改造”是依据城市发展需要，对城市中的老化区域实行有计划的改造建设，主要内容包含“再开发、修复与保护”三方面。② “再开发”(Redevelopment)，是指依据城市规划，拆除全部建筑物和构筑物，新建各种必要的城市设施，彻底改变原有地区景观的大规模城市改造建设。“修复”(Rehabilitation)，是指对尚可使用或具有保留价值的城市建筑物和构筑物进行保护性修缮、改造，部分改变原有城区景观的中等规模的城市改造建设。“保护”(Conservation)，是指对具有保留价值的建筑物、构筑物、街区进行保护性修缮，保护城市

---

① 钟威，杨承志. 旧城改造房屋拆迁中的政府角色分析[J]. 中国房地产，2010(9)：69-70.

② 项光勤. 发达国家旧城改造的经验教训及其对中国城市改造的启示[J]. 学海，2005(4)：192-195.

环境和原有地区景观的小规模城市改造建设。① 西方发达国家在旧城改造中积累了许多经验，值得我们加以借鉴。

第一，把城市基础设施与居住环境的改善作为旧城改造的核心。例如，德国在城市规划建设中，将改造重点放在维持生态平衡与环境保护方面。城市规划除了包括土地利用规划、建筑规划以外，还有绿化规划，城市绿地面积一般占到20%～30%，最高可达40%～50%，人均占有量达100平方米左右。② 德国对城市环保及绿地保护亦有非常严格的规定：首先，注重城市外围大环境的绿化，强调森林植被在郊区也必须有良好的覆盖率；其次，市区必须保存充足的绿地面积，旧城改造不能使绿地面积减少，相反还要增加；三是工业区和村镇也要按照绿化规划来展开建设或保护。此外，充分利用天然/人工河湖景观，使城市更加灵秀。③

第二，把旧城改造与历史文化传承进行有效联结，将文物古迹或古建筑列为重点保护对象。20世纪60年代末至70年代初，各国对城市文化遗产与古建筑的保护已成为一种世界性引领潮流。1975年10月，欧洲部长委员会宣布《关于建筑遗产的欧洲宪章》，规定各成员国应采取适当措施保证和支持本国不断为保护欧洲共有文化遗产作贡献。1976年11月，世界遗产委员会成立，负责《保护世界文化和自然遗产公约》的实施。1977年12月，国际建协(U. L. A.)以《雅典宪章》为出发点，提出了城市规划的新宪章——《马丘比丘宪章》，指出“城市的个性和特性取决于城市的体型结构和社会特征，因此不仅要保存和维护好城市的历史遗址和古迹，而且还要继承一般的文化传统”④。1979年，亚洲有18个城市入选联合国确定的第一批世界文化和天然遗产重点保护城市；1980年，法

① 袁家冬. 对我国旧城改造的若干思考[J]. 经济地理，1998(3)：25-29.

② 李其荣. 对立与统一：城市发展历史逻辑新论[M]. 南京：东南大学出版社，2000：357，287.

③ 柯茂盛. 借鉴德国城市管理作法的实践与思考[J]. 城市问题，1993(6)：46-50.

④ 陈占祥. 城市规划设计原理的总结——马丘比丘宪章[J]. 城市规划，1979(6)：75-84.

国总统提出把该年作为“爱护宝贵遗产年”。① 这些世界范围内的保护行动，使得古城和建筑遗产的保护超出了文化界与建筑界的疆域。具体以意大利为例，早在文艺复兴时期就开始对古罗马和中世纪的建筑施加保护。19 世纪上半叶，意大利开始产生特有的建筑遗产保护理论，从最初的“风格性修复”到 19 世纪下半叶的“文献性修复”和“历史性修复”，再到 20 世纪三四十年代的“科学性修复”，直至“二战”后倡导的“评价性修复”，将建筑遗产保护与社会文化环境紧密联系起来，从而把世界范围内的建筑遗产保护推向更高境界。②

第三，发挥各层级政府与私人的积极性，多方筹措旧城改造建设资金。从 1949 年起，美国政府一直致力于城市中心区的改造计划。③ 1954 年实施新的住房法，加大了联邦和地方政府在城市更新建设中的资金投入，增加内城商业开发等非住宅建设的比例，吸引并鼓励社会力量参与。④ 据 1973 年公布的统计资料，截至该计划终止时，美国政府在 1000 平方英里的城市土地上实施了 2000 多个更新项目，拆除了 60 万座左右的单元房屋，搬迁了 200 万居住人口。继而在同样的土地上，25 万单元新房屋拔地而起，另有约 1.2 亿平方英尺公寓和 2.24 亿平方英尺商业面积也建于此类土地上。⑤ 新时期英国城市复兴，由于肩负着解决 20 世纪 70 年代末期产生的内城问题和促进城市发展的重任，于 1981 年开始设立城市开发公司，其最重要的工作就是撬动私人部门投资到已遭受长期衰落的地区。以卡迪夫湾开发公司为例，在运行期间得到的公共资金大约为 5 亿英镑，吸引了 11.14 亿英镑的私人投资，预计开发结束时可吸

---

① 沈玉麟. 外国城市建设史[M]. 北京：中国建筑工业出版社，1989：230.

② 朱宇恒，陈瑜. 意大利古城西耶纳及其对我国建筑遗产保护的启示[J]. 城市问题，2005(4)：82-89.

③ [美] K. A. Roberston. 美国城市中心区的改造策略[J]. 胡纹，段永辉，译. 国外城市规划，1998(3)：15-20.

④ 李艳玲. 战后 20 年美国旧城改造对私人资本的利用[J]. 上海市建设职工大学学报，2001(2)：22-23.

⑤ 黎显扬. 旧城改造的国际经验[J]. 上海房地，2010(1)：56-58.

引私人投资18亿英镑。①

对于发达国家在旧城改造中出现的不少教训，也需要引起高度重视。“二战”以后，英国一些大城市也进行了“大规模改造”，诸如伦敦当时也曾在市中心拆除大量被战争毁坏或并未毁坏的老建筑，进行“城市更新”。同时旧城中心区的人口和工业出现了向郊区新城迁移的趋势，使得原来的旧城中心区衰落，表现为房屋和公共设施失修、经济萧条、就业岗位减少、社会治安及生活环境趋于恶化等，还带来了大量社会问题。② 但是，焕然一新的城市面貌难免使人们感觉单调，缺乏历史沉淀与文化底蕴，故有西方学者将“千城一面”称为“第二次破坏”。这种“以旧换新”式的旧城改造，结果不仅因新城建设耗费了巨额资金，加重了财政负担，还使得相关基础设施配套匮乏，偏离旧城改造本原。

(三)旧城改造房屋拆迁政策执行力的推进策略

1. 政府保证旧城改造的公益性和生态性

公共利益需要是城市改造的出发点和落脚点，城市房屋拆迁正是源于政府因公共利益需要所拥有的征收权。因此在旧城改造之前，应当对整个旧城区的布局展开重新规划设计，摸清旧城内的土地使用及建筑现状，统一规划确定需要拆除重建、改造、保护的地块和建筑；统一确定道路交通、公共服务及绿化等系统性设施和空间；克服和避免超越经济承受能力及市场吸纳能力的大拆大建。③总体来说，改造不能单单考虑纯粹的经济效益，应注重商业园区开发与居民住宅区建设交叉进行、黄金地段开发与偏街背巷开发协调发展，充分体现“便民城”的城市发展理念。即首先它必须是一个生态安全的城市；其次，落后的工业区将进行改造。最后，拆除的空地将建成文化区、娱乐区、步行区和绿化区，从而使改造后的旧

---

① 易晓峰. 合作与权力下放：1980年代以来英国城市复兴的组织手段[J]. 国际城市规划，2009(3)：59-64.

② 黄浦区中心城区旧城改造与管理培训团. 英国旧城保护与改造考察[J]. 上海房地，2008(4)：57-61.

③ 谢浩. 旧城改造新模式研究[J]. 住宅科技，2011(5)：42-46.

城做到真正的“方便于民”。① 简言之，旧城改造项目应该由政府而不是房地产开发商提出，方可保证是出于公共利益的需要，或者判断某个具体的城市房屋拆迁项目能否推进城市建设并发展城市经济，从而改善城市形象。

随着经济发展的加快与旧城改造规模的扩大，生态环境保护问题日渐从幕后步入台前，无数事实证明，发展经济不能以牺牲环境为代价，更不能走“先污染、后治理”的老路。因此，在旧城改造的指导思想中还应包括生态型改造理念，城市改造项目必须在保证提高旧城生态环境与质量的基础上，选择与城市可持续发展及其生态系统不断完善相适宜的拆迁改造方式。在城市生态功能分区中，对其周边环境问题应引起特别重视。由于工业化和城市化发展对土地、水及其他生物资源的过度开发利用，改变了城市周边地区的物质循环与能量流动，随之而来的是空气重度污染、可饮用水资源极度短缺、生态植被遭到严重破坏等一系列问题，在经济发达的沿海地区尤其突出。因此，应注意建立土地利用方式的转换机制，保持工业用地、城市住宅用地和休闲绿地之间的竞争与平衡，遵循成本收益最优化原则，确定城市扩张的适宜方向与规模，切实建成城市与其周围地区的生态支持系统，并借此调控城市社会经济发展的速度、广度及限度。②

2. 旧城改造需要始终贯穿保护与更新的辩证关系

近些年来，由于土地的有偿使用、住房政策改革的推进以及大量外资的涌入，我国的旧城改造获得了新的发展动力与契机。但是，由于受到社会经济利益的驱动，旧城的拆迁改造工作具有一定的盲目性和投机性，给城市的持续深入发展埋下隐患。当前我国旧城改造存在的问题主要有：第一，从经济方面来看，改造需要大量资金，可现在缺乏稳定持久的来源渠道；第二，从社会方面来看，

① 邱莉莉. 莫斯科的旧城改造[J]. 城市问题，2002(6)：75-77.

② 彭晓春，陈新庚，李明光. 城市生长管理与城市生态规划[J]. 中国人口资源与环境，2002(4)：24-27.

改造拆迁促成的居民迁移，使得公民权益受损并发生社会结构的改变；第三，从文化方面来看，改造导致了文化环境的保护与传承问题，使旧城区建筑环境遭到破坏。所以，在旧城改造中需要贯穿“保护”与“更新”并行发展的辩证关系。

“保护”属于使城市得以可持续发展的范畴，发达国家的无数实践表明，那些他们竭尽全力保护的历史文化遗产和环境正成为其最宝贵的财富。① 但“保护”并非意指原封不动，作为现代都市，仅有历史痕迹却不具备现代功能实难为继。由于科学技术的日新月异、信息社会的突飞猛进以及长年累月的时间磨损等因素，导致许多老城区的建筑在结构和功能上皆没法满足当今社会经济的需要，房屋结构老化、主要设施陈旧、基本功能失衡等特征造成城市发展出现断层，因此进行更新改造非常必要。例如，20 世纪 40 年代末，在美国华盛顿的城市规划中，国会山以东一带的旧式住宅，曾被划为即将拆除的“衰落地区”或贫民窟，但后来该片区域内的房屋并未遭到拆除，而是修缮改造成高级住宅。这些住房由于地点适中、庭院结合，代表历史遗产而身价百倍。② 我国北京的四合院、上海的石库门、青岛的里弄、广州的骑楼等，都具有较高的历史文化及建筑艺术价值，一旦拆毁根本不可能修复如初。所以，改造的关键在于需要具有保护和更新相结合的综合治理理念，采用“修旧还旧”的方式手段，使城市历史文化遗产得以继续传承的同时，赋予“改造”新的时代功能与意义。

3. 房屋拆迁补偿应考虑被拆迁户的利益

由于在改造拆迁中，被拆迁户始终处于弱势地位，因此，应充分考虑他们的补偿利益。一方面，在城市房屋改造拆迁中，政府在向房产商出让房屋所有土地时，占有该地块的拆迁户不能一无所知。政府给房产商颁发拆迁许可，意味着政府向房产商出让土地使

① 单菁菁. 旧城保护与更新：国际经验及借鉴[J]. 城市观察，2011(2)：5-14.

② 项光勤. 发达国家旧城改造的经验教训及其对中国城市改造的启示[J]. 学海，2005(4)：192-195.

用权，即使作为行政主体，也没有权力将他人的合法土地使用权在权利人完全不知情的情况下出让给第三人。房屋拆迁中土地使用权的收回，关系的双方当事人是国家和土地使用权持有人，而非国家和房产商，因此在新的流程设计中，政府必须在方案里明示，并获得绝大部分拆迁户支持后才能进行项目的招拍挂以确定房产商。通过这种方式，能够使政府提出的旧城改造计划赢得广大市民的理解和支持，避免政府的单方行为，防止盲目决策。

另一方面，房屋征收的主体是政府而不是房产商，就拆迁补偿而言，从拆迁户的角度来看自然是越高越好；但从政府角度来说，拆迁补偿既不是越低越好，也不能无限制提高。补偿过低会侵害拆迁户的利益，影响社会的和谐与稳定；补偿过高有可能人为增加旧城改造成本，延缓旧城改造的速度。政府应站在第三方的中立立场，综合考虑地方经济社会发展实际，及时出台房屋拆迁安置补偿政策，并定期依据市场房价的变动来调整补偿指导价格。对于具体的城市房屋拆迁项目，政府需要委托有资质的中介机构编制拆迁安置补偿方案，并组织拆迁户进行听证，征求他们的意见。只有得到大多数拆迁户认可的补偿方案，才能实施拆迁；若方案未被接受，则需要重制或暂缓改造。

四、发挥住房货币补贴政策执行力

住房保障是政府的基本职责，“发展中国家通过直接建造公房或资助民营开发商建设低成本住房，然后售给低收入群体的方式鲜有成功，主要原因是政策定位失当——无视负担能力，偏重出售而不是租赁。这一点已为印度、巴西、墨西哥等国的实践所证明”①。从我国国情出发，为了在促进社会公平的基础上更好地分配公共资源，提高住房政策执行力，通过按“人头”发放租金补贴等形式解决中低收入群体的住房问题不失为一种有益尝试。由于政府对保障对象的补贴从“暗补”转为“明补”，从“补砖头”转为“补人头”，有

① 金俭. 中国住宅法研究[M]. 北京：法律出版社，2004：74.

利于根据保障对象收入水平的变化，适时调整补贴金额，形成良好的退出机制。

(一)住房货币补贴政策的来源及执行情况

“住房补贴”是在住房实物分配转为货币分配的过程中，国家行政机关、事业单位以及企业，对无房户或住房面积未达到规定标准的职工提供的一项专项住房消费资金，以适当提高其住房消费支付能力，“发挥出在住房实物分配转向‘货币化-工资化’分配中的过渡作用”①。国发〔1998〕23号文确立的我国住房制度框架的主要内容，一是货币化分房制度；二是以经济适用房和廉租房为主的住房供应体系。在停止住房实物分配后，货币化补贴政策与以市场方式解决城市居民住房问题并行不悖，相辅相成。

1. 住房货币化补贴类型及标准

2000年建设部在广州召开全国部分城市住房分配货币化情况交流会，总结了35个城市货币化分房的方案，大致包括三种类型：①以南京、武汉为代表的24个城市，对参与货币分房的职工，实行对“老人”一次性发放补贴，对“新人”则按其工资比例逐月发放。②以广州市为代表的五六个城市，设立一定的发放补贴年限，按每位职工职级的住房补贴标准和当地房价情况，向“新人”发放住房补贴。③以济南、西安为代表的几个城市，不论职工是否拥有住房，住房面积是否达标，“新人”“老人”一概以工资为比例发放住房补贴。此外，还有通过提高单位住房公积金缴存比例的办法来实行住房货币化补贴政策。

企业住房分配货币化是整个货币化工作的重点和难点，2003年1月13日，在武汉召开的全国住宅与房地产工作会议上，建设部作出《培育住房消费 加强宏观调控 整顿市场秩序 努力开创住宅与房地产工作新局面》报告，提出各地要按照“因企制宜、方式多样、方案自选、民主决策、稳步实施、坚持与建立现代企业制度相

---

① 田焱，刘文杰. 住房补贴政策运行中存在的问题及其对策[J]. 经济体制改革，2010(1)：154-157.

结合；兼顾国家、单位、个人三者利益，坚持三者合理负担”的原则，加强分类指导，推进企业住房分配货币化。① 如何界定企业职工收入中是否包含住房消费成本，当时的指导意见是以经济适用房60平方米标准面积售价，除以双职工家庭4年平均工资总和。从政策设计与各地执行细则来看，货币补贴政策既是针对1998年以前参加工作的老职工，也包括在这之后参加工作的新职工。

2. 住房货币补贴政策执行情况

根据政策，住房货币补贴的资金来源主要有：“一是单位每年固定的住房建设资金；二是单位出售公房的售房款；三是单位自筹的建房资金”。其中，后两项资金总额十分有限，且不会有持续增量资金补充。而第一项来源，至少需要两个前提条件：单位持续存在、有足够的支付能力和支付意愿。对于这两个条件，除了政府部门和事业单位、部分国企以外，其他单位特别是竞争性行业的企业，不论是哪一个条件，要求都过高。因此，持续筹集资金用于发放住房货币补贴，对于大多数企业而言，是一个难以主动完成的任务。

目前执行住房货币补贴政策的单位，局限于有财政资金支持的政府机关和事业单位。以广州市住房货币补贴发放为例，主要依据是广州市人民政府1998年第21号文颁布的《关于广州市直属机关事业单位住房货币分配的实施方案(试行)》和2000年5月发布的《关于实行住房货币分配有关问题的通知》(穗府〔2000〕18号)。在方案中提出机关单位住房补贴资金的来源有：“住房补贴由市财政部门会实施单位统筹协调解决；补贴资金开支渠道如下：第一，财

① 企业住房分配货币化的主要内容：①房价和职工收入比4倍以下、经济效益较好的企业，可认为职工工资中已包含住房补贴，无需再发放；②房价与职工收入比4倍左右、经营状况良好的企业，可适当提高新职工缴纳住房公积金的比例；③房价与职工收入比4倍以上、经营效益尚可的企业，可比照机关货币分房的做法，推行货币分房；④房价与职工收入比4倍以上，经营状况不稳定的企业，应采取多种方式的货币分房，可实行一次性补贴，或按工龄发放，或按职务补贴；⑤经营状况不好甚至出现亏损，但有自有土地的企业，可采取集资建房的办法，由单位出地，职工集资建设住房。至于经营状况既不好又缺乏自有土地的企业，不急于推行货币分房，可待转制解困后再实行。

政负担部分：市财政核拨经费的单位由市财政列入预算拨付；市财政核拨补助的单位按核拨比例分别由市财政列入预算拨付和从本单位自有资金中列支。第二，单位负担部分：由各单位从单位住房基金、单位福利基金和其他自有资金中列支。①”

3. 住房货币补贴政策中企业责任的淡化

对于财政资金支持的政府部门和事业单位，货币化补贴政策得以贯彻执行并延续至今；而非财政资金拨付的单位和企业，货币化补贴政策已不复存在，其中的重要原因就是承担货币化分房主体的变化。执行该政策的两个前提条件(单位的持续存在；有足够的支付能力和支付意愿)，对于非财政支持的企业而言，无疑会增加人力成本，挤压企业赢利空间，削弱产品或服务的竞争力。因此，如果没有政府的强制执行，不论企业是否具备支付能力，一般都不具有支付意愿。如果说国有企业有义务承担政府转移的保障职工住房的责任，但是，对于新生的民营企业而言则无此意识。近些年，随着民营企业的发展，已逐渐替代国有企业成为就业群体的“主要单位”。

根据国家统计局的数据，1998 年 20678 万城镇就业人员中，在国有单位就业的有 8809 万人；在城镇集体单位就业的有 1900 万

① 《广州市直属机关事业单位住房货币分配实施方案》的主要内容：①补贴单位：由市财政核拨经费或核拨补助的市直属机关、事业单位。②补贴对象：工资来源于市财政核拨经费或核拨补助的人员：1997 年 9 月 29 日之后进入实施单位工作，本人及配偶均未享受过购买房改房、解困房或参加过单位内部集资建房等购房优惠政策的人员；1997 年 9 月 29 日之前进入实施单位工作，本人及配偶均未享受过购房优惠政策，愿意申请实行住房货币分配的人员。③基本做法及补贴标准：方案实施后，各实施单位对实行住房货币分配的人员不再按实施前的房改政策出售、出租公有住房，均按月按本人职务发放住房补贴，由其自行解决住房问题；如住用单位的公有住房，必须以市场租金承租或以市场评估价格购买。给每个实行住房货币分配的人员发放住房补贴的年限为累计 25 年，即 300 个月。住房补贴标准可根据社会经济发展和住房价格情况进行调整，1998 年度机关各级职务人员每月住房补贴标准为：办事员，233 元；科员，280 元；副主任科员，327 元；主任科员，373 元；副处级，420 元；处级，467 元；副局级，513 元；局级，607 元；副市级，747 元；市级，933 元。

人，两者合计 10709 万人，占城镇就业总数的 51.8%。至 2013 年，在国有单位就业的人数只有 6365 万人，在城镇集体单位就业的只有 566 万人，两项合计 6931 万人，约占城镇就业 38240 万人的比例为 18.1%。换言之，在非国有单位和城镇集体单位就业的比例，从 1998 年的 48.2%上升到 2013 年的 81.9%，如图 5-8 所示。① 对于企业职工而言，在就业压力下，如果缺乏政府支持，不论是个体还是群体，都不具备单方面争取住房货币补贴政策的能力。特别是随着老职工住房的解决，新进职工在资历、能力以及对企业贡献等方面，都不足以影响单位政策向他们倾斜。

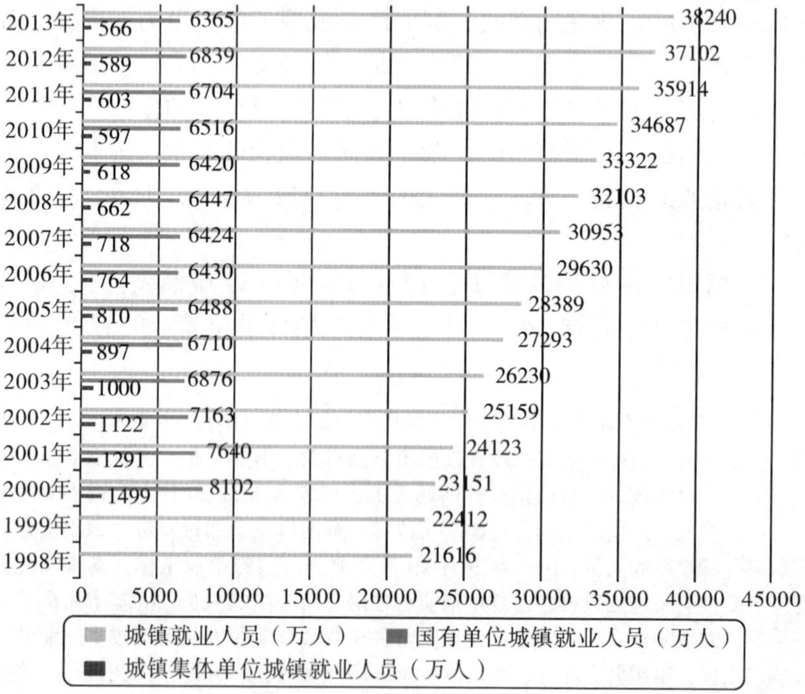

图 5-8 1998—2013 年我国城镇国有及集体单位就业人员比较

① 数据来源：国家统计局《中国统计年鉴》(1998—2013) 相关数据整理而成。

此外，在全球经济一体化趋势下，国内企业主要依赖成本优势参与全球市场竞争，其中人力资本低廉是中国企业的主要优势。因此，弱化而不是强化、忽略而不是正视住房补贴政策，成为企业的共识和选择。地方政府从优化企业投资和经营环境，提升所在辖区招商引资优势、提高就业率、促进地方经济发展等目标出发，也没有强制执行或是鼓励推行该项货币补贴政策的意愿和动力，以至于建设部在2000年强调“凡是新设立的企业，新招职工必须从进入企业之日开始，一步到位实行住房货币补贴”的政策要求，也从未真正得到关注和落实。于是，在计划经济年代针对以国有单位为背景制定的住房货币补贴政策，在市场经济条件下，由于内外部市场环境的改变和经济主体的变化而难以执行。随着时间的推移，该项补贴政策中的企业责任就渐渐淡出了政府与公众的视野。

（二）房屋租赁与住房补贴政策的国际经验

尽管作为第二次世界大战的策源地，战争使德国的历史蒙上了阴影。但是，近代德国作为欧洲中心国家，特别是“二战”以后引发世人无限惊叹的经济增长速度与社会稳定繁荣程度，还是使得无数学者纷纷研讨“莱茵增长”之谜。虽然德国在住房哲学思想上沿袭和继承了欧洲社会民主主义和法团主义的双重政治遗产，但相比其他欧洲国家来说，今天德国的住房政策还受到其特有的社会市场经济模式的影响。① 德国的住房政策可归为一种完善的社会化、市场化住房体系，通过对租金政策的第三方管理、租客租赁权益的合法保护以及住房货币补贴等政策设计，使其作为大陆法团主义国家的特征更为明显。

1. 房屋租赁政策

在整个住房市场中，租赁住房市场比重大于住房销售市场，是德国住房市场的最大特点。目前德国家庭住房自有率仅为42%，大约58%的家庭是租房居住；另有77%的年轻人都属于“租房族”②，

---

① 余南平. 欧洲社会模式：以欧洲住房市场和住房政策为视角[D]. 上海：华东师范大学博士论文，2008：111.

② 广州日报. 德国77%年轻人租房住[EB/OL]. [2008-4-21]. http://gzdaily.dayoo.com/html/2008-04/21/content_171379.htm.

租赁市场的发达程度由此可窥全貌。两德统一后，德国住房市场重新出现较大的结构性短缺，这时政府并非采取投身房地产业的做法，而是大力鼓励私人或民营房产公司从事住房开发，建设可供出售或出租的公寓及别墅。社会福利房方面，则由政府主导以满足低收入群体对基本住房的需求，由此使得整个国家的住房政策体系不断趋于完善。

租赁住房政策的发展，很大程度上首先与大量中低收入家庭无力承担购房经济压力有关，还因为城市中众多流动人口或暂住人口的存在，以及蜂拥而至的移民等因素也是重要原因。由于这些群体只是短期居住，故而大多选择租房；加之社会法制和市场经济价值理念的长期深入影响，德国各届政府历来高度重视房屋租赁市场的培育与发展，不断扩大出租房源供给量。现今德国租赁住房已形成多种结构：住房租赁市场中约98%为私房，其中最多的是私人出租住房和合作社出租住房，分别占66%和22%；还有8%是基金或保险公司出租住房，3%为专业建房公司出租住房；在全部租赁市场住房中，仅有1%~2%为政府公房出租住房。① 其次，政府还借助法律等手段保证租赁市场的稳定。一方面，德国实行租金管制，房租具体价格由租赁双方协商确定，在此以后租金管制开始发生作用，房租涨幅依据通胀水平和历年房价变动情况共同裁定。德国《租房法》明确规定，三年内租金上涨幅度不得超过20%，否则构成违法。1997—2006年，德国房租平均涨幅1.1%，甚至低于同期1.5%的平均通胀率。② 另一方面，德国政府高度保护租客权利。根据德国法律规定，只有在两种情况下房东才能解除住房合同：一是租房者违反租房合同，二是房东能够证明自己由于客观原因需要收回住房。③ 此外，政府对住房合作社兴建的出租屋实行免税政策；住房信贷银行通过无息或低息贷款的方式，扶持私人和开发商

---

① 纪尽善. 德国房屋租赁的市场化演进[J]. 中国经济周刊，2007(13)：52.

② 叶剑平，赵燕军. 德国经验与金融危机——兼论中国住房模式转型[J]. 北京社会科学，2014(1)：65-71.

③ 余南平. 金融危机下德国住房模式反思[J]. 德国研究，2010(3)：11-18.

投资出租屋；并设立住房建设基金，鼓励开发商和私人试验新的居住方式或更新旧房，做出租或出售之用。

2. 住房货币补贴政策

目前，德国对低收入居民实施的主要住房保障方式是房租补贴，《住宅补贴法》规定，“实施房租补贴制度，由政府根据家庭人口、收入及房租支出情况给居民以适当补贴，保证每个家庭都能够有足够的住房支付能力”。《住房补助金法》规定，“居民实际缴纳的租金与可以承受租金的差额由政府负担，其中，居民实际缴纳的租金要与家庭住房需要相结合，可以承受的租金一般按照家庭收入的25%确定，房租补贴的资金由联邦政府和州政府各承担50%”。目前德国约有11%的家庭，租金全部靠政府公共财政租金补贴。①住房货币补贴政策具体体现在“政府补助金预算、建设补贴、改造补贴、承租补贴”等方面。

(1)住房改造补贴。

20世纪五六十年代，联邦德国住房政策的主要目标是新建住房，70年代出现的新目标是对老房子的维护与修缮，80年代的住房补贴计划试图通过租房者自助来促进旧城改造与现代化。“社会城市”(“有特殊发展需求的城区——社会城市”)和“东部城市改造”(“东部城市改造——为了有生活价值的城市和有吸引力的居住”)，这两个项目于20世纪90年代末实施。② 项目支持增强市中心的地位、再利用空置场地、消除社会弊病，拆除长期不用的住宅楼，土地再利用以及使城市的基础设施与东部城市萎缩状况相适应(“东部城市改造”)。项目结构安排以城市作为申请者，也即城市可以申请促进资金，这些资金先前已按特定比例分配给了各州。

(2)住房津贴。

传统的德国住房政策，主要通过提供补贴给予房屋供应方，也

---

① 中国经济导报. 德国住房保障制度走过了160多年[EB/OL]. [2011-3-22]. http://www.ceh.com.cn/ceh/jryw/2011/3/22/76919.shtml.

② [德]比约恩·埃格纳. 德国住房政策：延续与转变[J]. 左婷，译. 德国研究，2011(3)：14-23.

即以生产者为导向的鼓励措施达到推动住房建设与发展的目标。然而，通过向房屋需求方提供补贴，也即以消费者为导向的鼓励措施，或将费用转移到出租屋上的政策方法，则更加具有现代性。1960年以前，联邦德国废除了房租管制政策，进一步放宽租房法规。为减少这些政策改良带来的社会不利因素，联邦德国在20世纪60年代引入住房津贴，该津贴政策依据家庭人口总量来划分比例，在一定收入限度内的家庭皆可申请住房津贴。从获取津贴的家庭户数来看，95%的都是租房者；对于住房所有者而言，住房津贴就成为一项重要的转移费用。联邦统计局的数字显示，2004年德国住房津贴获得人数达到最高点，共有352.4万人获得了住房津贴，津贴的支出总额也高达51.83亿欧元。①

(3)政府补助金预算。

如果企图给出政府资金来源中关于直接增加住房供给的所有预算，无疑具有相当高的难度。第一，补贴的发放与补助金或贷款的发放一样，并不公平；第二，通过税收优惠等获得的补贴金额，最多只能作出粗略的估算。德国各级政府尤其是联邦政府，把推动福利住房建设作为必须履行的职责，自1949年以来，联邦政府在住房建设或补贴方面，每年都向各州“提供数额不等的财政支持”。1974—1986年，住房补贴占住房政策费用的比例始终在1/3上下浮动，相比较而言，针对私人住房的税收优惠与住房津贴占比则明显提升。2006年9月1日生效的《联邦改革法》将住房职责划归各州政府，联邦政府虽然不再需要提供财政支持，但作为补偿，2007—2019年仍必须向地方转移财政资金。② 到2013年之前，每年转移的财政资金为5.18亿欧元，在这之后转移资金的数额需要重新审定。③

① 余南平. 世界住房模式比较研究：以欧美亚为例[M]. 上海：上海人民出版社，2011：39.

② 刘中起. 德国住房政策对中国的借鉴——以德国为例[J]. 中国名城，2014(10)：56-61.

③ 中国经济网. 德国：从福利住房到住房补贴的转变[EB/OL]. [2010-7-26]. http://intl.ce.cn/specials/zxgjzh/201007/26/t20100726_21654013.shtml.

（三）培育住房租赁市场，提高住房补贴政策执行力

从长远来看，随着国家综合实力的进一步提高，结合城乡建设的结构性调整，“租金补助”是一个比社会福利住房（公共住房）建设与实物分配更有效的方式。实施住房货币补贴政策可以在一些问题较为严重的城市进行试点，其操作同样根据收入、家庭人数以及当地租金水平进行，对此，政府相关部门可参考德国同行的经验。德国《住房支持法》提倡减少客体补贴，通过租金补助以及政府购买住房分配权，直接解决住房经济上的两个问题：弱势群体的“支付问题”和“准入问题”。①

1. 转变住房消费理念，加快发展房屋租赁市场

住房消费作为生活中的一项比较大的支出，它的高低决定着消费者自身的生活质量和生活方式，住房消费方式的选择将最终影响到整个住宅市场结构及房地产业的未来发展趋势。从国发〔1998〕23号文开始的一系列宏观调控政策，都着重发展住房一级市场，强化了消费者的买房意识。加之传统思想观念、文化等因素的影响，我国长期存在“重买轻租”的现象，购房低龄化趋势明显。链家地产市场研究中心与光大银行2010年合作完成的一份报告显示，“北京首套房贷者的平均年龄只有27岁，而在英国为37岁，在德国和日本为42岁。调查中还发现，中国公众90.0%的人认为在35岁以前购房最合适；7.7%的人认为最合适的年龄段是36～40岁；1.5%的人认为是41～45岁”。② 在当前城市房价居高不下、租赁市场供需关系比较紧张的境况下，政府更应着力培育房屋租赁市场，分流住房销售市场的部分需求，促使房价降温。

（1）增加有效供给。

一要广增渠道，扩大公租房供应来源。积极鼓励社会资本参与

---

① ［德］约翰·艾克豪夫. 德国住房政策［M］. 毕宇珠，丁宇，译. 北京：中国建筑工业出版社，2012：18.

② 新华网. 北京首次购房者平均27岁 面子加剧低龄化趋势［EB/OL］.［2012-4-18］. http://news.xinhuanet.com/fortune/2012-04/18/c_122999245.htm.

公租房建设，收购市场存量房源以供租赁，缓解供需矛盾。二是调整税费、盘活存量。通过降低租赁房屋所得综合税率，将房贷利息、房屋折旧等支出从年度应税收入中扣除等方式，鼓励空置房屋进入租赁市场。三是通过土地出让政策和金融政策改革，使房地产开发企业发展以长期现金流收益为主的“开发-租赁”经营模式，培育机构性市场出租主体。①

(2)规范中介行为。

一是健全房地产中介信用管理系统，构建严格的失信惩戒机制。创设统一的中介机构信用登记平台，将中介的具体信用情况与相应的资质审核、评级挂钩。二是提倡行业自律、强化行业协会的监管职能。由行业协会承办中介机构的市场准入、资格审查以及信用档案建设等工作，并负责开展资信评定等活动。三是完善经纪人执业证书等政策，提升整体从业人员的素养。

(3)指导租金价格。

一是搭建租赁市场信息平台，定期公布不同结构、不同区位、不同用途出租屋的租金指导价格，使得租赁价格信息公开透明。二是建立多层次的租金调整体制。对于最低收入群体，由政府提供低租金住房；对于中低收入群体，则按照收入等级提供相应比例的房租补贴或抵扣部分个税；对于中高收入群体，鼓励购买自有产权住房，确有必要租房的群体由市场自行调节，限制房租价格的非理性上涨。

2. 扩大住房补贴范围，提高政策硬性约束力

我国实施住房货币补贴，首先也需要解决寻租问题，关键是确定补贴对象，划定一个合理的实施租房货币补贴的群体范围。② 为了实现人人有房住的基本目标，包括城市农民工在内的所有低收入群体，只要符合条件，都应划进补贴范围，尽可能避免城市贫民窟

① 李丹. 促进我国房屋租赁市场健康发展[J]. 宏观经济管理，2013(2)：63-65.

② 中国人民银行福州中心支行课题组. 经济适用房政策何去何从[J]. 银行家，2006(2)：125-129.

的出现。其次，租赁住房补贴政策需要个人资信系统的支撑，为此需要建立起公开、透明的个人信息制度，使个人信息尤其是家庭收入信息有据可查。可以参考美国的个人收入申报和退税制度，通过退还部分已经上缴的个人税赋，鼓励民众向政府真实地申报收入和支出，从而实现个人信息的查询、验证与交换的准确性，保障住房政策顺利有效的执行。

改进制度设计，渐渐提高住房补贴政策的硬性约束力。其一，通过一定时间的过渡，逐步实施住房补贴与公积金并轨运营，并纳入社会保障系统统一管理。其二，有必要对具备相关经济行为能力但拒不执行住房补贴的单位及法人，采取必要的处罚措施，严格规范住房补贴的运转管理，形成可持续发展的长效机制。其三，结合实际，科学调整住房补贴发放的标准和方式。主要运用基准补贴市场化的方式，“基准补贴=普通商品住房平均价格÷2-职工年均工资×4÷90”，以适应国家总体住房政策的调整目标。① 其四，建立稳定的住房补贴资金筹措来源渠道。对于机关行政单位、全额拨款的事业单位及国有企业，加大财政转移支付力度；对于其他企业民营机构，应给予其自主决策的空间，可将机关及事业单位的住房补贴标准作为参照。在扩大这部分机构自主性的同时，设立住房补贴的最高限额，预防补贴福利化以及偷漏税行为的产生。

3. 遏制住房投资行为，促进民间资本建房

住房具有投资和消费双重属性，当房价飞速飙升而其他投资渠道又相对匮乏时，投资住房就成为本能选择。此类投资明显带有投机色彩，进一步加剧房价上涨与住房泡沫的产生。为了抑制过度投机行为，一方面应增加住房持有成本，如适时开征物业税；另一方面应大力抑制短期持有后出售住房牟利的投机行为，除征收营业税、土地增值税外，可考虑加收资本利得税。② 德国政府通过严厉

---

① 田焱，刘文杰. 住房补贴政策运行中存在的问题及其对策——以成都市相关数据为例[J]. 经济体制改革，2010(1)：154-157.

② 叶剑平，杨乔木. 中国房地产市场改革新维度[J]. 探索与争鸣，2014(4)：63-66.

的税收政策抑制各种投机的做法值得借鉴：在德国，用于出售的房地产首先要缴纳评估价值1%~1.5%的不动产税，房屋买卖还要交3.5%的交易税；如果通过买卖获得盈利，还需上交15%的差价盈利税；新购住房未满7年转让，其综合税率更高达50%，这些严厉的税收政策极大地压缩了房产商和炒房者的盈利空间。①

在我国，以温州炒房团为代表的民间资本通过购买商品房获得保值增值，该行为本在情理之中，但由于大量投资投机性需求涌入市场抬高了房价，使得政策调控失灵。如果将这部分资金引入公共住房领域，会有效达成政府、投资方与未来购房群体之间的共赢。例如，2014年4月，江西省8个厅局联合下发通知，鼓励支持民间资本参与公共租赁住房建设运营和棚户区改造，市、县政府可通过投资补助、贷款贴息等方式，支持企业等社会力量投资建设公租房。并且明确民间资本的5种参与方式，“直接投资或参股建设并持有、运营公共租赁住房；接受政府委托代建公共租赁住房，建成后由政府按合同约定回购；符合条件的支持企业利用自用土地建设或配套等社会力量投资建设公共租赁住房”等。②

五、扩大住房公积金政策执行力

(一)住房公积金政策的内在特性

根据《住房公积金管理条例》第二条第二款的规定，“住房公积金是指国家机关、国有企业、城镇集体企业、外商投资企业、城镇私营企业及其他城镇企业、事业单位、民办非企业单位、社会团体及其在职职工缴存的长期住房储金”。1991年5月，上海市率先进行住房公积金试点；1992年，北京、天津等市相继进行公积金试点；1993年扩展到辽宁、黑龙江和湖北等地。1994年7月，《国务院关于深化城镇住房制度改革的决定》发布，明确提出全面推行住

① 新浪网. 中国有钱人为何不敢到德国炒房？[EB/OL].[2014-10-13]. http://nb.house.sina.com.cn/news/2014-10-13/08204513906.shtml.

② 资料来源：《关于鼓励民间资本参与保障性安居工程建设运营的通知》(赣建保〔2014〕8号)，2014-4-18.

房公积金制度。至 1998 年，全国 30 个省、自治区、直辖市的地、市、县共建立了 2000 多个住房公积金管理中心。1999 年 4 月，《住房公积金管理条例》正式发布实施；2002 年 3 月，修改后的《住房公积金管理条例》重新公布实施。经过 20 多年的发展，住房公积金保障能力不断增强，促进了城镇住房建设，取得了一定成就。

1. 公积金政策的强制储蓄特征

《住房公积金管理条例》规定，“职工和单位住房公积金的缴存比例均不得低于职工上一年度月平均工资的 5%；职工个人缴存的住房公积金，由所在单位每月从其工资中代扣代缴；单位应当于每月发放职工工资之日起 5 日内将单位缴存的和为职工代缴的住房公积金汇缴到住房公积金专户内，由受委托银行计入职工住房公积金账户”。由此可以看出，住房公积金是国家以强制方式要求个人缴存部分工资进行长期积累，并辅以一定优惠政策为其购房储备的资金。这实质上属于一种国家代替公民个人做出住房消费决策的手段，降低了个人所面临的市场风险。强制性不仅有利于扩大公积金覆盖面，还能有效地保障职工的合法权益，充分体现出社会公平的执行宗旨。

2. 公积金政策的社会保障特征

住房公积金作为保障基金的基本特征，决定其是在政府指导和监督下，社会群体广泛参与的公共储蓄基金，不仅要求最大的覆盖面，也要求最大限度地体现分配公平。保障属性是由公积金政策执行时体现出来的长期性和专用性所决定，尤其是公积金关于离退休时的支取规定，更使其保障功能凸显无疑。①《住房公积金管理条例》明确规定，“在保证住房公积金提取和贷款的前提下，可以将住房公积金用于购买国债；住房公积金的增值收益只能用于建立住房公积金贷款风险准备金、住房公积金管理中心的管理费用和建设城市廉租住房的补充资金”。通过这些限制，保障了住房公积金的运营安全，一定程度上提高了单位和个人缴交公积金的积极性，同

---

① 王捷. 住房公积金：理论思考与实践创新[M]. 镇江：江苏大学出版社，2012：13.

时用作廉租房建设的补充资金也显示出应有的住房保障特性。

3. 公积金政策的住房补贴特征

房改实施以后，实物分房方式逐渐被住房货币化所代替，住房公积金成为国家及单位对居民购房的货币形式补贴。公积金主要由个人与单位按一定比例共同缴存，这实际是单位在工资之外对职工的贴现反应；取消实物分房后，原本以实物形式配给职工的住房换成以货币形式由职工购买。换言之，职工的日常支出中增加了住房支出项目，单位应以货币给予补贴，否则将会导致职工可支配收入的大幅减少。① 不容否认，较之实物分房，一方面由于单位的补贴资金有限，职工可支配收入可能会骤然降低；另一方面由于扩大了住房建设资金来源，并通过立法建立起一种义务性长期储金，使得职工家庭解决自住住房的能力逐步提高，实质是增大了个人强制储蓄额，与第一种属性发挥的作用保持一致。

4. 公积金政策的社会互助与合作特征

通过住房公积金政策，产生了国家、单位、社会三方合力资助个人买房的模式，大大提升了个人的住房可支付能力，使得对中低收入群体施以政策性金融援助的问题得到缓解。无论职工是否拥有住房，或是否打算利用公积金买房，都必须按规定缴存住房公积金。公积金只有在职工“购买住房、离退休、出境定居、偿还购房贷款本息、死亡或者被宣告死亡”等情况下才能提取；有房职工缴存的公积金在规定条件下可以提取，也可作为存量资金支持无房或改善住房职工融资使用。这对于帮助中低收入阶层解决住房问题，改善居住质量与水平起到重要影响。在住房公积金低存低贷原则的指导下，暂时不使用公积金的个人会损失一定的存款利息来补助那些需要使用公积金贷款的购房群体，使他们能够以较低的代价解决住房问题②，充分体现了社会互助与合作的本质。

---

① 李海明. 住房公积金的法律属性与功能定位[J]. 改革与战略，2012(10)：19-22.

② 任英飞. 基于公平视角下住房公积金制度完善的研究[D]. 武汉：华中师范大学硕士论文，2011：10.

(二)住房公积金政策的国际经验

新加坡的中央公积金政策于1953年制定通过，1955年正式实施，是政府立法强制个人储蓄、采取完全积累模式和集中管理模式的社会保障制度。公积金政策创建之初，目的只是为了实施养老金计划，其优越性是随着时间的推移而逐渐显现的。微观上，公积金不仅可用来养老，还可用于购买廉租屋、医疗保险，甚至用于教育投资和证券股票投资，使会员得到众多实惠；宏观上，该政策减少了社会贫富差异、增强了社会抗震能力、解决了居民住房问题，有利于社会、经济和政治的稳定。① 例如，1968年，新政府为了解决中低收入家庭的住房问题，允许动用部分公积金存款作为首期付款之用，不足数目则从每月缴纳的公积金中分期支付②，这项规定极大地推动了低收入群体的买房热情。

1. 公积金的归集方式

1953年颁布的《中央公积金法》规定，雇员和其雇主每月缴纳一定比例的工资作为公积金储蓄，存入中央公积金局设立的雇员公积金储蓄账户。③ 公积金实施范围涵盖政府机关、各类企事业单位的所有雇主及雇员，包括临时雇员、试用期雇员、月薪雇员、日薪雇员、周薪雇员等。个体劳动者，如的士司机、小贩，如果全年净收入超过2400元，也必须在公积金局开立账户存款。公积金在实施范围上提倡全部资产所有者和劳动者的参与，最大程度地提高了民众的向心力与凝聚力。公积金的缴交率随着经济发展和工资收入的变化而上下浮动，雇员个人缴交率近些年大致维持在16%～25%，与雇主(公司)的缴交率相加则达到40%～50%；早在1998年，参加公积金的会员就已达到240多万人，占新加坡雇员总量的

① 李杰. 北京市中低收入家庭住房保障研究[D]. 北京：首都经济贸易大学硕士论文，2006：25.

② 杜文. 发达国家住房保障制度建设的基本经验[J]. 经济体制改革，2005(3)：140-143.

③ 郭玉坤. 中国城镇住房保障制度研究[D]. 成都：西南财经大学博士论文，2006：130.

93%，存款余额高达450亿新元。① 成为公积金会员以后，可以获得住房、养老以及医疗保健等方面的社会保障。

2. 公积金的住房基金性质

新加坡公积金最初用于雇员养老和抚恤遗属，1968年修改公积金法，允许会员动用公积金购买住房，这样公积金才得以与住房发展计划相连接，并逐步发展成为以解决在职员工住房、医疗和养老为主的社会保障储蓄制度。依据规定，公积金的80%可用于改善日常生活，主要用于购买住房和支付保险金，12%可用于医疗费用，6%可用于退休养老等特殊费用。② 新加坡《中央公积金法》还规定，会员可以动用公积金储蓄用作住宅前期购买款项，也可将每月缴交的公积金用作银行住宅贷款的分期付款。因为会员都有公积金储蓄作为还贷担保，所以公立、私立银行都愿意提供专项住房贷款优惠。以新加坡邮政储蓄银行为例，贷款条件是：贷款加上购房者使用公积金作为首期付款的数额可达房价的100%，还款期限最高可达25年，可动用公积金摊还分期付款本息；银行提供短期贷款用于购房资金周转，然后以公积金摊还。③

3. 公积金的多种社会保障功能

中央公积金从1955年建立以来，其功能得以不断发展变化：从单一的个人养老、伤残死亡保险发展到购建住房；从购建组屋发展为可购建高级私人房产和出租住房，并可投资于非住宅房产；从可购买巴士有限公司等股票发展到投资债券、信托基金和黄金；从会员的个人保障发展到家庭成员间互保；从物质利益保障发展到家庭子女教育的保障。④ 总之，新加坡中央公积金政策已从简单的养老储蓄项目发展成为3大类(住房、养老、医疗)、16项计划，从

---

① 陈伯庚，顾志敏，陆开和. 城镇住房制度改革的理论与实践[M]. 上海：上海人民出版社，2003：218-219.

② 崔竹. 城镇住房分类供应与保障制度研究[D]. 北京：中共中央党校博士论文，2008：52.

③ 王宁楠. 新加坡的公共住宅政策及其借鉴[J]. 南洋问题研究，2001(2)：43-48.

④ 雷远龙. 谈谈新加坡的中央公积金制度[N]. 工人日报，2011-9-6.

单一的储蓄范围扩张至家庭支援与私营保险范畴，从物质生活方面延伸至人才培养领域。现在每名公积金会员拥有 3 个户头，30%的公积金总缴费额是按一定比例分别存入这 3 个户头，且本、息均免交所得税。① ①普通户头的存款，可用于购买住房建设发展局兴建的房屋或私人住房；购买股票或证券等政府承认的合法投资；用于子女的高等教育支出；填补父母退休户头的部分款项等。②保健储蓄户头的存款，既可用于医疗及住院费用开支，也可为家庭成员购买重病或人寿保险，还能转拨支付他们的医疗费用。③特殊户头的存款，至少需要留足 60000 元，主要用于退休养老金和应付意外事故。

4. 公积金的管理和运营

公积金管理的法定机构是中央公积金局，依法成立并向人力部负责。领导层由政府、雇主、工会三方各派两名代表组成，并在主席和副主席领导下工作。公积金局的职责是管理全体会员的存款，确保增值并指导会员投资。局内全体工作人员的工资和日常行政开支，既非政府财政拨款也非会员存款，而是自给。② 来源主要包括：公积金贷款或经投资形成的收益减去会员存款利息盈余，以及公积金局所属房屋的租金。政府审计部门有权对公积金局账目加以审计，总统也可直接核查公积金账户。中央公积金局掌握的公积金除保证成员正常支取外，大部分资金存入中央投资局，由其通过发行债券筹措资金作为“国家发展基金”，贷放给政府机构和企业，住房建设发展局是最主要的贷款对象，贷款利率高于公债两个百分点。③ 通过这些方式，公积金不断得到保值增值。

（三）扩大住房公积金政策执行力的相关建议

住房公积金政策是我国住房体系改革下的历史产物，强调“法

---

① 人民网. 谈谈新加坡的中央公积金制度[EB/OL].［2011-9-6］. http://theory.people.com.cn/GB/15598134.html.

② 网易财经. 公积金制度：强制性储蓄[EB/OL].［2012-11-13］. http://money.163.com/12/1113/08/8G67FHV900254SHP.html.

③ 王世联. 中国城镇住房保障制度思想变迁研究(1949—2005)[D]. 上海：复旦大学博士论文，2006：64.

定强制缴存、个人账户积累、利率低存低贷、资金定向使用”的原则，从以筹集建房资金为主要功能演变为福利住房结束后以发放低息贷款为主要功能的政策性住房金融工具，为我国城镇住房体制顺利转轨，促进住房保障和住房金融行业的形成发挥了不可磨灭的作用。截至2015年1月底，全国住房公积金缴存职工达到1.1亿人；2900万缴存职工累计提取住房公积金3.9万亿元，其中住房消费类提取2.9万亿元；发放住房公积金个人住房贷款2200万笔，总额4.3万亿元。① 但是，随着社会化、城市化进程的迅速推进，该政策在解决中低收入家庭住房困难方面不断遭遇发展瓶颈，在执行中反映出来的公平缺失等现象也日渐显现，政策的住房保障功能属性正逐步弱化、流失，急需采取措施加以应对。

1. 加快出台《住房公积金法》，扩大政策覆盖面

住房公积金作为一项社会保障政策应以实质公平为目标，因此，仅在形式上将所有城市居民纳入覆盖范围并不能证明此项政策的分配正义，而应当针对不同群体的收入水平、消费需求及业已存在的问题展开不同的政策设计。② 这就需要努力改变当下各自为政的混乱局面，厘清各类公积金实施办法、条例，出台崭新的《住房公积金法》，建立统一的住房公积金法律条文。在颁布正式法律以后，还应注意及时清理原有的住房公积金法规文件，修改或废除与新体制不相适应的法律条文，如对民族地区等特殊情况需要例外处理，也需要在新法中予以明确规定，进行法律授权，提高立法的效力层次。

首先，加大公积金法律宣传，增强中低收入群体的维权意识。通过广泛宣传公积金的使用功能，使民众意识到公积金是一项可帮助解决租购房问题的重要金融扶持政策。其次，依法监督各单位的公积金缴纳情况，确保公积金的全范围覆盖。例如，新加坡对违反

① 新浪网. 住建部部长：公积金贷款降门槛增额度[EB/OL]. [2015-3-21]. http://han.house.sina.com.cn/news/2015-03-21/08375984845073815495381.shtml.

② 李文静. 住房公积金之分配正义：兼谈“住房公积金管理条例”修订中关于职工范围的争议点[J]. 法学杂志，2013(6)：113-122.

《中央公积金法》及拒缴、迟缴的单位或雇主，通过稽查部门抽查和雇员举报加以监督，并发出按月计收 1.5%罚款的通知单催缴，仍不缴交的则通过司法部门以法律手段强制执行。① 再次，改变公积金存在的不公平特性，确保政策向低收入群体倾斜。增加中低收入群体公积金贷款优惠，允许这类群体将公积金用作房屋租金，免除或减少高收入群体的公积金优惠额度，切实体现公积金应有的社会保障作用。最后，鉴于对居民还款能力方面的限定，政府可据此成立专门机构作为中低收入群体住房贷款的担保单位，这样才可能实现公积金政策的分配公平特性。

2. 科学核定住房公积金的缴存基数和缴存比例

公积金缴存比例的调整应与当地市场房价紧密结合，有效提高公积金的购房支持能力。住房公积金缴存比例的确定主要以职工工资为基数，全国各城市的缴交比例有所不同，但基本处于固定状态；如果房价增长速度超过收入增长水平，那么就会逐渐弱化公积金在购房方面的支持力度。在当前房价持续上升时期，政府有必要在房价与居民收入之间进行动态平衡，当收入确实不能实现同步增长时，应当考虑扩大公积金缴存基数或调高缴存比例，以发挥公积金应有的购房支持功能。在利率规则上，应摒弃现行的低存低贷方式，实行基于缴存人可自由选择的浮动式高存低贷和固定式低存低贷利率法则，打破公积金贷款“劫贫济富”怪圈②，这也是体现住房政策公平的关键。

因此，建立公积金缴存比例、缴存基数和平均居住面积、平均房价的联动调整机制非常必要，政府可深入了解住房消费动态，逐步建立住房消费价格指数，并在房价与收入之间的平衡被打破时，及时采取措施保障公积金的购房支持效应。例如，提高中低收入群体住房公积金缴存额度，把公积金缴交率提高到单位和个人各缴交

---

① 谭臻尧. 住房公积金管理实践与创新[M]. 大连：东北财经大学出版社，2008：39.

② 唐文祺，倪珊珊. 高存低贷有望打破公积金贷款“劫贫济富”怪圈[N]. 上海证券报，2007-8-10.

15%，相当于住房消费占据工资额的30%，达到国际一般水平。①就中西部地区而言，应进一步面向广大职工，大力发展个人购房贷款业务，可适当放宽个人购房贷款条件，扩大贷款额度，让更多职工通过享受住房公积金低息贷款来改善住房环境。有条件的城市还能够使用公积金用于房屋租金、物业管理费、物业维修资金等基本住房消费。总之，对住房公积金缴交和贷款进行调整，建立有利于公平和大多数社会成员的政策，最终可实现住房公积金的"无差异组合"，真正形成具备中国特色的政策性住房金融制度。②

3. 扩大公积金使用范围，提高使用效率

首先，明确住房政策发展的目标，"住有所居"并不意味着每个人都能拥有属于自己的财产权。在当前房价居高不下、公共住房建设日益艰难的情况下，鼓励低收入群体买房，无疑造成以后的保障工作更加困难。因此，实现住房公平，需要倡导多元化的住房理念，支持居民合理的住房消费，而对公积金政策的用途调整也应顺应这一观念，才能充分发挥对居民住房消费各阶段的有力保障。我国公积金的使用目前集中体现在房屋购买方面，且规定只有在房租超出家庭收入一定比例的情况下才能提取，这一界定含糊不清，容易导致各种政策纠纷。应当逐步放开公积金作为房租使用的功能权限，使低收入群体真实感受到公积金赋予的实惠，这将更加有效地扩大公积金的使用范围与执行效率。

其次，在相关配套政策与制度逐步健全、完善以后，公积金用途的拓展方向也应朝着当前最为紧缺的养老与医疗保障方面靠拢。例如，2009年12月出台的《广西住房公积金业务管理规范(试行)》提出，"家庭成员患重大疾病的可按规定申请办理住房公积金非销户提取"，广州、西安、秦皇岛等市也都作出了类似的规定。在研究如何拓宽公积金政策的具体用途时，必须考虑相关配套支持政策

---

① 陈伯庚，顾志敏，陆开和. 城镇住房制度改革的理论与实践[M]. 上海：上海人民出版社，2003：250.

② 张达梅. 住房公积金制度的公平缺失与调整[J]. 江淮论坛，2006(1)：43-46.

以及政府其他部门的协同合作，还得进一步降低门槛，增加公积金贷款额度，简化手续，建立方便快捷的业务流程，缩短办理时限。可在各城市逐步推开公积金跨省、跨市异地支取使用的政策措施，增强透明化运作，提高行政办事效率，真正使公积金政策改革落到实处，充分发挥住房公积金在支持居民基本住房需求、改善社会民生方面的应有作用。

4. 强化风险监管体系，试行公共住房银行模式

首先，调整相关政策，确保公积金管理委员会的决策与监督功能得以发挥。目前，管委会属于松散性临时组织，对中心没有实际控制权，决策能力较弱，决策效果也很难贯彻执行。建议把管委会改建成常设机构，履行行业行政监督与管理职能，把公积金管理中心调整为管委会的下属机构，履行运作职责，可较好地解决管委会监管体制的弊端。① 其次，建立健全相应的司法和仲裁程序，强化信息公开体制，加强社会监管。一方面，在资金流转与运营环节，增强风险防范意识，通过对关键风险点的寻找与诊断，建立起相对完善的监督制衡机制，形成严密的风险内部控制系统。另一方面，通过设计民事责任制度和争议解决程序，健全社会监督反映渠道，提高公民个体主动参与监督的积极性。

住房金融政策直接关系到住房改革目标的顺利实现与否，是政府调控住房市场的重要手段。政府可将承担按揭业务的银行机构划分为商业银行与政策银行两类，商品住宅的融资通过商业银行、市场自行解决；政策银行主要负责公共住房贷款，可通过提高贷款比例、降低贷款利率等方式向条件达标的中低收入家庭提供金融支持。为了改变公积金管理中心既非政府机关，亦非金融机构，却同时兼有政府与金融机构职能的矛盾状态，使其成为具备独立承担民事责任能力的金融机构②，公共住房银行(政策银行)被赋予金融公

---

① 薛燕. 简析当前住房公积金存在的问题及对策[J]. 经济问题探索，2011(8)：189-190.

② 陈东. 构建住房公积金专业银行 完善我国住房公积金制度[J]. 湖南行政学院学报，2004(3)：52-53.

司的法人地位，统一管理全国的住房公积金，并建立起有关公积金归集、贷款、核算、内部控制等方面的规范。例如，公积金的缴存和提取仍由管委会和地方政府制定及监管；公积金运作的一切金融业务由住房银行承担，存贷、结算、利率等由中国人民银行和银监会在当地的分支机构直接监管；日常事务则分配给管委会秘书处办理和协调，并设立内审稽核部门，全方位提升住房公积金管理水平，为广大市民提供更加全面、专业的贴心服务。总体而论，逐步培养更加专业的员工队伍，渐渐完善公积金法人治理结构，持续加强会计与审计、内部风险管理与外部监督机制等，对于降低公积金贷款风险、提高公积金政策执行力必不可少。

第三节　协作治理环境下提升公共住房政策执行力的具体举措

一、确立政府促进住房公平的主体地位

(一)坚持政府主体，明确公共住房建设目标

1. 确立政府承担构建公共住房体系的重任

19世纪末，威尔逊(Woodrow Wilson)在《行政学研究》一文中明确指出："执行宪法越来越比制定宪法困难……对政府行为的一般性计划并不是行政，切实执行这些计划才是行政"①。古德诺(Frank Goodnow)对此做出进一步阐释，"政治与政策有关，或是国家意志的表达；行政与这些政策的执行有关"。立法部门表达意志并形成政策，行政部门负责公正而中立地贯彻这些政策。② 政策执行主体对所执行政策的认知是良好政策认同的前提，由于执行主体在执行政策的过程中，一般还具有对政策的"初始解释权"，如果

① Woodrow Wilson. The Study of Administration[J]. Political Science, 1941, 50(12): 481-506.

② Frank J. Goodnow. Politics and Administration[M]. New York: Macmillan, 1900: 10-11.

执行者不能完全准确地理解一项公共政策，也就很难有效地执行该项政策。① 由于我国的行政决策目标是政府制定的路线、方针、政策在具体问题、特定时空的表现，因此，行政执行人员是为实现行政决策目标而工作的。需要预先了解和分析该决策目标所包含的具体工作任务，准确地把握其工作要求与行为规范，科学地制定政策执行计划，适时进行自我监控，按程序保质保量、不折不扣地贯彻执行。否则，就会出现在执行中敷衍了事或者偏离决策目标要求的现象，给国家和民众造成意想不到的损失。

住房的特别属性及市场的固有缺陷，决定了中低收入阶层难以仅凭市场机制来解决自身的居住问题。政府作为一国经济大局的全盘掌控者，承担着帮助全体居民实现基本权利的职责，理应成为构建公共住房体系的责任主体。在美国，住房公平主要通过政府干预解决，为了实现"让全体美国人都有一个像样的家和合适的居住环境"的目标，对于中低收入者，政府主要通过减免税收政策，鼓励他们贷款买房或投资建房；对于低收入者，政府提供住房补贴，房租超过个人收入25%以上的部分由政府支付。② 随着市场经济的发展，我国低收入居民住房难现象正日益成为一个不断彰显的社会矛盾与问题，必须借鉴发达国家或地区的先进经验，在推动住房政策走向商品化的同时，政府应义不容辞地担负起构建公共住房体系的重任，采用多元化的方式或手段，保障公共住房来源充足稳定，真正维护广大居民的住房权益，实现社会公平。

此外，政府作为提供公共住房的主体，应注重建立住房理性消费引导政策。实行分层分类政策，满足不同社会阶层的市场需求。如鼓励首套房自住需求，支持改善性住房需求，遏制住房投机需求；使中低收入群体能够享受保障性住房，让中高收入群体能够获得较高品质的商品房；发展住房租赁业务，解决不同群体、不同时

---

① 金太军，钱再见，张方华，李雪卿. 公共政策执行梗阻与消解[M]. 广州：广东人民出版社，2005：227.

② 贾康，刘军民. 中国住房制度改革问题研究：经济社会转轨中"居者有其屋"的求解[M]. 北京：经济科学出版社，2007：23.

期的租赁需求。提倡按照家庭实际收入水平实行住房梯度消费，反对超过家庭支付能力的住房高消费行为以及盲目攀比的非理性行为，积极引导住房消费逐步到位，努力创造条件保护民众住房财产的保值增值。

2. 提高公共住房政策执行人员的整体素质

美国学者詹姆斯·费斯勒(James W. Fesler)和唐纳德·凯特尔(Donald F. Kettl)指出，官僚必须具有两种基本品质："一种是责任：忠实地服从法律、高级官员的指令、效率和经济标准；另一种是符合伦理的行为：遵从道德标准，避免出现不道德的行为。"①首先，提升政策执行人员的政治道德素质。第一，执行人员必须具备较高的政治素养，即具有明确的政治价值观与政治理想、坚定的政治方向与政治立场、高尚的政治信仰与政治品德等。反对从个人或者部门利益出发，对国家或上级组织的政策决策采取心口不一的态度。第二，执行人员还应具备较高的道德素质。常态下的道德素质主要包括：道德认识、道德情感、道德意志、道德行为等。对政策执行人员来说，除了遵守社会公德与家庭伦理道德外，还应具备良好的职业道德，忠于国家、忠于宪法，维护政府权威，恪尽职守、勇于创新。在执行政策时自觉树立正确的政策价值导向，提倡自律精神，注重调查研究，自觉抑制以权谋私、弄虚作假等不良行为，防止地方和部门保护主义。

其次，优化政策执行人员的专业知识结构，建立完善的人员培训进修体制。以培训制度法律化、培训机构专门化、培训内容多样化为基础，使接受培训成为政策执行人员必须履行的职责义务，不断开发和提高自身潜能，有效提升政策执行业务水平。第一，应具有政治理论知识。具体包括马列主义、毛泽东思想、邓小平理论等必备基础知识，以及政府管理所需要的一般行政学常识和较高的理解政策方针的能力，这是有效执行的前提与关键。第二，应具有管理科学

---

① ［美］詹姆斯·W. 费斯勒，唐纳德·F. 凯特尔. 公共行政学新论：行政过程的政治(第二版)［M］. 陈振明，等，译，北京：中国人民大学出版社，2013：327.

知识。现代行政管理工作日趋复杂多样，一位合格的执行人员必须具有相应的管理科学知识，比如政治学、行政管理学、领导科学、决策理论与方法、思想政治等诸多领域的知识，力求把握管理工作的一般经验。第三，应具有经济法律知识。执行人员应熟悉市场经济条件下的政府运行模式，注重依法行政，灵活运用经济学与法学的知识来解决政策执行中遇到的问题，从而实现良好的社会治理。

最后，提升政策执行人员的心理素质。只有执行人员具备健康的心理素质，才能避免执行中各种人为因素的干扰，确保执行活动顺畅。①健全的人格。按照“大五”人格模型的界定，健全的人格主要包括外倾性、宜人性、责任感、情绪性和开放性五方面内容，在政策执行过程中，执行人员更应秉持人格分类模型，具有强烈的责任心和奉献精神，敢于承担责任。②稳定的情绪。执行人员要避免因工作繁重而产生的各种负面情绪，善于控制自己的心境，以最佳的精神状态开展执行工作。③坚强的意志与进取心。执行人员在政策执行中要具有锲而不舍的精神，不满足政策执行现状，创造性地执行政策。

总之，公共住房开发建设的目标，不单单是向社会中低收入阶层提供带有福利性质的公共房屋，更强调低收入群体生活质量与生活环境的改善。在发达国家公共住房的开发建设过程中，不少城市都曾经产生过“贫民窟”现象，即提供给低收入群体的公共住房常集中在城市的某些偏远区域，由此形成低收入、低就业、低服务与高犯罪率社区。① 为此，我国在把公共住房的主要供应对象定位于低收入住房困难家庭时，必须最大程度地满足这类群体的住房需求，提前做好公共住房的规划布局，理性选择相关配套支持政策，实现社会公平。

(二)建立专门的管理机构，注重公共住房选址及配套

1. 引入专业的第三方房屋管理机构

公共住房开发管理的专业性要求较高，政策的贯彻执行牵涉到

---

① 谭勤舟. 广州廉租房建设存在的问题及对策研究[D]. 广州：暨南大学硕士论文，2009：31.

财税、金融、国土规划等多个部门，是一项极其复杂艰巨的工程。大多数国家或地区都是通过政府、社会与市场的协作来完成，政府的主要职能在于制定并出台相关政策，具体执行工作交由专门机构承担，并将住房的开发建设、资金筹集、对象审核、售后管理等综合事务通过市场来共同解决。如英国的住房协会、美国的住房与城市发展部以及新加坡的建屋发展局，它们都是依法设立的公共住房管理机构。这些机构的存在，既可以解决住宅市场的缺陷，也可以避免政府直接参与市场活动可能造成的不公平竞争、低效率和官僚化问题。① 我国《城镇最低收入家庭廉租住房管理办法》规定，"省、自治区人民政府建设行政主管部门对本行政区域内城镇最低收入家庭廉租住房工作实施指导和监督；市、县人民政府房地产行政主管部门负责本行政区域内城镇最低收入家庭廉租住房管理工作"，但是，对于具体如何设置廉租房管理机构却没有明确要求。可在现有的国土资源和房屋管理局的组织架构下，设置相对应的公共住房专职管理机构，以非营利性为主旨，辅以一定的倾斜政策，使之承担起公共住房建设与租赁等公共服务。

政府应把公共住房的开发建设当作一项长期性工作，按计划分步加以实施，成立专门的机构对公共住房事务予以管理很有必要，在此可借鉴香港房屋协会(Hong Kong Housing Society)的成功经验，引入专业的第三方房屋管理机构。香港房屋协会是一个独立的非营利房屋机构，自1948年成立以来，一直由来自社会各界的委员管治，通过多项创新的房屋计划及与政府合作，致力于满足不同阶层的住房需要。出租屋邨、郊区公共房屋、住宅发售计划、夹心阶层住屋计划、市区改善计划、市值发展项目、市区重建项目及"长者安居乐"住屋计划等，在房屋提供与管理方面发挥着重要的辅助功能。如图5-9所示。②

---

① 韩立达，李耘倩. 我国廉租房制度发展演变及对策研究[J]. 城市发展研究，2009(11)：117-121.

② 香港房屋协会. 物业发展与统计资料[EB/OL]. [2015-1-26]. http://www.hkhs.com/chi/info/population.asp.

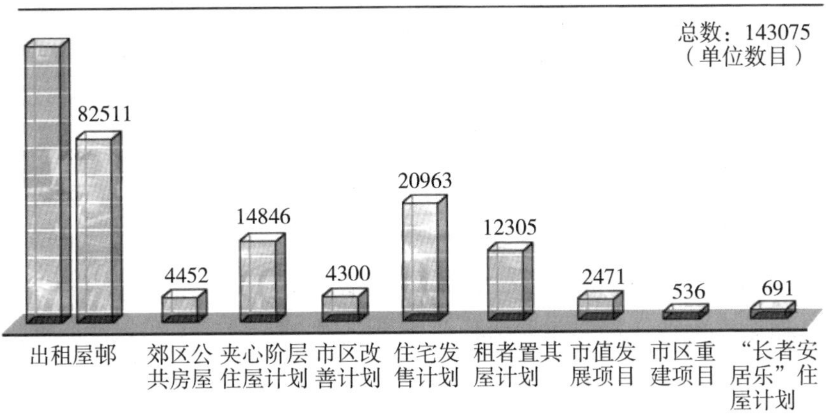

图 5-9　香港房屋协会出租屋邨及代管物业住户人口估算总数

为配合环境转变及未来发展方向，房屋协会于 2000 年年底实施了新的管治架构，包括新设立的监事会及人数较少的执行委员会，该架构参照现代企业的最佳管治模式，同时保留了房屋协会由委员管治的独特性质。监事会主要承担房协的机构宗旨及方针政策的制定工作，成员数不超过 25 名；执行委员会负责执行具体的政策，确保公司策略与组织宗旨及既定方针相符，并监察管理层的现实表现，成员共有 12 人。此外，审核委员会及提名委员会主要协助监事会处理相关事务，薪酬委员会则重在协助执行委员会颁布薪酬政策。监事会及各委员会成员均是义务参与房协工作，通过委员会、管理层及各员工的共同努力，房协已发展成为一个更开放、更具问责性及更有效率的机构。现行组织架构如图 5-10 所示。

2. 注重公共住房选址与配套设施建设

现代公共住房政策强调以社会公平作为根本出发点，目的在于通过建立机会均等的政策执行体制，把不公平控制在大多数社会成员能够承受的范围以内。由于住房位置的选择往往与就业地密切相关，因此，政府或社会力量兴建的公租房，应尽可能靠近中低收入群体原聚居地或工作场所，即使选建在较为偏僻的郊区，也应保证

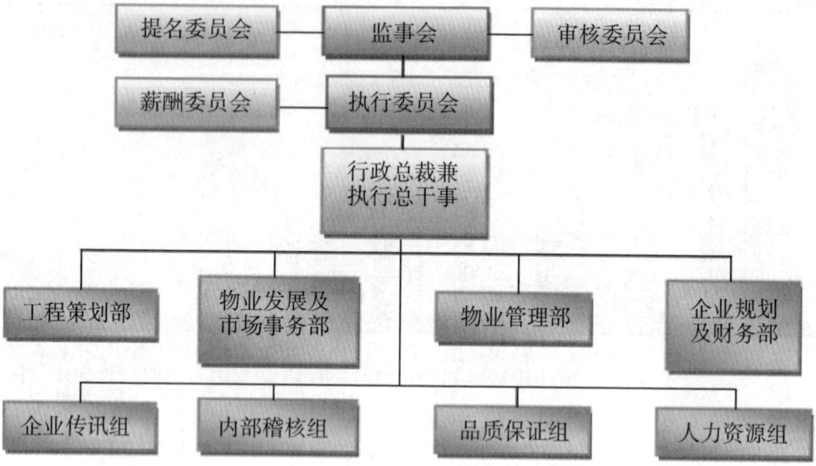

图 5-10 香港房屋协会组织架构图

交通等基础设施配套齐全，方便居民生活。鉴于公共住房的居住群体性质，主要依靠公共交通来解决就学、就业和就医等问题，所以公共住房规划对较好的区位条件有着强烈的需求。在土地、资金等资源既定的情况下，构建科学的综合规划体系，促进人口、产业、交通、土地利用、城市形态的有机结合①，是提升公共住房公平价值的有效策略。根据国内外公共住房选址的实践经验分析得出，公共住房位置的选择一般有五种模式："旧城改造、市中心小范围集中修建、与商品房或其他住房类型混合修建、在郊区集中修建、新城市开发"②。每种方式各有利弊，政府可根据本地实际加以选择规划。

高度重视公共住房配套建设，尤其对于那些地理位置较为偏远的公共住房社区，更应满足居民的日常生活、就医、就学等方面的

① 钱瑛瑛，王振帅. 城市成长管理理论下保障性住房可持续发展策略[J]. 中国房地产，2009(3)：58-61.

② 黄樟，吴昊芮. 城市廉租房的选址模式研究[J]. 科技资讯，2008(35)：210.

需求。可以学习香港等地的经验，科学规划布局，适当增加商业物业配套；在规模较大的公共住房小区，修建大型综合化商业楼宇，将多种商业服务形态集中配置，满足居民多层次生活消费需要。①在各类设施中，首先应当完善基础教育设施，使得中低收入家庭子女能够享受到良好的教育资源，进而提升自我改善能力。与一般住宅小区相比，公共住房小区普遍存在高龄、重症、残疾人等群体，随着小区规模的不断扩大，这部分群体的比例会越来越高，相关问题与矛盾也就愈益突出。因此，在小区道路交通规划、电梯配备以及社区医院建设等公共设施配套方面，也应重点考虑该类特殊人群的实际需要，比如增设盲道等无障碍通道、创建社区心理咨询中心以及医疗保健中心等。同时，还应适当安排专供残障人士居住的一定比例的无障碍住房，真正使公共住房起到调节社会公平的作用。

现代物业运作应遵循市场发展规律，可委托专门商业机构进行管理，提升专业管理层次与公共服务水平。在招商阶段，应选用优次混搭、捆绑租赁的形式，利用项目布点多的特征，吸引优质商户；在执行阶段，应定期检查商业设施的经营状况，适时对业态组合加以调整，充分提高管理绩效。采用市场化的方式对公共住房小区内的商业设施实行管理，除了能够方便居民日常生活以外，还可充分增加就业岗位与人数。尤其重要的是，通过这一举措能使公共住房社区内的物业得到保值增值，增加公租房建设与运营的资金来源。

(三)导入 CIS(Corporate Identity System，企业识别系统)设计政府形象，提高执行规划力

自 20 世纪 50 年代 CIS 在欧美产生，并在世界范围内得到迅猛发展，至今已有 60 多年的历史。作为企业与公众沟通的一种有效形象手段，CIS 被全球众多企业纷纷使用，创造了良好的经济和社会效益。随着社会成员生活质量和公共政策分配资源的后果越来越紧密地联系在一起，公共政策执行力问题日益成为政策分析领域研

① 谭建辉，李明飞."夹心层"住房需求特征实证分析——以广州为例[J].建筑经济，2012(4)：83-87.

究的焦点，借鉴 CIS，设计政府形象，对提升公共住房政策执行规划力具有独特的作用。早在 20 世纪 30 年代初期，美国著名设计家雷蒙·罗维(Raymond Loeway)和保罗·兰德(Paul Rand)等人就提出了 CIS 这一用语①，意即企业识别系统，特指为塑造个性鲜明的企业形象而策划的识别系统，是以企业文化为核心的一种经营管理方式②，它是企业的整体经营战略及全方位的公共关系政策措施。

1. CIS 的构成

企业识别系统主要由三部分组成：理念识别(Mind Identity，MI)、行为识别(Behavior Identity，BI)和视觉识别(Visual Identity，VI)，其中，理念识别是 CIS 的灵魂，行为识别是基础，视觉识别是关键。③ 企业通过对一切可视事物的统筹设计，使识别系统达致统一化和专有化的标准，并利用整体表达系统展示给公众，促成一致的价值观与认同感的产生，增强企业在公众心目中的良好形象，最终对产品和服务的销售有利。

其一，MI 是 CIS 最深层的组成部分，它是企业的思想战略系统。主要包含：企业发展目标、企业精神或核心价值观、经营管理理念、市场定位等，充分体现企业管理哲学的精神实质和内涵。其二，BI 是企业非视觉化、动态的识别系统，体现为企业价值观指导下的行为准则。大致包括对外和对内两种行为：前者有市场调查、产品开发、谈判行为、公关服务等；后者是指企业的生产管理、员工选聘和教育、文明礼貌规范等。其三，VI 是一种静态识别符号，是 CIS 最直观的表现，主要由基础要素设计和应用要素设计系统构成。基础要素设计包括：企业品牌标志、标准字、标准色、象征图案等；应用要素设计包括基本要素在办公事务用品、广

---

① 冯云廷，李怀. 企业形象设计[M]. 大连：东北财经大学出版，2003：1-2.

② 周林兴. CIS 理念在档案馆形象设计中的应用研究[J]. 兰台世界，2005(5)：11-12.

③ 纪向宏. 标志与企业形象设计[M]. 北京：清华大学出版社，2011：112-113.

告规范、产品包装、建筑物外观、交通运输工具等媒体上的展开应用设计。① 总之，三者之间通过不断作用而形成一个统一的整体，共同塑造出良好的企业形象，营造理想的内外部经营环境。

2. 政府与企业形象设计的共通性与独特性

CIS 虽然始于企业管理领域，但作为一种具有普适性的管理方法，同样适用于政府组织。所谓政府形象，“是指政府的外在表现，是公众在心目中对政府的言行、表现所形成的感觉、印象、评价和信念，最终决定政府形象的被判断及其政策言行被接受和被拥护的程度。”②政府形象从静态划分为国家形象、城市形象、领导人形象三个层次；政府形象的动态构成，由政府、社会(中介)、群众认定的政府形象组成。③ 如果把政府的价值取向、发展定位等理念系统记作 MI，政府的组织结构、人事财政政策等行为系统记作 BI，政府文件、办公环境等视觉识别系统记作 VI，那么政府形象可以用 GI=f(MI，BI，VI)来表示。由于政府形象的高低直接对公共政策效能产生影响，因此得出：PE=K·GI，其中 K 为影响力因子，由此导出：PE=K·f(MI，BI，VI)。

政府与企业在形象设计上的相似之处，其一，设计原理和方法基本相同。企业形象设计常采用：广告学、传播学和公共关系学等学科原理；使用的方法包括美术、摄影、包装和媒介宣传等，政府形象设计也同样采用这些方式方法。其二，设计目标和宗旨基本相同。企业为自身产品和服务进行营销的目的是：提高知名度、增加美誉度，提升品牌力量。政府形象设计的重点也如是：政府制定的公共政策是否为公众知晓和熟悉程度的高低属于知名度的范畴；政府是否拥有较高的认同感和公信力是美誉度的表现；政府是否在国际上享有较高的地位及影响力如何则是威望度的展示。其三，设计

① 支林. CI 企业形象设计[M]. 上海：上海交通大学出版社，2006：48-51.

② 丁煌. 政府形象建设：提高政策执行效率的重要途径[J]. 国家行政学院学报，2002(6)：31-34.

③ 唐钧. 政府形象与民意思维[M]. 北京：中国传媒大学出版社，2009：24.

程序和环境基本相同。企业形象设计一般遵循的程序是：设立形象机构、展开形象调查、进行形象设计与包装、加大形象传播等程序；政府形象设计也遵循同样的程序。

上述共同点决定了政府与企业在形象设计上可相互借鉴，但两者是性质不同的组织，政府的独特性决定了其形象设计与企业必然存在差异。首先，政府是管理社会公共事务的权威机构，宪法赋予其合法性和权威性。对于政府来说，知名度并不是形象设计追求的最高目标，视觉形象识别系统并不如企业那么重要，因此许多政府大搞“形象工程、面子工程”，这不是真正的形象设计。其次，政府 CIS 相对企业有更广泛的社会基础和目标公众，投入资金更多，耗费时间更长，影响范围更广。以香港政府为例，2011 年香港“廉洁指数”在全球 183 个国家和地区中排名第 12 位，使香港政府再次以亚洲“廉政先生”的形象示人。① 成功经验就在于：精准的职能定位设计、完善的反腐制度设计和广泛的民众参与，为香港成就“廉政品牌”奠定了坚实的基础。最后，政府 CIS 的主要目的是提高政府形象、增强美誉度、提高公共政策执行力，因此无法直接估量其经济利益，一般通过民意调查来体现。尽管面临公众和外界的压力，但政府的反应并没有市场那么迅速，不能指望政府形象设计带来像企业那般的神奇效果。

3. CIS 设计政府形象，提升政策执行规划力的实现路径

(1)设计政府理念识别系统。

理念是对组织的存在意义、经营哲学和运行法则的整体性概括，它反映该组织的价值观，是驱动成员行为的精神力量。政府理念系统包括：政府的价值取向与管理哲学、道德观念与精神追求、发展定位与法律意识等方面，它是政府形象的核心和灵魂，是政府一切活动的指导方针。因此，在语言设计时，应做到言简意赅、易读易记并富有感召力，力戒多重象征和产生歧义。必须摒弃“新瓶装旧酒”的做法，防止出现新的执政理念下掩盖着质量低劣的服

---

① 人民网. 廉洁指数逼近全球前十，香港缘何稳坐亚洲“廉政先生”[EB/OL].[2012-2-1]. http://sz.people.com.cn/n/2012/0201/c235350-16710684.html.

务。目前常见的有以下几种理念设计趋势："服务型政府、责任型政府、法治型政府、效率型政府与节约型政府"等，但是正如Schachter Hindy Lauer所言：由于时代不断进步，效率一直是珍贵的行政价值理念和公共管理研究的关键概念，尽管当代社会也注重其他价值标准，如责任和公平，但效率仍然是一个占主导地位的政府价值理念和学术研究焦点。① 例如，海南省通过目标管理、绩效考评、电子政务等途径，着力建设效能型政府，实现了绿色崛起。值得指出的是，在总体理念确定后，需具体化到各部门，并针对不同的工作环境要求设计成各自的独特理念，同时通过教育培训、媒体宣传等形式，使工作人员和公众加深对政府管理理念的认知，进一步提升公共住房政策执行规划力。

（2）设计政府行为识别系统。

政府形象不仅仅取决于政府所倡导和持有的价值理念，在社会公众心目中越来越多地取决于政府的实际作为。政府行为系统体现在政府的行政目标、行政决策和实施的整个过程，体现在政府的组织结构、人事政策、财政政策、公关礼仪、文化传播等方面，还体现在政府工作人员特别是当权领导者的政治行为中。正如海瑞克·史密斯（Hedrick Smith）在《权力游戏》一书中感叹："今天选民们决定对政客的支持，不是看政策的内容，而是由他们对政客的感觉来决定，像政客的信念、感情、品德及工作热忱等……他们寻求一位银幕英雄。"②政府工作人员控制、分配着庞大的社会资源，起着道德示范和舆论导向作用，因此，政府行为设计首先必须注重调查政府的内外部环境，进行SWOT分析；其次必须重视规范政府部门工作人员利用行政职权便利从事的各种活动，并以最终结果是否最大化地谋取公共利益为检验标准。在众多政府行为之中，住房政策的

① Schachter Hindy Lauer. Does Frederick Taylor's Ghost Still Haunt the Halls of Government? A Look at the Concept of Governmental Efficiency in Our Time[J]. Public Administration Review, 2007, 67(5): 800-810.

② ［美］海瑞克·史密斯. 权力游戏[M]. 刘丹曦，等，译. 北京：中国言实出版社，1997：338.

制定和执行对政府形象发挥着十分重要的作用，一方面，从住房政策制定的角度看，盖伊·彼得斯(B. Guy Peters)提出，有四种政府行为模式对政府形象产生影响：市场式政府模式、参与式政府模式、弹性化政府模式和解制型政府模式。① 现代民主政治发展了一套制度化的程序，是否遵循这些模式和博弈规则，都将直接影响到政府形象的建立和住房政策执行规划力的提升。另一方面，从住房政策执行的角度看，政府作为政策执行的主体，因政策性质的不同而展现出不同的政府行为，阿尔蒙德(Gabriel A. Almond)等认为，一般至少要使用三种类型的行为输出：如提取资源的行为、分配行为、管制行为、象征方面的实际行为等。② 政府执行行为对其形象发生影响的关键在于：政府机关及其公职人员是否按照社会确认的行为规范来执行政策，如果是按公认的准则行事并与所倡导的执政理念一致，政府必然会以“好政府”形象展现在公众面前。

(3)设计政府视觉识别系统。

政府视觉形象系统主要指：“借助特定的名称、图案、标志、字体、色彩等视觉要素，利用政府的建筑物、办公环境、办公用品、人员服饰、政府文件和出版物等作为形象载体，向社会公众准确、清晰地传达政府作为公共管理角色的理念及行为的特征，以方便公众使用公共服务及配合政府的公共管理。”③具体包括：其一，基本要素设计，政府名称的标准字设计如书法标准字设计、装饰标准字和英文标准字设计；标准色设计则是建立在政府管理理念、组织结构、战略计划等要素的基础上。其二，应用要素设计，政府大楼等建筑物及周边工作环境、宣传标牌、室内设计等媒介上的展开应用设计。例如，政府办公地点的位置、办公大楼的建筑形式特点、内部机构图示、张贴物、标语警句以及出入接待制度等。值得

---

① [美] B. 盖伊·彼得斯. 政府未来的治理模式[M]. 吴爱明，等，译. 北京：中国人民大学出版社，2001：49-121.

② [美] 加布里埃尔·A. 阿尔蒙德，小 G. 宾厄姆·鲍威尔. 比较政治学：体系、过程和政策[M]. 曹沛霖，等，译. 上海：上海译文出版社，1987：334-368.

③ 廖为建. 论政府形象的构成与传播[J]. 中国行政管理，2001(3)：35-36.

注意的是，由于政府形象的本质特点，使得部分地方政府部门常常将形象建设结果作为视觉系统，如造价 2414 万元、人均面积超省部级的浙江台州洪家街道办事处办公大楼。① 相比较而言，中国台北市政府大楼，则是一栋没有警卫、无人盘问、无需登记的政府大楼，这栋正对着市民广场的政府大楼，更像温馨的"市民之家"，甚至设有哺乳室、亲子乐园区等。② 这栋市政府大楼到处都充满了平民化、民本化和人性化的服务，由此可以预见市民对于该政府制定的公共政策的认同度、拥护度以及与住房相关的政策执行力的高低。

（4）设计政府形象传播系统。

在信息传播越来越频繁的今天，政府形象能否建立起来，很大程度上取决于政府对媒体的态度。政府部门要切实当好"把关人"（Gatekeeper），使媒介客观、公正、全面地宣传政府形象及其政策。首先，政府传播具有绝对权威和影响力，传播者需要仔细对待每一个环节，做好传播前的意见征询、传播中以及传播后的信息收集反馈工作。其次，在公共住房等民生事件上，政府是唯一发言人，应秉持对客体高度负责的精神，及时对信息加以公开宣传、增强传播透明度，树立起传播信誉。再次，政府传播要注意适时适当发言。传播行为必须有所策划，包括一般性的信息传播、新闻发布以及记者招待会等方面的设计。③ 最后，建立起社会舆论的网络引导机制，强化网络舆情的监管。网络传播的多元化、个体化、匿名化等特征，使网民的参与容易聚合成网络舆论，导致政府形象管理的诸多不可测。④ 政府应树立责任意识，充分发挥媒体的引导效

---

① 新华网. 人均面积超"省部级" 浙江清查台州豪华办公楼[EB/OL]. [2008-12-31]. http://news.xinhuanet.com/legal/2008-12/31/content_10584763.htm.

② 中国新闻网. 台湾写真：台北市政府大楼像"市民之家"[EB/OL]. [2011-10-3]. http://www.chinanews.com/tw/2011/10-03/3368302.shtml.

③ 程曼丽. 政府传播机理初探[J]. 北京大学学报(哲学社会科学版)，2004(2)：133-139.

④ 胡杰. 网络环境下的政府形象塑造[J]. 中共中央党校学报，2012(4)：71-74.

应，建立网络舆情监控机制，利用官方微博、微信等网络平台快速传播民生热点，及时跟进事态发展，使公众正确感知政策规划的影响力。

二、创新公共住房政策执行的技术手段

(一)借助高科技通讯平台，创新住房政策执行手段

戴维·奥斯本(David Osborne)曾说："今天我们政府失败的主要之处，不在目的而在手段"。① 詹姆斯·安德森(James E. Anderson)也曾经指出："为了使某一项政策有效，需要的不仅仅是广泛的权威和用以支付实施代价的拨款。良好的控制和政策实施技术也必不可少"。② 因此看来，公共政策执行技术与手段的选择，直接影响到政策执行水平的高低，也关系到最终政策执行服从力的实现程度。市场经济条件下，作为消费者的公民有权对政府提供的公共物品提出看法，并选择更佳的公共物品的生产者，由此要求地方政府积极采用一些适应市场经济飞速发展的新的政策执行技术与手段。

政策执行的方式与手段，是指执行过程中偏重的理念、价值及采用的工具和方法的总称。住房政策执行手段主要包括：①政治手段：主要采用命令、指示等方法开展执行，具有约束力强、快速灵活等特点，但不利于调动下级执行机构的积极性和创造性，容易造成"一刀切"。③ ②经济手段：通过公共住房提供主体之间的相互竞争，利用市场机制完成政策执行任务，存在市场失灵的可能。③法律手段：规范性、稳定性强，通过形成宪法至上、依法行政、权利公平等价值导向的执行结构以实现特定功能，但对法制体系的完备性要求较高。④伦理手段：涉及执行主体行动的正当性与合理性，

① ［美］戴维·奥斯本，特德·盖布勒. 改革政府[M]. 周敦仁，等，译. 上海：上海译文出版社，1996：8.

② ［美］詹姆斯·E. 安德森. 公共决策[M]. 唐亮，译. 北京：华夏出版社，1990：166.

③ 周国雄. 论公共政策执行力[J]. 探索与争鸣，2007(6)：34-37.

常通过伦理灌注的方式推动住房政策的执行，虽然成本较低但发挥作用缓慢，且对急需解决的争议性问题缺乏效力。这四种手段各有利弊，应针对具体公共住房政策灵活运用。

信息爆炸时代，政府可以借助高新科技手段，加快建立全覆盖的公共住房信息化管理系统。例如，完善个人住房档案信息系统，整合民政、人保、税务、公积金、房管、证监等部门系统平台的信息资源，建立“电子对比专线”，有效核对城市居民经济状况。推广利用电子手账(PDA)查询核对公共住房申请人的家庭存款账户、股市账户、纳税记录、房产拥有情况等信息，强化准入资格的筛选管理，确保退出机制的有力执行。① 政府部门也可以借助网络媒介，建立完善的公共住房自助查询信息系统平台，主动倾听民众对政府管理的意见或建议，促进相互之间的理解与信任。地方政府更应配合“阳光政务”工程，积极使用与民众沟通对话的各种即时通信技术和手段，如网上民意调查、公民论坛 BBS、投诉或建议电子邮箱、免费市长电话、官方微博和微信等，确保公众参与渠道的多样化②，把执行服从力的提升建立在民意之上。

(二)设立独立的申报通道，优化公共住房资源分配

鉴于社会群体的基本特征、实际需要多种多样，“混合申报”方式对地方政府出台有针对性的公共住房建设计划产生一定的不利影响。可借鉴其他国家或地区的先进经验，针对各类群体的特殊性建立相对应的申报口径，例如单身人士申报口径、残障人士申报口径、长者申报口径等，优化公共住房的分配工作。首先，在门槛准入上倡导无缝对接，将廉租房与公租房归并统一管理。其次，将廉租房、公租房、经济适用房、棚改房、限价商品房等公共住房产品在管理上全面贯通，针对中低收入家庭经济情况的不同，收取不同级别的房屋租金。在公民家庭收入发生实质性变化以后，允许保障

---

① 陶花. 广州市保障性住房管理机制的创新研究[D]. 兰州：兰州大学硕士论文，2013：32.

② 丁煌，周丽婷. 地方政府公共政策执行力的提升——基于多中心治理视角的思考[J]. 江苏行政学院学报，2013(3)：112-118.

对象以相对低廉的市场价购买租赁住所，使之能够依据自身情况灵活展开产权置换，也使“夹心层”的中低收入人群具有了一定时间的住房过渡期。通过这些方式不仅减少了廉租房退出管理机制的压力，降低了后续管理工作的难度，还借此提升了保障的连贯性与稳定性。

为防止公共住房资源的非法侵占，需对公共住房的上市流转加以明确限定。例如，广州早期建成的解困房、安居房和经济适用房，由于缺乏严格的政策限制，五年后即可作为普通商品房自由上市，一度使得公共资源变成少数人牟取暴利的工具。因此，公共住房尤其是经济适用房的交易，应规定仅限于中低收入家庭之间进行，可由住房保障部门设立“公共住房交易平台”，需上市流转的公共房屋统一到该平台进行登记交易，购买人必须是经过保障部门认定的中低收入家庭，这样不仅能为住房资源的有序流动提供条件，也有利于规范公共住房的交易行为，从而实现公共住房的良性循环，保证房屋用于有需要的家庭。

（三）应用“沙漏模型”，建立网格化住房管理模式

在网络经济时代全球环境多变的情况下，如何提高地方政府的公共住房政策执行力，一直是上下关注颇多、政府深感困惑的问题。为此，需要建立一种由市场需求驱动的、具有快速响应机制的网络化住房管理模式。随着对网格认识的不断深入，相关网格体系结构的研究也在持续完善，本书在现有研究的基础上，尝试建构一种以提供公共住房服务为核心的管理网格层次结构，这也是典型的五层沙漏模型在公共住房政策执行方面的映射。

1.“沙漏模型”新解

“网格”一词最早出现于20世纪90年代中期，是指构筑在互联网上的一组新兴技术，“最初是从电力网格（Electric Power Grid）概念借鉴过来的，目的是希望用户在使用网格计算能力时，就如同现在使用电力一样方便，网格也希望最终使用者提供的是与地理位置无关，与具体的计算设施无关的通用计算能力”①。“网格”具有资

① 池忠仁，王浣尘. 网格化管理和信息距离理论[M]. 上海：上海交通大学出版社，2008：42.

源共享、协同工作等特征，是当前与经济社会发展联系紧密的重要基础设施，在我国公共管理领域起源于奥运前北京对于城市的集中整治，主要以管控为主。① 至目前为止，比较重要且有影响的网格体系结构有：五层沙漏模型（Sandglass Model）和 OGSA（Open Grid Services Architecture）开放网格服务结构。Ian Foster 最早提出了一种类似于沙漏的网格层次结构，如图 5-11 所示。② 该模型主要包括构造层、连接层、资源层、汇聚层、应用层五个层次，沙漏的瓶颈部分是整个网格体系的核心。Ian Foster 希望在这部分定义尽可能少且简单的协议，就如同 Internet 在传输层和网络层主要使用 TCP 和 IP 协议一样，目的是为了简化实现，从而获得广泛的支持。在此结构中，核心层次主要放置资源和连接性协议，用于简化对单个资源的共享访问，在该层次上定义的协议能够支持基础结构层中可能存在的各种资源模型，为用户提供统一的资源访问入口，反过来这些协议用于支持汇聚服务层中的大范围全局服务和特定应用行为。

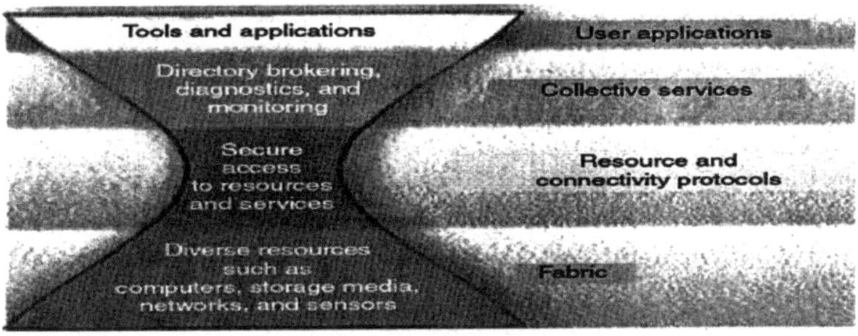

图 5-11　五层沙漏模型图

五层沙漏结构根据其中各组成部分与共享资源的距离，将对共

① 王名，杨丽. 社会管理创新的“网格化”体系探析[J]. 探索，2012(1)：136-141.

② Ian Foster. The Grid：A New Infrastructure for 21st Century Science[J]. Physics Today，2002，55(2)：42-47.

享资源进行操作、管理、使用的功能分散在五个不同层次，越向下层就越接近于物理的共享资源，因此该层与特定资源相关的成分就比较多；越向上层就越感觉不到共享资源的细节特征，也就是说上层是更加抽象共享资源的表示，因此就不需要关心与底层资源相关的具体实现细节。① 从沙漏模型的构建原理和操作程序来看，其不失为提高公共住房政策执行力的一种新选择。

首先，政府部门在“构造层”制定的公共住房政策越详细，提供的住房资源越丰富，相关执行法令越规范，就越能为上一层使用或执行相应的公共住房政策打下夯实的基础并有效提高住房政策执行服从力。其次，在“连接层和资源层”，这属于沙漏模型的瓶颈部分，核心政策和服务的提供也主要在这一层面实现，该层为公众和政府之间的信任度提供了政策支持并起到技术衔接作用。再次，“汇聚层”将资源层提交的受控资源汇聚在一起，供社会组织共享调用，该层关注更多的是住房政策发展的全局状态和跨域的政策行为。因此，在这一层面政府部门要扮演好“裁判员”角色，加强对住房政策执行情况的监控，接受诸如人大、政协、社会大众及新闻媒体等的监督，在使用下层提供的住房政策服务的基础上进行再开发、重新分配公共住房资源，避免“公地悲剧”行为。最后，“应用层”主要是实现某些特定的政策功能，政府部门可以根据已有的评估反馈结果，在完善相关住房制度环境的保障下适时修改、甚至终止某些政策和服务，如经济适用住房政策的废止，最终确保提高住房政策执行服从力。

2. “沙漏模型”在提高住房政策执行服从力方面的具体运用

(1)构造层：保证政策质量，合理提升住房政策执行服从力。

公共政策制定是公共政策运行的首要条件，确保制定政策的高质量则是执行的重要前提。公共政策制定主体的权威性、程序的合法性、方案的科学性与可操作性、政策本身的连续性和稳定性等，都对后续执行服从力的高低产生明显作用。高质量的公共政策具有

---

① 田东. 面向网格计算的动态容错服务策略及相关算法研究[D]. 重庆：重庆大学博士论文，2007：10.

明晰性与协调性、合理性与稳定性、连续性与公平性等基本特征，因此，为了克服住房政策不规范、随意性强、公众参与度低等情况，在住房政策执行过程中，就要使有关公众和利益团体都参与进来，并建立和完善相应制度，最终提高政策质量。

首先，公共住房政策执行必须合法化。“合法性（Legitimacy）这一概念取决于社会的普遍接受，在一个民主社会中，如果受公共政策影响的那些人不相信政策是合法的，那么政策就不能有效地执行”①。要使执行获得法定合法性，其相关程序就需要立法机关通过，或得到立法机关明确授权的有关部门认可。其次，公共住房政策执行必须科学化。在住房政策的执行过程中，从提出问题、确定目标、展开调查、评估方案、论证咨询至最终确立，都应根据决策科学化的要求严格规范，建立科学的决策体系，保证程序的完备化、论证的民主化和方案的最优化，推进公共住房政策执行服从力的提升。最后，加强公共住房政策执行的公开和民主。公共政策执行过程必然是一个民主的过程，所以在住房政策执行时需要公众的积极配合，通过程序正义和实质正义，实现社会公平，特别是公共政策价值要更多地倾向于关注日益庞大的社会弱势群体。只有这样，才能更好地避免和解决住房政策失真问题，提高住房政策执行服从力。

（2）连接层和资源层：完善制度结构，科学提高住房政策执行服从力。

作为政策执行制度的载体和基本存在形式的政府，其制度设立是否科学合理，直接影响到政策执行服从力的高低。优化住房政策执行体制主要包括四点，一是创新激励沟通机制。实行激励性目标管理和信息反馈制度，既能保证信息传递渠道的通畅，也能使政策执行层持续关注民生、体验民情、倾听民意。二是强化约束机制。不仅要对执行主体的行为进行约束，还应对执行中所需的各种资源进行约束，加强执行力意识，促使执行主体合理利用好各种资源。

---

① ［美］E. R. 克鲁斯克，B. M. 杰克逊. 公共政策词典［M］. 唐理斌，等，译. 上海：上海远东出版社，1992：22-23.

三是健全监督机制。美国行政学家威廉·邓恩(William N. Dunn)提出了四种政策监测的方法：社会系统核算、社会实验、社会审计和综合实例研究，以及适用于这四种方法的技术，如图示法、表格法、指数法、间断时间序列分析、对比序列分析、不连续回归分析等①，这些监督方法和手段值得我们学习借鉴。四是完善绩效评估体制。引入科学公平的绩效考核与晋升机制，保障公共住房政策执行主体的利益目标与执行服从力的提升原则相一致。

一般来说，重塑组织结构应首先规范中央和地方关系，充分调动两者的积极性，解决“条块”问题，减少垂直部门，使组织结构从金字塔型向扁平型转化。在保证政治稳定、职能分配合理的基础上，大胆削减层级建制，使公共住房政策精神的传达更加准确迅捷。其次，明确规范中央、地方的权限划分，保证中央对地方监督的程序化和法制化，以及地方应尽的执行职责与义务，将两级政府关系纳入法制化的正常轨道。最后，改善党政之间的权力配置。不断对现行的行政管理体制加以改进，合理划分各机构职能权限，本着“精简、高效、协调、服务”的原则，对部门进行整合，在适度分工的前提下加强机构间的合作交流，确保公共住房政策执行服从力的进一步提高。

(3)汇聚层：培养主体的综合能力，稳步提升住房政策执行服从力。

公共住房政策的执行主体可看作是政策实施的“舵手”，执行人员的素质直接决定了该项政策的执行方向和后果。② 从提升执行服从力的角度来看，应着重增强政策执行主体的整体认知能力，使执行人员能对政策目标及具体实施内容具有恰当的了解。当住房政策颁布以后，一是应确保政策执行主体真正理解政策价值本质及适应范围、实施环境及利益关系等，达成对政策的透彻认识。二是不

① [美] 威廉·N. 邓恩. 公共政策分析导论(第四版)[M]. 谢明，等，译. 北京：中国人民大学出版社，2011：194-230.

② 张筱悦. 公共政策执行力与政策效能研究[J]. 行政事业资产与财务，2011(11)：83-85.

断完善政策执行主体的专业知识结构。只有执行人员的知识信息量足够丰富，才有利于正确政策看法的形成，不至于产生过于片面的政策问题。

具体而言，首先，积极探索住房政策执行主体选拔任用的方法。地方政府在选聘执行人员时必须从入口把好关，坚持“公开、平等、竞争、择优”的原则，依靠科学的法定程序，以民主的方式选贤任能，建立公示制、培训制、责任制、轮岗制等竞争机制，打破“论资排辈”的现象，做到人尽其才。其次，端正态度，树立新型执行理念，切实加强住房政策执行主体的工作作风建设。强化行为规范教育，突出责任和服务意识，真正做到将公共利益摆在首位，塑造健康的执行心理。最后，不断提高政策执行主体的政策领悟力、判断力和理解力等综合能力，重点培养执行主体的公共精神。“公共行政的精神意味着对于公共服务的召唤以及有效管理公共组织的一种深厚、持久的承诺”①，也就是说，具有公共精神的政策执行人员始终代表着公众的根本利益，竭尽全力为社会公众提供各种公共资源和服务，并把提升公共住房政策执行力作为出发点和归宿。

(4)应用层：加大资源与环境投入，持续提高住房政策执行服从力。

“政策执行要投入一定的资源，方能达成既定的政策目标。资源的投入对于政策的执行，有如赋予活力(Viability)”②。政策投入所需要的资源包括有形资源和无形资源。有形资源主要指人力、物力和财力资源，而无形资源主要指公众的政治心理倾向和政治行为习惯；这些资源投入的多少，对公共住房政策执行服从力的高低有着重要影响。政府在执行公共住房政策时，应充分重视投入、产出、效率、结果等因素，按需求预算。由于公共住房政策执行活动实质上是一个住房政策信息的持续流转循环过程，既包括内部信息

① [美]乔治·弗雷德里克森. 公共行政的精神[M]. 张成福，等，译. 北京：中国人民大学出版社，2003：2.

② 张世贤. 公共政策析论[M]. 台湾：五南图书出版公司，1986：101.

的传播与供给，也包括外部信息的输入与输出。因此，在公共住房政策发展过程中，重点应放在理解可持续发展标准是否被考虑，尤其在住房政策制定前期、制定中期及后期政策被执行时，遵循这个过程的一种重要方式是着重于住房信息的流动，或者通过政策过程的形式来保持住房信息的可持续性。①

在公共住房政策执行环境建设上，应重点注意，一是文化法治环境的建设。转变传统的公共住房政策执行理念，树立依法行政、服务行政的思想，只有社会的法治化程度越高，住房政策执行效果才越强，其执行服从力也就越高。二是政治经济环境的建设。在推动经济可持续发展的同时，促使资源分配多向基层倾斜、多向欠发达地区倾斜，逐渐消除因住房资源紧缺对执行力造成的负面影响，减弱公共住房资源分配不均的政府行为。三是自然人文环境的建设。协调住房政策在宏观与微观政策之间、新老政策之间、不同领域及部门政策之间、法律规章与实施细则之间的关系。解决好诸如生态环境方面的危机，减少住房资源能耗，促进人文关怀，争取获得社会各方对住房政策执行行为的鼎力支持与相助，切实提高公共住房政策执行服从力。如图 5-12 所示。

三、鼓励社会参与、多渠道增加住房供给

近年来，对发达资本主义国家已采用的住房供给政策有两种区分尝试②：①凯梅尼 Kemeny(1981，1992，1995)按住房供给政策区分为“住房拥有制”社会和“费用出租制”社会。前者包括澳大利亚、加拿大、新西兰、英国和美国，后者包括奥地利、德国、荷兰、瑞典和瑞士。他认为在偏好私有社会结构和偏好集体社会结构的国家之间已经有明显的分别。②巴罗和邓肯(1994)紧随着爱丝

① McGuire Chad. A Framework for Analyzing Information Flows in Public Policy Decision-making: A Move towards Building Sustainable Policy Instruments[J]. Journal of Politics and Law, 2011, 4(2): 25-35.

② [英] 保罗·贝尔琴，戴维·艾萨克，吉恩·陈. 全球视角中的城市经济[M]. 刘书瀚，孙钰，等，译. 长春：吉林人民出版社，2011：78.

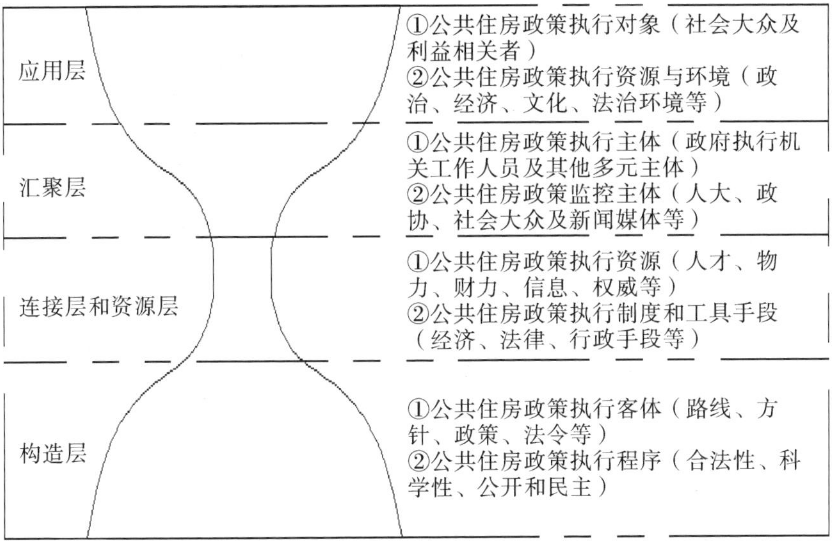

图 5-12　政府网格化住房管理沙漏模型图

宾-安德森(Esping Andersen，1990)对福利国家社会制度的分析提出，他们认为有三种基本的住房供给政策体系：自由政策体系，包括爱尔兰、英国、美国、澳大利亚和新西兰；团体政策体系，主要包括奥地利、法国、意大利和德国；社会民主政策体系，包括丹麦、荷兰、挪威和瑞典。

(一)统筹资源，成立非营利的住房委员会

“统筹”一词在我国现实生活中得到比较广泛的使用，据考证，它最早出现在清朝左宗棠的奏文中。① 随着我国社会经济的不断发展，该词汇的使用频率也逐渐增多，特别是在政府重要文件及重大决策中，日益获得了时代的话语权，“统筹即是对被管理对象的整体全局所做的统一筹划。”住房政策执行公信力的提升需要从整体出发，这就要求相关执行人员善于驾驭全局，对各方面力量统筹兼

① (清) 左宗棠. 左宗棠全集(第九册)[M]. 上海：上海书店，1986：75-78.

顾，协调好各方关系，争取公共利益的最大化。只有统筹所能利用的一切资源为政府管理工作服务，才能增厚政策执行的基础；只有不断扩大基础的厚度与资源的宽度，才能增强政策执行公信力。住房政策执行是一个复杂的系统，应尽可能采取切实可行的措施，最大限度地发挥本地区、本部门的资源环境等优势，树立起协作治理的理念，实现政策执行综合效用的主体、客体、环境等相统一，推进全面协调，才能构筑互补互动的发展格局，真正提高执行公信力。

从政府自身来看，政策执行涉及方方面面，因此需要把各种力量集合起来，增强执行效果。善于利用资源尤其是外部资源，充分调动政府以外的力量共同促成政策执行效力的提升。在市场经济环境下，政府掌控的资源数量相对减少，其他社会主体控制的资源数目却逐渐增加，影响力不断扩大。作为住房政策的执行主体，应当积极采取各种可行措施，借助社会民间机构、中介组织、利益团体等各种外在力量实现设定的住房政策执行目标。当前，政府在推动公共住房管理商业化运作的过程中，完全可以充分整合各类资源，选用恰当的市场化运营工具与手段，借助外部力量不断深化公共住房服务内涵，提升公共住房整体管理效率与水平，从而实现公共住房政策执行公信力的持续优化。

随着公共住房数量的增多，管理工作日益繁重。为提高工作效率、完善机构建设，建议参照香港地区的成功经验，成立由国土房管局、民政局等行政部门负责人、人大代表及各界社会人士组成的半官方性质的住房委员会，担负公共住房的重大政策决策。住房委员会应拥有独立的财政权与经营权、自负盈亏，并接受上级主管部门、人大代表及公众的监督。住房保障办公室主要担负着公共住房的具体执行工作，其职责范围涵盖"公共住房建设用地储备、规划选址、保障对象资格审查等基础性工作，公共住房动态巡查、分配置换、租金收缴等管理性工作，以及指导公共住房小区开展政策法规的宣传工作"等。只有住保办充分履行好这些职责，才有可能提升公共住房政策执行的公信力。

（二）发挥市场作用，多渠道筹集房源

1. 充分利用存量房，解决“夹心层”住房困难

经过城市的长期自然扩张，不少“城中村”已形成相对固定的居住模式。因应社会发展需求，顺势产生许多公寓型住房，由部分商家或私人整栋甚至连片承包，通过简易装修，增加相应规模的物业管理，即可凭较高租金供周围上班族租用，在获得满意收益的同时，也解决了不少“夹心层”的租住需求。这也从侧面说明，政府只要加强出租屋管理，并辅以必要的支持政策，大部分外“夹心层”的居住需求基本可由社会力量满足。因此，善于利用各种存量住房，加强城中村出租屋房源的统一管理，投入资源集中整治城中村的社会治安环境、卫生与消防安全，增添必需的公共基础设施，可为大量外来务工人员创造适宜的居住环境，较大量兴建与运营公租房成本相对低廉。随着城中村改造的推进，未来几年低价位住房势必大幅减少，为此需要切实考虑“夹心层”的居住困境，在改造中留出部分配建公租房。可照顾村民“出租私房、增加收入”的想法，将安置房设计成适合村民家庭的户型，使之对出租有利。这样不但保障了村民的稳定收入来源，又增加了市场上小户型出租屋的供应总量，解决了“夹心层”的住房问题。

以广州市为例，目前广州存量房相对充足、产品多元，而且经过多年培育，租赁市场较为发达，很大程度上满足了不同群体的居住要求。实践证明，充分发挥存量房的调节功能，并对市场力量加以整合，城中村出租屋可在一定程度上有效解决居民的住房多样化需求。截至2013年年底，广州登记在册的流动人口686.7万人，按照一定的漏登率计算，广州实际居住的流动人口为837万人左右；出租屋是流动人口最主要的居住场所，调查显示有七成流动人口居住在出租屋，13%的人居住在工厂宿舍，9%的人是投靠亲戚，另外有7%的人为自购物业。① 广州现今登记在册的出租屋有388万套，这些出租屋大多分布在外来务工人员工作场所附近的城中村里，大

① 广州日报. 流动人口比常住多了5万[EB/OL]. [2014-4-23]. http://gzdaily.dayoo.com/html/2014-04/23/content_2605952.htm.

部分外来人口的住房问题都是通过这些出租屋解决。① 因此，在政府财力还不足以支撑整个公共租赁住房系统正常运转的情况下，城中村出租屋实际承担着部分“廉租房”的功能，为广州安置大量外来工作人员发挥出“主力军”的作用，一定程度上缓解了城市化高速发展对城市本身造成的冲击。

2. 在房地产开发项目中配建公共住房

各级政府应根据住房发展的具体要求，把住房保障资金列入财政预算，确保各级财政支出的一定比例用于公共住房。中央应加大财政转移支付力度，支持各地方对公共住房建设的投入，为促进住房公平提供财政资金保障。尤其对中西部土地出让收益少、公积金增值不明显的城市而言，应渐渐加大财政性转移支付比重，尽量缩小不同区域之间的鸿沟，提高这些城市的住房保障水平，强化基本公共住房服务均等化。欧美发达国家和东欧转轨国家的经验教训表明，无论经济发展程度如何，由于住房建设投资极大，仅凭政府能力难以担负。政府主导的公共住房建设，除了财政直接投资开发以外，还可以向其他城市学习，由开发商配建。具体运作方法是：在进行商品住房经营性用地出让的同时，与开发商约定配建5%~10%的公共住房，建成后移交给政府住房保障机构统一管理。通过这种方式，既能保证公共住房的供应总量，使得公共住房布局更加合理，还能更好地满足保障对象的实际需要，提升住房政策执行公信力。

缘于模式方面的创新以及监管制度的完备，杭州的“配建公租房模式”，一直走在全国全列，成为各地方学习的样本。杭州的“公共租赁住房配建”政策自2011年执行以来，建设方式主要分为两大类：一类为异地集中配建；另一类为商品房住宅项目中配建。目前，这两大类已经开建的配建公租房项目分别有8个和33个，其中8个异地集中配建已全面开工，33个住宅商品房中的配建项目已开工建设20个。两大类共计41个项目，总计可以提供约93.5万平方米的公租房。而整个“十一五”期间，杭州市总共规划建设

① 广州日报. 广州出租屋管理“六大模式”[EB/OL]. [2013-9-16]. http://gzdaily.dayoo.com/html/2013-09/16/content_2392238.htm.

的公租房在300万平方米左右，这意味着配建公租房占据其中1/3左右的份额，起到了有力的补充作用。这种补充，一方面是量上的补充；另一方面则是位置上的补充，尤其是住宅商品房中的配建公租房，避免了集中建设公共租赁住房导致的低收入家庭就业、上学和就医等距离生活区较远、生活成本增高的弊病。①

3. 鼓励和支持社会力量参与建设运营公租房

公私合作关系长期以来都承担着提供一系列公共服务的任务，尤其是为社会领域提供的一些服务。这种趋势源远流长，而且在住房政策中表现得越来越明显。除了政府主导新建公租房以外，还应通过出台相应的财税、土地等配套支持政策，鼓励民间力量参与公租房建设与运营管理，必要时可适当发展非营利性住房机构，专门从事住房管理工作。政府可以对专门从事公共住房租赁的组织给予税收优惠和信贷支持，增加公共租赁住房的来源；对从事保障性住房建设的开发商给予适当的政策优惠，如税收减免、容积率奖励等，提高开发商参与保障房建设的积极性，从源头上确保公共住房的占有份额。例如，德国的住房合作社，就是主要依靠社员入社资金来获取国家等量资助，并通过推行住房储蓄贷款、积极的住房补贴政策以及不同种群混合居住等形式促进住房公平。

广州市通过多年实践已积累了一套成功的经验，具体包括："政府投资建设管理模式、民营资本建设管理模式、村(居)集团经济组织建设管理模式、生产企业自建自管模式"②。①政府主导，建设外来务工人员公寓。比如，萝岗开发区管委会先后投资约1.3亿元建设外来工公寓，总建筑面积6.9万平方米，共有1088个房间，入住率100%，居住外来工13000多人；在大厦还成立了员工服务中心，由区总工会统筹管理，为外来工公寓建设起到积极的示范效应。③ ②整治出租屋，改善外来务工人员居住环境。广东省政

---

① 李坤军. 配建公共租赁住房 杭州模式的样本意义[N]. 杭州日报，2014-12-26.

② 黄穗诚. 广州着力改善外来务工人员居住条件[N]. 广东建设报，2009-3-3.

③ 戎明昌. 外来工每月花90元可住公寓宿舍[N]. 南方日报，2008-4-7.

府颁布了《广东省流动人员管理条例》《广东省流动人员租赁房屋治安管理规定》《广东省流动人员劳动就业管理条例》等12个法规和规章；有地方立法权的广州、深圳等市分别出台了《广州市房屋租赁管理规定》《深圳经济特区房屋租赁条例》等20多个地方性法规和政府文件。① 并且，从2002年开始，广东省政府相继取消原批准收取的“流动人口治安管理费、出租屋治安管理费、流动就业跟踪服务费”等9项行政事业性收费；广州市则从2007年10月起率先取消“暂住证工本费”；全省取消的收费每年为流动人口减负30亿元左右。② ③房产企业探索试点，建设低收入群体租赁住房。例如，民营资本投资建设管理的佳大时代公寓，针对广州经济技术开发区入驻企业的员工情况，提供集体公寓、白领公寓、高级商务公寓等多种套型的出租屋，适应了员工的多样化需求。万科集团开发的“万汇楼”，不仅很好地践行了企业公民社会责任，还以英国Port Sunlight小区为参照，为新入职人员等低收入群体提供租金低廉、集休闲娱乐于一体的住宅，较好地迎合了他们的精神需求和过渡性居住需求。③ ④财政安排“农村扶贫专项资金”，支持村(居)集体经济组织在自留用地上建设外来工公寓。目前，黄腴、玉树等社区已建成外来工公寓7万平方米左右，通岗、火材等社区总计约10万平方米的外来工公寓也在着手规划。④ 这些模式具有一定的可复制性，在实践中可给予更多政策优惠、纳入公租房供应系统，施以规范管理并逐步推广。

(三)鼓励公共住房社区自我管理

如何在城市低收入群体相对集中的社区展开管理与服务，成为公共住房建设的关键。由于公共住房社区的特殊性，引进常规物业

---

① 资料来源：广东省社会治安综合治理委员会《坚持以人为本 创新工作机制 不断提高流动人员服务管理水平》，2008-4-6.

② 王普，夏晓露，等. 给流动人口一个安稳的“家”[N]. 羊城晚报，2008-12-15.

③ 新浪房产. 万科尝试微型住房遇到许多现实问题[EB/OL]. [2012-12-10]. http://sh.house.sina.com.cn/news/2012-12-10/1453164913.shtml.

④ 戎明昌. 外来工每月花90元可住公寓宿舍[N]. 南方日报，2008-4-7.

公司存在相当大的难度。若政府对之放任自流，就很难提高该类群体的居住水平，与保障低收入的初衷相背离；若全由政府负担，因财力有限政府也没法进行；若全由企业负责，因利润太低使得企业意愿普遍不强。鉴于此种进退两难的局面，政府可在借鉴新加坡公共住房管理经验的基础上，积极探索城市管理与物业管理相结合的新方式，尝试以政府房管部门为中心，实行居民与社会共同参与的自治化管理模式。即公共住房小区的日常管理主要由民间自治机构负责，比如对公共基础设施进行长期维护、管理，提供适宜的公共服务等。物业管理部门则可在政府资助下，把小区内的闲散劳动力作为重点培训对象，提升该类群体的就业空间，强化自我管理。

针对中低收入家庭的特点，政府应强化派驻力量，对物管公司加强指导与监管。物业管理公司需要不断规范公共住房小区内的居民行为，营造安全文明、积极进取的居住环境与文化。针对小区老年人口、残疾人数众多的独特性，可与非营利性机构协作，鼓励公共住房小区进行自我管理，对这类群体及时展开政策帮扶。比如，为中低收入家庭创造就业机会，提供多元化的技能培训，引导社区居民从“安居”迈向“乐业”。同时还可以通过民主选举方式推动居民自治，设立相应的自治部门，促成居民自觉参与社区管理与服务，使这些徘徊在贫困线上下的群体获得多方位的政策扶助。按照公共住房小区“属地化与社区化”管理理念以及结合国家创新社会管理理念，成都市房管局探索出“三进”模式，用来解决公共住房小区后期管理中出现的诸多问题，成效初显。“三进”模式包括：“公共服务进小区、基层社区进小区和社会组织进小区”三大核心工作，引导多元力量加入到公共住房小区的管理体系中来。目前，成都市保障房小区正探索建立“社区—小区管委会—民情联络员—居民”四级自治体系，在皇经嘉苑保障房小区，已经率先引进工会、共青团、妇联、残联、行业协会等社会团体、公益组织等参与住房保障的服务管理工作，逐步建立了可持续发展的协作机制，依托社区平台，充分实现公共住房社区居民自治。①

① 李楠，王睿. 成都保障房管理破题[N]. 中国房地产报，2012-9-26.

四、完善公共住房政策执行的监督体系

(一)坚持住房政策执行全过程公开，注重协调监控

1. 加强政策执行公开，转换监督方式方法

18世纪法国思想家孟德斯鸠(Montesquieu)断言："一切有权力的人都容易滥用权力，这是万古不易的一条经验。有权力的人们使用权力一直到遇有界限的地方才休止。"①因此，加强政策执行的监督惩处就显得十分必要。美国行政学者威廉·邓恩(William N. Dunn)提出，"监测有助于确定项目执行人员、官员以及其他利益相关者是否按照立法者、管理机构和专家组所制定的标准和程序开展行动"②。首先，行政公开是有效监督的前提。除了国家法令明文规定必须保密的以外，其他各项政府决策尤其是住房政策需要及时向公众做好宣传、解释工作，并且公开住房政策的具体规定、界限，公开办事机构、办事程序和办事人员，鼓励全社会对公共住房政策执行活动实施监督。③ ①住房政策执行主体公开。住房政策执行主体庞大、分工精细，应公布各执行主体及其职责权限，各职能机关的办公场所及功能划分，否则住房监督就成为空谈。②住房政策执行程序公开。只有公开，程序才具有执行力与约束力。③住房政策执行行为公开。现代国家多数强调依法行政，而依法行政的主旨反映在住房政策执行方面，则表现为政策执行必须有法可依，政策行为内容必须符合法律规定且严格遵循法定程序加以执行。④住房政策执行结果公开。应将具体住房政策执行进展情况与结果及时公之于众，便于社会力量对政策执行展开360度全方位监督。

其次，加强住房监督机构的权威是有效监督的重要保障。住房有效监督取决于三方面：①住房监督主体能够充分表达民意诉求；

---

① [法] 孟德斯鸠. 论法的精神(上册)[M]. 张雁深，译. 北京：商务印书馆，1978：154.

② [美] 威廉·N. 邓恩. 公共政策分析导论(第二版)[M]. 谢明，等，译. 北京：中国人民大学出版社，2010：278.

③ 庄国波. 公共政策执行难的原因及对策分析[J]. 理论探讨，2005(6)：113-116.

②住房监督主体具有相当独立性，即他能够根据客观事物的是非曲直来判别实际情况；③住房监督主体具有足够的权威性，即它能够对权力实施监督。因此，应从根本上加强审计与监察部门的独立性，确保住房监督机构在财政、人事方面的超然地位，使其不必受制于同级政府或党委的领导，打破监督权弱于行政、司法权，甚至低于领导个人权力的非正常格局，真正提高住房监督机构的权威性，同时促使政府决策者或政策执行人员在行使权力时因监督压力而更加慎重。具体对审计部门而言，可以充分发挥财务收支审核与住房成本控制的监督职能；对监察机关而论，也可有效监督住房政策执行主体是否存在滥用职权、随意行政等不良行为。

最后，转换监督方式是实施住房有效监管的重要手段。①从纯粹执行住房任务的观念转为全心全意为民服务的价值理念。②强调住房防范监督，找准关键监控点。从住房政策事前监督着手，设立准确可行的住房监控标准，出台详细的住房监督规划，选用科学合理的监督方案，防患于未然。③增强住房监督力度。对于公共住房政策执行中面临的普遍性、倾向性问题，适时展开调查研究与监督治理，防止并克服形式主义。④完善多层次、多功能的住房监督网络。通过网络、传媒对住房政策执行情况的跟踪报道，以及调查、撤销不合理的政策执行决定等对执行过程实施社会监督，克服“弱监”“虚监”行为，保证公共住房政策执行监控力的提升。

2. 回归住房公平目标，完善协调机制

住房政策的价值目标是实现社会公平，即在经济高速增长、社会贫富差距拉大时，住房政策应向公平目标回归，考虑民众的切身利益；在经济低迷、社会贫富差距较小时，住房政策应向效率目标回归，保持经济发展态势，促进住房水平的普遍提高。因此，应在统筹效率与公平双重价值的基础上，完善动态的住房调整机制，规范公共住房申请、报批及审核程序，加强跟踪服务及后续管理，适应不同时期的需要。切实保障公民的知情权与话语权，建立低收入群体的政策参与保障机制，使全体民众能够通过更多灵活的方式，如听证制度、民意调查制度、网络参与等参与到住房政策的制定与执行全过程，真正体现住房公平。

在国家行政机关系统中，各行业、各部门以及各机关内外的活动都需要进行协调，以实现其共同担负的执行任务。① 目前住房体系中的执法、管理机构众多，解决一个问题常常需要多部门配合，协调机制短缺容易造成住房政策执行活动中相关部门和人员步调不一，甚至出现各自为政的结果，最后原定的执行任务无法按时按质按量完成，大大降低了住房政策执行力。各政府部门必须树立大局观念，加强协作沟通，解决部门中多头管理、责任不清的问题；行政监察机构需要切实肩负住房政策执行的监督重任，把各部门对上级决策的执行情况列为监察的重要内容。例如，建立社会监督机制，通过新闻媒体、政府网站等载体强化舆论监督；通过提高执行活动的公开程度强化住房执行行为监督，完善行政监察与审计监督；进一步发挥人大监督的实质效能，把监督权与决定权、任免权结合起来使用。各监督机构之间建立起经常有序的相互协作制度，充分利用现代科技提供的便利条件互通情况、互用旁证材料、联合办案，加强住房政策各监督主体间的协作②，增强公共住房政策的执行监控力。

(二)建立健全与公共住房相关的法律法规

住房作为特殊商品和民生根本的特质，决定了住房权利保障和公平分配的实现仅仅依靠市场无法完成，还需通过立法明确政府在促进住房公平上的首要责任。17 世纪西方古典自由主义之父洛克(John Locke)提出，“法律并不是为法律自身制定，而是通过执行使法律成为社会的约束，从而使国家的各个部分各得其所、各司其职。”③18 世纪法国著名思想家卢梭(J. J. Rousseau)再次指出执行法律对于政府的重要性：“政府就是在臣民与主权者之间所建立的一个中间体，以便两者得以互相适合，它负责执行法律并维护社会的

① ［罗马尼亚］米哈依·T. 奥洛维亚努. 国家行政管理学概论[M]. 王铁山，译. 北京：劳动人事出版社，1985：220.

② 刘杰，赫郑飞. 行政管理体制改革的思路和措施[J]. 中国行政管理，2006(10)：109-111.

③ ［英］约翰·洛克. 政府论[M]. 杨思派，译. 北京：中国社会科学出版社，2009：281-282.

以及政治的自由。”①发达国家的住房体制都有相应法律作为保障，如美国的《住房法》《国民住宅法》，日本的《公营住宅法》《住宅金融公库法》《住宅公团法》等。我国的公共住房建设与管理直到现在多以政府文件的形式发布，严格来说并不具备法律效力。借鉴国外经验，参照《城市居民最低生活保障条例》，科学制订立法计划，把重要程度、紧迫程度、成熟程度高的作为执行立法的重点并优先安排；对条件暂不成熟的也要统筹进行、积极推动，努力使法律体系不断完善②，明确住房保障标准与条件、申请对象资格的公示与监督、骗购行为所必须担负的法律责任等。

首先，应尽快出台我国《住房基本法》，将保证公民居住权作为立法第一要义。对住房的建设、消费、分配等环节进行法治规范，确定政府在住房市场中的职责和义务。在此基础上制定配套法律法规，在住房政策目标、用地规划和供应、住房财政支出、居民区动迁改造、资源能源节约等方面做出详细规定，使住房立法与住房公平发展趋势保持一致。例如，英国早在1890年就制定了《工人阶级住宅法》，并在随后的100多年间，出台了一系列有关住房的法律，如《住宅法》《城乡规划法》《住宅补贴法》《住宅金融法》《住房协会法》等。③ 鉴于目前我国大中型城市租赁性住房严重不足的现状，应适当将经济适用房“只售不租”转变为“租售并举”，提高可租赁住房的比重。然后，适时扩大出租范围，保障经适房的可支付性与延续性，抑制房价过快上涨，实现“住有所居”的根本目标。此外，土地应服务于公共福利，不能作为地方财政收入的主要来源，过高的土地增值利润需要通过税收返还给社会。政府有责任促进住房市场的良性发展，为其提供健康有序的政策环境，切实维护住房法律的权威性。

---

① ［法］卢梭. 社会契约论［M］. 何兆武，译. 北京：商务印书馆，2009：72.

② 马凯. 关于建设中国特色社会主义法治政府的几个问题［J］. 国家行政学院学报，2011(5)：4-11.

③ 丘浔. 均衡公平与效率：中国快速城镇化进程中的房地产市场调控模式［M］. 北京：中国建筑工业出版社，2012：54.

其次，完善与公共住房相关的法律法规。在实践中，公共住房的法律缺陷，主要表现为政策执行成本过高而违法、违规成本过低，政府在公共住房建设中的地位功用缺乏相应的机制约束。针对这种法律缺位的情况，政府应抓紧相关的立法研究，尽快制定《住房金融法》《住房保障法》《物业管理法》等法律法规，各级政府也应该针对各地的情况，将公共住房建设法制化。建立健全与住房质量、经营管理有关的行业技术标准和管理条例，从立法上详细规定城市公共住房的供应对象与条件、保障资金的来源以及骗租骗购等行为应当承担的法律责任等。此外，在建立相应规章制度时，应将公共住房政策执行力情况纳入政绩考核系统，逐步树立住房保障不利的问责机制。

最后，加大执法力度，创造良好的法制环境。公共住房政策执行法治化的实现程度，不但取决于法律体制建设的强弱，还取决于如何使法律规范转为法律现实。横向上，继续推进相对集中执法和综合执法，整合执法资源，切实解决多头执法、交叉执法问题；纵向上，根据不同层级政府职能的特点，合理配置执法权限，减少执法层次，下移执法重心，努力提高基层执法能力。① 综合来看，需要在完备的法制体系基础之上，逐步增强对民众的法制教育及执法力度，并且在全社会营造出遵纪守法的和谐氛围以及对住房政策执行行为的监督意识。例如，加强住房政策执行的法律顾问制度建设，完善听证公示制度、意见征询制度与专家咨询制度等，积极创造条件，促使民众监督住房政策执行活动，为社会公众深入参与住房政策决策提供法制保障。

（三）提倡多中心治理，切实提高政策执行监控力

多中心治理下的公共行政，是一个由各种类型的公共组织纵横联结构成的网络结构，是多元主体通过协商合作实现的自主性治理。多中心治理表明了一种新的治理理念和制度安排，意味着在公共事务的管理中，并非只有政府一个主体，还存在非政府组织、私营机构以及个人和社群在内的多元决策中心，它们在一定规则秩序

① 马凯. 加快建设中国特色社会主义法治政府[J]. 求是，2012(1)：8-12.

的约束下，以多种形式共同行使着主体性权力。该模式强调在公共服务和社会管理中，建立起国家与社会、政府与民间、公共部门与私营部门之间相互依赖、相互协商、相互合作的关系。① 因此，提倡多中心治理，对于提高公共住房政策执行监控力，具有极其重要的意义。

1. 多中心治理的优势

多中心治理(Polycentric Governance)是社会管理领域的一次重大突破，作为“朝圣山学派”代表人物之一的英国自由主义思想家迈克尔·博兰尼(Michael Polanyi)在《利润与多中心性》《管理社会事务的可能性》等一系列文章中最早使用“多中心”词汇，这些文章最后皆收录进《自由的逻辑》一书。② 博兰尼的“多中心”思想与哈耶克(Friedrich Hayek)的“自生自发秩序”、波普尔(Karl Popper)的“开放社会”一起代表了“二战”前后对计划经济、极权政治所进行的自由主义批判。博兰尼虽然率先采用“多中心”来分析经济社会行为，然而使“多中心”进入公共管理领域，则主要是美国行政学者奥斯特罗姆夫妇(Vincent Ostrom, Elinor Ostrom)的研究结晶。2009年诺贝尔经济学奖获得者埃利诺·奥斯特罗姆在权力与价格机制、组织和市场秩序之外，发现了公共事务治理的第三种机制和秩序——“多中心”，1990年《公共事物的治理之道》一书的出版，标志着多中心治理理论的正式形成③，并迅速发展成为一种新的公共治理范式。

“多中心”治理相对于单中心治理而言，优势至少体现在三个方面：一是多种选择；二是减少“搭便车”行为；三是更为科学合理的决策。但是，多中心治理也可能失灵，奥斯特罗姆认为，建立有效的多中心体制应该具备如下条件：“一是不同政府单位与不同

---

① 丁煌，周丽婷. 地方政府公共政策执行力的提升：基于多中心治理视角的思考[J]. 江苏行政学院学报，2013(3)：112-118.

② [英] 迈克尔·博兰尼. 自由的逻辑[M]. 冯银江，等，译. 长春：吉林人民出版社，2002：150-184.

③ 王雪梅. 地方政府多中心治理模式探析[J]. 人民论坛，2011(14)：54-56.

公益物品效应的规模相一致，二是在政府单位之间发展合作性的安排采取互利的共同行动，三是有另外的决策安排来处理和解决政府单位之间的冲突”①。如果缺乏这些条件，多中心只会引发更多的治理问题。尽管目前多中心治理理论还不成熟，但在各种政策执行领域的实践中，其大体框架已经构成，运用其来分析公共住房政策执行监控力问题，具有一定的可行性。

2. 多中心治理之于执行监督的特点及作用

第一，多中心治理的主体是多元主体。包括政府、企业、公民、非营利组织等，这样就把多元竞争机制引入到公共物品的生产和供给中来。该模式发现了公共领域内“看不见的手”，打破了单中心体制中只有一个最高权威的格局，使公民能够采取“以足投票”的方式享受“顾客即上帝”的权利待遇，从而满足社会各层的多种利益需求。政府部门为了提高公共住房政策执行监控力，在执行过程中不得不摆脱“一言堂”的身份，积极鼓励其他多元执行主体参与住房政策执行与监督，使其从“运动员”的身份中脱离出来，更具责任性。

第二，多中心治理的结构是网络型自主治理。在公民社会里，每位公民都存在于一定的社会关系网中，政府和企业概不例外。这样一群相互依存的人们把自己组织起来，围绕特定的公共住房问题，按照一定的游戏规则，采取弹性的、灵活的、多样性的集体行动组合，寻求高绩效的住房问题解决途径，展开自主性治理。并且，通过自主性努力克服“搭便车”、回避责任或机会主义诱惑，维持社群所偏好的住房事务状态，取得持久性共同利益的实现。②政府部门为了提升公共住房政策执行监控力，也需要吸引广大公众及社会组织参与到住房政策执行过程中，并提供一种相对宽松的合作环境，加强相互间的沟通与理解，按照一定的规则形成集体行动

① ［美］迈克尔·麦金尼斯. 多中心体制与地方公共经济［M］. 毛寿龙，等，译. 上海：上海三联书店，2000：70.

② 丁煌，周丽婷. 地方政府公共政策执行力的提升：基于多中心治理视角的思考［J］. 江苏行政学院学报，2013(3)：112-118.

的逻辑，对公共住房事务展开自主性治理。

第三，多中心治理的目标是实现公共利益的最大化。政府部门提升公共住房政策执行力的根本目的也在于此，评价政府及其官员公共住房服务绩效的不只是效率，更重要的是看其是否合理有效地运用公共住房资源实现公共利益的最大化，从而使得公众、企业、社会团体等不仅能顺畅地表达意愿，还可以在治理行动中通过对话等方式减少"政治冷漠"行为，积极参与公共住房事务的治理评价。所有这些，不再取决于官员们的主观意愿，而是由多中心的权力监督结构设计、多样化的治理结构安排和切实可行的民主参与制度的设计才能实现。

第四，多中心治理的方式是竞争与合作。该模式强调从政府到公民个体都可以提供公共物品和服务，注重培育和增强非政府组织对公共住房服务的主体意识，建立起政府与社会组织之间的良性动态平衡，从而促进住房服务的均等化，降低行政成本。因为各中心都存在不同的需求，并追求自我利益的最大化，这就使得多个中心纷纷进入公共住房的博弈过程，展开生产、管理和维护公共住房的竞争，最终通过协商谈判达成集体行动的规则。政府部门在提供公共住房的过程中，由于受到人力、物力、资金和技术等的限制，必须将一部分公共住房的生产和服务通过"契约"外包出去，从"全能政府""专制政府"转向"有限政府""民主政府"，这些都与多中心治理模式的主旨相吻合。

3. 开展多中心治理，提升住房政策执行监控力的措施

在公共管理语境中，以服务为导向已成为公共管理的努力方向。随着住房需求的多样化以及政府提供住房资源的稀缺性，非常有必要构建多中心治理模式。即以自主治理为基础，允许多个权力中心或服务中心并存，通过协作生产给予公民更多的选择和更好的服务，减少"搭便车"行为，避免"公地悲剧"和"集体行动困境"，扩展治理的公共性，最终提升公共住房政策执行监控力。① 但是，

① 丁煌，周丽婷. 地方政府公共政策执行力的提升：基于多中心治理视角的思考[J]. 江苏行政学院学报，2013(3)：112-118.

正如文森特·奥斯特罗姆提出的告诫一样："一旦自主治理实现，并不意味着可以假定支撑自治的共识将会自动维持。一种多中心治理结构的设计与建立不可能一蹴而就，政府官员必须安排直接或间接地提供公共物品。公众必须自力更生，还必须愿意为解决集体问题与官员合作。保持这种平衡非常困难。"①

(1)培育多元执行主体，提高政策监管水平。

多中心治理模式下，应该积极支持和鼓励多元主体共同参与住房政策执行与监控过程，并形成基于契约与合同，以市场和顾客为导向，以满足公众需求为目标的政策网络。罗伯特·登哈特曾给出评价管理者工作的五方面要点，这些对住房政策执行监管不无裨益："对价值的认同；为大众服务；赋予权力并共同领导；实用的渐进主义；奉献给公共服务"②。首先，可以设立专门的执行机构或半自治性机构来处理住房政策执行与监督问题；其次，还可以采取职能外包的方式，将部分职能或服务承包给私营企业，引导民间资本逐步介入公共住房领域；最后，充分利用社区组织、志愿者、家庭等单元，使他们逐步承担起住房政策执行与监督的部分任务，实现公共住房服务的社区化。这种多元主体参与模式具有高灵活性和低成本等特点，也容易激发各主体之间的竞争，因此，各住房政策执行主体只有向顾客提供更满意的服务才能在激烈的竞争中取得优势地位，该模式有利于社会公众住房利益最大化的实现。

(2)设立良性合作机制，构建政策执行的博弈模型。

从公共住房政策过程来看，在问题建构、政策制定、政策执行与监督各环节，始终贯穿着利益矛盾。"利益对于政策执行问题的研究是一个极为重要的基本范畴。政策既是一定利益的确认形式，也是利益的调整工具和分配方案，政策所体现的意志的背后乃是各

---

① [美]迈克尔·麦金尼斯. 多中心治道与发展[M]. 毛寿龙，译. 上海：上海三联书店，2000：30-31.

② [美]罗伯特·登哈特. 公共组织理论教程(第二版)[M]. 项龙，等，译. 北京：华夏出版社，2002：153-154.

种利益，而且人们从事政策执行活动的动力也是由利益推动”①。归根结底，公共住房政策执行是各主体之间基于利益得失考虑而展开的一种利益博弈过程，因此，构建一种新型的利益博弈模型就显得必不可少。在博弈模型中，最常见的求解是“纳什均衡”(Nash Equilibrium)，该概念体现了战略博弈行动的稳定状态，基本含义是在给定别人策略的情况下，任何一位局中人都不能通过改变自己的策略得到更大的效用或收益，合作是有利的“利己策略”。鉴于此，一方面，政府应创造出平等竞争的市场经济环境，积极推动各主体之间的利益平衡，创新社会利益表达机制，保障目标群体的正当合法利益。另一方面，政府在制定和执行住房政策时应兼顾其他主体的利益，在相互协作的基础上，联合各主体共同生产、提供公共住房和服务，实现住房公平。最后，在公开、平等竞争的原则上，建立起开放的良性竞争机制，实现住房利益博弈规则的制度化，推动执行各方共赢式发展，最终提升公共住房政策执行监控力。

(3)鼓励公众参与和沟通，实现民主与善治。

俞可平教授曾指出：“善治就是使公共利益最大化的社会管理过程，善治的本质特征就在于它是政府与公民对公共生活的合作管理”②。从多中心治理角度来看，善治离不开政府，更离不开公众。社会可以没有政府的统治，但是公众在自愿程度上对政策的参与对于整个社会的稳定必不可少，“因为公众的参与活动能为决策者提供更多的信息，分担复杂情境下的治理风险，并有助于整合相对不同的世界观”③。公众的自愿合作以及对权威的自觉认同是善治的首要前提，这也是多中心治理所提倡的民主治理的精髓所在。因此，首先需要培养公众积极参与住房政策的主体意识，激发公众参与的政治热情，使公众在参与公共住房政策的过程中表现出高度的责任感和主动精神，能够普遍、自觉地实现其权利。其次，扩大公

① 丁煌. 利益分析：研究政策执行问题的基本方法论原则[J]. 广东行政学院学报，2004(3)：27-30.

② 俞可平. 治理与善治[M]. 北京：社会科学文献出版社，2000：8.

③ 王巍，牛美丽. 公民参与[M]. 北京：中国人民大学出版社，2009：159.

众参与住房监督管理的渠道，使参与的形式和主体多样化。如通过一些民意代表机构和利益团体等来影响公共住房政策的制定、执行与监督过程，使得政府与公众之间的信息沟通更为顺畅，从而减少和避免重大住房政策失误。

(4)建立健全政策执行监控机制，确保公开透明。

欧文·E. 休斯(Owen E. Hughes)指出："在政策实施的过程中，可能常会出现一些意想不到的结果和困难，甚至环境也经常发生变化。对所有的政策来说，无论它是如何产生，对其实施过程的监控或评估都是或者应该是非常重要的。"①公共住房作为公共物品，是集体选择的结果，根本目标是为了实现社会住房资源的帕累托最优配置。在多中心治理模式下，执行主体在决策时仍表现为"经济人"，所以，首先需要建立健全相对独立的监督体系。提高住房政策执行效率，完善监督机制要求，"增强政策执行活动的透明度，保证专门监督机构的独立地位，强化国家权力机关的监督职能，落实和完善各项社会监督制度"②。譬如，加强人大监督、政党监督、公众监督、舆论监督及国家特设的行政机关和司法机关的监督，防止出现"虚监""漏监"，减少"暗箱操作"等腐败行为的发生。其次，建立和完善政府绩效评价机制。对政策执行主体的执行力、执行结果进行全面考查、分析、评价，可以遵循 SMART 原则或借鉴"4E"(Economic、Efficiency、Effectiveness、Equity)绩效评估指标体系进行考核，促使执行主体积极改善绩效水平。③ 最后，强化责任追究机制，加大对住房政策执行错误行为的惩罚力度。明确规定住房政策执行主体对执行过程及其结果应承担的责任，加强对公共住房政策执行情况的跟踪评估，形成责任体系的闭环效应，完善过错责任追究制度。

---

① [澳] 欧文·E. 休斯. 公共管理导论(第三版)[M]. 张成福，等，译. 北京：中国人民大学出版社，2007：141.

② 丁煌. 提高政策执行效率的关键在于完善监督机制[J]. 云南行政学院学报，2002(5)：33-36.

③ 丁煌，周丽婷. 地方政府公共政策执行力的提升——基于多中心治理视角的思考[J]. 江苏行政学院学报，2013(3)：112-118.

五、设计公共住房政策执行力评估体系

公共住房政策执行力高低的测定涉及诸多因素，属于一个综合评判问题。其评判结果不再是一个确定的数，而是可以用语言来表达的模糊概念，因此，简单地用一个分数加以评判，会产生不公正的结果。由于模糊数学承认"亦此亦彼"的存在，拓宽了经典数学的理论基础，在处理客观实际问题时既能与精确数学结合又与其"非此即彼"的特性相区别，从而为它被广泛应用找到了理由。① 模糊综合评判实质属于人们对客观事物认识的模糊数学表达，它通过对要素与评判标准、权重及模糊关系等方面的确立以及模糊集合运算，来达到使模糊的评判对象清晰化的目标。因此，本书将模糊综合评判法应用于公共住房政策执行力尤其是问责力的测量及评估中，不失为住房领域的一种有益探索。

（一）模糊综合评判法简述

模糊数学诞生于1965年②，最初由美国自动控制专家L. A. Zadeh教授提出，用以表达事物的不确定性。它是研究模糊性现象的一种数学工具，但其本身是传统精确数学的延伸和推广，它把数学的研究和应用领域从清晰现象扩大到模糊现象。③ 评判是指根据既定目标来测评对象系统的属性，并将该属性转为客观定量数值或主观效用的行为。④ 模糊综合评判在我国最早由学者汪培庄提出⑤，是指应用模糊数学的方法进行多因素决策以实现最优选择，较好地解决了综合评价中的模糊性问题。该理论具有数学模型简单，并适用于多因素、多层次、复杂问题评判的特点，迅速成为在众多领域发挥

---

① 陈永泰. 模糊综合评判法在国家公务员考核中的应用[J]. 软科学，1999(12)：75-80.

② 蒋泽军，王丽芳，高宏宾. 模糊数学教程[M]. 北京：国防工业出版社，2004：1-2.

③ 李力红，张怡. AHP——模糊综合评判法在心理学中的应用[J]. 东北师大学报(哲学社会科学版)，2008(3)：169-174.

④ [日] 三浦武雄，滨冈尊. 现代系统工程学概论[M]. 郑春瑞，译. 北京：中国社会科学出版社，1983：4.

⑤ 李洪兴，汪培庄. 模糊数学[M]. 北京：国防工业出版社，1994：102-139.

重要作用的综合评价方法。

模糊评判法不仅可以对评价对象按综合分值大小进行评价和排序，还可根据模糊评价集上的值按最大隶属原则去评定对象所属的等级。① 这就克服了传统数学方法结果单一性的缺陷，很好地解决了对目标判断的模糊性和不确定性问题。多层次模糊综合评判法就是将模糊综合评判法应用在多层因素上，每一层的评价结果又是上一层评价的输入，直到目标层为止。对于一些复杂系统而言，需要采用多级(层次)模糊综合评判的方法，按照因素或指标的情况，将它们分为若干层次，先进行低层次各因素的综合评判，再对其结果进行高一层次的综合评判。所以，必须根据具体综合评判问题的目的、要求及其特点，从中选取合适的评判模型和算法，使得最终的评判结果更加客观、科学、具有针对性。

(二)公共住房政策执行力评估指标体系设计

自有公共政策科学研究以来，政策评估就相伴而生。对政策干预的效果进行分析是一项重要的工作，它通常被称为政策评价论或政策干预分析论。② 威廉·邓恩(William Dunn)认为，"评估就是设法发现预想和实际执行情况之间的差异，由此提供政策的相关知识，从而在政策制定过程的评估阶段为政策制定者提供帮助。"③查尔斯·琼斯(Charles Jones)认为，政策评估是一个定量、权衡、分析和建议的过程④，即运用精确工具得出判断的理性评价过程。托马斯·戴伊(Thomas R. Dye)把系统的政策评估界定为：仔细、客观、科学地评价政策对目标和非目标情形或群体所产生的当前与长

① 赵永刚，王燕燕，李飞，朱永华. 区域主导产业选择指标体系的设计[J]. 武汉工程大学学报，2008(5)：7-10.

② [日] 药师寺泰藏. 公共政策[M]. 张丹，译. 北京：经济日报出版社，1991：63.

③ [美] 威廉·邓恩. 公共政策分析导论(第二版)[M]. 谢明，等，译. 北京：中国人民大学出版社，2010：13.

④ Charles O. Jones. An Introduction to the Study of Public Policy[M]. Monterey CA：Brooks/Cole Pub Co，1984：196.

期的影响，同时对当前和长期费用与任何能确定的收益之比进行评价。① 詹姆斯·安德森(J. E. Anderson)认为，政策评估既是一门科学更是一门艺术，它包括对一项政策的估算、估价或评价——包含对其内容、执行情况、目标达成及其他影响的评价。② 综合这些观点，可以看出，“公共住房政策执行力评估”，是指运用科学合理的标准，采用一系列技术、方法、手段，对公共住房政策执行力水平高低进行客观公正的考核和评价。本书由此根据影响公共住房政策执行力评估指标的各类因素，以及这些因素的特点来划分层次模块，各影响因素可由下一级因素构成，整个因素集共分为三级，这三级模糊评判的数学模型如表 5-4 所示。

表 5-4　公共住房政策执行力评估指标体系的三级模型

目标层	一级指标	二级指标	三级指标
公共住房政策执行力 U	U_1 执行规划力	U_{11} 政策方案的科学性	U_{111} 住房政策的可行性
			U_{112} 住房政策的明确性
		U_{12} 政策方案的完整性	U_{121} 住房政策的延续性
			U_{122} 住房政策符合公共利益
		U_{13} 政策方案的灵活性	U_{131} 住房政策具有本土性
			U_{132} 住房政策具有辐射性
	U_2 执行服从力	U_{21} 政策执行主体的服从力	U_{211} 了解住房政策目标的比重
			U_{212} 住房政策执行的时效性
			U_{213} 住房政策有无执行畸变行为
		U_{22} 政策执行对象的服从力	U_{221} 住房政策执行的支持程度
			U_{222} 住房政策执行的合作程度

① ［美］托马斯·戴伊. 理解公共政策(第十二版)［M］. 谢明，译. 北京：中国人民大学出版社，2011：49.

② ［美］詹姆斯·安德森. 公共政策制定(第五版)［M］. 谢明，等，译. 北京：中国人民大学出版社，2009：295.

续表

目标层	一级指标	二级指标	三级指标
公共住房政策执行力U	U_3执行公信力	U_{31}公众的政策参与度	U_{311}公众参与住房政策执行的广度
			U_{312}公众参与住房政策执行的深度
		U_{32}公众的政策认同度	U_{321}认同住房政策执行行为的比例
			U_{322}对住房政策执行需要所能作出的让步
		U_{33}公众的政策满意度	U_{331}公众用脚投票的比例
			U_{332}住房政策促成的公众幸福指数
	U_4执行监控力	U_{41}对政策执行主体的监控	U_{411}上级监督
			U_{412}群众监督
			U_{413}媒体及舆论监督
		U_{42}对政策执行过程的监控	U_{421}住房政策执行的规范程度
			U_{422}住房政策执行的合法程度
			U_{423}住房财力资源的保障程度
		U_{43}对政策执行效果的评估	U_{431}住房政策执行的转化力
			U_{432}住房政策执行的回应力
			U_{433}住房政策执行产生的社会效益
	U_5执行问责力	U_{51}政策执行专业化程度	U_{511}权责对等程度
			U_{512}住房政策执行主体的能力与素质
			U_{513}部门设置与分工的合理程度
		U_{52}组织协调程度	U_{521}组织内部的协调程度
			U_{522}同级各部门之间的协调程度
			U_{523}组织与目标群体的协调程度
		U_{53}政府形象与美誉度	U_{531}住房政策执行的宣传推广程度
			U_{532}住房政策执行的社会满意度
			U_{533}政府形象的高低程度

（三）公共住房政策执行力的模糊综合评判算法

1. 公共住房政策执行力的模糊综合评判

对评估指标的达标程度的判断带有明显的模糊（Fuzzy）与不确

定性，这种模糊与不确定性起因于排中律存在破缺。对于公共住房政策执行力评估指标这类模糊概念，需要用模糊集进行刻画，因此模糊数学对于评估作用很大。要正确评价一个具体对象，应当先对这个对象的若干方面(常称为因素)给出适当评语，然后再进行综合。对公共住房政策执行力的评估数据进行处理，就是对评估指标进行模糊综合评判，最后得出公共住房政策执行力的综合评估结果。因此，模糊综合评判是量化住房政策执行力的比较恰当的方法，下面对此展开详细论述。

①建立因素集 $U=(U_1, U_2, \cdots, U_i, \cdots, U_5)$，其中 U_i 是第 i 个一级指标($i=1\sim5$)；每个因素 U_i 下设 j 个子因素 U_{ij}，表示第 i 个一级指标的第 j 个二级指标；每个子因素 U_{ij} 下设若干评估指标(即控制指标) U_{ijk}，表示第 i 个一级指标的第 j 个三级指标的第 k 个三级指标。

②建立评判集{优，良，中，差，很差}，即对每个指标的表现划分为优、良、中、差、很差5个等级。即评判集 $B=(1\ 2\ 3\ 4\ 5)^T$。

③由层次分析法确定各层指标 U_i、U_{ij}、U_{ijk} 的权重分别为 A，A_i，A_{ij}。

④综合评判。先进行单因素评判，即单独从一个评判因素出发，确定评判对象对于因素等级的隶属度。通常，评判者的总数 E 不变，故无需考虑因 E 不同而造成的对评判结果的影响。① 若以 r_{ijkl} 表示评估指标 U_{ijk} 对第 l 个等级的隶属度($l=1\sim5$)，隶属度可采用 E 足够大时的稳定隶属频率计算，即隶属度：

$$r_{ijkl}=E_{ijkl}/E$$

式中 E_{ijkl} 可表示认为评估指标 U_{ijk} 隶属为等级 l 的评判者人数，E 表示评判者的总人数。

评判向量即为因素集 $\{U_{ijk}\}$ 上的一个模糊向量，为：

$$\underset{\sim}{R}_{ijk}\{r_{ijkl}\}$$

则评判矩阵即为因素集 $\{U_{ijk}\}$ 上的一个模糊矩阵，为：

① 杨干生. 政府IT投资价值的过程控制研究[J]. 学术研究，2010(9)：75-83.

$$\underset{\sim}{R}=\begin{bmatrix} r_{ij11} & r_{ij12} & r_{ij13} & r_{ij14} & r_{ij15} \\ r_{ij21} & r_{ij22} & r_{ij23} & r_{ij24} & r_{ij25} \\ r_{ij31} & r_{ij32} & r_{ij33} & r_{ij34} & r_{ij35} \\ \cdots & \cdots & \cdots & \cdots & \cdots \\ r_{ijk1} & r_{ijk2} & r_{ijk3} & r_{ijk4} & r_{ijk5} \end{bmatrix}$$

采用算子 $M(\cdot, \oplus)$，对评判矩阵进行总的综合评判得到一个五维向量($l=5$)，即：

$$r_l = \sum_i A_i \sum_j A_{ij} \sum_k A_{ijk} r_{ijkl}$$

$$\underset{\sim}{B} = [r_1 \quad r_2 \quad r_3 \quad r_4 \quad r_5]$$

⑤综合评判结果处理。以上所得综合评判结果是评判集{优，良，中，差，很差}的一个模糊向量，为了便于比较不同政府机构的公共住房政策执行力，需要进一步处理为一个数值。只需将此模糊向量进行规一化后，乘以一个等级权重向量即可，这里按百分制取等级权重向量为(100，75，50，25，0)①，因此，可以计算公共住房政策执行力 M 为：

$$M = \frac{1}{m\sum_{l=1}^{5} r_l}(r_1 \quad r_2 \quad r_3 \quad r_4 \quad r_5)(100 \quad 75 \quad 50 \quad 25 \quad 0)^T$$

2. 公共住房政策执行力评估指标权重赋值

在进行模糊综合评判时，最终评价结果很大程度上受到具体权重的影响，不同的权重安排常常导致完全不一样的结论，因此，权重选择与赋值的合适与否直接关系到整个模型的成败。② 这一步骤既属于模糊综合评判的关键环节，又是综合评判前需要解决的核心问题。确定指标权重的方法主要有：德尔斐法(专家评议法)、频数统计分析法、专家调查法和层次分析法(AHP)等。③

---

① 杨干生. 政府 IT 变革阻力与人口特征变异系数的关联分析[J]. 科技与管理，2009(6)：47-52.

② 王岩冰，高鹏，彭赓. 模糊综合评判法在装备采购招标中的应用[J]. 工业工程与管理，2005(3)：88-92.

③ 张跃，邹寿平，宿芬. 模糊数学方法及其应用[M]. 北京：煤炭工业出版社，1992：146-212.

本书在确定公共住房政策指标权重方面，主要采用向专家咨询打分的层次分析法，原因在于：首先，在要求专家构造判断矩阵时，只需给出影响执行力指标两两比较的相对数值而非确定数值；其次，通过检验判断矩阵的一致性来分析专家的主观判断是否偏离客观实际，从而作出正确的调整以确保指标权重设定的可信度与可行性。① AHP 作为一种科学的系统分析数学工具，于 20 世纪 70 年代由美国运筹学家 T. L. Saaty 提出，然后迅速在多个领域受到广泛欢迎与运用。它将人们的思维过程层次化、数量化，属于一种将评判者的定性判断和定量计算加以有效结合的决策分析方法。具体步骤如下：

(1)构建判断矩阵。

为了使各准则之间进行比较得到量化的判断矩阵，引入 1~9 级标度。心理学家的研究指出，人们区分信息等级的极限能力为 7±2，特制定如表 5-5 所示的标度方法。

表 5-5 标度方法

标度 a_{ij}	定义
1	i 因素与 j 因素同等重要
3	i 因素比 j 因素稍微重要
5	i 因素比 j 因素较强重要
7	i 因素比 j 因素强烈重要
9	i 因素比 j 因素极端重要
2，4，6，8	为以上两相邻判断的中间状态对应的标度值
倒数	i 因素与 j 因素比较，得到判断值为 $a_{ji}=1/a_{ij}$，$a_{ii}=1$

① Chang D Y. Applications of the Extent Analysis Method on Fuzzy AHP[J]. European Journal of Operational Research, 1996, 95(3): 649-655.

(2)层次单排序及其一致性检验。

若以 $\bar{A}$ 代表判断矩阵，W 代表判断矩阵的特征向量，则由 $\bar{A}W=\lambda_{\max}W$，可以求得特征向量 W，经过归一化后即为同一层次相关指标对于上一层次某指标相对重要性的排序权值，这一过程称为单排序。然后进行一致性检验：

$$C.I=\frac{\lambda_{\max}-n}{n-1}$$

$$C.R=\frac{C.I}{R.I}$$

(3)层次总排序。

计算同一层次所有指标对于最高层相对重要性的排序权值，称为层次总排序。这一过程是由最高层次到最低层次逐层进行的。①

(4)层次总排序一致性检验。

这一步骤也是从高到低逐层进行的。

(5)计算结果。

通过向业内 20 位专家发放和回收调查问卷 20 份，然后对这 20 位专家数据构成的判断矩阵加权几何平均，借助已有的 AHP 算法，应用 YAAHP 软件的矩阵计算结果如表 5-6 所示。

一级权重：

$A=(0.1590 \quad 0.1722 \quad 0.2662 \quad 0.2436 \quad 0.1590)$

二级权重：

$A_1=(0.4974 \quad 0.2971 \quad 0.2235)$

$A_2=(0.5443 \quad 0.4557)$

$A_3=(0.3321 \quad 0.2994 \quad 0.3684)$

$A_4=(0.2229 \quad 0.3857 \quad 0.3914)$

$A_5=(0.4372 \quad 0.3449 \quad 0.2179)$

三级权重：

$A_{11}=(0.0538 \quad 0.0253)$

① 杨林，谷长发. 层次分析法在林区公路路线方案比选中的应用[J]. 东北林业大学学报，2003(1)：51-52.

表 5-6　公共住房政策执行力评估指标权重分配

目标层	一级指标	一级指标权重	二级指标	二级指标权重	三级指标	三级指标权重
公共住房政策执行力 U	U_1执行规划力	0.1590	U_{11}政策方案的科学性	0.4974	U_{111}住房政策的可行性	0.0538
					U_{112}住房政策的明确性	0.0253
			U_{12}政策方案的完整性	0.2791	U_{121}住房政策的延续性	0.0117
					U_{122}住房政策符合公共利益	0.0326
			U_{13}政策方案的灵活性	0.2235	U_{131}住房政策具有本土性	0.0209
					U_{132}住房政策具有辐射性	0.0146
	U_2执行服从力	0.1722	U_{21}政策执行主体的服从力	0.5443	U_{211}了解住房政策目标的比重	0.0245
					U_{212}住房政策执行的时效性	0.0293
					U_{213}住房政策有无执行畸变行为	0.0400
			U_{22}政策执行对象的服从力	0.4557	U_{221}住房政策执行的支持程度	0.0375
					U_{222}住房政策执行的合作程度	0.0410
	U_3执行公信力	0.2662	U_{31}公众的政策参与度	0.3321	U_{311}公众参与住房政策执行的广度	0.0442
					U_{312}公众参与住房政策执行的深度	0.0442
			U_{32}公众的政策认同度	0.2994	U_{321}认同住房政策执行行为的比例	0.0407
					U_{322}对住房政策执行需要所能作出的让步	0.0390
			U_{33}公众的政策满意度	0.3684	U_{331}公众用脚投票的比例	0.0373
					U_{332}住房政策促成的公众幸福指数	0.0608

续表

目标层	一级指标	一级指标权重	二级指标	二级指标权重	三级指标	三级指标权重
公共住房政策执行力 U	U_4执行监控力	0.2436	U_{41}对政策执行主体的监控	0.2229	U_{411}上级监督	0.0170
					U_{412}群众监督	0.0165
					U_{413}媒体及舆论监督	0.0209
			U_{42}对政策执行过程的监控	0.3857	U_{421}住房政策执行的规范程度	0.0301
					U_{422}住房政策执行的合法程度	0.0405
					U_{423}住房财力资源的保障程度	0.0234
			U_{43}对政策执行效果的评估	0.3914	U_{431}住房政策执行的转化力	0.0228
					U_{432}住房政策执行的回应力	0.0239
					U_{433}住房政策执行产生的社会效益	0.0486
	U_5执行问责力	0.1590	U_{51}政策执行专业化程度	0.4372	U_{511}权责对等程度	0.0263
					U_{512}住房政策执行主体的能力与素质	0.0198
					U_{513}部门设置与分工的合理程度	0.0234
			U_{52}组织协调程度	0.3449	U_{521}组织内部的协调程度	0.0195
					U_{522}同级各部门之间的协调程度	0.0131
					U_{523}组织与目标群体的协调程度	0.0223
			U_{53}政府形象与美誉度	0.2179	U_{531}住房政策执行的宣传推广程度	0.0080
					U_{532}住房政策执行的社会满意度	0.0171
					U_{533}政府形象的高低程度	0.0096

$A_{12}=(0.0117 \quad 0.0326)$

$A_{13}=(0.0209 \quad 0.0146)$

$A_{21}=(0.0245 \quad 0.0293 \quad 0.0400)$

$A_{22}=(0.0375 \quad 0.0410)$

$A_{31}=(0.0442 \quad 0.0442)$

$A_{32}=(0.0407 \quad 0.0390)$

$A_{33}=(0.0373 \quad 0.0608)$

$A_{41}=(0.0170 \quad 0.0165 \quad 0.0209)$

$A_{42}=(0.0301 \quad 0.0405 \quad 0.0234)$

$A_{43}=(0.0228 \quad 0.0239 \quad 0.0486)$

$A_{51}=(0.0263 \quad 0.0198 \quad 0.0234)$

$A_{52}=(0.0195 \quad 0.0131 \quad 0.0223)$

$A_{53}=(0.0080 \quad 0.0171 \quad 0.0096)$

上述指标权重分配结果显示：一级指标判断矩阵的一致性比例为0.0018，二级和三级指标判断矩阵的一致性比例均远低于0.1，因此计算结果可以接受。

3. 公共住房政策执行力评估的多层次模糊综合评判

由20名专家组成评判小组，根据具体情况和相关资料，结合前述公共住房政策执行力评估的各因素指标，对应于评判集M={优，良，中，差，很差}，对各因素层指标进行评判，可以获得公共住房政策执行力的综合评判结果。评判时分别在5个评判等级{优，良，中，差，很差}上做是或否的逻辑判断，即当认为评估中的某因素层指标在其评判要素中属于某个级别时，则在相应的级别下填“是”，认为不属于该级别时填“否”；统计时，“是”为1，“否”为0。则模糊关系矩阵R中的元素：

$$r_{ijkl}=\frac{\text{样本中对应级别的个数}}{\text{样本个数}}$$

（1）获取住房政策执行力评估指标体系的模糊综合评判，如表5-7所示。

表 5-7 公共住房政策执行力各因素模糊综合评判矩阵表

三级指标＼等级	优	良	中	差	很差
住房政策的可行性	r_{1111}	r_{1112}	r_{1113}	r_{1114}	r_{1115}
住房政策的明确性	r_{1121}	r_{1122}	r_{1123}	r_{1124}	r_{1125}
住房政策的延续性	r_{1211}	r_{1212}	r_{1213}	r_{1214}	r_{1215}
住房政策符合公共利益	r_{1221}	r_{1222}	r_{1223}	r_{1224}	r_{1225}
住房政策具有本土性	r_{1311}	r_{1312}	r_{1313}	r_{1314}	r_{1315}
住房政策具有辐射性	r_{1321}	r_{1322}	r_{1323}	r_{1324}	r_{1325}
了解住房政策目标的比重	r_{2111}	r_{2112}	r_{2113}	r_{2114}	r_{2115}
住房政策执行的时效性	r_{2121}	r_{2122}	r_{2123}	r_{2124}	r_{2125}
住房政策有无执行畸变行为	r_{2131}	r_{2132}	r_{2133}	r_{2134}	r_{2135}
住房政策执行的支持程度	r_{2211}	r_{2212}	r_{2213}	r_{2214}	r_{2215}
住房政策执行的合作程度	r_{2221}	r_{2222}	r_{2223}	r_{2224}	r_{2225}
公众参与住房政策执行的广度	r_{3111}	r_{3112}	r_{3113}	r_{3114}	r_{3115}
公众参与住房政策执行的深度	r_{3121}	r_{3122}	r_{3123}	r_{3124}	r_{3125}
认同住房政策执行行为的比例	r_{3211}	r_{3212}	r_{3213}	r_{3214}	r_{3215}
对住房政策执行需要所能作出的让步	r_{3221}	r_{3222}	r_{3223}	r_{3224}	r_{3225}
公众“用脚投票”的比例	r_{3311}	r_{3312}	r_{3313}	r_{3314}	r_{3315}
住房政策促成的公众幸福指数	r_{3321}	r_{3322}	r_{3323}	r_{3324}	r_{3325}
上级监督	r_{4111}	r_{4112}	r_{4113}	r_{4114}	r_{4115}
群众监督	r_{4121}	r_{4122}	r_{4123}	r_{4124}	r_{4125}
媒体及舆论监督	r_{4131}	r_{4132}	r_{4133}	r_{4134}	r_{4135}
住房政策执行的规范程度	r_{4211}	r_{4212}	r_{4213}	r_{4214}	r_{4215}
住房政策执行的合法程度	r_{4221}	r_{4222}	r_{4223}	r_{4224}	r_{4225}
住房财力资源的保障程度	r_{4231}	r_{4232}	r_{4233}	r_{4234}	r_{4235}
住房政策执行的转化力	r_{4311}	r_{4312}	r_{4313}	r_{4314}	r_{4315}

续表

等级 三级指标	优	良	中	差	很差
住房政策执行的回应力	r_{4321}	r_{4322}	r_{4323}	r_{4324}	r_{4325}
住房政策执行产生的社会效益	r_{4331}	r_{4332}	r_{4333}	r_{4334}	r_{4335}
权责对等程度	r_{5111}	r_{5112}	r_{5113}	r_{5114}	r_{5115}
住房政策执行主体的能力与素质	r_{5121}	r_{5122}	r_{5123}	r_{5124}	r_{5125}
部门设置与分工的合理程度	r_{5131}	r_{5132}	r_{5133}	r_{5134}	r_{5135}
组织内部的协调程度	r_{5211}	r_{5212}	r_{5213}	r_{5214}	r_{5215}
同级各部门之间的协调程度	r_{5221}	r_{5222}	r_{5223}	r_{5224}	r_{5225}
组织与目标群体的协调程度	r_{5231}	r_{5232}	r_{5233}	r_{5234}	r_{5235}
住房政策执行的宣传推广程度	r_{5311}	r_{5312}	r_{5313}	r_{5314}	r_{5315}
住房政策执行的社会满意度	r_{5321}	r_{5322}	r_{5323}	r_{5324}	r_{5325}
政府形象的高低程度	r_{5331}	r_{5332}	r_{5333}	r_{5334}	r_{5335}

(2)找出相对应层的判断矩阵。

如表5-4所示，U_{11}住房政策方案的科学性综合评判结果的模糊判断矩阵为：

$$R_{U11}=\begin{bmatrix} r_{1111} & r_{1112} & r_{1113} & r_{1114} & r_{1115} \\ r_{1121} & r_{1122} & r_{1123} & r_{1124} & r_{1125} \end{bmatrix}$$

通过查询表5-3，分别可以得出各因素的模糊判断矩阵：$R_{U1}\sim R_{U13}$、$R_{U21}\sim R_{U22}$、$R_{U31}\sim R_{U33}$、$R_{U41}\sim R_{U41}$、$R_{U51}\sim R_{U53}$。

(3)模糊综合评判。

①执行规划力U_1。

政策方案的科学性U_{11}。

$$A_{11}\cdot R_{U11}=(0.0538\quad 0.0253)\begin{bmatrix} r_{1111} & r_{1112} & r_{1113} & r_{1114} & r_{1115} \\ r_{1121} & r_{1122} & r_{1123} & r_{1124} & r_{1125} \end{bmatrix}$$

政策方案的完整性U_{12}。

$$A_{12} \cdot R_{U12} = (0.0117 \quad 0.0326)\begin{bmatrix} r_{1211} & r_{1212} & r_{1213} & r_{1214} & r_{1215} \\ r_{1221} & r_{1222} & r_{1223} & r_{1224} & r_{1225} \end{bmatrix}$$

政策方案的灵活性 U_{13}。

$$A_{13} \cdot R_{U13} = (0.0209 \quad 0.0146)\begin{bmatrix} r_{1311} & r_{1312} & r_{1313} & r_{1314} & r_{1315} \\ r_{1321} & r_{1322} & r_{1323} & r_{1324} & r_{1325} \end{bmatrix}$$

$$U_1^1 = A_1 \cdot \begin{pmatrix} U_{11} \\ U_{12} \\ U_{13} \end{pmatrix} = (0.4974 \quad 0.2791 \quad 0.2235)\begin{pmatrix} U_{11} \\ U_{12} \\ U_{13} \end{pmatrix}$$

②执行服从力 U_2。

政策执行主体的服从力 U_{21}。

$$A_{21} \cdot R_{U21} = (0.0245 \quad 0.0293 \quad 0.0400)\begin{bmatrix} r_{2111} & r_{2112} & r_{2113} & r_{2114} & r_{2115} \\ r_{2121} & r_{2122} & r_{2123} & r_{2124} & r_{2125} \\ r_{2131} & r_{2132} & r_{2133} & r_{2134} & r_{2135} \end{bmatrix}$$

政策执行对象的服从力 U_{22}。

$$A_{22} \cdot R_{U22} = (0.0375 \quad 0.0410)\begin{bmatrix} r_{2211} & r_{2212} & r_{2213} & r_{2214} & r_{2215} \\ r_{2221} & r_{2222} & r_{2223} & r_{2224} & r_{2225} \end{bmatrix}$$

$$U_2^1 = A_2 \cdot \begin{pmatrix} U_{21} \\ U_{22} \end{pmatrix} = (0.5443 \quad 0.4557)\begin{pmatrix} U_{21} \\ U_{22} \end{pmatrix}$$

③执行公信力 U_3。

公众的政策参与度 U_{31}。

$$A_{31} \cdot R_{U31} = (0.0442 \quad 0.0442)\begin{bmatrix} r_{3111} & r_{3112} & r_{3113} & r_{3114} & r_{3115} \\ r_{3121} & r_{3122} & r_{3123} & r_{3124} & r_{3125} \end{bmatrix}$$

公众的政策认同度 U_{32}。

$$A_{32} \cdot R_{U32} = (0.0407 \quad 0.0390)\begin{bmatrix} r_{3211} & r_{3212} & r_{3213} & r_{3214} & r_{3215} \\ r_{3221} & r_{3222} & r_{3223} & r_{3224} & r_{3225} \end{bmatrix}$$

公众的政策满意度 U_{33}。

$$A_{33} \cdot R_{U33} = (0.0373 \quad 0.0608)\begin{bmatrix} r_{3311} & r_{3312} & r_{3313} & r_{3314} & r_{3315} \\ r_{3321} & r_{3322} & r_{3323} & r_{3324} & r_{3325} \end{bmatrix}$$

$$U_3^1 = A_3 \cdot \begin{pmatrix} U_{31} \\ U_{32} \\ U_{33} \end{pmatrix} = (0.3321 \quad 0.2994 \quad 0.3684) \begin{pmatrix} U_{31} \\ U_{32} \\ U_{33} \end{pmatrix}$$

④执行监控力 U_4。

对政策执行主体的监控 U_{41}。

$$A_{41} \cdot R_{U41} = (0.0170 \quad 0.0165 \quad 0.0209) \begin{bmatrix} r_{4111} & r_{4112} & r_{4113} & r_{4114} & r_{4115} \\ r_{4121} & r_{4122} & r_{4123} & r_{4124} & r_{4125} \\ r_{4131} & r_{4132} & r_{4133} & r_{4134} & r_{4135} \end{bmatrix}$$

对政策执行过程的监控 U_{42}。

$$A_{42} \cdot R_{U42} = (0.0301 \quad 0.0405 \quad 0.0234) \begin{bmatrix} r_{4211} & r_{4212} & r_{4213} & r_{4214} & r_{4215} \\ r_{4221} & r_{4222} & r_{4223} & r_{4224} & r_{4225} \\ r_{4231} & r_{4232} & r_{4233} & r_{4234} & r_{4235} \end{bmatrix}$$

对政策执行效果的评估 U_{43}。

$$A_{43} \cdot R_{U43} = (0.0228 \quad 0.0239 \quad 0.0486) \begin{bmatrix} r_{4311} & r_{4312} & r_{4313} & r_{4314} & r_{4315} \\ r_{4321} & r_{4322} & r_{4323} & r_{4324} & r_{4325} \\ r_{4331} & r_{4332} & r_{4333} & r_{4334} & r_{4335} \end{bmatrix}$$

$$U_4^1 = A_4 \cdot \begin{pmatrix} U_{41} \\ U_{42} \\ U_{43} \end{pmatrix} = (0.2229 \quad 0.3857 \quad 03914) \begin{pmatrix} U_{41} \\ U_{42} \\ U_{43} \end{pmatrix}$$

⑤执行问责力 U_5。

政策执行专业化程度 U_{51}。

$$A_{51} \cdot R_{U51} = (0.0263 \quad 0.0198 \quad 0.0234) \begin{bmatrix} r_{5111} & r_{5112} & r_{5113} & r_{5114} & r_{5115} \\ r_{5121} & r_{5122} & r_{5123} & r_{5124} & r_{5125} \\ r_{5131} & r_{5132} & r_{5133} & r_{5134} & r_{5135} \end{bmatrix}$$

组织协调程度 U_{52}。

$$A_{52} \cdot R_{U52} = (0.0195 \quad 0.0131 \quad 0.0223) \begin{bmatrix} r_{5211} & r_{5212} & r_{5213} & r_{5214} & r_{5215} \\ r_{5221} & r_{5222} & r_{5223} & r_{5224} & r_{5225} \\ r_{5231} & r_{5232} & r_{5233} & r_{5234} & r_{5235} \end{bmatrix}$$

政府形象与美誉度 U_{53}。

$$A_{53} \cdot R_{U53} = (0.0080 \quad 0.0171 \quad 0.0096)\begin{bmatrix} r_{5311} & r_{5312} & r_{5313} & r_{5314} & r_{5315} \\ r_{5321} & r_{5322} & r_{5323} & r_{5324} & r_{5325} \\ r_{5331} & r_{5332} & r_{5333} & r_{5334} & r_{5335} \end{bmatrix}$$

$$U_5^1 = A_5 \cdot \begin{pmatrix} U_{51} \\ U_{52} \\ U_{53} \end{pmatrix} = (0.4372 \quad 0.3449 \quad 0.2179)\begin{pmatrix} U_{51} \\ U_{52} \\ U_{53} \end{pmatrix}$$

⑥公共住房政策执行力 M 评估的综合评判值。

$$U = A \cdot \begin{pmatrix} U_1^1 \\ U_2^1 \\ U_3^1 \\ U_4^1 \\ U_5^1 \end{pmatrix} = (0.1590 \quad 0.1722 \quad 0.2662 \quad 0.2436 \quad 0.1590)\begin{pmatrix} U_1^1 \\ U_2^1 \\ U_3^1 \\ U_4^1 \\ U_5^1 \end{pmatrix}$$

评判集 $B=(1 \quad 2 \quad 3 \quad 4 \quad 5)^T$。

综合评价值 $M=U \cdot B$。

⑦公共住房政策执行力评估结果。

从综合评判值 M 来看，根据最大隶属度原则，可对公共住房政策执行力进行科学的评估。根据评估加权系数矩阵 $B=(1,2,3,4,5)^{\mathrm{T}}$，故综合评判值为 $M=\{$优，良，中，差，极差$\}$，若 $M\leqslant 1$，则表示优；若 $1<M\leqslant 2$，则表示在优和良之间；若 $2<M\leqslant 3$，则表示在良和中之间；若 $3<M\leqslant 4$，则表示在中和差之间；若 $4<M$，则表示极差。

若按百分制来取等级权重向量，则住房政策执行力：

$$M = \frac{1}{m\sum_{l=1}^{5} r_l}(r_1 \quad r_2 \quad r_3 \quad r_4 \quad r_5)(100 \quad 75 \quad 50 \quad 25 \quad 0)^T$$

（四）公共住房政策执行力评估指标体系可行性验证

1. 信度检验

运用 Cronbach's α 系数法来评定上述评价体系的内部一致性信度。α 信度系数公式为：

$$R_{\alpha} = \frac{K}{K-1}\left(1 - \frac{\sum S_i^2}{S^2}\right)$$

式中 K 为评价体系包含的指标数量，S_i^2 为第 i 个评价指标的方差，S^2 是评价得分的方差。

2. 效度检验

采用内容效度检验方法，即单项和总和的相关效度分析，指调查问卷所采用的题项能否代表所反映的内容或主题。① 内容效度公式为：

$$CV = \frac{n_e - \frac{n}{2}}{\frac{n}{2}}$$

式中 n_e 为评价主体中认为某项指标很好地表示测量对象范畴的人数，n 为评价主体的总人数。当所有评价者都认为执行力评估指标体系适当时 CV 为 1，当认为执行力评估指标体系适当的人数不到半数时，CV 为负数，而所有评价者都认为内容不当时，CV 为 -1。

（五）结论

模糊综合评判结果的可靠性和准确性依赖于合理选取因素、因素的权重分配和综合评判的合成算子等。对公共住房政策执行力进行评判时，根据层次分析法的基本原理，邀请经验丰富的本行专家打分，运用 AHP 算法 YAAHP 软件，可以计算出各种公共住房政策执行力指标的权重。不仅能将专家的主观判断与客观的定量分析相结合，避免了评判过程中的主观性；还为公共住房政策执行力评估指标体系的量化提供了一种新的思路。

公共住房政策执行力评估是公共政策理论研究的重要环节，一个完整的政策过程，除了科学合理地制定政策和有效地加以执行外，还需要对政策执行效果和执行力高低进行评估，以确定政策的

① 莫勇波，刘国刚. 地方政府执行力评价体系的构建及测度[J]. 四川大学学报(哲学社会科学版)，2009(5)：69-76.

价值。但是，由于公共住房政策执行力是一个不断延续的过程，而且很多政策都是同时同步推行的，因此很难单独核算某项住房政策的投入产出，也很难对该项政策执行的成效进行精确评估。正如詹姆斯·威尔逊(James Wilson)所说，“要度量一个机关的输出量常常是很困难的——实际上即使是只对什么是国家部门的输出作一番设想都足以令人头昏脑涨”①。因此，在未来的理论研究和具体实践中，构建符合公共住房政策执行力的评估系统，并对其科学性和有效性进行测算与检验，就成为当前公共治理的新方向。

① ［美］R.J. 斯蒂尔曼. 公共行政学[M]. 李方，潘世强，等，译. 北京：中国社会科学出版社，1988：143.

第 六 章

研究结论与研究展望

在人居领域，如今世界各国都面临同样的问题：“基础设施每况愈下、基本公共服务经费不足、缺少适宜住房等。全球有 40%~50%的城市居民生活在贫民窟中，整个人类住区约 10 多亿人缺少住房或居住条件十分恶劣，至少有 1 亿人无家可归，有 6 亿人的健康和生命正在遭遇环境的威胁。”①实践证明，自由放任的完全市场化模式和政府包办的高度行政化模式都没法恰当地解决住房领域的公平问题，这是住房作为商品和满足居住需求必需品的双重属性所决定。因此，回归住房政策公平的正确选择是区分保障与市场，建立两者并行运营的双轨制模式，即公共住房由政府主导，商品住房由市场主导。对于住房困难家庭，按照实际收入水平的高低，通过提供公共住房和货币补贴等方式，逐步解决低收入群体的住房问题。只有这样，真正意义上的住房公平才有实现可能。

---

① 袁泓，草家. 人居中国成就——联合国人居奖在中国[J]. 城市开发，2001(1)：4-9.

第一节　研究结论与研究创新

一、研究的主要结论

公共住房现已成为一项关系国计民生的重大工程，其建设发展情况直接影响到经济社会的和谐与稳定，在今后很长一段时间内无疑是政府公共服务和社会管理工作的重点。广州市的养老保险、最低工资、住房保障等政策，自改革开放以来一直走在全国前列，是我国最早针对中低收入群体供应公共住房的试点城市之一，并且具有毗邻港澳的地理优势，公共住房的管理模式已相对完善，住房实践经验格外丰富。因此，本书从社会公平的研究视域，对广州市公共住房政策及其执行力现状等相关问题展开系统研究，具有一定的代表性，不仅能及时总结、发现过去存在的不足，为未来广州公共住房的开发建设奠定基础，还能对全国公共住房工作的深入推进具有重要的借鉴意义。主要研究结论如下：

(一)树立住房公平价值观，实现"住有所居"的政策目标

社会公平历来是人类社会追求的理想目标，一国在社会公平保障程度方面的高低，常成为人们判断该国及其政策体制正义与否的主要尺度。自1998年7月《国务院关于进一步深化城镇住房制度改革 加快住房建设的通知》发布以来，我国逐步实现城市住房的实物分配向货币化分配的转化，构建了中低收入家庭的公共住房政策体系，市场机制在住房资源配置方面发挥出重要作用。但是，2003年以来，我国住房市场逐渐暴露出"总量失衡、结构失调、价格上涨过快、公共住房缺位"等一系列问题，城市中低收入家庭的住房负担日益沉重。

在此背景下，本书结合公平理论，着力探讨如何以住房"权利公平、机会公平、规则公平、能力公平、结果公平"为主要内容构建公共住房价值体系，实现"住有所居"的政策目标。住房权利公平是指人们在住房基本规则面前享有同样的资格，它是住房公平的逻辑起点。机会公平强调机会分布的平衡与合理，"事实上，实施

规则公平更具可操作性，因为规则公平不涉及收入的再分配，只是外部环境的净化和改善。只要完善各项法律法规，加强人们的道德意识建设，就可以达到预期的目的"①。在住房机会与程序公平的背后，是把握机会的能力。虽然个人都具有购买任何物品尤其是住房的法律权利，但他们的能力和可能占有的社会资源的多少等因素则会直接影响、限制他们的选择范围和种类。仅仅做到住房权利公平、机会公平和程序公平，还只是一种形式上而非实质上的公平，只有在住房权利、机会、规则、能力公平的基础上，通过对社会贫富状况的适当调节实现住房结果的公平，才意味着社会公平标准的真正实现。

(二)以公共租赁住房供应为主，满足中低收入阶层的住房需求

我国公共住房体制设计存在的问题，诸如住房保障覆盖面小、分配不公平，存在缺位以及"错层"，保障待遇附有严重的"悬崖效应"，产权式与租赁式供给模式相割裂等②，这些迫切需要建立新型的公共住房政策体系。目前大多数城市将廉租房归入公共租赁住房统一管理，是把以前的廉租住房、经济适用住房和公共租赁住房的住房保障系统转变成以大公共租赁住房为主的公共住房政策体系，并将主要发展公共租赁住房作为当今城市公共住房政策执行的重点。如此一来，不但可以解决住房流通交易、住房资源浪费等问题，有效减少权力寻租行为，还能够进一步扩大住房保障覆盖范围，满足中低收入阶层的住房需求。

由于公共住房的本质及其投资收益见效慢的特征，几乎所有国家的公共住房尤其是公租房建设，都会遭遇资金瓶颈。如何科学展开公租房运营、扩大公租房存量，常见模式有：①政府直接出资建设。政府设置专门的公共住房管理机构承担住房开发建设与运营管理，并通过补贴相关机构的方式实现对公租房的宏观调控。②鼓励社会力量参与建设。政府独自建设并管理公共住房，需要大笔资金

① 考持蕾. 追求规则公平 建设和谐社会[J]. 中国财政，2006(7)：76.

② 曾国安，满一兴. 如何深化城镇住房保障制度和住房制度改革[J]. 湘潭大学学报(哲社版)，2014(3)：13-16.

且工作量十分繁重，于是更多国家和地区选择通过财政补助、税收优惠等倾斜性政策，鼓励社会力量参与建造公共租赁住房，然后再以相对低廉的价格供低收入群体租用。在公共租赁住房政策执行过程中，两种模式并行不悖，焦点在于倡导市场力量、民间资本与商业化管理来共同解决公共住房问题。因此本书提出，充分抓住当前“亚投行”创立的契机，推行公租房 REITs，可以有效减缓政府筹建公租房需要的资金压力，实现公租房在世界资本市场的融资。

（三）大力倡导住房货币补贴模式，提升公共住房政策执行力

住房保障是政府的天然职责，“发展中国家通过直接建造公房或资助民营建筑商开发低成本住房，然后售给低收入群体的方式鲜有成功，主要原因是政策定位失当——无视负担能力，偏重出售而不是租赁。”①从我国国情出发，为了在促进社会公平的基础上更好地分配公共住房资源，通过按人头发放租金补贴等形式解决中低收入群体的住房问题不失为一种有益尝试。“住房补贴”是在住房实物分配转为货币分配的过程中，国家行政机关、事业单位以及企业，对无房户或住房面积未达到规定标准的职工提供的专项住房消费资金，以适当提高其住房支付能力，发挥该政策在转型阶段应有的过渡作用。②

从长远来看，随着国家综合实力的进一步提高，结合城乡建设的结构性调整，“租金补助”是一种比社会福利住房（公共住房）建设与实物配给更加有效的方式。实施住房货币补贴政策可以在目前问题较为突出的城市试点，具体操作同样根据经济收入、家庭人数以及当地租金水平进行。具体而言，主要包括：①转变住房消费理念，加快发展房屋租赁市场。一是增加有效供给；二是规范中介行为；三是指导租金价格。②扩大住房补贴范围，提高政策硬性约束力。关键是确定补贴对象，划定一个合理的实施租房货币补贴的群体范围。通过一定时间的过渡，逐渐实施住房补贴与公积金并轨运

① 金俭. 中国住宅法研究[M]. 北京：法律出版社，2004：74.

② 田焱，刘文杰. 住房补贴政策运行中存在的问题及其对策——以成都市相关数据为例[J]. 经济体制改革，2010(1)：154-157.

营，或纳进社会保障系统统一管理，从而规范住房补贴行为，形成可持续发展的长效机制。③减少住房投资行为，促进民间资本建房。一方面应增加住房持有成本，如适时开征物业税；另一方面应大力抑制短期持有后抛售住房牟利的投机行为，除征收营业税、土地增值税外，可考虑加收资本利得税，并且明确民间资本的参与方式。

(四)福利保障与协作治理相结合，提高公共住房政策执行力

住房政策不只是经济政策，更是社会政策的重要组成。将住房仅仅看成经济政策，其 GDP 功能被凸显，而社会功能就被忽视。① 由于住房政策的跨域性质，单纯从经济政策的角度来看，公众可以依据自己的购买力在市场上获得住房，政府的责任主要是确保房地产市场的正常运行。从社会政策的视角分析，住房问题的解决属于“二次分配”，需要政府借助公共财政等手段，为每位公民提供相应的住房。从该种意义而言，住房政策可划入福利政策范畴，政府的职责在于保障这样的福利可持续并且分配公平。② 为了减轻国家财政负担，地方政府部门及其工作人员应当积极努力，不断开拓包括市场在内的其他社会资源，比如来自非营利机构和其他收入家庭的资源，并以多种组合方式来满足民众的多层次住房需求，这即是住房政策领域中的福利多元主义路径。以我国现在的经济社会发展水平来说，除了调整公共租赁住房和经济适用住房政策执行力以外，还需关注旧城改造政策执行中的政府行为，以及扩大住房公积金政策执行力。

协作治理是通过对不同治理机制混合加工后形成的新型治理模式，自该理论被移植到中国以来，为适应我国的具体政策环境，它又必然进行着本土化修正。近些年，我国公共住房政策正朝向市场化的方向发展，由于资源配置差异等引起多元利益主体功能分化，

① 谭羚雁，娄成武. 保障性住房政策过程的中央与地方政府关系——政策网络理论的分析与应用[J]. 公共管理学报，2012(1)：52-63.

② 郭巍青，江绍文. 混合福利视角下的住房政策分析[J]. 吉林大学社会科学学报，2010(2)：128-134.

并产生目标冲突、资源抢夺、利益垄断等社会问题，诸多表征显示现今的公共住房政策系统已经呈现出某些协作性特征。因此，需要采取下列措施：①确立政府促进住房公平的主体地位，如导入 CIS 系统设计政府形象，全面增强执行规划力；②创新公共住房政策执行的技术手段，如应用“沙漏模型”建立网格化管理模式，自主提高执行服从力；③鼓励社会参与、多渠道增加住房供给，广泛提升执行公信力；④完善公共住房政策执行的监督体系，充分落实执行监控力，如提倡多中心治理；⑤设计公共住房政策执行力评估体系，逐步强化执行问责力；如将模糊综合评判法(AHP)应用于公共住房政策执行力的测量及评估，皆不失为公共住房领域的有益探索。

二、研究的创新尝试

第一，核心概念的创新。“公共政策执行力”是一个典型的中国式概念，其出现主要是为了解决当前政策执行不力等行为，由企业执行力演绎而来的政府执行力在公共政策领域的拓展。在对这一概念的具体阐释上，学界一直存在着多元理解和模糊界定问题，缺乏话语共识。鉴于此，本书从社会公平的视角出发，指出“公共住房政策执行力”，即是指政府等住房政策执行主体为了实现既定的住房公平目标，在执行公共住房政策的过程中，鼓励其他社会力量参与建设管理，由此展示出来的住房政策执行规划力、服从力、公信力、监控力及问责力等多种能力的协同整合力。继而在此基础上，提炼出“住房公平”的深刻内涵，包括：住房权利公平、机会公平、规则公平、能力公平以及结果公平。

第二，研究框架的创新。本书在对我国公共住房政策执行力展开深入剖析的过程中，紧扣两条逻辑主线：一是我国城市公共住房政策及其公平性发展轨迹，即“公共住房政策高度行政化阶段(1949—1977 年)→公共住房政策改革探索阶段(1978—1997 年)→公共住房政策市场化发展阶段(1998—2007 年)→公共住房政策双轨运行阶段(2008 年至今)”；二是广州市公共住房政策的历史变迁，即“改革开放前广州市城镇居民住房简况(1949—1978 年)→改革开放后广州市公共住房政策发展情况(1979—2002年)→城市化快速发展时期广州市公共住房政策趋向(2003年至今)”。借助这两条基本线索，本书将“完全福利与市场失灵”“公平欠缺与利益博弈”“社会公平与协作治理”作为重要变量，从宏观(价值观念)、中观(相关政策)、微观(具体举措)层面出发，遵循“一般→个别→一般”的论证思路，绘制出完整的研究框架与内容结构。

第三，研究视角的创新。对于我国城市公共住房问题的研究，虽然成果颇丰，但是由于受到时代和政府现实条件等方面因素的制约，大多研究皆是围绕某一特定住房计划或政策单独展开。比如，关于公共租赁住房、经济适用住房、住房公积金政策的研究，或者是针对某一特殊群体，如“夹心层”及“农民工”阶层等，对现有的住房政策展开抨击。对于公共住房政策执行力方面的研究则寥寥，尽管自对公共住房问题进行研究以来，也有学者强调关注住房领域的分配公平、注重社区发展，但是由于研究始终停留在对某一特定问题进行分析，缺乏完整的政策体系设计，导致研究结果欠缺系统性、全面性和研究深度，进而对实践的指导意义比较有限。本书打破常规，从社会公平的研究视域出发，将公共住房问题与政策执行力紧密结合，并利用福利多元主义和协作治理理论作为分析工具，对公共住房政策作出动态化的系统考量，一定程度上弥补了这一不足。

第四，研究方法的创新。现今已有来自不同领域的学者，从政治学、社会学、经济学、法学、人类学等学科视域，对我国城市公共住房问题进行了不同程度的探讨。这种基于本学科视角的较为单一的研究方法，对于理解和把握重大问题，尤其是与人类生存和发展密切相关的住房公平问题不相适应，容易产生分解研究对象的后果。住房问题牵扯面广，是一项极其复杂艰巨的系统工程。如何厘清政府与市场的边界、如何看待住房在经济社会中的作用、如何提高住房政策的执行效力等都是急需破解的方向性难题。因此，本书拟打破单一学科界限，综合运用多学科理论知识，比如将政治学、社会学与公共政策学进行有机融合，让研究方法紧密围绕研究对象，运用适合于公共住房政策执行力分析的研究工具。

第二节 研究局限与未来展望

一、研究的不足之处

政府制定并不断修改、完善住房政策，目标是为了实现住房社会福利的最大化以及有效矫正住房执行行为的偏差，因此，任何一个国家的住房政策都必然涵盖相关的社会政策与经济政策。住房经济政策关注更多的是市场效率与经济增长，住房社会政策更加强调的是社会公平与居民基本住房需求的满足。① 1998 年以后的近 20 年时间里，我国的住房政策将经济目标放在首位，取得了显著效果。未来 20 年，如果致力于解决当前城市公共住房政策体系中存在的突出问题，就必须把社会目标摆在首要地位，即政府有责任保障每位公民的基本居住需求。

现阶段住房公平政策目标的实现，离不开下列问题的解决，一是进一步健全并完善土地供应政策及相关补助政策，确保公共住房建设用地来源的持续性与稳定性。二是通过财税、金融等政策工具与手段，合理引导居民的住房消费，避免对住房盲目投资、投机等非理性行为；控制商品房价格上涨速度，使房价始终维持在中等收入群体能够承受的范围内。三是公共住房建设的主旨在于更好地满足低收入阶层的住房需求，并与外来务工人员及农民工等群体在城市流动的现实相适应。四是建立长期稳定的住房产权模式与收益模式，积极动员社会资金开发、经营管理公共住房，保障住房供应的总量与水平。②

然而，由于本人专业的局限性和研究范围的确定性，对与公共住房建设密切相关的财税政策、金融政策、土地政策等缺乏深入分

---

① 程大涛. 中国住房政策社会目标及供应体系重构的设想[J]. 经济学家，2010(12)：50-57.

② 高培勇. 新型城市化背景下的住房保障[M]. 北京：中国财政经济出版社，2012：25.

析与论述。加之时间及其他限制因素，本书仍存在诸多不足：①公共住房政策处于动态发展之中，论文研究很难达成长期的同步跟踪调查，特别是资金、人力及社会资源有限，使得相关一手资料及统计数据的收集不够全面，对说服力产生不利影响。②我国的公共住房建设还处在行政管控阶段、政治性目的较强，研究内容比较抽象，因此本书多侧重于定性分析，缺乏具体公共住宅小区的定量研究，造成对公共住房问题的理解停留在政策解释层面，对未来公共住房系统的构想也只是居于理论方面的考虑，这是本书的局限所在。③由于对公共住房政策执行力的全面、深入研究，不仅需要哲学、政治学、行政管理学方面的理论，还需要法学、经济学、社会学、统计学等方面的知识，这一研究对跨学科能力的要求如此之高，而笔者学识水平十分有限，因而某些观点可能还不够成熟，研究论证也存在一定缺陷及片面性，相关对策建议还需经过实践的检验，所有这些都有待进一步完善。

二、研究的发展展望

2001 年世界住房日的主题是：没有贫民窟的城镇。由此看来，住房公平问题已成为全球各国政府共同关注的话题，住房政策即是关于满足政府确认和评估住房需求的政策。① 从发达国家或地区公共住房的演变历程不难看出，公共住房政策的执行内容与方式，一直随着外在环境条件的改变不断进行着动态调整。当住房严重短缺、供给远不能满足需求时，城市房价与居民家庭平均支付能力差异明显，政府需要提供覆盖面广、调控力度较强的公共住房政策。这时政府常常出台大量干预住房建设与分配的公共政策，保障方式多采取直接投资建设公共住房，增大住房供给量。然而，当住房短缺危机得到暂时解除后，运用市场机制治理住房难题就成为当仁不让的选择，政府集中力量解决的是最低收入阶层的住房需求，保障

① Peter Somerville. Nigel Sprigings. Housing and Social Policy：Contemporary Themesand Critical Perspectives[M]. London and New York：Taylor & Francis Group，2005：5.

方式常采取房租补贴，即本书中所提及的住房货币补贴形式。

如同住房改革一样，中国政府的住房政策一开始就带有探索性，即“摸着石头过河”的烙印。2013 年 12 月，中央城镇化工作会议上提出“两横三纵”城市化战略格局，如图 6-1 所示①，究竟应该提供怎样的住房政策才具有科学性，仍属于极富争议性的话题，政府部门也在长期寻找一套适合当前城市化快速发展现实的行之有效的住房政策。因此，本书的目的并非系统、全面地阐释中国的住房政策，而是从历史的角度回顾过去几十年间住房政策的改革与变化，并以一线城市广州市住房政策发展演变及具体执行情况为例，试图找出其中带有普适性的规律因素，为未来住房政策的制定与执行力的提升提供些许有益启示。

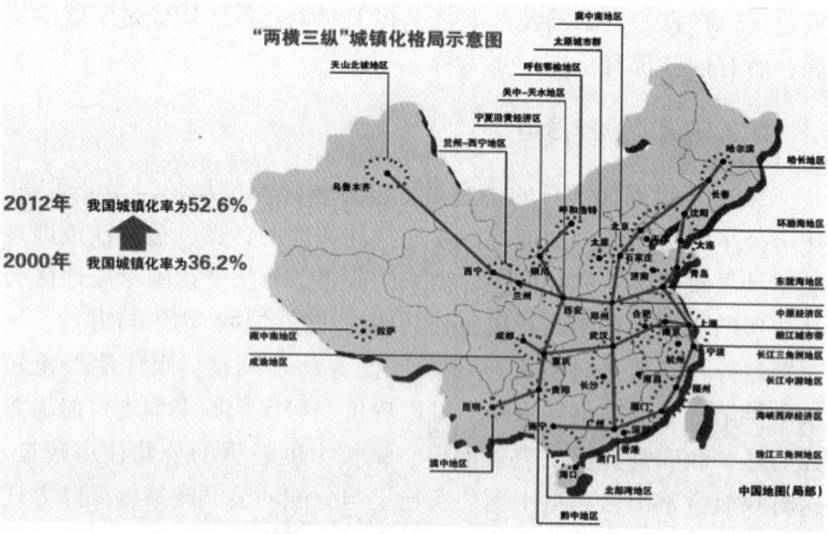

图 6-1 我国“两横三纵”城镇化格局示意图

公共住房政策和公共卫生、基础教育及其他社会福利政策一

① “两横三纵”，即是指陇海亚欧大陆桥和长江沿线的“两横”，以及沿海、京广和包昆通道沿线的“三纵”。

样，也是特定社会政治、经济和文化的产物，并受制于相应的环境。所以，贯穿公共住房政策的核心是如何在公平与效率之间、福利分配与市场调节之间达致平衡。作为以公平价值观为基础构建的社会，如果在住房权利与机会、规则与结果等方面不能有所作为，将会从根基上动摇并瓦解整个国民经济，而公共住房与租赁市场的培育成为关键。就中国现实而言，住房市场化改革产生的积极效应是，城市居民的居住条件得到极大改善，并促成住房经济主动或被动地成为国民经济的主导，维系着“高投资、高增长”的中国经济模式。但衍生的消极影响与危机是，当大量被创造出来的财富投向住房这一固定资产，并使少部分群体享受住房价格过快增长带来的财富快乐时，社会普通人群几乎被长久剥夺了平等参与市场竞争的机会，进而形成的社会阶层对立可能导致社会结构崩塌的风险。

从经济发展模式而言，地产经济在带动短期投资行业的繁荣时，代价是将社会消费能力转为固定且长期化，从而形成投资大、消费低的不平衡格局，这一格局的固化与住房价格上涨带来的强化将严重阻碍中国经济结构转型。近代人类历史上，没有任何国家是依靠“土地投机”与“房价非理性上涨”来完成工业化与城市化的进程，并使民众变得更为富裕，我们必须认识到地产经济与土地财政赋予的繁荣假象于经济而言不可持续，于社会而言更是危机四伏。因此，从发达国家住房政策的经验与教训可知，各国住房政策的差异，最大限度地反映出某个国家对于经济平衡、市场机制和公平价值取向认识的不同，但无论是以公共或社会住房的形式，还是以私人出租管制的形式，政府均须对住房市场加以各种形式的干预，同时谨慎地、限制性地使用金融工具对住房市场进行调节，有效避免金融风险，减少一国财政对房地产行业的依赖。

公共住房政策执行力的高低不仅受到住房政策执行主体、客体、对象、机制、环境等因素的干扰，还与其执行规划力、服从力、公信力、监控力、问责力等多种整合力密切相关，是一项涉及政府、市场与民生的多学科、多层次、多方向、综合性研究课题。由于时间仓促、水平有限，本书难免存在诸多不足，还有不少问题需要持续展开深入细致的研究。例如，居民收入情况及住房需求分析、公共租赁住房占比分析、公共住房社区建设规模研究、房地产开发商参与公共住房建设的可行性分析、公共住房的运营管理研究等。应当看到，现实中住房政策在解决中低收入阶层的住房困难问题时，不免受到各种因素的制约，包括地方政府的财政承受能力、土地资源配置程度、低收入家庭的支付水平等，我们不能单纯地指望作为政策执行主体的政府能在短期内将这些问题一次性解决。这是一项长期而艰巨的任务，只能力求在繁荣房地产市场的同时，最大限度地保障中低收入阶层的住房需求，实现“住有所居”的社会公平目标。

参考文献

一、英文文献

[1]Sally Adamson. The Politics of Improvement Grants: A Survey of Local Authority Procedures for Implementing Housing Improvement Policies[J]. Town Planning Review, 1974, 45(4): 375-386.

[2]James F. O'Connell. Room to Move: Contemporary Alyawara Settlement Patterns and their Implications for Aboriginal Housing Policy[J]. Mankind, 1977, 11(2): 119-131.

[3]Raymond J. Struyk. The Need for Local Flexibility in U. S. Housing Policy[J]. Policy Analysis, 1977, 3(4): 471-483.

[4]E. G. Pryor. Housing in Hong Kong[M]. Hong Kong: Oxford University Press, 1983: 106-109.

[5]Michael Ball, Michael Harloe, Maartje Martens. Housing and Social Change in Europe and the USA[M]. London: Routledge, 1988: 199-213.

[6]Michael H. Lang. Homelessness Amid Affluence: Structure and

Paradox in the American Political Economy[M]. New York: Praeger Publishers, 1989: 181.

[7]David Clapham, Peter Kemp, Susan J. Smith. Housing and Social Policy[M]. Houndmills: Macmillan Education Ltd, 1990: 23-40.

[8]Gil Shidlo. Housing Policy in Developing Countries[M]. London & New York: Routledge, 1990: 1-4.

[9]Kosta Mathey. Housing Policies in the Socialist Third World[M]. London: Mansell Publishing Limited, 1990: 3-10.

[10]Christopher J. C. Mafico. Urban Low Income Housing in Zimbabwe[M]. Aldershot: Avebury, 1991: 147-148.

[11]Peter Williams. Directions in Housing Policy: Towards Sustainable Housing Policies for the UK[M]. London: Paul Chapman Publishing Ltd, 1997: 190-191.

[12]Jeanne M. Wolfe. Canadian Housing Policy in the Nineties[J]. Housing Studies, 1998, 13(1): 121-133.

[13]Bae-Gyoon Park. Where do Tigers Sleep at Night? The State's Role in Housing Policy in South Korea and Singapore[J]. Economic Geography, 1998, 74(3): 272-288.

[14]Barrie Needham, Roelof Verhage. Housing and Land in Israel and the Netherlands: A Comparison of Policies and Their Consequences for Access to Housing[J]. The Town Planning Review, 1998, 69(4): 397-423.

[15]Piyush Tiwari, Jyoti Parikh. Affordability, Housing Demand and Housing Policy in Urban India. Urban Studies, 1998, 35(11): 2111-2129.

[16]Helen Cope. Housing Associations: The Policy and Practice of Registered Social Landlords[M]. Houndmills: Macmillan Press Ltd, 1999: 257-292.

[17]Charles E. Daye, Otto J. Hetzel, James A. Kushner, etc. Housing and Community Development[M]. Durham: Carolina Academic Press, 1999: 545-561.

[18]John Doling. Housing Policies and the Little Tigers: How Do They Compare with Other Industrialised Countries[M]. Housing Studies, 1999, 14(2): 229-250.

[19]Hal Pawson, Keith Kintrea. Part of the Problem or Part of the Solution? Social Housing Allocation Policies and Social Exclusion in Britain[J]. Journal of Social Policy, 2002, 31(4): 643-667.

[20] Tony O' Sullivan, Kenneth Gibb. Housing Economics & Public Policy[M]. Malden: Blackwell Science, 2003: 152.

[21]Laurence Murphy. To the Market and Back: Housing Policy and State Housing in New Zealand[J]. Geo Journal, 2004, 59(2): 119-126.

[22]Feyzullah Yetjin, Natalijia Lepkova. A Comparative Analysis on Housing Policies in Turkey and Lithuania[J]. International Journal of Strategic Property Management, 2007, 11(1): 47-64.

[23] Kathryn Forbes. Bureaucratic Strategies of Exclusion: Land Use Ideology and Images of Mexican Farmworkers in Housing Policy[J]. Human Organization, 2007, 66(2): 196-209.

[24]Ian Greener, Martin Powell. The Evolution of Choice Policies in UK Housing, Education and Health Policy[J]. Journal of Social Policy. 2008, 38(1): 63-81.

[25]D. Bradford Hunt. Blueprint for Disaster: The Unraveling of Chicago Public Housing [M]. Chicago: The University of Chicago Press, 2009: 13.

[26]Sasha Tsenkova. Housing Policy Reforms in Post Socialist Europe: Lost in Transition[M]. Heidelberg: Physica-Verlag, 2009: 2-4.

[27]Paul Adrian Peters. Spatial Segregation in Complex Urban Systems: Housing and Public Policy in Santiago, Chile. Unpublished Doctor's Dissertation[D]. The University of Texas at Austin, Austin, Texas, 2009.

[28]Elizabeth Debicka, Avi Friedman. From Policies to Building: Public Housing in Canada's Eastern Arctic 1950s to 1980s[J]. Canadian

Journal of Urban Research, 2009, 18(2): 25-39.

[29] Sandra Newman, Howard Goldman. Housing Policy for Persons With Severe Mental Illness[J]. Policy Studies Journal, 2009, 37(2): 299-324.

[30] Alan Morris. Contentment and Suffering: The Impact of Australia's Housing Policy and Tenure on Older Australians[J]. Australian Journal of Social Issues, 2009, 44(4): 363-377.

[31] Daniel Keath Fetter. Federal Policy and the Mid-century Transformation in U. S. Housing Markets[D]. Unpublished Doctor's Dissertation, Harvard University, Cambridge, Massachusetts, 2010.

[32] Andrea Marie Kathleen Gill. A Decent Home in a Suitable Environment: The Struggles to Desegregate Public Housing in New York City, Chicago, and Los Angeles[D]. Unpublished doctor's dissertation, University of California, Santa Barbara, California, 2010.

[33] Adrienne M. Holloway. Suburban Municipal Characteristics That Attract Housing Choice Voucher Households: A Test of the Tiebout Hypothesis[D]. Unpublished Doctor's Dissertation, Northern Illinois University, DeKalb, Illinois, 2010.

[34] Margaret Hodgins, Verna McKenna. Social Welfare, Housing and Health Policy and the Determinants of Quality of Life for Older People in the Republic of Ireland[J]. Quality in Ageing and Older Adults, 2010, 11(2): 19-28.

[35] Peter J. Wallison. Government Housing Policy and the Financial Crisis[J]. Cato Journal, 2010, 30(2): 397-406.

[36] Uche A. Oluku. A Comparative Analysis of the Effectiveness of the HOPE VI Program in Revitalizing Conventional Public Housing Sites: A Multiple Case Study in St. Louis[D]. Unpublished Doctor's Dissertation, University of Missouri-St. Louis, St. Louis, Missouri, 2011.

[37] Shawn R. Moulton. Essays on Housing Policy and Community Development[D]. Unpublished Doctor's Dissertation, University of

Notre Dame, Notre Dame, Indiana, 2011.

[38] Jim Silver. Good Places to Live: Poverty and Public Housing in Canada[M]. Nova Scotia: Fernwood Publishing, 2011: 10-11.

[39] Carlos Teixeira. Finding a Home of Their Own: Immigrant Housing Experiences in Central Okanagan, British Columbia, and Policy Recommendations for Change [J]. Journal of International Migration and Integration, 2011, 12(2): 173-197.

[40] Danielle Havicon Sandler. Externalities of Public Policy[D]. Unpublished Doctor's Dissertation, University of California. Davis, California, 2012.

[41] Mohammed Yahaya Ubale, David Martin, Seow Ta Wee. Comparative Study between Malaysia and NigeriaI Formal Low Cost Housing Policy Issues [J]. Asian Economic and Financial Review, 2013, 3(7): 923-947.

二、中文文献

1. 著作类

[1][美]詹姆斯·M. 布坎南. 自由、市场与国家[M]. 吴良健, 等, 译. 北京: 北京经济学院出版社, 1988.

[2][美]约翰·罗尔斯. 正义论[M]. 何怀宏, 等, 译. 北京: 中国社会科学出版社, 1988.

[3][美]汤姆·L. 彼彻姆. 哲学的伦理学[M]. 雷克勤, 等, 译. 北京: 中国社会科学出版社, 1990.

[4][美]詹姆斯·E. 安德森. 公共决策[M]. 唐亮, 译. 北京: 华夏出版社, 1990.

[5][日]药师寺泰藏. 公共政策[M]. 张丹, 译. 北京: 经济日报出版社, 1991.

[6][英]弗里德利希·冯·哈耶克. 自由秩序原理(上)[M]. 邓正来, 译. 北京: 三联书店, 1997.

[7][美]保罗·萨缪尔森, 威廉·诺德豪斯. 经济学[M]. 萧琛, 等, 译. 北京: 华夏出版社, 1999.

[8][美]迈克尔·麦金尼斯. 多中心治道与发展[M]. 毛寿龙，译. 上海：上海三联书店，2000.

[9][美]迈克尔·麦金尼斯. 多中心体制与地方公共经济[M]. 毛寿龙，等，译. 上海：上海三联书店，2000.

[10][印度]阿马蒂亚·森. 伦理学与经济学[M]. 王宇，等，译. 北京：商务印书馆，2000.

[11][英]莱昂内尔·罗宾斯. 经济科学的性质和意义[M]. 朱泱，译. 北京：商务印书馆，2000.

[12][英]弗里德利希·冯·哈耶克. 法律、立法与自由(第一卷)[M]. 邓正来，等，译. 北京：中国大百科全书出版社，2000.

[13][美]B·盖伊·彼得斯. 政府未来的治理模式[M]. 吴爱明，等，译. 北京：中国人民大学出版社，2001.

[14][美]罗伯特·K. 默顿. 社会研究与社会政策[M]. 林聚任，等，译. 北京：三联书店，2001.

[15][英]亚当·斯密. 国民财富的性质和原因的研究[M]. 郭大力，等，译. 北京：商务印书馆，2002.

[16][英]迈克尔·博兰尼. 自由的逻辑[M]. 冯银江，等，译. 长春：吉林人民出版社，2002.

[17][美]詹姆斯·W. 费斯勒，唐纳德·F. 凯特尔. 行政过程的政治：公共行政学新论[M]. 陈振明，等，译. 北京：中国人民大学出版社，2002.

[18][美]约翰·罗尔斯. 作为公平的正义：正义新论[M]. 姚大志，译. 上海：上海三联书店，2002.

[19][挪威]A. 艾德等. 经济、社会和文化的权利[M]. 黄列，译. 北京：中国社会科学出版社，2003.

[20][美]乔治·弗雷德里克森. 公共行政的精神[M]. 张成福，等，译. 北京：中国人民大学出版社，2003.

[21][加拿大]简·雅各布斯. 美国大城市的死与生[M]. 金衡山，译. 南京：译林出版社，2005.

[22][美]罗纳德·德沃金. 至上的美德：平等的理论与实践[M]. 冯克利，译. 南京：江苏人民出版社，2007.

[23][澳]欧文·E. 休斯. 公共管理导论(第3版)[M]. 张成福，等，译. 北京：中国人民大学出版社，2007.

[24][美]詹姆斯·安德森. 公共政策制定(第5版)[M]. 谢明，等，译. 北京：中国人民大学出版社，2009.

[25][波兰]彼得·什托姆普卡. 默顿学术思想评传[M]. 林聚任，等，译. 北京：北京大学出版社，2009.

[26][丹麦]哥斯塔·埃斯平·安德森. 福利资本主义的三个世界[M]. 苗正民，滕玉英，译. 北京：商务印书馆，2010.

[27][瑞典]吉姆·凯梅尼. 从公共住房到社会市场：租赁住房政策的比较研究[M]. 王韬，译. 北京：中国建筑工业出版社，2010.

[28][英]萨拉·格林. 我们还能住哪儿[M]. 黄茹茹，等，译. 武汉：华中科技大学出版社，2010.

[29][美]威廉·邓恩. 公共政策分析导论(第二版)[M]. 谢明，等，译. 北京：中国人民大学出版社，2010.

[30][美]托马斯·戴伊. 理解公共政策(第十二版)[M]. 谢明，译. 北京：中国人民大学出版社，2011.

[31][英]保罗·贝尔琴等. 全球视角中的城市经济[M]. 刘书瀚，等，译. 长春：吉林人民出版社，2011.

[32][日]佐藤健正. 英国住宅建设：历程与模式[M]. 王笑梦，译. 北京：中国建筑工业出版社，2011.

[33][日]平山洋介. 日本住宅政策的问题：展望"自有房产社会"的将来[M]. 丁恒，译. 北京：中国建筑工业出版社，2012.

[34][英]朱莉·鲁格. 英国青年人住房政策[M]. 陈立中，译. 北京：中国建筑工业出版社，2012.

[35][英]戴维·莫林斯，艾伦·穆里. 英国住房政策[M]. 陈立中，译. 北京：中国建筑工业出版社，2012.

[36][美]阿列克斯. 施瓦兹. 美国住房政策(第二版)[M]. 陈立中，译. 北京：中国社会科学出版社，2012.

[37][美]爱德华·L. 格莱泽，约瑟夫·乔科. 美国联邦住房政策反思[M]. 陈立中，等，译. 北京：中国建筑工业出版

社，2012.

[38][英]弗里德里希·哈耶克. 自由宪章[M]. 杨玉生，等，译. 北京：中国社会科学出版社，2012.

[39][德]约翰·艾克豪夫. 德国住房政策[M]. 毕宇珠，丁宇，译. 北京：中国建筑工业出版社，2012.

[40][美]罗伯特·诺奇克. 合理性的本质[M]. 葛四友，陈昉，译. 上海：上海译文出版社，2012.

[41][美]詹姆斯·W. 费斯勒，唐纳德·F. 凯特尔. 公共行政学新论：行政过程的政治(第二版)[M]. 陈振明等译，北京：中国人民大学出版社，2013.

[42][印度]阿马蒂亚·森. 以自由看待发展[M]. 任赜，等，译. 北京：中国人民大学出版社，2013.

[43][美]米尔顿·弗里德曼，罗丝·弗里德曼. 自由选择[M]. 张琦，译. 北京：机械工业出版社，2013.

[44]蔡德容. 中国城市住宅体制改革研究[M]. 北京：中国财政经济出版社，1987.

[45]杨鲁，王育琨. 住房改革：理论的反思与现实的选择[M]. 天津：天津人民出版社，1992.

[46]卢有杰. 安居工程——社会保障性商品房体系[M]. 北京：中国建筑工业出版社，1994.

[47]蔡德容. 中国城镇住房制度改革研究[M]. 长沙：湖南出版社，1996.

[48]田东海. 住房政策：国际经验借鉴和中国现实选择[M]. 北京：清华大学出版社，1998.

[49]成思危. 中国城镇住房制度改革：目标模式与实施难点[M]. 北京：民主与建设出版社，1999.

[50]厉以宁. 中国住宅市场的发展与政策分析[M]. 北京：中国物价出版社，1999.

[51]王微. 住房制度改革[M]. 北京：中国人民大学出版社，1999.

[52]刁田丁. 政策学[M]. 北京：中国统计出版社，2000.

[53]包宗华. 发达国家住房管理制度[M]. 北京：时事出版社，2001.

[54]姚玲珍. 中国公共住房政策模式研究[M]. 上海：上海财经大学出版社，2003.

[55]陈伯庚，顾志敏，陆开和，等. 城镇住房制度改革的理论和实践[M]. 上海：上海人民出版社，2003.

[56]褚超孚. 城镇住房保障模式研究[M]. 北京：经济科学出版社，2005.

[57]王晓瑜，郭松海，张宗坪，等. 住房社会保障理论与实务[M]. 北京：中国经济出版社，2006.

[58]陈劲松. 公共住房浪潮[M]. 北京：机械工业出版社，2006.

[59]贾康，刘军民. 中国住房制度改革问题研究：经济社会转轨中"居者有其屋"的求解[M]. 北京：经济科学出版社，2007.

[60]文林峰. 城镇住房保障[M]. 北京：中国发展出版社，2007.

[61]朱亚鹏. 住房制度改革政策创新与住房公平[M]. 广州：中山大学出版社，2007.

[62]刘颖. 中国廉租住房制度创新的经济学分析[M]. 上海：上海人民出版社，2007.

[63]王阿忠. 中国住宅市场的价格博弈与政府规制研究[M]. 北京：中国社会科学出版社，2007.

[64]冯俊. 住房与住房政策[M]. 北京：中国建筑工业出版社，2009.

[65]吴立范. 美英住房政策比较[M]. 北京：经济科学出版社，2009.

[66]李斌. 分化的住房政策：一项对住房改革的评估性研究[M]. 北京：社会科学文献出版社，2009.

[67]余南平. 欧洲社会模式：以欧洲住房政策和住房市场为视角[M]. 上海：华东师范大学出版社，2009.

[68]王巍，牛美丽. 公民参与[M]. 北京：中国人民大学出版

社，2009.

[69]马智利. 我国保障性住房运作机制及其政策研究[M]. 重庆：重庆大学出版社，2010.

[70]郭玉坤. 中国城镇住房保障制度设计研究[M]. 北京：中国农业出版社，2010.

[71]徐虹. 城市公共住房供应研究[M]. 北京：经济科学出版社，2010.

[72]马光红，田一淋. 中国公共住房理论与实践研究[M]. 北京：中国建筑工业出版社，2010.

[73]景天魁，毕天云，高和荣，等. 当代中国社会福利思想与制度[M]. 北京：中国社会出版社，2011.

[74]刘琳. 我国城镇住房保障制度研究[M]. 北京：中国计划出版社，2011.

[75]满燕云，隆国强，景娟，等. 中国低收入住房：现状及政策设计[M]. 北京：商务印书馆，2011.

[76]罗应光，向春玲，等. 住有所居：中国保障性住房建设的理论与实践[M]. 北京：中共中央党校出版社，2011.

[77]张振华. 中国房地产市场发展过程中的利益群体与政府角色[M]. 天津：南开大学出版社，2011.

[78]余南平. 世界住房模式比较研究：以欧美亚为例[M]. 上海：上海人民出版社，2011.

[79]邱道持. 保障性住房建设的理论与实践[M]. 重庆：西南师范大学出版社，2012.

[80]张祚. 公共商品住房分配及空间分布问题理论与实践[M]. 北京：中国建筑工业出版社，2012.

[81]金俭. 中国住房保障：制度与法律框架[M]. 北京：中国建筑工业出版社，2012.

[82]任兴洲. 中国住房市场发展趋势与政策研究[M]. 北京：中国发展出版社，2012.

[83]易成栋. 中国城市家庭住房选择的时空变动和社会分化研究[M]. 北京：北京大学出版社，2012.

[84]陶雪良. 城市公共住房政策设计[M]. 北京：社会科学文献出版社，2012.

[85]丘浔. 均衡公平与效率：中国快速城镇化进程中的房地产市场调控模式[M]. 北京：中国建筑工业出版社，2012.

2. 论文类

[1]Dinyar Lalkaka. 中国的城市住房问题[J]. 现代外国哲学社会科学文摘，1985(4)：48-51.

[2][澳]S. N. 塔克. 澳大利亚的住房补贴计划[J]. 外国经济与管理，1985(4)：25-27.

[3][日]宫尾尊弘. 住房政策的经济分析[J]. 外国经济与管理，1985(6)：25-26.

[4][韩]黄持渊. 试论韩国住房政策的演变和住房的特点[J]. 中国行政管理，2000(8)：43-45.

[5][新]李光耀. 新加坡的公共住房政策：得失之间的政治与地产[J]. 中外房地产导报，2005(6)：48-49.

[6][韩]金银姬. 韩国公共住房政策对中国的启示[J]. 城市开发，2006(11)：83-85.

[7][英]Ian Cook. 英国公共住房政策和立法的发展及其对中国的启示：以利物浦为中心的案例分析[J]. 政治与法律，2008(2)：26-31.

[8][韩]金大鸿. 从韩国的公共住房制度看中国保障性住房制度的建立[J]. 经济导刊，2008(2)：83-84.

[9][韩]金大鸿. 由韩国发展经验看中国构建多层次住房体系[J]. 学术论坛，2008(12)：148-150.

[10][德]比约恩·埃格纳. 德国住房政策：延续与转变[J]. 德国研究，2011(3)：14-23.

[11][新]Tai-Chee Wong，Adriel Yap. 新加坡：从普遍提供公共住房到满足日益增长的私人住房需求[J]. 经济社会体制比较，2013(4)：94-108.

[12]胡其翰. 关于社会主义房租的性质和计租标准问题的探讨[J]. 学术月刊，1957(10)：50-53.

[13]赵懿翔. 上海住房居住潜力问题研究[J]. 学术月刊, 1958(4): 44-49.

[14]许绍基. “自建公助”是解决职工住宅问题的一个好办法[J]. 劳动, 1958(7): 15-21.

[15]阎培德. 我国城市住宅商品化问题初探[J]. 河南师大学报(社会科学版), 1981(2): 57-62.

[16]孙鸣阳. 论城市职工住房分配和房租制度的改革[J]. 经济研究, 1983(7): 56-62.

[17]孟繁森. 应创立一门研究党和国家生命的学科: 政策学[J]. 政法论坛, 1985(2): 70-73.

[18]张秋舫. 住宅商品化是我国经济体制改革的一项重大政策[J]. 北京大学学报(哲学社会科学版), 1986(6): 23-29.

[19]王培元. 关于我国住房制度改革的探索[J]. 深圳大学学报(人文社会科学版), 1989(3): 39-45.

[20]李国庆. 试论我国城市住宅的建设主体和分配问题[J]. 社会学研究, 1990(4): 58-72.

[21]齐亮. 我国住房制度改革的情况和建议[J]. 经济社会体制比较, 1991(3): 7-12.

[22]金行仁, 钟金生. 新加坡住房发展及其经验[J]. 经济社会体制比较, 1991(3): 13-14.

[23]黄瑞. 关于城市住房改革问题的理论探讨[J]. 贵州社会科学, 1991(5): 29-32.

[24]刘士余. 城镇住房制度改革与居民消费结构的调整[J]. 财经研究, 1991(9): 29-35.

[25]张强, 卢有杰. 我国城市住房制度改革探讨[J]. 建筑经济, 1994(1): 45-48.

[26]孙启明. 我国城市住房制度改革中的两个误区[J]. 经济纵横, 1994(7): 33-35.

[27]侯淅珉. 对我国住房分配状况及其结果的再认识[J]. 中国房地产, 1994(9): 18-24.

[28]于凤荣, 王殿春. 提高我国公共政策执行力的对策研

究[J]. 行政论坛, 1995(3): 11-13.

[29]乔木森. 东欧中亚国家的住房制度改革[J]. 东欧中亚研究, 1995(6): 73-79.

[30]曾国安. 住房市场“冷”的思考[J]. 中外房地产导报, 1995(8): 15-16.

[31]张敦胜. 城镇居民住房制度改革的几个理论问题[J]. 中国经济问题, 1997(5): 62-65.

[32]林坚, 冯长春. 美国的住房政策[J]. 国外城市规划, 1998(2): 6-10.

[33]黄启臣. 国有企业职工住房制度的改革[J]. 中山大学学报(社会科学版), 1998(4): 116-126.

[34]尹伯成, 史庆文. 略论住房由实物分配向货币化分配的转变[J]. 复旦学报(社会科学版), 1998(4): 17-20.

[35]辜胜阻, 李正友. 住房双轨制改革与住宅市场启动[J]. 社会学研究, 1998(6): 103-110.

[36]孟晓苏. 住房政策的国际经验与启示[J]. 中国软科学, 1998(7): 101-108.

[37]王维. 中国住房政策执行的障碍性因素分析: 史密斯模型的一个解释[J]. 中国行政管理, 1998(12): 58-65.

[38]郭长禄, 王家庭. 住房分配货币化: 住房制度改革的现实选择[J]. 财经问题研究, 1999(2): 53-57.

[39]邓宏乾. 英国公共住宅政策的发展及其启示[J]. 经济学动态, 2000(2): 76-78.

[40]冯宗容. 房改攻坚: 住房保障制度的构建[J]. 四川大学学报(哲学社会科学版), 2001(3): 47-52.

[41]宋博通. 20世纪美国低收入阶层住房政策研究[J]. 深圳大学学报(理工版), 2002(3): 65-72.

[42]胡昊. 荷兰住房保障体系及启示[J]. 中国房地产, 2002(4): 63-65.

[43]李艳玲. 20世纪30年代美国城市公有住房建设初探[J]. 华东师范大学学报(哲学社会科学版), 2003(4): 115-120.

[44]周林洁. 德国住房保障制度值得借鉴[J]. 城市开发, 2003(6): 22-24.

[45]皮正茂. 关于我国公共政策执行力的思考[J]. 湖北师范学院学报(哲学社会科学版), 2005(2): 4-6.

[46]褚超孚. 城镇住房保障规模影响因素的相关分析研究[J]. 浙江大学学报(人文社会科学版), 2005(4): 106-112.

[47]李勇辉, 修泽睿. 我国城镇住房制度改革对收入分配影响分析[J]. 当代经济研究, 2005(5): 45-48.

[48]孙功苗, 湛泳. 城镇住房制度改革与收入分配[J]. 求索, 2005(6): 32-34.

[49]李光耀. 新加坡的公共住房政策: 得失之间的政治与地产[J]. 中外房地产导报, 2005(6): 48-49.

[50]莫勇波. 提升地方政府政策执行力的路径选择: 基于制度创新角度的探析[J]. 云南行政学院学报, 2005(6): 63-66.

[51]芦金锋, 王要武. 借鉴日本公营住宅经验建立我国低收入家庭住房租金模型[J]. 土木工程学报, 2005(12): 128-132.

[52]廖俊平, 高垄. 我国经济适用住房与美国可支付住宅的政策比较[J]. 经济社会体制比较, 2007(1): 138-193.

[53]魏杰, 王韧. 我国住房制度的改革路径: 基于住房商品的特殊性质[J]. 经济体制改革, 2007(2): 5-11.

[54]赖华东, 蔡靖方. 城市住房保障政策效果及其选择[J]. 经济评论, 2007(3): 136-140.

[55]阎明. 发达国家住房政策的演变及其对我国的启示[J]. 东岳论丛, 2007(4): 1-11.

[56]冯宗容. 我国住房保障制度的模式选择、实施原则及对策探析[J]. 经济体制改革, 2007(4): 141-144.

[57]李莉, 王旭. 美国公共住房政策的演变与启示[J]. 东南学术, 2007(5): 48-54.

[58]周国雄. 论公共政策执行力[J]. 探索与争鸣, 2007(6): 34-37.

[59]殷华方, 潘镇. 中央-地方政府关系和政策执行力: 以外

资产业政策为例[J]. 管理世界，2007(7)：22-36.

[60]宁国良，周东升，陆小成. 基于公共治理范式的地方政府政策执行力研究[J]. 湘潭大学学报(哲学社会科学版)，2007(7)：15-18.

[61]周国雄. 提升公共政策执行力的制度分析[J]. 中共福建省委党校学报，2007(8)：39-42.

[62]陶学荣，吕华. 政府政策执行力与公信政府的构建[J]. 江西社会科学，2007(9)：225-229.

[63]谢庆奎，陶庆. 政府执行力探索[J]. 中国行政管理，2007(11)：9-13.

[64]朱亚鹏. 中国住房领域的问题与出路：政策网络的视角[J]. 武汉大学学报(哲学社会科学版)，2008(3)：345-351.

[65]朱亚鹏. 中国住房保障政策分析：社会政策视角[J]. 公共行政评论，2008(4)：76-94.

[66]徐虹. 保障性住房政策的选择运用[J]. 中央财经大学学报，2008(6)：13-18.

[67]王学杰. 我国公共政策执行力的结构分析[J]. 中国行政管理，2008(7)：62-65.

[68]刘丽荣. 保障性住房的合理供给与梯度消费模型的构建[J]. 建筑经济，2008(10)：42-45.

[69]张祚，李江风，刘艳中，黄琳. 经济适用房运行机制下的城市居住空间分异与社会公平：以武汉为例[J]. 中国软科学，2008(10)：37-43.

[70]王学杰. 对提高政策执行力的思考[J]. 行政论坛，2009(4)：38-41.

[71]王先柱，赵奉军. 保障性住房对商品房价格的影响：基于1999—2007年面板数据的考察[J]. 经济体制改革，2009(5)：143-147.

[72]邓宏乾. 以“住有所居”为目标的住房制度改革探讨[J]. 华中师范大学学报(人文社会科学版)，2009(5)：41-48.

[73]何植民，李彦娅. 公共精神：提升地方政府政策执行力的

关键因素[J]. 云南行政学院学报，2009(6)：39-41.

[74]许才明. 乡镇政府公共政策执行力问题研究[J]. 学术论坛，2009(9)：70-73.

[75]申喜连. 论公共政策的执行力：问题与对策[J]. 中国行政管理，2009(11)：41-44.

[76]蔡冰菲. 保障性住房建设中地方政府与中央政府的博弈分析[J]. 社会科学家，2009(12)：40-43.

[77]黄小虎. 我国城镇住房制度改革思路的演变[J]. 红旗文稿，2010(1)：32-33.

[78]陈菊香. 地方政府政策执行力的削弱行为及其提升路径[J]. 四川省社会主义学院学报，2010(3)：49-51.

[79]王玉琼. "政策领导力"及其解读：以社会保障性住房政策为例[J]. 中国行政管理，2010(6)：65-68.

[80]宁国良，刘辉. 成本-效益分析：公共政策执行力研究的新视角[J]. 中国行政管理，2010(6)：61-64.

[81]王学杰. 对政策执行力涵义的再思考[J]. 学习论坛，2010(8)：44-48.

[82]余劲，袁南南. 保障性住房补贴方式探析[J]. 湖北社会科学，2010(10)：55-58.

[83]吴迪，高鹏，董纪昌. 保障性住房违规出租问题的博弈分析和治理研究[J]. 管理评论，2011(2)：3-10.

[84]郑思齐，廖俊平，任荣荣，曹洋. 农民工住房政策与经济增长[J]. 经济研究，2011(2)：73-86.

[85]吕维霞，王永贵，赵亮. 保障性住房新政下公众对政府评价的实证研究：以北京市为例[J]. 国家行政学院学报，2011(4)：106-110.

[86]成志刚，曹平. 我国城镇低收入群体住房保障政策实施的现状、问题及对策[J]. 湘潭大学学报(哲学社会科学版)，2011(6)：36-40.

[87]唐云松，张胥. 保障性住房规模影响因素分析：以长沙市为例[J]. 求索，2011(7)：20-22.

[88]苟兴朝. 挤出还是挤入：公共财政投资对私人投资影响分析——兼论我国公共保障性住房政策效应[J]. 求实，2011(9)：42-45.

[89]罗自刚. 公共政策执行力：从价值博弈到宪政之治[J]. 中共山西省委党校学报，2012(1)：75-78.

[90]林梅. 中国保障性住房建设面临的困境及路径选择[J]. 中共中央党校学报，2012(2)：83-86.

[91]魏丽艳. 保障性住房公平分配的准入退出机制研究[J]. 东南学术，2012(3)：40-48.

[92]王学杰. 政策执行力：地方政府改革发展的核心竞争力[J]. 行政论坛，2012(3)：24-27.

[93]张建坤，王效容，吴丽芳. "蚁族"保障性住房的 PPP 模式设计[J]. 东南大学学报(哲学社会科学版)，2012(3)：41-45.

[94]丁煌，汪霞. "关系运作"对地方政府政策执行力的影响及思考[J]. 新视野，2012(6)：61-65.

[95]刘雪明，李春蓉. 保障性住房政策执行中的地方政府责任分析[J]. 中国房地产，2012(7)：30-36.

[96]韩冰，毛程连. 保障性住房建设的新构想与财政对策[J]. 中国行政管理，2012(11)：46-50.

[97]刘亚臣，徐佳欣，刘宁，董帅. 公平导向下商品房和保障性住房均衡供应研究[J]. 科技进步与对策，2012(18)：72-75.

[98]何元斌，王雪青. 创新我国保障性住房的融资模式研究[J]. 经济问题探索，2013(1)：29-35.

[99]罗立. 政策执行力研究综述：现状、问题与发展[J]. 北京航空航天大学学报(社会科学版)，2013(2)：1-5.

[100]徐元善，孙台维. 论乡镇政府政策执行力提升的伦理意蕴[J]. 中国行政管理，2012(3)：78-80.

[101]刘雪明，廖东岚. 地方政府政策执行力评价体系的运用分析[J]. 西北工业大学学报(社会科学版)，2012(4)：15-21.

[102]程建明，程皓. 政府公共服务政策执行力弱化原因及对策探讨[J]. 经济问题，2012(12)：36-40.

[103]李莉. 美国新政时期的公共住房政策探析[J]. 厦门大学学报(哲学社会科学版), 2013(3): 59-66.

[104]丁煌, 周丽婷. 地方政府公共政策执行力的提升: 基于多中心治理视角的思考[J]. 江苏行政学院学报, 2013(3): 112-118.

[105]张浩淼. 澳大利亚公共住房分配体制及其启示[J]. 社会科学家, 2013(3): 68-71.

[106]刘雪明, 廖东岚. 论平衡计分卡在公共政策执行力评价体系构建中的应用[J]. 山西师大学报(社会科学版), 2013(3): 32-35.

[107]刘小康. 论公共政策执行力及其影响因素[J]. 新视野, 2013(5): 60-63.

[108]马辉民, 漆鹏飞, 侯浙珉, 刘昌猛. 提高我国保障住房分配公平性研究——基于住房保障管理信息系统的分析[J]. 中国房地产, 2013(6): 52-59.

[109]吴莹, 陈俊华. 保障性住房的住户满意度和影响因素分析: 基于香港公屋的调查[J]. 经济社会体制比较, 2013(7): 109-117.

[110]杨瑛. 借鉴德国经验, 加快建设以公租房为主的住房保障体系[J]. 城市发展研究, 2014(2): 77-82.

[111]丁煌, 汪霞. 地方政府政策执行力的动力机制及其模型构建: 以协同学理论为视角[J]. 中国行政管理, 2014(3): 95-99.

[112]曾国安, 满一兴. 如何深化城镇住房保障制度和住房制度改革[J]. 湘潭大学学报(哲学社会科学版), 2014(3): 13-16.

3. 学位论文

[1]郭玉坤. 中国城镇住房保障制度研究[D]. 成都: 西南财经大学博士论文, 2006.

[2]彭晓华. 基于效率与公平的我国城镇住房发展模式研究[D]. 广州: 暨南大学博士论文, 2007.

[3]马光红. 社会保障性商品住房问题研究[D]. 上海: 同济大学博士论文, 2007.

[4]李莉. 美国公共住房政策的演变[D]. 厦门：厦门大学博士论文，2008.

[5]田一淋. 基于 PIPP 模式的公共住房保障体系研究[D]. 上海：同济大学博士论文，2008.

[6]崔竹. 城镇住房分类供应与保障制度研究[D]. 北京：中共中央党校博士论文，2008.

[7]余南平. 欧洲社会模式：以欧洲住房市场和住房政策为视角[D]. 上海：华东师范大学博士论文，2008.

[8]周卫嘉. 网络关系、保障性住房政策对住房价格的影响研究[D]. 长春：吉林大学博士论文，2010.

[9]尚秋瑾. 我国都市圈发展中的城市政府执行力研究[D]. 北京：中央民族大学博士论文，2010.

[10]马建平. 中国保障性住房制度建设研究[D]. 长春：吉林大学博士论文，2011.

[11]龙雯. 公共住房保障中的政府责任研究[D]. 长沙：湖南大学博士论文，2012.

[12]李允. 中国大都市保障性住房政策实施的困境与出路分析[D]. 长春：吉林大学博士论文，2012.

[13]吴永宏. 中国城市住房保障制度设计与实践运行研究：以南通为例[D]. 苏州：苏州大学博士论文，2013.

[14]葛怀志. 基于需求视角的公共住房撮合分配模型研究[D]. 武汉：华中科技大学博士论文，2013.

[15]焦杨. 基于量化分析的我国城镇低收入者住房福利研究[D]. 北京：清华大学博士论文，2013.

附　　录

广州市人民政府办公厅关于印发广州市公共租赁住房保障办法的通知

穗府办规〔2016〕9号

各区人民政府，市政府各部门、各直属机构：

《广州市公共租赁住房保障办法》业经市人民政府同意，现印发给你们，请认真贯彻执行。执行中遇到问题，请径向市住房城乡建设委反映。

广州市人民政府办公厅

2016年7月18日

广州市公共租赁住房保障办法

第一章　总则

第一条　为完善本市住房保障体系，加强公共租赁住房保障，规范住房租赁补贴发放和公共租赁住房建设、运营与使用，根据《公共租赁住房管理办法》(住房城乡建设部令第11号)、《广东省城镇住房保障办法》(广东省人民政府令第181号)等要求，结合本市实际，制定本办法。

第二条　本办法所称的公共租赁住房保障，是指按照规定的条件通过发放住房租赁补贴、提供公共租赁住房等方式，以解决本市城镇户籍中等偏下收入住房困难家庭为主的住房保障制度。

来穗务工人员等其他群体的公共租赁住房保障，另行制定相关办法。

第三条　本市规划、计划、建设、分配、使用和管理公共租赁住房，发放住房租赁补贴，实施公共租赁住房保障，适用本办法。

第四条　本市公共租赁住房保障应当遵循政府主导、社会参与、适度保障、公开、公平、公正的原则。

第五条　市政府统筹全市公共租赁住房保障工作，对涉及全市公共租赁住房保障的重大事项进行决策、协调和监督。

各区政府负责统筹辖区内公共租赁住房保障的具体实施工作，进一步完善本辖区公共租赁住房保障体制、机制。

第六条　市住房城乡建设委是全市公共租赁住房保障行政主管部门，负责组织建立和完善公共租赁住房保障体系，拟订全市公共租赁住房保障中长期发展规划和年度计划，负责指导、监督全市公共租赁住房保障工作。

市住房保障办公室(下称市住房保障部门)是全市公共租赁住房保障工作的具体实施机构，负责公共租赁住房筹集、资格审核、住房租赁补贴计发、房屋分配、房屋使用后续监管等工作，指导各区住房保障部门开展公共租赁住房保障相关工作。

民政部门负责审查核实公共租赁住房保障申请家庭的经济状况；住房保障部门负责审查核实其住房困难状况；发展改革、国土规划、财政、人力资源和社会保障、卫生计生、公安、税务、金融、监察、审计等政府相关职能部门按照职责分工，协同做好公共租赁住房保障相关工作。

各区住房保障部门负责辖区内公共租赁住房筹集、住房困难状况审查核实、房源配租、房屋使用后续监管以及违规行为查处等工作，会同相关职能部门做好保障资格复核、资格期满审查等相关工作，并配合市住房保障部门做好查处骗取市本级公共租赁住房保障违规行为等工作。

各街道办事处(镇政府)负责辖区内公共租赁住房保障的申请受理、资格初审等工作。

各区住房保障部门、街道办事处(镇政府)相关工作经费纳入市、区两级财政预算。

第二章 规划与建设

第七条 市住房城乡建设委应会同发展改革、国土规划等部门制定公共租赁住房保障中长期发展规划和年度建设计划，报市政府批准后向社会公布。

第八条 公共租赁住房通过新建(含配建)、改建、购买、租赁、接管以及接受捐赠等方式筹集。鼓励采取政府与社会资本合作、政府购买等方式实施公共租赁住房建设。

第九条 公共租赁住房可以集中新建，也可以在普通商品住宅项目或结合城市更新改造项目按需配建。配建的公共租赁住房比例原则上应在年度全市建设用地供应计划和年度城市更新改造实施计划中确定。具体可按照国家和省的政策要求并结合房地产市场情况适时调整。

国土规划部门应在建设项目用地出让合同中，明确配建的公共租赁住房总建筑面积、单套建筑面积、套数、套型比例、建设标准、建设时序、配建方式、交楼时间及方式、产权管理、物业管理、违约责任等内容。

配建的公共租赁住房原则上集中建设，与所在项目的商品住宅统一规划，同步建设、配套和交付，配建房源所在位置及户型应取得建设项目用地出让合同中约定的接收方的意见。建成后的公共租赁住房根据土地出让合同无偿移交市住房保障部门管理的，应向全市符合公共租赁住房保障条件的家庭供应。

第十条　公共租赁住房建设用地纳入土地利用年度计划，所需新增建设用地计划指标应保尽保、实报实销。依法收回的闲置用地，应优先安排用于公共租赁住房建设。

第十一条　政府投资建设的公共租赁住房用地，采取划拨方式供应。公共租赁住房项目配套的经营性设施，按本市相关规定征收土地出让金。

第十二条　公共租赁住房以满足基本居住需求为原则。新建的成套公共租赁住房，单套建筑面积控制在 60 平方米以下，以 40 平方米左右为主；以集体宿舍形式建设的公共租赁住房，应执行国家宿舍建筑设计规范，人均住房建筑面积不低于 5 平方米。

第十三条　公共租赁住房项目近期建设实施规划(或项目建议书)、可行性研究报告应当按照国家、省、市有关规定进行编制，充分论证项目建设的必要性和可行性。为完善公共租赁住房周边配套，鼓励公共租赁住房与周边配套市政公用设施整体立项、同步实施。

第十四条　对于独立建设的公共租赁住房建设项目，需符合国家对社会生活环境噪声标准的规定，在控制建筑密度，保证日照、通风、消防和绿地率的前提下，可按照本市保障性住房规划审批有关容积率规定的上限执行。

公共租赁住房项目设计必须按规划要求配置足够的配套公共服务设施和市政公用设施，配套公共服务设施比例应不小于住宅建筑面积的 11%，其中，商业服务设施比例应按不大于住宅建筑面积的 5%进行设置。

第十五条　纳入年度建设计划的公共租赁住房项目，纳入市重点项目管理，并按市重点建设项目报批绿色通道规定办理审批事项。

第十六条 公共租赁住房工程严格按国家、省、市有关建筑工程质量安全标准规范和建设程序进行勘察、设计、施工和验收，工程质量应达到设计文件和承包合同规定的质量标准。工程项目实行分户验收制度和质量终身负责制。建设单位须在建筑物明显部位设置质量责任永久性标牌，接受社会监督。

第十七条 公共租赁住房项目的住宅部分应整体确权，由不动产登记部门在不动产权证上注明权利性质为“公共租赁住房”字样，备注“不得分割登记、分割转移登记和分割抵押登记，但可以依法整体(整幢)抵押、整体(整幢)转让，转让后公共租赁住房性质不变”。

配套经营性设施可以独立登记，可以依法转让、出租。

第十八条 市、区人民政府应当建立与公共租赁住房保障需求相适应的资金保障机制。

公共租赁住房保障资金可以按下列渠道筹集：

(一)中央和省安排的专项补助资金；

(二)市、区财政年度预算安排资金；

(三)每年从土地出让净收益提取不低于13%的资金；

(四)提取贷款风险准备金和管理费用后的住房公积金增值收益余额；

(五)地方政府债券转贷收入；

(六)单位住房基金增值收益；

(七)可以纳入的其他资金。

第十九条 充分利用现有资源，组织开展金融创新试点，根据国家关于政府性债务管理有关规定，探索通过公共租赁住房股权信托基金、发行债券、社保基金等渠道，筹措各类中长期低息贷款等用于公共租赁住房融资保障工作。

第二十条 公共租赁住房建设按照国家现行有关规定免收各项行政事业性收费和政府性基金；依法落实国家现行有效的税收优惠政策。

第三章 申请与准入

第二十一条 城镇户籍中等偏下收入住房困难家庭申请公共租

赁住房保障的，原则上以家庭为单位申请。申请家庭应当推举 1 名具有完全民事行为能力的家庭成员作为申请人，其他家庭成员为共同申请人。共同申请人与申请人之间应当具有法定赡养、抚养、扶养关系。

具有完全民事行为能力且年满 30 周岁的单身申请人可独立申请；年满 16 周岁的孤儿，具有完全民事行为能力的，也可以独立申请。

第二十二条　申请公共租赁住房保障应当同时符合下列条件：

（一）申请人及共同申请人应当具有本市城镇户籍，并在本市工作或居住，但以下两种情况除外：

1. 申请人配偶及未年满 18 周岁子女非本市城镇户籍但在本市工作或居住的，应当作为共同申请人；

2. 户籍因就学、服兵役等原因迁出本市的，可以作为共同申请人。

（二）申请之月前 12 个月家庭可支配收入、家庭资产净值符合政府公布的标准。收入标准实行动态调整，由市住房城乡建设委根据本市经济社会发展水平和住房价格水平，参照城镇居民人均可支配收入的一定比例确定，报市政府批准后公布执行。

（三）在本市无自有产权住房，或现自有产权住房人均建筑面积低于 15 平方米（或人均居住面积低于 10 平方米，下同）；租住的直管房住宅、单位公房人均建筑面积低于 15 平方米。家庭自有产权住房人均建筑面积超过 9 平方米不足 15 平方米的，只能申请住房租赁补贴。

（四）申请人及共同申请人未享受购买安居房、经济适用住房、拆迁安置新社区住房、落实侨房政策专用房等购房优惠政策。

第二十三条　符合以下情形的住房或住房份额，其面积纳入申请对象自有产权住房面积核定范围：

（一）拥有合法产权的住房，含宅基地住房；

（二）已办理预购商品住宅预告登记的住房；

（三）暂未办理继承手续的应继承份额的住房；

（四）已签订拆迁安置协议但未回迁的住房；

（五）其他实际取得的住房。

第二十四条 申请人申请公共租赁住房保障应当向户籍所在地街道办事处（镇政府）递交公共租赁住房保障申请表、居民家庭经济状况核对申报表及户籍、收入、资产、住房、婚育状况等相关证明材料；递交申请时须选择领取住房租赁补贴或轮候公共租赁住房，申请承租公共租赁住房的申请人须选择拟承租公共租赁住房的区域意向。申请人应当对申报信息的真实性、完整性负责。

街道办事处（镇政府）对申请人提出的申请，应当根据下列情况分别作出处理：

（一）申请材料存在错误，可以当场更正的，应当允许申请人当场更正。

（二）申请材料不齐全或者不符合法定形式的，应当当场或者在5个工作日内一次性告知申请人需要补正的全部内容，逾期不告知的，自收到申请材料之日起即为受理。除不可抗力外，自告知之日起10个工作日内，申请人未按要求补正申请材料的，视为放弃本次申请。

（三）申请材料齐全的，街道办事处（镇政府）应予以受理，并出具受理凭证，街道办事处（镇政府）受理后录入住房保障管理系统。

（四）不予受理的，街道办事处（镇政府）应书面告知并说明理由。

第二十五条 街道办事处（镇政府）应当自接到申请材料之日起20个工作日内对申请人的户籍、家庭人员结构、婚育状况等进行初审并在申请受理所在地公示，公示时间不少于20日。

对公示情况有异议的组织和个人，应当在公示期内向街道办事处（镇政府）实名举报，街道办事处（镇政府）应当自接到异议之日起10个工作日内完成调查核实。经初审不通过或公示异议核实成立的，应于20日内书面告知申请人并说明理由。

经公示无异议或经核实异议不成立的，街道办事处（镇政府）将申请材料和审核意见提交区住房保障部门及民政部门审核。

第二十六条 区住房保障部门应会同民政部门自收到申请对象

信息和初审意见之日起 30 个工作日内进行复核。其中，区住房保障部门负责对申请对象家庭住房困难情况进行核查；区民政部门负责对申请对象家庭经济状况进行审查核实，并将审核意见书面反馈区住房保障部门。

区住房保障部门、民政部门在审核过程中，发现申请人提交的材料不符合规定的，应自发现之日起 3 个工作日内向申请人出具补充相关资料通知书，并通过街道办事处(镇政府)发给申请人。街道办事处(镇政府)应督促申请人自收到书面通知之日起 10 个工作日内补正材料，并自收到申请人补正资料之日起 3 个工作日内将相关资料递交给区住房保障部门或民政部门。除不可抗力外，申请人未在规定时间内按要求补正材料的，视为放弃本次申请。

申请人对民政部门家庭经济状况审核结果存有异议申请复核的，复核时间按照本市居民家庭经济状况核对政策执行。

区住房保障部门应自收到民政部门审核意见之日起 5 个工作日内将复核合格的申请家庭情况报送市住房保障部门；不合格的，区住房保障部门应于 20 日内书面告知申请人并说明理由。

第二十七条　市住房保障部门将复核合格的申请对象情况在市政府部门网站进行公示，公示时间不少于 20 日。对公示的情况有异议的组织和个人，应当在公示期内向市住房保障部门书面提出，市住房保障部门应当会同民政部门自接到异议之日起 10 个工作日内组织完成调查核实。经核实异议成立的，应于 20 日内书面告知申请人并说明理由。

经公示无异议或经核实异议不成立的，市住房保障部门应当在 3 个工作日内批准申请人取得公共租赁住房保障资格。选择领取住房租赁补贴的，自获得公共租赁住房保障资格的次月起领取；选择轮候公共租赁住房的，自获得公共租赁住房保障资格之日起进入轮候程序，其中民政部门认定的低保、低收入或市总工会认定的特困职工住房困难家庭(以下简称双特困家庭)可自获得公共租赁住房保障资格的次月起领取住房租赁补贴，至签订公共租赁住房租赁合同的次月为止。

第四章 租赁补贴与配租

第二十八条 住房租赁补贴标准按照人均保障建筑面积、家庭人口、补贴标准、收入水平、区域等因素确定，并实行动态化管理，由市住房城乡建设委根据本市经济社会发展水平、保障对象收入层次以及市场租金水平等因素进行调整，报市政府批准后向社会公布。

第二十九条 住房租赁补贴期限为5年。市住房保障部门对领取住房租赁补贴的对象应当发放住房租赁补贴通知书。通知书应载明住房租赁补贴标准、补贴期限、补贴发放起止时间、补贴对象权利义务等内容。

下列停止发放住房租赁补贴情形应当在通知书中列明：

(一)已承租直管房住宅或单位公房的保障对象，在领取住房租赁补贴后未在3个月内向产权单位退回原租住的直管房住宅或单位公房的；

(二)依法应当停止发放住房租赁补贴的其他情形。

市住房保障部门应每月将住房租赁补贴存入保障对象提供的银行账号。

第三十条 公共租赁住房实行轮候分配。市住房保障部门对经审核取得公共租赁住房轮候资格的申请对象实行轮候管理，具体轮候配租细则由市住房保障部门另行制订并公布。

申请对象只限申请承租1套公共租赁住房。配租房型应与申请对象人数相对应。行动不便的残疾人、老年人等优先分配出入方便、楼层较低的公共租赁住房。

第三十一条 公共租赁住房的租金以单套建筑面积计算，租金标准应当结合市场租金水平、保障对象支付能力等因素确定，由市、区发展改革部门会同同级住房保障行政主管部门报同级人民政府批准后执行。

承租政府建设筹集的公共租赁住房的户籍中等偏下收入家庭，按照家庭收入情况，实行差别化租金，采取租金减免方式分档计租。

双特困家庭或政府已有文件明确可享受租金优惠政策的对象按优惠租金标准计租。无收入或者低收入的孤寡老人免交租金。

廉租住房并入公共租赁住房管理的租金计收另有规定的，从其规定。

第三十二条　公共租赁住房租赁合同期限为5年。租赁期满符合条件的保障对象可以申请续租。租赁合同应载明房屋的基本情况、租金标准、租金收取方式、租赁期限、物业服务费的承担、履约保证金、合同解除情形、违约责任、双方权利义务等内容。

下列合同解除情形应当在租赁合同中列明：

（一）在公共租赁住房内或楼宇公共部位存放法律禁止存放的易燃、易爆、剧毒、放射性物品等危害公共安全物品，经住房保障部门警告后未及时整改的；

（二）已承租直管房住宅或单位公房的家庭，在入住公共租赁住房后，未在1个月内退回原租住的直管房住宅或单位公房的；

（三）依法应当解除合同的其他情形。

第三十三条　住房保障期间，保障对象因家庭收入、资产、住房、人员结构和婚育状况等变化影响到公共租赁住房保障资格和标准的，应当自变动之日起1个月内如实向户籍所在地街道办事处（镇政府）申报，街道办事处（镇政府）、区住房保障部门及区民政部门应按程序审核，并将审核情况报送市住房保障部门。经审核，仍符合公共租赁住房保障条件的，按对应的保障标准调整住房租赁补贴或改签租赁合同；不再符合公共租赁住房保障条件的，按照第四十二条规定退出公共租赁住房保障。

第三十四条　政府建设筹集的公共租赁住房租金收入按照政府非税收入管理的规定上缴同级财政，实行收支两条线管理；维修养护费用主要通过公共租赁住房租金收入以及配套经营性设施租金收入解决，不足部分由财政预算安排解决。

第三十五条　公共租赁住房小区物业管理，由产权单位组建或选聘的专业物业服务公司承担。政府投资建设的公共租赁住房应由市、区住房保障部门按规定统一选聘专业物业服务公司，按不高于市发展改革部门制定的政府指导价向承租人收取物业管理费。政府通过其他渠道筹集的公共租赁住房原则上与所在项目纳入统一的物业管理，共享小区公共服务和配套设施。

第三十六条　对入住政府建设筹集的公共租赁住房的户籍中等偏下收入住房困难家庭，政府可给予适当物业管理费补贴，具体补贴标准和方式由市、区住房保障部门会同财政部门确定后报同级人民政府审定。

第五章　期满审查与退出

第三十七条　享受公共租赁住房保障后，保障对象出现下列情形之一的，应当按规定退出公共租赁住房保障：

（一）家庭收入、资产超过规定标准的；

（二）购买、受赠、继承或通过其他途径获得住房，不再符合本办法规定的住房困难标准的；

（三）出现其他不符合公共租赁住房保障条件的情形的。

第三十八条　领取住房租赁补贴及承租政府公共租赁住房的保障对象须在保障期限届满前3个月进行资格期满审查，程序如下：

（一）保障对象向户籍所在地街道办事处（镇政府）递交公共租赁住房保障期满审查表、居民家庭经济状况核对申报表及相关证明材料，申报家庭人口、收入、资产、住房、婚育等情况。资料齐全的，街道办事处（镇政府）应当出具受理凭证。

（二）街道办事处（镇政府）应当在10个工作日内对保障对象申报情况进行核查，加具初审意见后同时提交区住房保障部门和民政部门。

（三）区住房保障部门、民政部门按照第二十六条第一款规定进行复核。经复核通过的，区住房保障部门于3个工作日内核定保障对象公共租赁住房保障资格和保障标准后报送市住房保障部门。经复核不通过的，区住房保障部门应于3个工作日内报市住房保障部门取消其保障资格。市住房保障部门应自取消资格之日起20日内书面告知保障对象并说明理由。

（四）市住房保障部门将复核通过的申请对象情况在市政府部门网站进行公示，公示时间不少于20日。对公示的情况有异议的组织和个人，应当在公示期内向市住房保障部门书面提出，市住房保障部门应当会同民政部门自接到异议之日起 10 个工作日内组织完成调查核实。经核实异议成立的，取消其保障资格，并自取消资格之日起 20 日内书面告知保障对象并说明理由。

（五）经公示无异议或经核实异议不成立的，市住房保障部门应当在 3 个工作日内批准申请人取得公共租赁住房保障资格，并自期限届满次月起按对应的保障标准调整住房租赁补贴或续签公共租赁住房租赁合同。

第三十九条　保障对象按期提交期满审查资料的，如保障期限届满之日未完成期满审查，保障期限届满日之后的审查期间（以下简称期满后审查）停止发放住房租赁补贴，承租公共租赁住房的按公布的同期公共租赁住房租金标准计租，不给予租金减免。

经期满审核仍符合公共租赁住房保障条件的，自期限届满次月起按对应的保障标准调整住房租赁补贴或续签租赁合同，并补发期满后审查期间的租赁补贴，期满后审查期间多缴交的租金用于抵扣后续的租金；不符合条件的，按照第四十二条规定退出公共租赁住房保障。

第四十条　保障对象未按期提交申报材料进行资格期满审查的（不可抗力除外），自保障期限届满之日起，领取住房租赁补贴的，停止对其发放住房租赁补贴；承租公共租赁住房的，承租人应在 1 个月内结清有关费用并腾退公共租赁住房，暂时无法腾退的，给予 6 个月的过渡期，过渡期内按公布的同期公共租赁住房租金标准计租，不给予租金减免。过渡期满，逾期拒不腾退的，按照同期、同区域、同类型普通商品住宅市场租金的 2 倍计租，出租人可依法申请人民法院强制执行，并可将其行为载入本市个人信用联合征信系统。

保障对象可在保障期满之日起 3 个月内补交期满审查资料，经审核仍符合公共租赁住房保障条件的，从审核通过次月起享受对应的保障，停发的住房租赁补贴不予补发。经审核不再符合公共租赁住房保障条件的，按照第四十二条规定退出公共租赁住房保障。

第四十一条　已取得住房保障资格的保障对象应当配合住房保

障等相关职能部门依法开展的抽查、定期核查、举报核查等工作，并自收到相关职能部门要求补充提交相关资料的书面通知之日起10个工作日内，提交相关资料。除不可抗力外，保障对象未按期提交相关资料、拒不配合住房保障等相关职能部门开展相关工作的，认定为隐瞒虚报行为，相关职能部门可按规定处理。

第四十二条 经审核不再符合公共租赁住房保障资格的家庭，按以下办法退出公共租赁住房保障：

（一）领取住房租赁补贴的，给予6个月的过渡期，过渡期内发放住房租赁补贴的50%，过渡期满停止发放住房租赁补贴。

（二）承租政府公共租赁住房的，承租人应在1个月内结清有关费用并腾退公共租赁住房，暂时无法腾退的，给予6个月的过渡期。其中，原按优惠租金标准计租的，过渡期内按公房成本租金标准的50%计租；原按租金核减方式计租的，过渡期内可核减的租金为原租金减免额的50%。过渡期满，承租人须腾退公共租赁住房；确实无法腾退的，可申请续租1年，并按照公布的同期公共租赁住房租金标准计租，不给予租金减免；1年期满后必须腾退公共租赁住房，逾期拒不腾退的，按照同期、同区域、同类型普通商品住宅市场租金的2倍计租，出租人可依法申请人民法院强制执行，并可将其行为载入本市个人信用联合征信系统。

承租人主动申请退出公共租赁住房的，应向出租人或其委托机构提出解除租赁合同的书面申请。

第六章 社会力量参与

第四十三条 政府鼓励用人单位等社会力量通过直接投资、间接投资、参股、委托代建等方式参与公共租赁住房建设、运营和管理。

社会力量投资的公共租赁住房，应纳入全市住房保障中长期规划或年度计划。按照国家有关规定享受税收优惠政策，免收各种行政事业性收费和政府性基金。

第四十四条 公益类事业单位投资建设公共租赁住房的，在取得投资部门立项以及市住房城乡建设委同意列入保障性住房建设计划的批文后，其建设用地可采取划拨方式供应。其他方式投资建设公共租赁住房，属于利用符合城市规划的自有建设用地的，在取得投资部门立项以及市住房城乡建设委同意列入保障性住房建设计划的批文后，可采取协议出让方式取得建设用地使用权；需使用新增建设用地的，应以招拍挂公开出让方式供应建设用地使用权。

第四十五条　用人单位投资的公共租赁住房，原则上向本单位无房职工供应，具体的准入条件和分配方案由用人单位制订，经工会或职代会同意后，报送所在区住房保障部门后实施；有剩余房源的，可向其他符合公共租赁住房保障条件的对象供应。

其他社会力量投资的公共租赁住房，主要向公共租赁住房轮候对象供应，具体的分配方案由公共租赁住房的所有权人或者其委托的运营单位确定，报送所在区住房保障部门后实施。

社会力量投资的公共租赁住房，分配结果报送所在区住房保障部门。

第四十六条　社会力量投资的公共租赁住房，租金标准不得高于政府公布的本地区公共租赁住房租金标准上限。具体租金标准由公共租赁住房的所有权人或者其委托的运营单位确定，报所在区住房保障部门与发展改革部门后实施。

第四十七条　社会力量投资的公共租赁住房，租金收入归公共租赁住房的所有权人或者其委托的运营单位所有，维修养护费用由所有权人或者其委托的运营单位承担。

社会力量投资的公共租赁住房由其所有权人或者其委托的运营单位自行管理，并受所在区住房保障部门监督。

第七章　监督与责任

第四十八条　市住房保障部门应当会同相关部门建立健全公共租赁住房管理信息系统，整合房屋管理、不动产登记、公安、教育、民政、社保、计生和社区等的信息资源，完善住房和保障对象档案。

第四十九条　市、区住房保障部门应当通过群众举报、不定期检查、入户调查、信函索证、委托第三方调查取证等方式，加强公共租赁住房保障资格监管和住房使用情况巡查。

第五十条　市、区住房保障部门应当通过本部门政府网站、新闻发布会以及报刊、广播、电视等便于公众知晓的方式向社会公开公共租赁住房年度建设计划、完成情况、分配政策、分配对象、分配房源、分配程序、分配过程、分配结果和退出情况等信息。

市、区住房保障部门、民政部门及街道办事处(镇政府)及其委托的实施单位的工作人员对在公共租赁住房保障工作中知悉的公民个人信息，除按照规定予以公开的信息外，应当予以保密。

第五十一条　公民、法人或其他组织有权对违反公共租赁住房保障规定的行为进行举报、投诉，市、区住房保障部门和其他有关部门应当依法及时处理，并将处理情况反馈给举报、投诉者。

住房保障对象对公共租赁住房工作中的行政管理行为有异议的，可以向有关部门投诉、申诉，或依法提出行政复议、提起行政诉讼。

第五十二条　政府相关职能部门和街道办事处(镇政府)工作人员在规划、计划、资格审核、房源筹集、配租和监督管理等工作中存在玩忽职守、滥用职权、徇私舞弊、索贿受贿等违规违法行为的，依法追究其相关法律责任；涉嫌犯罪的，移送司法机关依法追究刑事责任。

第五十三条　在普通商品住宅项目及城市更新改造项目中配套建设公共租赁住房的土地使用权受让人未按合同约定进行同步建设、同步交付公共租赁住房或擅自改变公共租赁住房位置、面积、户型和设计的，按照合同约定依法追究其违约责任。

第八章　附则

第五十四条　本办法自印发之日起施行，有效期5年。有效期届满，根据实施情况依法评估修订。

《广州市人民政府办公厅关于印发广州公共租赁住房保障制度实施办法(试行)的通知》(穗府办〔2013〕3号)同时废止。

广州市人民政府办公厅关于印发广州市城市更新办法配套文件的通知

穗府办〔2015〕56号

各区人民政府，市政府各部门、各直属机构：

经市人民政府同意，现将《广州市城市更新办法》(市政府令第134号)的配套文件《广州市旧村庄更新实施办法》、《广州市旧厂房更新实施办法》和《广州市旧城镇更新实施办法》印发给你们，请认真组织实施。实施过程中遇到问题，请径向市城市更新局反映。

广州市人民政府办公厅

2015年12月11日

广州市旧村庄更新实施办法

第一章　总则

第一条　为进一步推进和规范本市旧村庄更新改造工作，促进城乡建设协调发展，优化城市生态环境，维护农村集体经济组织和村民的长远利益，根据有关法律法规和《广州市城市更新办法》的规定，结合本市实际，制定本办法。

第二条　本市行政区域范围内，符合旧村庄改造政策且纳入城市更新("三旧"改造)数据库的旧村庄的更新改造，以及经市政府同意，旧村庄与其他存量建设用地、零星农用地统筹整理进行成片更新改造，适用本办法。

第三条　旧村庄更新改造包括全面改造和微改造两种方式：

(一)全面改造。按照城乡规划的要求，难以通过局部改造改善居住环境、完善城市基础设施，须以整体拆除重建为主实施的更新方式。

（二）微改造。以保护历史文化和自然生态、促进旧村庄和谐发展为目的的更新方式，包含整治修缮和局部改造。

整治修缮是对环境较差、公共服务配套设施不完善的旧村庄，以改善居住环境和保护历史文化为目的，通过增加市政公共服务设施，管线下地，打通交通道路、消防通道，对单体建筑进行整治修缮和重建，实现"三线"下地、"雨污分流"，改善人居环境和提升社区功能。

局部改造是保持村庄传统特色风貌，改善居住环境，通过局部拆除、抽疏建筑等办法实施的整治。

第四条 旧村庄全面改造主要包括以下三种模式：

（一）征收储备。由政府整理土地，负责村民住宅和村集体物业复建安置补偿，整理的土地纳入储备后实施公开出让或用于市政公用设施建设，村集体经济组织不参与土地出让收益分成。

（二）自主改造。由村集体经济组织根据批复的项目实施方案自行拆迁补偿安置，由村集体经济组织或其全资子公司申请以协议出让方式获得融资地块开发融资。

（三）合作改造。由村集体经济组织根据批复的项目实施方案和制定的拆迁补偿安置方案，通过市公共资源交易中心公开招标引进开发企业合作参与改造，村集体经济组织可申请将融资地块协议出让给原农村集体经济组织与市场主体组成的合作企业；或者通过融资地块公开出让引入合作企业进行改造。

第五条 旧村庄更新改造应当有利于城乡生态环境改善和产业结构调整，先规划，后实施，严格遵循规划管控。坚持以人为本、规划先行、完善配套、提升公共服务、增进社会和谐，促进经济效益、生态效益和社会效益综合提升。

旧村庄更新改造应当注重保护具有历史文化价值的古村落、古村庄、古村群，坚持"保护优先、民意优先、生态优先、公建优先"原则，立足实际、因地制宜，发掘历史文化内涵、培育特色，打造宜居、宜业、宜游的历史文化古村品牌。

第六条　市城市更新领导机构负责审议旧村庄更新改造重大政策措施，审定城市更新规划、计划和城市更新资金使用安排，审定更新片区策划方案和项目实施方案。

市城市更新部门负责研究起草旧村庄更新改造政策，组织编制旧村庄更新改造中长期规划、年度计划、更新片区策划方案、专项资金使用计划，建立常态的基础数据调查制度，组织各区政府开展基础数据调查工作，建立城市更新数据库，统筹安置房建设使用计划，建立审核协调机制，统筹旧村庄更新改造项目审核，并对项目实施进行监督管理。

各区政府是本辖区旧村庄更新改造工作的责任主体，负责组织编制旧村庄更新改造计划，旧村庄更新改造项目前期摸查，编制片区策划方案、项目实施方案和拆迁补偿安置方案，做好与拆迁补偿安置、项目运作、建设管理相关的维护社会稳定等工作。

各相关行政主管部门在各自法定职责范围内依据市城市更新领导机构的决策开展旧村庄更新改造的相关工作。

第七条　旧村庄改造可多渠道筹集更新资金来源，包括：

(一)市、区财政投入的城市更新资金；

(二)国家有关改造贷款政策性信贷资金以及各级财政的新农村、文明村建设经费；

(三)整理村集体及成片低效土地后节余土地的出让金收入；

(四)参与改造的市场主体投入的更新改造资金；

(五)村集体、村民及其他权属人自筹更新改造经费；

(六)其他符合规定的资金。

第八条　旧村庄更新改造应当与查处违法用地、违法建设相结合。区政府应当建立有效机制，杜绝新增违法用地、违法建设，加大对现状违法用地、违法建设的查处。

镇政府、街道办事处应当开展对辖区内违法建设的日常巡查、发现、制止、拆除、报告等工作，及时有效制止违法建设行为。

村民委员会、村集体经济组织应当自觉加强对本村村民建房的管理，保障村集体共同利益。

第二章 改造策划

第九条 城市更新片区包括旧村庄更新改造的，在片区策划方案中应当明确发展定位、更新策略和产业导向、城市公共配套基础设施设置等内容，进行经济可行性、规划实施可行性的评估，测算安置、复建规模和改造效益。

片区策划方案应当将旧村庄的现有居住人口规模纳入统计，计入公建配套的计算基数，以进一步完善相关配套设施。

第十条 片区策划方案应当根据城市更新数据库中的相关基础数据编制。

城市更新数据库中相关数据尚不健全的，由区政府牵头负责，组织开展调查工作，完善土地、房屋、规划、人口、历史文化遗存等基础数据。

区政府可结合土地调查、地形丈量、有资质的机构对现状土地房屋的测量成果等，获取土地、房屋基础数据。

市城市更新部门应当对区政府调查的基础数据进行审核，符合有关基础数据调查规定的，纳入城市更新数据库。

第十一条 片区策划方案应当确定旧村庄改造范围。旧村庄改造范围由市城市更新部门会同区政府按以下原则确定：

（一）以自然村或行政村形成并纳入城市更新（“三旧”改造）数据库范围的建设用地为基础，根据该集体经济组织集体土地所有权权属范围、土地利用现状图、城市总体规划图、第二次土地调查影像图、新一轮土地利用总体规划图叠加信息，合理确定旧村庄更新改造范围。

（二）旧村庄在全面改造项目用地范围原则上以旧村庄的建设用地范围为基础，属于村集体（含该村属下经济合作社）权属范围的用地应当全部纳入更新改造，可以结合所在地块的特点和周边路网结构，合理整合集体经济发展用地、废弃矿山用地、国有土地等周边土地资源，实施连片整体更新改造。

（三）村集体有留用地指标欠账的，可通过留用地落地的方式将符合城乡规划的村集体土地纳入旧村庄改造范围；村集体没有留用地指标欠账的，可采取村集体申请预支留用地指标或村集体承诺今后发生征地时不再申请留用地等方式，将符合城乡规划的村集体土地纳入旧村庄改造范围。改造范围内的农用地，符合边角地、夹心地、插花地的，不需要抵扣留用地指标。

第十二条　片区策划方案应当确定旧村庄的改造方式和改造模式。

对位于城市重点功能区、对完善城市功能和提升产业结构有较大影响、通过局部改造难以改善居住环境的旧村庄，可以确定为全面改造；对具有历史文化保护价值或基本符合城市规划要求的旧村庄，可以确定为微改造。

对涉及重大基础设施建设或权属复杂、不能实行土地归宗后联合改造或同一主体改造的旧村庄项目，可确定为政府征收储备模式；对权属单一、征求意见获得村集体经济组织成员 80% 以上同意改造的村，可确定为合作改造或自主改造模式，并由区政府在征求意见的基础上确定复建安置总量核算方式，核算方式确定后不得变更。

第十三条　片区策划方案应当综合人口、户籍、现状建筑量等因素，以不突破规划可承载能力，保障改造切实可行为原则，核定旧村庄改造复建安置总量。片区策划方案确定的复建安置总量不得突破。

住宅复建总量按照“栋”或者“户”两种方式进行核定。

以“栋”方式核定的，住宅复建总量按照每栋村民住宅 280 平方米乘以改造范围内合法的村民住宅总栋数或以合法村民住宅建筑基底总面积的 3.5 倍，并以不超过总量 10% 的比例上浮后核定；以“户”方式核定的，住宅复建总量按照每户 280 平方米乘以改造范围内的总户数进行核定，“户”的核定标准按照本市村庄规划建设管理的相关规定执行。住宅复建安置总量不含住宅公建配套建筑面积。本款所称“合法”指有房屋产权证、村镇建房许可证、宅基地证、2007 年 6 月 30 日前的有关批准使用房屋宅基地的证明或区政府实施村民建房登记管理的证明、确认属于一户一宅的建设证明等。

集体经济组织物业复建总量按集体经济组织合法建筑面积 1∶1 核定复建量。对 2007 年 6 月 30 日之前建设的违法建筑，按照现有建筑面积 2∶1 比例核定复建量；对 2007 年 6 月 30 日之后建设的违法建筑，不予核定。本款所称“合法”是指有房屋产权证或合法报建手续。

第十四条　片区策划方案编制阶段，区政府应当组织区城市更新部门、属地镇(街道)就改造意愿、改造方式、模式、复建安置总量核定等，以座谈、问卷、代表会议等多种方式充分征求改造范围内业主意见。

由区政府组织编制的片区策划方案，报市城市更新部门；市城市更新部门组织市有关职能部门进行联合审查后，报市城市更新领导机构审定。

第十五条　片区策划方案经市城市更新领导机构审定后，涉及调整控制性详细规划的，由市城市更新部门或区政府依据经审定的片区策划方案编制控制性详细规划调整论证报告，提出规划方案意见，申请调整控制性详细规划，提交市规划委员会审议并经市政府批准。

第三章　项目实施方案

第十六条　片区策划方案经市城市更新领导机构审定后，由区政府按照规定组织编制项目实施方案。项目实施方案应当委托具有乙级以上规划资质的规划设计单位编制。

项目实施方案应当以纳入城市更新数据库的数据为基础，根据片区策划方案和经批准的控制性详细规划编制。项目实施方案应当明确现状调查成果、改造范围、用地界址、地块界线、复建和融资建筑量、改造成本、资金平衡、产业项目、用地整合、拆迁补偿安置、农转用报批、建设时序、社会稳定风险评估等内容。

区政府应当委托有资质的勘测机构，出具土地勘测定界技术报告和房屋调查成果报告，并对项目实施方案数据的合法性和准确性进行认定。对已确权或取得合法用地批文的，由区国土规划部门出具土地、房屋产权登记查册表或用地证明文件；对没有确权或没有取得合法用地批文但办理过规划报建手续的，由区国土规划部门出具意见；对没有规划、国土批准文件的，由城管部门会同属地镇、街道出具意见。区政府应当对经认定的数据进行公示。数据公示应当在改造项目所在地和区城市更新部门官网公示 15 日以上，对数据有异议的，数据调查和核查部门应当予以答复，确有错误的，应当更正。

市城市更新部门应当对区政府认定的数据进行核查，其中对土地房屋数据应当委托专业机构进行全面核查。经核查，房屋建筑总量、按性质分类的各类建筑量、违法建筑（应明确建设时间）、合法建筑、建筑栋数、基底面积等各类数据总量误差超过 5%的，应当由属地区政府重新组织数据调查，并在实施方案中相应扣减区政府和村集体的规划节余量的分成比例。历史文化遗存数据由市城市更新部门会同文物主管部门核查。

房屋建筑总量、按性质分类的各类建筑量、违法建筑（应明确建设时间）、合法建筑、建筑栋数、基底面积等各类数据总量较片区策划方案的基础数据误差超过 5%，且无充分、正当理由的，应当按《广州市城市更新办法》第五十四条、第五十五条的规定问责。

项目实施方案包含拆迁补偿安置方案。拆迁补偿安置方案的补偿安置原则、标准应当参照农民集体所有土地征收补偿办法和本市村庄规划建设管理的有关规定执行。

第十七条　区政府应当组织专家对项目实施方案的经济性、可行性和实施风险进行论证，并相应提出完善措施。

区政府应当根据专家论证意见组织修改形成实施方案征求意见稿。

第十八条　项目实施方案征求意见稿应当向相关村集体经济组织、村民和相关权属人征求意见，征求意见时间不得少于 30 日。村集体经济组织、村民和相关权属人可就实施方案征求意见稿提出意见和建议。

区政府应当就项目实施方案征求意见稿征求市、区相关单位意见。征求意见后，区政府应当综合研究，充分听取各方意见，完善项目实施方案，形成项目实施方案草案及其相关说明。

第十九条 区政府应当将修改完善的项目实施方案草案报市城市更新部门审核。市城市更新部门牵头会同市城市更新领导机构成员单位进行研究并提出审核意见，重大复杂项目应报市城市更新领导机构研究协调。

市城市更新部门应当书面向属地区政府反馈审核意见。区政府应当按照审核意见修改完善项目实施方案，并形成项目实施方案村民表决稿。

第二十条 全面改造项目实施方案村民表决稿(含拆迁补偿安置方案)经村民(含村改居后的居民)和世居祖屋权属人总人数的80%以上同意后，由区政府根据村民同意的表决稿形成项目实施方案送审稿，送审稿报市城市更新部门。市城市更新部门对表决情况审核后，对高比例表决通过的送审稿，优先提交市城市更新领导机构审议；市城市更新领导机构优先审议高比例表决通过的送审稿。

微改造的表决按照本办法第四十六条的规定执行。

第二十一条 市城市更新领导机构应当对项目实施方案送审稿中的现状调查成果、改造范围、用地界址、地块界线、规划实施、复建和融资量测算(拆建比)、改造成本、融资楼面地价、资金平衡方案、改造方式、改造风险评估、拆迁补偿方案及表决情况等进行审议。

市城市更新部门根据市城市更新领导机构议定事项，在市城市更新领导机构审定项目后向区政府核发项目实施方案批复。项目实施方案需要完善的，应当先按市城市更新领导机构审议意见修改完善。项目实施方案批复应当在城市更新部门官方网站上公布。

市城市更新领导机构审议意见对拆迁补偿安置方案进行修改的，需要按照审议修改后的方案重新组织村民表决。

第二十二条 项目实施方案审批确定后，区政府组织村集体签订补偿安置协议。对于住宅房屋可分期签订补偿安置协议，每一期应当达到80%以上权属人签约后方可启动房屋拆除工作。

补偿安置协议在项目实施方案批复后3年内仍未达到80%以上权属人签约比例的，项目实施方案应当重新报批。

第四章　改造实施

第二十三条　征收储备类项目由政府按照土地整理和土地出让两阶段模式推进。

区政府负责土地的前期开发整理，区城市更新部门具体负责村民住宅和村集体物业复建安置补偿。复建安置地块可以划拨方式，由政府依法确定的相关企业代建完成后，直接确权给村集体经济组织、村民和相关权属人。复建安置地块之外的其余土地完成前期开发整理后，纳入土地供应计划，由政府按规定组织供应；也可以配建村民住宅和村集体物业复建安置房作为出让条件，将融资地块、市政配套地块与复建安置地块一并通过公开方式出让给开发企业，项目建成后，市政配套项目按规定移交给市区相关部门，复建安置项目直接确权给村集体经济组织和村民。

第二十四条　合作改造类项目由区政府主导，由村集体经济组织根据批复的项目实施方案和制定的拆迁补偿安置方案，公开引进合作企业参与改造；或通过土地公开出让，引进合作企业参与改造。

合作改造类项目可以一次性引入合作企业，也可按照土地整理、土地开发两阶段分别引入合作企业。

第二十五条　合作改造类项目一次性引入合作企业应当符合以下规定：

（一）项目实施方案批复前，村集体经济组织不得自行选取合作企业。项目实施方案批复后，方可开展合作改造方案的拟定和项目实施主体的选择、确认工作。

（二）村集体经济组织应当通过市公共资源交易中心公开选择合作企业参与改造。村集体经济组织根据项目实施方案和确定的拆迁补偿安置方案，制定引入合作企业的招标、挂牌、拍卖文件，报区政府审核同意后，委托市公共资源交易中心以“招拍挂”方式确定合作企业，公开择优选择合作企业参与改造。在市公共资源交易中心发布的招标、挂牌、拍卖公告信息，应当同步在改造项目所在地的区、镇（街道）、村（联社）农村集体资产交易服务机构发布。

（三）招标文件应当对包括项目实施方案、已经表决通过的拆迁补偿安置方案、现状违法建设量和实际拆建量等内容在内的相关信息进行充分披露，禁止设置倾向性、不合理的条件，并预留足够的时间，以利于有意向的企业充分参与竞争。发布招标公告日期距投标截止日期，不得少于6个月。如招标未成的，则第二次发布招标公告日期距投标截止日期，不得少于2个月。禁止节假日及节假日前2日发布招标公告。

（四）参与招标企业应当承诺未参与该村更新改造基础数据摸查和方案编制工作；如有违反承诺的，一经核实，应当自愿退出招标、取消竞投标资格或终止相关合同。城市更新部门应当公布举报电话，加强对招标活动的监督管理。监察部门应当加强监察。村务监督委员会应当对招标活动和信息披露情况进行监督。

（五）确定合作企业后，村集体经济组织应与合作企业签订合作改造协议，明确由合作企业投资、由村集体经济组织完成改造范围内的全部土地整理工作及其他相关的具体权责要求。

（六）安置地块由村集体经济组织申请划拨使用。村集体经济组织也可申请将地块转为国有土地。

（七）融资地块由村集体经济组织在组织完成房屋拆迁补偿安置后，再按规定申请转为国有土地，直接协议出让给原农村集体经济组织与市场主体组成的合作企业；经批准后，由合作企业与市国土部门直接签订土地出让合同。

（八）安置房和融资地块可以按照改造方案确定的分期计划进行合理的分期开发。

2015年8月18日前，按本市“城中村”改造原有关程序，通过村集体经济组织集体表决同意选择合作企业，已签订合作意向书，并按规定要求报批，经区政府批准，且经市城市更新领导机构审定的合作改造类项目，不适用本条前款规定。

第二十六条 鼓励旧村庄自主改造类项目按照土地整理、土地开发两阶段分别引入合作企业，并优先纳入旧村庄改造年度实施计划。

（一）土地整理阶段。旧村庄更新改造项目需要融资筹集资金用于土地整理的，应当以公开方式引入市场主体具体实施拆迁补偿安置工作，以承诺在限定时限内完成拆迁且拆迁补偿安置成本及合理利润最小者为实施主体，被选定的投资实施主体应当按协议约定投资参与完成土地整理，并按照约定条件获得相应的投资利润。

（二）土地开发阶段。完成融资地块上房屋补偿安置和土地整理后，确定为村集体经济组织使用的，交由村集体经济组织开发；需要引入合作企业的，由村集体经济组织通过市公共资源交易中心平台公开选择开发单位或合作企业开发建设。

第二十七条　由村集体经济组织自行改造的，项目实施方案应当综合考虑融资开发成本并给予合理开发利润后确定项目的实施相关条件，项目实施主体应当严格按照约定的条件内容履行，不得变更约定内容。

融资地块在依申请按规定转为国有之后，村集体经济组织或其全资子公司可以协议出让方式取得融资地块开发融资。

村集体经济组织或其全资子公司取得融资地块土地使用权后进行转让的，应当符合《中华人民共和国城市房地产管理法》第三十九条规定，完成房屋建设工程的开发投资总额的25%以上。

第二十八条　村集体经济组织自主改造项目中引入社会资本或进行融资的，应当按照本办法引入合作企业的规定执行。

负责开展自主改造的村集体经济组织全资子公司，转让部分股权的，应当视为合作改造，按照本办法引入合作企业的规定执行。

负责开展自主改造的村集体经济组织全资子公司，转让全部股权的，按《广东省农村集体经济组织管理规定》，股权转让由村集体经济组织成员大会表决通过后，应当按照《广州市农村集体资产交易管理办法》，在市或所在地区一级三资交易平台公开挂牌转让。

第二十九条　旧村庄改造分期开发应当符合以下要求：

（一）分期实施应当按照安置地块优先于融资地块的顺序安排，也可每期将安置地块与融资地块结合安排，但首期应当优先建设安置房。

（二）居住用地内（安置房用地除外）独立设置的市政公用设施

和公共服务设施应当在分期开发规划地块建设总量(不含市政公用设施和公共服务设施)完成50%前建设完毕，并取得建设工程规划验收合格证。其中，垃圾压缩站、变电站、公共厕所、综合医院、卫生服务中心、卫生站、消防站、派出所、燃气供应站、公交首末站等设施应当先于住宅首期工程或者与其同时申请建设工程规划许可证，并在住宅首期工程预售前先行验收，取得建设工程规划验收合格证。

(三)未完成整体开发之前，单个项目不得转让。

第三十条 合作企业或融资地块竞得人应当按规定在旧村庄动迁之前，在指定银行设立复建安置资金专用账户，结合项目分期开发时序，按要求足额存入复建安置资金。

第三十一条 旧村庄改造拆迁补偿安置工作应当遵循“先安置、后拆迁”的原则。村集体给予补偿后，被拆迁人应当在补偿协议约定或者补偿决定确定的搬迁期限内完成搬迁。

改造过程中要先行启动安置房建设，在保证工程质量的前提下，加快项目建设，及时妥善安置动迁村民。

任何单位和个人不得采取暴力、威胁或者违反规定中断供水、供热、供气、供电和道路通行等非法方式迫使搬迁。禁止建设单位参与拆迁活动。发生重大恶性事件的，严肃查处并追究责任。

第三十二条 鼓励利用村集体旧厂房建设安置房，先行进行村民安置。鼓励早签约、多得益、先选房。区政府可制定具体的奖励办法。

第三十三条 政府征收储备的项目，由各区依法进行征收。对经协商达不成一致的留守户，依法通过行政裁决、司法诉讼、强制执行等方式解决。

合作改造、自主改造项目，村集体经济组织与村民之间就已签订的补偿安置协议产生争议的，村民理事会可进行协调；协调无果的，可依法提起民事诉讼。

合作改造、自主改造项目，经村民大会或村民代表大会依法表决，由村集体经济组织自愿申请将集体建设用地转为国有建设用地的，对少数无法达成协议的村民，应当加强宣传、解释工作，村民理事会也可协助村民委员会、村集体经济组织进行协调；经多次协商仍无法达成协议的，由区政府依法作出征收补偿决定，并依程序申请法院强制执行。

第三十四条　对已全额缴清土地出让金并拆迁平整完毕的地块，可根据规划文件以宗地为单位分块申办土地证。旧村庄改造完成拆迁补偿安置并注销原土地、房屋产权登记后申请办理土地确权登记。

根据项目实施方案属保留范围的房屋，符合规定补偿标准，已进行违法用地处罚且符合确权条件的，可办理确权登记；属拆除后安置村民住宅的，须凭拆迁补偿协议、本村村民身份证明等资料办理确权登记；集体物业凭批准的项目实施方案确认的面积、性质等资料办理房屋确权登记；其他合法权属人凭拆迁补偿协议等资料办理房屋确权登记。

被拆迁人按规定取得的拆迁安置住宅不受商品房限购政策限制。

第五章　利益调节

第三十五条　对更新范围内规划建筑总量与规划技术指标控制要求不一致的情况，可通过区域内统筹异地安置、节余面积奖励等办法解决。

第三十六条　旧村庄更新改造项目应当结合土地市场情况，参照半年内土地公开出让成交价格和周边区域新建商品房交易价格，按照下列程序综合确定融资楼面地价：

（一）片区策划方案上报市城市更新部门前，由区政府委托有资质的评估机构评估，并按规定审议融资地价；

（二）项目实施方案上报后，由市城市更新部门会同国土部门进行审核并可组织专家审议、多家评估公司比选，出具融资地价的审核意见后报市城市更新领导机构审定。

第三十七条　旧村庄更新改造项目，经审定的项目实施方案确定的建筑面积（用地）与规划的建筑面积（用地）相较有节余的，按照4∶3∶3的比例由市政府、区政府、村集体进行分配；市、区政府用于增加公建配套或统筹建设城市更新改造安置房，村集体用于改造项目的统筹安排。

第三十八条 旧村庄改造选择合作企业过程中，经竞争节余的融资建筑面积由区政府和村集体按照5∶5进行分配，用于改造项目的统筹安排。节余的融资地块土地纯收益扣除按规定计提和上缴的部分后，由区政府和村集体按照5∶5的比例分成；区政府所得部分用于设立城市更新资金，专项扶持本区城市更新项目。

第三十九条 符合条件的旧村庄安置复建房项目，依据棚户区改造政策，按照安置复建面积"建一免一"的原则，减免城市基础设施配套费，并可在本市权限范围内依法减免其他行政事业性收费和政府性基金。

税务部门应当发挥税收调节作用，加大相关税费的收缴力度，建立和完善相应的税费征收监督机制。

第四十条 融资地块由政府储备公开出让的，土地出让金以实际成交价格为准。融资地块按照合作改造和自主改造以协议方式出让的，按申请办理土地出让手续时点市场评估价20%计收土地出让金。

村集体经济组织或个人依法将集体建设用地转为国有建设用地的，发生出售、交换、赠与(不含继承)或自行申请补办土地出让时，按申请时点相应土地用途市场评估地价的20%或房屋市场评估价的5%计收土地出让金。

第六章 微改造

第四十一条 以保护历史文化和自然生态、促进旧村庄和谐发展为目的旧村庄微改造项目，本章有特别规定的，适用本章规定，本章无特别规定的，适用本办法第一至五章规定。旧村庄微改造项目涉及办理融资地块出让的片区策划、方案编制及审批和项目实施，应当适用本办法第二至五章规定。

第四十二条 鼓励村集体增加市政基础设施和公共绿地，实施管线下地，并利用旧厂房、留用地建设农民公寓、公共租赁房等项目，对旧村庄进行抽疏整治。

市相关职能部门负责审批农民公寓的建设规划并予以划拨供地，区政府负责审批扶持引导资金的使用。

第四十三条　区政府组织进行基础数据摸查，征询村民意见，对旧村庄改造范围进行划定和认定，并编制微改造方案。确有资金平衡需要的，可以把集体低效物业用地和留用地纳入改造范围进行综合改造。

第四十四条　旧村庄微改造的费用由村集体和村民投入为主，政府原则上只给予宅基地换房的安置规模，并按片区基准容积率核算外来务工人员租赁住宅的建设规模，对于这两类住宅的建设成本不给予融资建筑面积。对将城市基础设施纳入旧村庄微改造一并实施的，可统筹考虑相关融资及代建工作。

第四十五条　旧村庄微改造项目实施方案如不涉及控制性详细规划调整的，可由区政府按照《广州市城市更新办法》及配套文件审批后，向市国土部门申请办理供地。

旧村庄微改造项目实施方案如涉及控制性详细规划调整的，由区政府报市城市更新部门审核复建安置规模后呈市城市更新领导机构审议，并按程序报市规划委员会，完成控制性详细规划调整后可申请相关用地的划拨。

第四十六条　微改造项目实施方案按照《广东省农村集体经济组织管理规定》中涉及村民切身利益的重大事项相关规定进行表决，表决同意后，方可上报区政府审查。

政府主导的以整治修缮为主的旧村庄更新改造项目无需进行表决。

旧村庄微改造项目实施方案涉及房屋拆迁补偿安置等重大事项的，由区政府牵头组织村民委员会或村集体经济组织按规定表决通过后启动实施。自批复之日起 2 年内，涉及的重大事项未能取得 80%以上村集体经济组织成员同意的，批复自行失效。

第四十七条　政府可运用国家有关改造贷款政策性信贷资金等专项资金，拨款或借资扶持村集体，对旧村庄进行抽疏整治，利用低效土地兴建农民公寓或集体物业。

第七章 附则

第四十八条 旧村庄更新改造可核算的改造成本包括前期费用、建安费用、临迁费用、拆除费用、市政费用、农转用费用、不可预见费用等，并动态调整核算办法。

集体经济物业租赁合同提前解约及停业损失补偿等在实施改造时可能发生的费用不在改造成本中单列，全部计入不可预见费据实列支。

改造项目具体启动实施阶段，由村集体自行统筹解决改造范围内违法建设拆除问题，相关费用不得纳入项目改造成本。

第四十九条 市城市更新部门负责依据本办法，起草具体项目程序指引、复建安置资金管理办法、旧村庄改造表决细则、旧村庄改造成本核算办法、旧村庄微改造技术规范等相关配套文件，报市政府批准后实施。

第五十条 本办法自2016年1月1日起施行，有效期5年。有效期届满或相关政策法规依据变化，根据实施情况评估修订。

本办法施行前项目实施方案已通过原市“三旧”改造领导小组审议且在有效期内的，不适用本办法。

广州市旧厂房更新实施办法

第一条 为进一步推进和规范本市旧厂房更新改造工作，完善城市功能、优化产业结构、统筹城乡发展、推进城市有机更新，根据有关法律法规和《广州市城市更新办法》的规定，结合本市实际，制定本办法。

第二条 市辖区内2007年6月30日前建成或取得土地使用权的“退二”企业用地及低效利用的旧厂房、旧仓储、旧站场、旧市场等(以下统称旧厂房)建设用地，符合以下条件的可列入改造范围：

(一)经划拨、出让等方式合法取得国有土地使用权的土地、符合登记确权条件(含1987年1月1日前已使用)的历史国有土地；

（二）已取得合法集体建设用地使用权的旧厂房用地；

（三）按照省“三旧”政策完善历史用地手续的原集体旧厂房用地。

2007 年 6 月 30 日后建成或取得土地使用权的旧厂房项目，不适用本办法。

2007 年 6 月 30 日前取得国有土地使用权的旧厂房，其用地未按照土地划拨决定书或土地出让合同约定进行建设的，不适用本办法。

2009 年 12 月前已列入我市“退二进三”目录并已签订补偿协议取得部分或全部补偿款的旧厂房用地，不适用本办法。

第三条　旧厂房更新改造应当遵循“政府主导、企业参与、科学规划、连片改造、配套优先、集约节约”的原则，以促进产业转型升级、转变经济发展方式、提高土地高效利用为目的，充分调动土地权属人的积极性，鼓励金融、总部经济、文化体育等现代产业发展，推动制造业高端化发展，增加生态用地和公共配套设施用地，优化城乡环境。

第四条　旧厂房更新改造项目应当符合国民经济和社会发展规划、土地利用总体规划、城乡总体规划和控制性详细规划。

旧厂房更新改造项目应当符合片区策划方案确定的发展定位、更新策略和产业导向，纳入年度城市更新项目实施计划，有序、稳步推进。

第五条　市城市更新领导机构负责审议旧厂房更新改造重大政策措施，审定城市更新规划、计划和城市更新资金使用安排，审定旧厂房更新改造项目实施方案。

市城市更新部门负责研究起草旧厂房更新改造政策，组织编制年度旧厂房更新改造项目计划、专项资金使用计划，负责旧厂房更新改造项目方案审核、用地整合及批后监管。

各区政府负责组织本辖区旧厂房更新改造的具体实施。

土地储备等机构依照职责协助做好旧厂房更新改造相关工作。

各相关主管部门在各自法定职责范围内依据市城市更新领导机构的决策办理旧厂房更新改造项目的行政审批。

第六条 市城市更新部门负责汇总市本级投资的城市更新改造项目基本情况，报市发展改革部门列入市政府投资项目储备库，并下达市本级政府旧厂房更新改造项目投资计划。

市财政部门每年安排一定专项资金用于政府主导项目的土地征收、收购与整理，并依法对资金使用进行监督管理。

第七条 按照旧厂房土地处置方式划分，旧厂房改造方式分为政府收储、自行改造以及政府收储和自行改造结合三种。

第八条 国有土地上的旧厂房改为保障性住房外的居住用地的，由土地储备机构收购，政府组织公开出让。除花都区、从化区、增城区外，用地规划容积率在2.0以内的，按照土地公开出让成交价款的40%计算补偿款，超出2.0部分不再计算补偿款；花都区、从化区、增城区的用地规划容积率(毛容积率，下同)在2.0以内的，按照土地公开出让成交价款的50%计算补偿款，超出2.0部分不再计算补偿款。土地出让成交后因规划调整使土地价款发生增减的，收益补偿不再调整。国有土地上旧厂房改造为居住用地方式的，由企业自行搬迁整理土地，原土地使用权人的土地整理、修复费用不再另行补偿。

权属人交地后，土地出让部门应当在1年内组织出让。未能在1年内实施出让的，土地储备机构应先行向权属人按新规划用途基准地价的40%预支补偿款，在补偿土地收益时予以抵扣。权属人逾期未交地的，每年按补偿款的10%扣减补偿款。

第九条 国有旧厂房改造为商业服务业设施用地，符合以下情形之一的，企业应当将地块交由政府收储，由政府依法收回土地使用权：

(一)位于旧城区、重点功能区的核心发展区、重点生态敏感地区以及“珠江黄金岸线”等重要珠江景观控制区范围内；

(二)位于地铁、城际铁路站点周边800米范围内；

(三)其他市政府明确规定纳入储备的。

在本条第一款规定的收储范围外，旧厂房权属人可以按要求申请自行改造或者交由政府收储。自行改造用地按照规划新用途的基准地价，扣减已缴纳的原用途土地出让金的未使用年限部分后补交土地出让金。自行改造用地应按照用地比例由旧厂房权属人无偿配建公建配套设施。政府收储部分用地，按本办法第八条的规定取得补偿。

在本条第一款规定的收储范围内，符合以下情形之一的，企业也可申请部分用地用于自行改造：

（一）权属用地（包括一个权属人拥有多宗地块的）面积超过3公顷且改造后用于建设总部经济、文化体育产业、科技研发、电子商务等现代服务业的，原业主可申请将不超过50%的规划经营性用地用于自行改造，其余用地应当纳入土地储备。自行改造部分的用地按照规划新用途的基准地价，扣减已缴纳的原用途土地出让金的未使用年限部分后补交土地出让金。自行改造用地应当按照用地比例无偿配建公建配套设施；纳入土地储备的部分按本办法第八条取得补偿款。

（二）权属用地（包括一个权属人拥有多宗地块的）面积不足3公顷（含3公顷），但旧厂房业主同意将权属用地上控制性详细规划总建筑面积的30%无偿移交政府统筹安排的，原业主可申请自行改造。经批准自行改造部分的建筑面积，按照规划新用途的基准地价，扣减已缴纳的原用途土地出让金的未使用年限部分后补交土地出让金。无偿移交政府部分的建筑面积无需补交土地出让金。由于特殊情形无法移交政府的建筑面积可按等值原则折抵货币返还政府。

第十条　国有土地上旧厂房采取不改变用地性质升级改造（含建设科技企业孵化器）方式改造的，可由权属人自行改造。按规划提高容积率自行建设多层工业厂房的，可不增收工业厂房土地出让金；用于建设科技企业孵化器的，按照《广东省人民政府关于加快科技创新的若干政策意见》（粤府〔2015〕1号）及我市有关科技孵化器建设等有关规定执行。若其配套的办公和商业服务业设施用地面积超过总用地面积7%或建筑面积超过总建筑面积14%的，应当按规定缴纳土地出让金。

旧厂房采取不改变用地性质升级改造（含建设科技企业孵化器）方式改造的，应当符合城市规划布局，符合产业导向。

第十一条 对于纳入近期及中期全面改造计划的旧村庄改造范围内的集体旧厂房，应当纳入整村改造范围，按照旧村庄改造相关政策和要求执行。

对于未纳入近期及中期全面改造计划的旧村庄改造范围内的集体旧厂房，需进行升级改造的，应当以不影响整村改造的经济平衡及实施为前提，先进行全村范围内的规划建设统筹，明确村集体复建安置用地、经济发展用地、公益设施配套用地和融资用地以及政府储备用地后，在不影响后续更新改造的情况下，可以允许集体旧厂房先行改造，并同步进行整村整治。

第十二条 用地行为发生在1987年1月1日前，或已取得同意使用土地通知书或建设用地批准书的集体建设用地或完善征收手续的建设用地，符合本办法第十一条第二款规定的，可以按照本办法第八条、第九条、第十条的规定实施改造。

第十三条 对于有合法用地手续的以及已完善历史用地手续的集体旧厂房、工业园区升级改造项目，经市城市更新领导机构审定，可不纳入旧村全面改造的，可以按照以下方式改造：

在规划承载容量允许的前提下，按现状用地面积和容积率1.8（毛）计算权益建筑面积。有留用地指标的，按旧厂房用地面积与留用地面积2∶1抵扣留用地指标，抵扣留用地指标后仍有剩余的旧厂房用地，或没有可抵扣留用地指标的，须将该部分用地或规划建筑面积的30%无偿交给政府。超过计算权益建筑面积部分的建筑面积，按照4∶3∶3的比例，由市政府、区政府、村集体进行分配。

对于申请转为国有土地的集体旧厂房用地，纳入旧村全面改造的，按规划用途市场评估价的20%缴纳土地出让金；纳入旧村微改造的，按规划用途市场评估价的30%缴纳土地出让金；其余的按规划用途市场评估价的40%缴纳土地出让金。

第十四条 旧厂房改变功能是指旧厂房保留建筑物的原主体结构，按照产业布局规划，优先满足增加公共空间和产业转型升级的需要，改变部分或者全部建筑物使用功能，但不改变土地使用权的权利主体和使用期限的改造方式。

旧厂房改变功能应符合控制性详细规划。旧厂房改变功能项目一般不增加建筑面积，因完善自身建筑使用功能确需加建附属设施的，应当按照相关规定取得规划许可文件并按照有关规定补缴土地出让金。

纳入政府收储范围的旧厂房不适用本条规定。

第十五条　旧厂房改变功能的更新项目应当缴纳的土地出让金按照以下规定确定：

(一)原有建筑面积部分，按照其改变后的功能和土地使用权剩余期限以基准地价标准计算应缴纳的土地出让金，并扣减原土地用途及剩余期限以基准地价标准计算的土地出让金；因改变功能增加的建筑面积部分，按照其改变后的功能和土地使用权剩余期限以市场评估地价标准计算应当缴纳的土地出让金。

(二)新建的建筑面积属于城市基础设施、公共服务设施及电梯、连廊、楼梯等辅助性公用设施的，免收土地出让金；属于新型产业用房或产业配套设施的，按照相应基准地价标准的50%计收土地出让金。

(三)非商品性质房地产转为商品性质的，应当按照有关规定另行补缴相应土地出让金。

第十六条　旧厂房用地规划为道路、绿地、政府保障性住房等公益性用地的，由政府按照《国有土地上房屋征收与补偿条例》和本市农民集体所有土地征收补偿办法依法进行征收。

第十七条　旧厂房改造项目原址建筑经市文化、规划、工业和信息化部门认定属工业遗产且有保留价值的，应当按规划要求保留使用。

第十八条　有可能产生土壤污染的工业企业遗留场地再开发利用时，出让前应当开展必要的土壤环境调查和风险评估工作，确保土壤环境质量符合后续开发利用要求。

第十九条　旧厂房土地权属人与实际使用人不一致时，由土地权属人与实际使用人达成补偿协议后，再向城市更新部门提出改造申请。对实际使用人的搬迁补偿由土地权属人与其协商解决。

第二十条　旧厂房改造项目，征收、收购主体与土地权属人已签订收地补偿协议，在完善用地结案和原权属证书注销后，可申请办理土地使用权确权登记给征收、收购主体。旧厂房权属人交地后，应当按照《广州市人民政府办公厅关于土地节约集约利用的实施意见》（穗府办〔2014〕12号）第（十九）条规定加强管理。

第二十一条 各相关部门应当依法查处土地权属人擅自变更旧厂房实际用途和使用功能，将工业用地和建筑用于商贸服务业经营的行为。

第二十二条 旧厂房更新改造项目由土地权属人自行改造的，自取得项目实施方案批复之日起，未在批复的时限内办理出让手续的，批复自动失效；旧厂房更新改造项目用地交由政府储备的，自取得项目实施方案批复之日起，如未在批复的时限内完成土地移交，批复自动失效。

第二十三条 市城市更新部门负责依据本办法，起草具体项目行政审批程序指引、专项资金管理办法、旧厂房改造补偿标准等相关配套文件，报市政府批准后组织实施。

第二十四条 本办法自2016年1月1日起施行，有效期5年。有效期届满或相关政策法规依据变化，根据实施情况评估修订。

本办法施行前项目实施方案已通过原市“三旧”改造领导小组审议且在有效期内的，或已签订收储协议的，不适用本办法。

广州市旧城镇更新实施办法

第一条 为进一步推进和规范本市旧城镇更新改造工作，促进城乡建设协调发展，优化城市生态环境，完善城市基础设施配套，根据有关法律法规和《广州市城市更新办法》的规定，结合本市实际，制定本办法。

第二条 本办法适用于本市行政区域内由政府依照城乡规划法等有关规定组织实施的对旧城镇危破旧房集中、基础设施落后等地段进行更新、保育、活化的活动。

第三条 对按规定纳入旧城镇更新改造的区域，按照节约集约高效用地和传承城市历史文脉的要求实施改造，以保护历史文物古迹，改善人居环境、完善公共服务配套和优化城市功能布局。

旧城镇更新应当结合历史文化名城保护，对传统特色街区、地段、人文、习俗、文物古迹和近现代史迹，应当遵循“科学规划、严格保护、发掘内涵、活化传承”的原则，保持和延续其传统格局和历史风貌，维护历史文化遗产的真实性和完整性，继承和弘扬岭南地区优秀传统文化。

第四条　旧城镇更新改造工作实行政府主导、以区为主、部门服务、属地负责。属地区政府是本区旧城镇更新改造的责任主体，负责改造前期摸查、编制改造方案和拆迁补偿安置方案、拆迁安置、建设本区就近安置房、土地整备、项目运作、建设管理、维护社会稳定等工作。

各区政府应当从实际出发，对本区域的旧城镇区进行网格化、片区化、全覆盖性梳理、调查，根据梳理、调查的基本情况，结合房屋危破状况、土地利用效率、环境条件、历史文化等因素，明确更新改造的选址范围和方案。

市城市更新部门负责制订全市旧城镇改造相关的配套政策，负责编制旧城镇改造年度计划，负责审核项目实施方案，统筹资金平衡，协调配合办理旧城镇改造涉及市级权限范围内的立项、国土规划、房管建设等各项审核、审批事项，负责指导、协调和监督各区旧城镇更新改造工作。

第五条　旧城镇更新改造资金纳入财政预算予以保障。资金主要用于旧城镇更新片区策划和方案编制、项目的现状调查、政府主导项目的收储及土地整理、项目经济难以自身平衡的扶持专项补助以及启动等。

第六条　旧城镇更新改造可以采取以下方式进行：

（一）全面改造。对危破房分布相对集中、土地功能布局明显不合理或公共服务配套设施不完善的区域，应当以改善人居环境、完善公共服务配套和优化城市功能布局为目的，按照现行城市规划和节约集约高效用地的要求实施成片重建改造。对于规模较大的旧城镇全面改造项目，可由政府先建设安置房后启动改造拆迁，并探索零星自愿申请改造、成片协商收储改造与国有土地上房屋征收相结合的更新方式。

(二)微改造。

1. 整饰修缮。对零散分布的危破房或部分结构相对较好但建筑和环境设施标准较低的旧住房，可结合街区综合整治，采取原状维修、原址重建、强化安全防护措施等多种方式予以改造，消除居住安全隐患，完善各种生活设施，改善居民的生活条件。

2. 历史文化保护性整治，即以历史文化保护为主要目的，并对周边环境进行整治的项目。对历史文化街区和优秀历史文化建筑，应当严格按照“修旧如旧、建新如故”的原则进行保护性整治更新，按照“重在保护、弱化居住”的原则，依法合理动迁、疏解历史文化保护建筑的居住人口。探索采取出售文化保护建筑使用权或产权的方法，引进社会资金建立保护历史文化建筑的新机制。

第七条 对于纳入年度实施计划的旧城镇改造项目，由区政府组织对改造范围内的人口、户数、土地、房屋、文化遗存、改造意愿、公共服务设施等进行详细调查。其中，人口、户数等信息由户籍管理部门出具意见；土地、房屋现状调查由区国土规划部门根据有资质的测绘机构出具的土地勘测定界技术报告书、房屋测绘成果，对土地权属和用地证明文件以及房屋产权登记查册表等资料审核出具意见，并经区政府审查确认；对文化遗存、有保留价值的建筑、古树名木等应当征询文化、林业和园林部门意见；对现状交通和市政配套设施、公共服务设施情况以及现行控规及上层次规划的要求应当征询规划部门意见。

第八条 全面改造项目由属地区政府按照《广州市城市更新办法》的有关规定编制和报批项目实施方案。

微改造项目由区政府委托具有规划资质的规划设计单位，根据城市更新片区策划方案和现状调查成果，编制项目实施方案。项目实施方案应当参考全面改造项目实施方案编制内容并根据实际情况适当精简制定，主要包括现状调查成果、改造范围、改造成本、改造模式、规划方案、改造成效、历史文化保护专项规划、建设时序等内容。

第九条 全面改造项目应当按照以下规定征求改造区域居民的

意见：

（一）第一轮，征询改造区域居民意愿，同意改造户数的比例达到90%以上（含90%）的，方可启动改造，并办理地块改造前期手续；

（二）第二轮，征询改造区域居民对拆迁补偿安置方案的意见，在规定时间内，签订附生效条件的房屋拆迁补偿安置协议的居民达到2/3以上（含2/3）的，方可具体实施拆迁。

微改造项目应当征询改造区域内居民的意愿。

第十条　全面改造项目由市、区政府安排财政资金组织拆迁补偿安置，房屋拆迁完毕后，可通过公开出让融资地块土地使用权回笼资金。如项目需要引入社会资金用于拆迁补偿安置和土地整理的，应当通过公开方式，选择市场主体具体实施。被选定的投资实施主体按协议约定投资完成拆迁补偿安置和土地整理后，政府通过市公共资源交易中心平台公开出让土地，同级财政部门按照协议约定统筹安排资金，支付相应费用给投资实施主体。

由政府统筹实施的微改造项目由市、区财政安排资金。由权利主体或者街道（社区）与权利主体共同完成的微改造，可由市、区财政安排资金补贴，并在现行法规政策允许的前提下，吸引社会力量参与。

第十一条　区政府负责牵头组织制订全面改造项目征收补偿安置方案。旧城镇更新改造征收补偿安置政策和标准按照本市国有土地上的房屋征收有关政策和标准执行。

第十二条　市、区城市更新部门应当结合城市规划和旧厂、旧村改造，选址建设适配、紧凑、节地型的跨区域异地安置社区，加快配套安置房建设；同步推进异地安置房项目的市政、公建、公用、公交等配套设施建设，通过动迁导出区与导入区的分工合作，积极引进优质的教育、医疗、商业等社会资源，切实解决异地安置居民的后顾之忧。异地安置房可以通过土地公开市场引入社会资金进行建设。

市、区国土规划部门应当落实安置房用地，纳入土地供应年度计划优先保障。鼓励企业、村集体提供存量土地建设就近安置房。

闲置土地、“烂尾地”、前置审批用地、划拨用地等存量土地(纳入全市“退二进三”计划的用地除外)的用地单位愿意配合建设就近安置房的，可在符合城市规划的情况下，合理调整土地用途，适当增加地块开发强度。

第十三条 市城市更新部门应当统筹使用好各种政府安置房源，将适配的房源优先用于旧城镇更新改造拆迁补偿安置。

第十四条 符合条件的旧城镇改造的安置复建房项目，依据棚户区改造政策，按照安置复建面积“建一免一”的原则，减免城市基础设施配套费，并可在本市权限范围内依法减免其他行政事业性收费和政府性基金。

旧城镇改造项目可同步享受国家、省、市有关的棚户区改造、“三旧”改造等优惠政策。

第十五条 符合以下情况的社区微改造项目，应当给予鼓励或奖励：

(一)在传统商住混合的用地格局及现状商业氛围浓厚的临主街一线界面，允许有条件地变更建筑使用用途；

(二)历史建筑的使用现状与建筑的使用性质、内部使用功能不一致，对建筑的保护产生不利影响的，建筑所有人可以按照建筑的具体保护要求提出建筑物使用性质变更；

(三)为地区提供公益性设施或者公共开敞空间的，在原有地块建筑总量的基础上，可获得奖励，适当增加经营性建筑面积。

具体鼓励和奖励操作指引由市城市更新主管部门会同国土规划部门制定。

第十六条 对旧城镇改造，应当采取不同于新区开发建设管控方式，采用适用于传统旧街区的规划技术标准，尤其是街区建筑密度、绿地率、建筑间距、消防技术要求、停车配套等方面的标准和规范。

第十七条 本办法自2016年1月1日起施行，有效期5年。有效期届满或相关政策法规依据变化，根据实施情况评估修订。

本办法施行前项目实施方案已通过原市“三旧”改造领导小组审议且在有效期内的，不适用本办法。公开方式：主动公开抄送：

省府办公厅，市委各部委办局，市人大常委会办公厅，市政协办公厅，市纪委办公厅，广州警备区，市法院，市检察院，各民主党派，市工商联，各人民团体，各新闻单位。

后　　记

今日，静静地坐在加州大学伯克利分校东亚图书馆的地下最底层，动手写本书后记。来美访学已一个多月，不知不觉中居然养成往地底下“钻”的习惯，大概是由于在地底手机信号不好，可以完全隔绝外界，进而无人打扰的缘故。前几天刚收到学院转发来的通知，告知我本书已获得 2017 年度广州市宣传文化出版资金资助，并且，还提到市委宣传部那边负责人早在该通知发给学校以前就已打过我的私人电话，但由于人在国外，受到时差等因素的干扰，没法联系上。不知为何，第一次在接到学院通知时，心里涌现出一种可以称之为“感动”的情绪，估计是该书的写作，以及申请各类项目的过程太过曲折的原因。

首先，感谢支持本书出版的广州市宣传文化出版资金，若没有该项资金资助，本书的出版无疑会一再推后。由于该书是在本人博士论文的基础上加工完成，所以，在写此后记时，博导丁煌教授的身影便即刻浮现于眼前。如果几年前没有得到老师的赏识，我这时可能还处在茫然不知未来的艰辛求学路上，也不会结识丁门众多兄弟姐妹。恩师于我，并不只是简单的“授之以渔”。无论是准备课程论文、发表学术文章，还是撰写毕业论文、完成科研报告，甚至该书的出版，都将老师的心血与智慧体现得淋漓尽致！老师在学术道路上孜孜不倦、永不满足的探索求新精神，在教书育人上严格“苛刻”、爱生如子的父母情怀，在接人待物上低调谦和、时时传播社会正能量的处世原则……永远都是学生我追逐的榜样与学习的标杆，并且我将践行一生。遗憾的是，作为学生能回报的总是太少太少。“谁言寸草心，报得三春晖？”估计这就是文人墨客久唱不衰的“师德”之精髓。借此机会，对几十年求学途中给予我无限帮助以及传道授业解惑的老师们一并致以最崇高的敬意！他们是：冷舜安教授、黄丽喜教授、宋夏伟教授、彭秀芸教授、白艳君教授、吴建斌老师、童仕兵老师、龙昌启老师等。“亲其师、信其道”，同样很好地诠释了现时代的师生关系。

其次，感谢本人所在学院——城市文化学院，以及所在学校——华南师范大学这十多年来对本人的大力培养。如果没有学校资金资助，我不可能在短短半年不到的时间内就走完了大多数高校学者所必须经历的漫长的出国访学系列流程，其中各环节的繁琐与煎熬，相信过来人皆深有体会。尤其感谢我们学院，作为华师新成立的为数不多的几个新学院之一，院领导对我在教改与科研工作上的支持与鼓励，更是让我纵然现今远隔万里，居于太平洋的另一端、地球的另一侧，也时时感受到这如同加州阳光般的温暖。时常听人说起：“同事就是同事，很难成为朋友。”可这话放到我们学院同事们中间，显然没有任何立足之地。我的同事，大多数都是我的朋友，而且是那种可以交心的朋友。鉴于此，我将各位亲爱的领导们、同事朋友们的名字一并留下，非常荣幸能与大家一路相伴相扶。他们是：朱鮀华教授、方孝坤教授、许外芳教授、邓慧副教授、郭守运副教授、黄雪敏副教授、易杨副教授、范少虹副教授、张惠副教授、陈卫强副教授、唐富满副教授、王薇薇副教授、廖素娟副教授、万钟如副教授、余宜斌副教授、李醒华老师、李建国老师、谭俊生老师、郭强老师、刘莉芳老师、周利华老师、陈文安老师、程新进老师、辛乐青老师、马学义老师、梁吉老师、梁润冰老师、丘小英老师、徐旻老师、卢文延老师等。还有软件学院的曾碧卿教授、苏意玲老师、蔡妍老师、郑钰洁老师、陈赣浪老师，国际商学院的吴剑丽教授、柴少明教授、郭鹏教授、杨干生副教授、杨俊凯老师、马颖仪老师、张倩老师、阮傲老师、张寒珍老师等。

再次，该书的出版离不开相交多年的同学/同门的无私援助。“尽管不常联系，那是因为您早已驻进我的心里；有事随时招呼，必定竭尽所能”，这即是我和朋友们的相处之道。下面这些名字就自然而然地从心底呼之欲出：刘雪丰、赵宁宁、栾欣超、潘荣坤、张冲、钱正荣、王欢芳、杨平、董亮、郭远远、曾震宇、王星星、孔繁敏、汉斯、李琴、鲍文涵、周菲、曾凡军、闫建、唐新萍、尹凤姣、朱婧、徐宇琼、余鹏、黄新伟、陈喜华、李芳、候国霞、李晓红、向桂花、关莲芸、樊世红、刘启堰、龙丽芝、张虹、刘雪菲、唐正明、袁介军、田林华、曾美兰、杨绍方、龙敏、龙仕合、王美英、吴爱玲、付斌、曾令昌、刘秋英、袁玫、范焕琼、廖智辉、张艳芳、吴君、唐岚、芦慧、陈彦旭……感谢生命中邂逅的每一个你，尽管相遇相知在不同的时间地点，但注定我们将一起携手今朝。

最后，非常感谢广州市委宣传部理论处的向宁陵老师、武汉大学出版社的胡国民老师以及我校社科处的林依老师，若没有他们的及时帮助，可能我现阶段的很多工作都没法衔接完成，该书的出版也不会如此顺利。诚然，在后记迎来尾声之时，对这些年一直默默支持与关爱我的家人表示无上的谢意！“家人”，无疑是每个人深入骨髓与灵魂的本质所在，在此，并不打算“奉献”灵魂，就不一一列出了。唯愿家人健康、平安、快乐！

周丽婷

2017 年 11 月 1 日于伯克利